REVISTA TRIMESTRAL DE DIREITO PÚBLICO

3/1993

MALHEIROS EDITORES

Revista Trimestral de Direito Público

Órgão do

IDEPE
INSTITUTO INTERNACIONAL
DE DIREITO PÚBLICO E EMPRESARIAL

INSTITUTO DE DIREITO ADMINISTRATIVO PAULISTA
IDAP

REVISTA TRIMESTRAL DE DIREITO PÚBLICO
publicação trimestral de MALHEIROS EDITORES LTDA.
Rua Paes de Araújo, 29, cj.171
CEP 04531-940
São Paulo, SP — Brasil — Tel. 822-9205
Fax 829-2495

Assinaturas e comercialização:
CATAVENTO DISTRIBUIDORA DE LIVROS S.A.
Rua Conselheiro Ramalho, 928
CEP 01325-000
São Paulo, SP — Brasil — Tel. 289-0811
Fax 251-3756

Diretor Responsável: Álvaro Malheiros
Diretora: Suzana Fleury Malheiros
Supervisão Gráfica: Nadia Basso

Composição: GraphBox
Impressão: Gráfica e Editora FCA
(Fundação de Ciências Aplicadas)

SUMÁRIO

DOUTRINA

PODER LEGISLATIVO E MONOPÓLIO DA LEI NO MUNDO CONTEMPORÂNEO — ***Raul Machado Horta, 5***

A DESPOLITIZAÇÃO DA LEGITIMIDADE — ***Paulo Bonavides, 17***

OBRA PÚBLICA A CUSTO ZERO — ***Celso Antônio Bandeira de Mello, 32***

LIMITES À REVISÃO CONSTITUCIONAL DE 1993 — ***Geraldo Ataliba, 42***

POR UMA JUSTIÇA EFICAZ — CONTROLE DE CONSTITUCIONALIDADE — ***Sacha Calmon Navarro Coêlho, 62***

LICENÇAS E AUTORIZAÇÕES NO DIREITO ADMINISTRATIVO — ***Carlos Ari Sundfeld, 66***

AÇÃO POPULAR: DIREITO POLÍTICO? — ***José Sérgio Monte Alegre, 73***

CONFERÊNCIAS & DEBATES

PROVIMENTOS JUDICIAIS DE PROTEÇÃO AOS CONTRIBUINTES (O PROCESSO E O DIREITO TRIBUTÁRIO) — MANDADO DE SEGURANÇA — CAUTELARES — EMBARGOS À EXECUÇÃO — LIMINARES — EFEITOS — CONTRACAUTELA — DEPÓSITO — CAUÇÃO — SUSPENSÃO

— Igualdade das partes

— ***José Manoel de Arruda Alvim Neto, 87***

— Liminares: limites constitucionais à discricionariedade judicial

— ***José Ignácio Botelho de Mesquita, 97***

— Juízo liminar. Poder-dever de exercício do poder cautelar nessa matéria

— ***Celso Antônio Bandeira de Mello, 106***

— Proteção cautelar. Tutela preventiva. Contracautela

— ***Eduardo Ribeiro, 117***

— Mandado de segurança coletivo e seus principais problemas

— ***Sebastião de Oliveira Lima, 135***

— Mandado de segurança coletivo

— ***Lúcia Valle Figueiredo, 145***

— Conclusões, ***161***

AÇÃO CIVIL PÚBLICA

— *José Carlos Barbosa Moreira, 187*

DECLARAÇÃO DE INCONSTITUCIONALIDADE NO SUPREMO TRIBUNAL FEDERAL

— *Sérgio Ferraz, 204*

PODER JUDICIÁRIO E SEGURANÇA JURÍDICA

— *Antonio Souza Prudente, 211*

***JURISPRUDÊNCIA**, 219*

DOUTRINA

PODER LEGISLATIVO E MONOPÓLIO DA LEI NO MUNDO CONTEMPORÂNEO

RAUL MACHADO HORTA
Catedrático da Faculdade de Direito da Universidade Federal de Minas Gerais

1. Definições prévias

O tema envolve esclarecimentos prévios sobre a definição de monopólio e a abrangência espacial da lei como produto da atividade monopolística do Poder Legislativo.

São inerentes ao monopólio a concentração e a exclusão de concorrência no domínio da atividade monopolizada. Monopolizar é açambarcar. É o controle exclusivo. Na linguagem econômica, o monopólio se caracteriza pela oferta monolítica e a demanda atomística. Vendedor e produtor únicos procuram satisfazer os desejos de uma infinidade de compradores, que não dispõem de meios para atuar na fixação do preço.[1]

O "mundo contemporâneo" poderá ser identificado através das Constituições dos Estados Soberanos que na atualidade o compõem, seja na pluralidade de suas manifestações, através dos tipos constitucionais representativos, ou mediante a referência individualizada a cada Constituição, para verificar se no agrupamento de Constituições-tipos ou na análise isolada de cada Constituição o Poder Legislativo detém o monopólio da lei. A identificação do "mundo contemporâneo", que é de alcance universal, também será obtida pela inserção do tema nos Sistemas Jurídicos, que congregam, em classificação homogênea, os ordenamentos jurídicos dos Estados contemporâneos. Inclinamo-nos por esta última orientação, que elimina a dispersão e concentra a análise nos sistemas jurídicos representativos de uma pluralidade de ordenamentos jurídicos soberanos.

2. Classificação dos Sistemas Jurídicos

René David[2] dividiu o mundo em cinco sistemas jurídicos, a saber, o Sistema de Direito Ocidental, abrangendo o grupo francês e o grupo anglo-americano. No primeiro grupo, introduziu o Direito dos países latinos e dos países germânicos e no segundo o Direito inglês, o Direito dos Estados Unidos da América, os Direitos da Luisiânia, de Quebec, da Escócia e da África do Sul. Completavam a classificação de René David o Sistema do Direito

1. Jean Marchal, *Cours d'Économie Politique*, 3ª ed., v. I/707, Paris, Librairie de Médicis, 1956.

2. *Traité Élémentaire de Droit Civil Comparé — Introduction a l'Étude des Droits Étrangers et à la Méthode Comparative*, Paris, LGDJ, 1950, p. 224.

Soviético, o Sistema do Direito Muçulmano, o Sistema do Direito Hindu e o Sistema do Direito Chinês. Em obra mais recente, consagrada aos grandes sistemas de Direito contemporâneo,[3] René David, sem repudiar expressamente a classificação anterior, adotou o critério do agrupamento em *famílias jurídicas*, para distinguir no mundo contemporâneo três grupos distintos: a família romano-germânica, a família da *common law* e a família dos Direitos Socialistas. O particularismo religioso e a diversa concepção sobre a função do Direito levaram René David a excluir de sua classificação das famílias jurídicas o Direito muçulmano, o Direito hindu, o Direito chinês e o Direito africano. Léontin-Jean Constantinesco, cujo *Traité de Droit Comparé*[4] encerra notável contribuição renovadora aos estudos do Direito Comparado, partindo do entendimento de que as famílias jurídicas formam uma categoria intermediária entre o singular ordenamento jurídico estatal e o complexo Sistema Jurídico, que é o arquétipo superior, o coroamento das formas precedentes, preferiu a classificação macrocomparativa dos Sistemas Jurídicos, integrando em cada estrutura global as famílias jurídicas que o formam. Segundo Constantinesco, o Sistema Jurídico Europeu-Continental contém quatro diferentes famílias jurídicas: a família dos Direitos romanísticos (Direitos francês, italiano, espanhol, português, belga, luxemburguês e, parcialmente, o holandês), cuja denominação comum decorre da influência direta do Direito Romano; a família latino-americana, compreendendo os Direitos da América do Sul e da América Central; a família nórdica, congregando os Direitos dinamarquês, sueco, norueguês, finlandês e da Islândia; a família germânica, formada pelos Direitos alemão, austríaco e suíço. A classificação de Constantinesco se desdobra no Sistema Anglo-Americano, que contém a família inglesa e a família norte-americana; no Sistema Soviético, no Sistema Islâmico, no Sistema Hindu, no Sistema Chinês e no Sistema Africano. O ordenamento jurídico universal se distribui por seis sistemas jurídicos autônomos e distintos.

A formulação da lei pelo Poder Legislativo é uma conquista histórica, que exprime a culminância de milenar processo político, a superação do poder individualizado do monarca absolutista pelo primado da Constituição e a implantação do Estado de Direito. Cabe apurar, para responder ao enunciado do tema, se, nos sistemas jurídicos contemporâneos e nas diferentes famílias jurídicas em que eles se distribuem, a lei é monopólio do Poder Legislativo, encarado como sua fonte formal exclusiva.

3. *Lei, Poder Legislativo e Sistemas Jurídicos*

No sistema jurídico anglo-saxão, o Direito inglês, não obstante a extensão do Direito jurisprudencial e das convenções constitucionais, a soberania do Parlamento enlaça a soberania incontrastável da lei. Dicey, em obra clássica,[5] sustentou a autoridade legislativa ilimitada do Parlamento, inspirando-se na doutrina de Blackstone e De Lolme, lembrando deste último a famosa passagem segundo a qual "é princípio fundamental, para os jurisconsultos ingleses, que o Parlamento pode fazer tudo, exceto tornar uma mulher em homem e um homem em mulher". Nos Estados Unidos, o art. 1º da Constituição Federal confere ao Congresso o exercício de todos os poderes legislativos: *All legislative powers herein granted shall be vested in a Congress of the United States* (...) (Art. 1, Sec. 1).

No sistema jurídico europeu-continen-

3. *Les Grands Systèmes de Droit Contemporains*, 6ª ed., Dalloz, 1974, p. 23.

4. T. III, *La Science des Droits Comparés*, Paris, Economica, 1983 (pp. 84 e 85 e 297-299).

5. A. V. Dicey, *Introduction a l'Étude du Droit Constitutionnel*, Paris, Giard/Brière, 1902, pp. 35-37.

tal, o Direito francês erigiu em regra fundamental do ordenamento a afirmação da lei como expressão da vontade geral, que se inscreveu na Declaração dos Direitos do Homem e do Cidadão de 1789, para se transformar, a partir de 1875, em princípio configurador das instituições republicanas. A Constituição de 3.9.1791, reservando as funções legislativas ao Poder Legislativo (Cap. III, Seção Primeira, art. 1º), proibia ao Poder Executivo a elaboração de qualquer lei, mesmo provisória, pois só lhe caberia expedir proclamações para ordenar ou recordar a execução das leis. A subordinação do Executivo à lei, expressão da vontade geral, conduziu a subordinação do Executivo ao Parlamento, que se tornou comportamento típico do regime parlamentar francês da IIIª e da IVª República. Sendo a lei expressão da vontade geral e o Parlamento a fonte formal de revelação dessa vontade incontrastável, o regime parlamentar francês daqueles períodos republicanos consolidou a soberania do Parlamento na soberania da lei.

René Capitant,[6] na profunda análise que dispensou às duas obras fundamentais de Carré de Malberg — *Contribution à la Théorie Générale de l'État* e *La Loi, Expression de la Volonté Générale* —, tornou claro que, na concepção do Professor de Strasbourg, a primazia da lei no Estado francês era incompatível com sua definição material. A plenitude da lei impunha a inexistência de determinado conteúdo material, para ser objeto dela, de modo que, não havendo a predeterminação de conteúdo, a atividade do legislador se exerceria sem limitações, transformando em lei o que decorria de sua vontade soberana. Definir a lei por sua matéria, esclarecia René Capitant,[7] reproduzindo a concepção de Carré de Malberg, é defini-la pelo seu objeto. É presumir que o legislador dispõe de um domínio limitado de competência, conforme as matérias submetidas à sua regulamentação, com exclusão das que não o foram, e assim passam à autoridade exclusiva de outros órgãos. O Direito Público francês, fundado na concepção revolucionária da lei como expressão da vontade geral, expandiu-se sob a influência da regra formulada no Tít. III, Cap. II, art. 3º, da Constituição de 3.9.1791: *Il n'y a point en France d'autorité supérieure à celle de la loi.*

O sistema soviético, ultrapassada a fase das transformações revolucionárias que se iniciaram com a conquista do poder, em 1917, ingressou, a partir de 1922, na prática do princípio da legalidade. Lembram René David e John N. Hazard, na obra *Le Droit Soviétique*,[8] que, naquela altura da revolução bolchevique, Lénine sentiu a necessidade de reafirmar o princípio da legalidade, indispensável para restaurar a ordem e assegurar a edificação do socialismo. Trata-se de legalidade que os autores marxistas, na fase anterior às mudanças ocorridas, recentemente, no Leste Europeu e na União Soviética, sempre adjetivaram de legalidade socialista, para estabelecer o antagonismo com a legalidade burguesa. No sistema soviético, o princípio da legalidade não convive com a separação de Poderes e desenvolveu princípio próprio, o da unidade do Poder. A inexistência da separação de Poderes e a adoção de estrutura vertical do Poder desfazem a exclusividade da fonte formal do ato legislativo, que poderá emanar de qualquer dos órgãos situados na culminância do Poder do Estado. Os órgãos legislativos, o Soviet Supremo da União e das Repúblicas Federativas, não se concentram na atividade de votar as leis. Como observam René David e John Hazard, elaboram, também, decretos, *ordonnances* e decisões. Feitas estas observações, que registram particularidades do sistema soviético, ora em período de reajustamentos constitucionais, a lei é

6. *Cours de Principes du Droit Public*, 1953/1954, Paris, Les Cours de Droit, p. 33.

7. *Cours de Principes du Droit Public*, cit., p. 37.

8. T. I, *Les Données Fondamentales du Droit Soviétique*, Paris, LGDJ, 1954 (pp. 161-224).

ato da competência do Soviet Supremo, nos termos dos arts. 113 e 114 da Constituição de 7.10.77, incluindo-se na competência do Soviet Supremo a do *Presidium* (arts. 119 e 120), no intervalo das sessões, para modificar, em caso de necessidade, os atos legislativos vigentes na União Soviética (art. 122-1).

O sistema chinês, que adquiriu autonomia na classificação de Constantinesco, ou como integrante do sistema socialista, na classificação de René David, concebeu o seu sistema político, partindo do modelo soviético de organização. No estudo exaustivo que dedicou à República Popular da China,[9] obra publicada na coleção *Les Systèmes de Droit Contemporains*, do "Institut de Droit Comparé de l'Université de Paris", Tsien Tche-Hao acentua que o regime da República Popular da China não pratica a separação de Poderes. No seu lugar, instituiu a "harmonização" dos Poderes. A Assembléia Popular Nacional, como o Soviet Supremo da União Soviética, é, ao mesmo tempo, órgão legislativo e órgão executivo e detém o poder do Estado. Comentando o art. 22 da Constituição da China Popular de 1954, o mesmo autor informa que a Assembléia Popular é o único órgão do Poder Legislativo e não conhece restrição ao seu poder. Cabe à Assembléia elaborar e aprovar as leis. A Constituição da República Popular da China, de 4.12.82, mantém a estrutura anterior, considerando a Assembléia Popular Nacional o órgão supremo do poder do Estado e o Comitê o seu órgão permanente (art. 57). A Assembléia Nacional e o Comitê Permanente exercem o Poder Legislativo do Estado (art. 58). Cabe à Assembléia Popular votar o Código Penal, o Código Civil, as leis relativas à estrutura do Estado e outras leis essenciais, assim como as modificações introduzidas nessas leis. Entre os numerosos poderes do Comitê Permanente, destaca-se o de votar e modificar outras leis, além daquelas votadas pela Assembléia Popular. A participação mais intensa do Comitê Permanente no processo de elaboração das leis, seja como órgão do Poder Legislativo, ao lado da Assembléia Popular (art. 58), ou como titular do poder de votar e emendar outras leis, além das que devem ser votadas pela Assembléia Popular, não subtrai a lei da competência do Poder Legislativo no atual sistema jurídico-constitucional da China Popular. À luz das atuais regras constitucionais e da interpretação que lhes dá conhecedor das instituições da China Popular, é razoável a inclusão do sistema chinês no grupo dos sistemas jurídicos que conferem ao Poder Legislativo o monopólio da lei.

O sistema jurídico muçulmano é projeção do sentimento religioso que unifica o Estado, a Sociedade e a Comunidade. Maurice Flory e Robert Mantran,[10] no estudo que dedicaram ao regime político dos Países Árabes, esclarecem que, como sociedade teocrática, no mundo árabe-muçulmano a função do povo não é a mesma que ele desempenha nas democracias ocidentais. O povo — *Umma* — não tem por finalidade exprimir sua opinião, mas a de traduzir a vontade divina. A referência suprema do sistema não é o povo, mas a divindade islâmica. Os representantes que compõem as Assembléias não são escolhidos em função da vontade popular. O que importa para a investidura é o conhecimento da religião e a aproximação da vontade divina. As Assembléias árabes-islâmicas não possuem poder de decisão. São órgãos de consulta e não órgãos de legislação. A caracterização dominante da função das Assembléias como órgãos de consulta pode sofrer atenuações, que constituem exceções à regra geral. A Constituição da República Islâmica do Irã, de 15.11.79, p. ex., prevê a função legislativa da Assembléia Islâmica (art. 71), mas, ao mesmo tempo, subordina a Assembléia à religião

9. *La République Populaire de Chine — Droit Constitutionnel et Institutions*, LGDJ, 1970, pp. 40 e 232.

10. *Les Régimes Politiques des Pays Arabes*, Paris, PUF, 1968, p. 139.

oficial do País (art. 72) e à autoridade de um Conselho de Vigilância, encarregado de assegurar a prevalência dos preceitos islâmicos (arts. 91, 94, 96).

O sistema jurídico africano, a partir do processo de descolonização, caracterizou-se pela fertilidade constitucional, que converteu a África em amplo laboratório de experimentação das novas Constituições. A influência francesa e a influência inglesa no processo de constitucionalização justificaram a classificação do sistema africano em Estados francófilos e Estados anglófilos. O artificialismo da implantação das Constituições inspiradas nos modelos de suas matrizes constitucionais conduziu à instabilidade dos regimes políticos, com mudanças freqüentes de Constituições, suspensão dos direitos individuais, ascensão e queda de regimes ditatoriais, esmagamento de minorias pelo domínio de partidos dominantes, quando não do partido único dentro do Estado. Dmitri Georges Lavroff,[11] comentando os poderes das Assembléias Parlamentares no sistema constitucional dos Estados francófilos, assinalou a limitação material do Poder Legislativo em conseqüência da definição prévia do âmbito da lei, técnica inspirada na Constituição francesa de 1958, que contraiu a atividade legislativa, deixando fora de sua competência as matérias não explicitadas a seu favor. Com a ressalva das paralisações que atingem o funcionamento do Poder Legislativo, no sistema jurídico africano a lei é ato do Poder Legislativo, conforme enunciam as regras de 34 das Constituições dos Estados francófilos[12] e de 7 das Constituições dos Estados anglófilos.[13]

O sistema jurídico da Índia, incluído nas classificações de René David e de Léontin Constantinesco, reflete os condicionamentos da complexa estrutura territorial, política e étnica da República da Índia. A Constituição da Índia, de 26.1.50, com seus 393 artigos e 9 anexos, dentre eles o Anexo VII, que abrange as exaustivas listas de competências da União, dos Estados e das matérias concorrentes, é o instrumento de ordenação do diversificado sistema jurídico indiano, no qual a confecção da lei é prerrogativa do Parlamento bicameral. As normas de elaboração da lei são abundantes na Constituição (arts. 79-122), que ingressou nas minúcias de natureza regimental (arts. 86, 87, 93, 94, 95, 96, 98, 109, 110, 114, 115, 116, 117, 118).

A análise dos sistemas jurídicos demonstra que a lei é, de modo geral, considerada como ato cuja elaboração constitui monopólio do Poder Legislativo, salvo no sistema jurídico muçulmano, dominado pela concepção teocrática do Poder, e no sistema jurídico africano, quando as manifestações cíclicas do poder individualizado promovem a substituição da vontade do órgão legislativo pela vontade do ditador. O Poder Legislativo é a sede da lei formal e da lei material. No primeiro caso, para identificar a fonte da lei no Parlamento, e, no segundo, para indicar o conteúdo da lei, como fazem os ordenamentos constitucionais, a exemplo do brasileiro, que discriminam na Constituição a matéria, vale dizer, o conteúdo da lei.

Não é monopólio da lei formal e da lei material que está em causa no mundo contemporâneo. O que nele ocorreu é fenômeno diverso. Trata-se do deslocamento parcial da atividade legislativa para outros ti-

11. *Les Systèmes Constitutionnels en Afrique Noir — Les États Francophones*, Paris, Pedone, 1976, p. 65.

12. Dmitri Georges Lavroff, ob. cit., que abrange as Constituições da República Popular de Bénin (1959); República de Burundi (1974); República dos Camarões (1972); República Centro-Africana (1959-1960); República Popular do Congo (1973); Costa do Marfim (1959-1960); Gabão (1959-1961); Guiné (1958); Alto Volta (1959-1960-1970); Madagascar (1959-1960-1975); Mali (1960-1974); Mauritânia (1961); Niger (1959-1960); Quanda (1962); Senegal (1959-1960-1963-1970); Tchad (1959-1960-1962); Togo (1960-1961); Zaire (1964-1974).

13. D. G. Lavroff e G. Peiser, *Les Constitutions Africaines*, t. II, *États Anglophones*, Paris, Éditions A. Pedone, 1964, que contém as Constituições da República da África do Sul (1961); República de Ghana (1960); República da Libéria (1847); República da Nigéria (1963); Uganda (1962); Serra Leoa (1961); República de Tanganyka (1961).

tulares, aos quais as Constituições contemporâneas permitem, através de técnicas e de procedimentos apropriados, o exercício de competência legislativa, para emanar atos distintos da lei, mas que possuem a força e o valor da lei. Essas técnicas e procedimentos não são criações do mundo contemporâneo. Lançam raízes no passado e denunciam, pelo menos, a desconfiança na competência do Poder Legislativo para legislar rapidamente ou atender a situações de emergência. O deslocamento parcial da atividade legislativa do Parlamento para outros centros de legislação não constitui procedimento raro e restrito a este ou àquele Estado. É fenômeno generalizado, que se disseminou nos sistemas jurídicos contemporâneos. Ingressou nas democracias clássicas e nas democracias modernas, nos regimes republicanos e nos regimes monárquicos, nas Constituições presidencialistas e nas Constituições parlamentaristas. Após o choque inicial, que feriu os preceitos da doutrina constitucional fundada na separação de Poderes e na distribuição orgânica de competências, acenando com a ameaça da ditadura, o procedimento e as técnicas que preconizaram a adoção de novas formas de atividade legislativa, além da lei formal e da lei material, encontraram a tranqüila consagração nos textos constitucionais do Governo representativo.

4. Deslocamento da atividade legislativa

O *decreto-lei* é a forma remota de deslocamento da atividade legislativa do Parlamento para o Poder Executivo, representando, ao lado dos *provvedimenti provvisori* e das medidas provisórias, instituídas, contemporaneamente, na Constituição da Itália de 1947 e na Constituição do Brasil de 1988, as espécies mais radicais de legislação direta e autônoma do Executivo.

Santi Romano[14] ilustrou a energia dessa forma governamental de legislação direta na utilização do decreto-lei, em 1908, no ordenamento italiano, para enfrentar as conseqüências do que ele denominou de "cataclisma telúrico", verificado nos territórios de Messina e Reggio-Calabria. A necessidade e a urgência impuseram o apelo ao decreto-lei, para acudir à população desabrigada, restabelecer serviços públicos e assegurar a ordem pública. Em função de ocorrências de tal gravidade, desenvolveu-se na Itália o conceito de *necessità ed urgenza*, para justificar a adoção de poderes legislativos extraordinários do Governo. A *necessità* converteu-se em fonte sobre a produção de normas.[15]

Na França,[16] a legislação governamental na via do decreto-lei foi adotada no período da guerra de 1914-1918, após resistências do Parlamento, que o Ministério Clemenceau transpôs, quando obteve a aprovação da lei de 10.2.18, autorizando o Governo a expedir decretos com força de lei, em matéria de abastecimento, observada a cláusula de posterior ratificação das Câmaras. A legislação por decretos-leis alcançou intensidade a partir de 1924, sob o Gabinete Poincaré, e adquiriu habitualidade a partir de 1934, com autorização concedida ao Presidente Doumergue, em 1935 (Gabinete Pierre Laval), 1937 (Ministério Chautemps), em 1938 e 1939, com a outorga de plenos poderes ao Ministério Daladier, na preparação do esforço de guerra. A Lei de 8.12.39 tornou o emprego de decretos-leis a forma de legislação permanente do Governo de Guerra.

Na Alemanha, sob a Constituição de Weimar, de 19.8.19, o art. 48 atribuía ao Presidente da República competência para adotar medidas assemelhadas ao decreto-lei, visando ao restabelecimento da ordem e da segurança públicas, quando gravemente perturbadas ou ameaçadas.

14. "Sui decreti-legge e lo Stato di Assedio in occasione del terremoto di Messina e di Reggio-Calabria", *Scritti Minori*, Milão, Giuffrè Editore, 1950, p. 287.

15. Costantino Mortati, *Istituzioni di Diritto Pubblico*, t. II/640.

16. Maurice Duverger, *Institutions Politiques et Droit Constitutionnel*, v. 2/74 e 75, PUF, 1971.

No Brasil, o decreto-lei, como manifestação autoritária da legislação direta do Poder Executivo, surgiu na Carta de 10.11.37, precedido de autorização do Parlamento, dentro das condições e dos limites fixados pelo ato de autorização (art. 12), ou, nos períodos de recesso do Parlamento ou de dissolução da Câmara dos Deputados, nas matérias de competência legislativa da União não excetuadas expressamente (art. 13, letras "a" até "h"), para, finalmente, converter-se na forma permanente de pletórica legislação presidencial, durante a vigência da Carta de 1937 (art. 180). A Constituição Congressual de 24.1.67 reintroduziu o decreto-lei no ordenamento jurídico brasileiro (art. 46, V), conferindo ao Presidente da República a competência para expedi-lo, em casos de urgência ou de interesse público relevante, "desde que não haja aumento de despesa", em matérias predeterminadas, as quais, pela sua amplitude, colidiam com a proibição de aumento de despesa. O decreto-lei dependia de apreciação do Congresso Nacional, que não poderia emendá-lo, e, se não fosse apreciado no prazo de 60 dias, seria automaticamente aprovado. A eventual rejeição do decreto-lei, que gozava de vigência imediata, não acarretaria a nulidade dos atos praticados (art. 55, I, II e III, §§ 1º e 2º).

Contemporaneamente, no sistema jurídico ocidental, o decreto-lei, como atividade legislativa do Executivo ou do Governo, ingressou na Constituição da Itália de 1947 (art. 77, §§ 2º e 3º), na Constituição de Portugal de 1976 (art. 201, 1, "a", "b", "c", 2, 3; art. 172, 1 a 5) e na Constituição da Espanha de 27.12.78 (art. 86, 1, 2, 3), aqui referidas como textos representativos do sistema jurídico, sem caráter de exaustividade nesta referência. Abandonando a designação de decreto-lei, que recordava a larga utilização do instituto no período do regime fascista, a Constituição italiana cunhou nova expressão — *provvedimenti provvisori con forza di legge* — para alcançar os mesmos efeitos do decreto-lei, através da legislação governamental. Os *provvedimenti provvisori* devem ser apresentados às Câmaras, para conversão, no mesmo dia. Os decretos, como passa a denominá-los o terceiro parágrafo do art. 77 da Constituição da Itália, perderão eficácia desde o início se não forem convertidos em lei dentro de 60 dias de sua publicação. Neste caso, as Câmaras poderão regular na lei as relações jurídicas que surgiram na vigência dos decretos não convertidos (art. 77).

A Constituição da República Portuguesa de 1976, com as revisões de 1982 e 1989, após enumerar as matérias que constituem objeto da exclusiva competência legislativa da Assembléia da República (art. 167, letras "a" até "p"), confere ao Governo — órgão constituído pelo Primeiro Ministro, pelos Ministros, pelos Secretários e Subsecretários de Estado (art. 186, 1) — no exercício de funções legislativas, a competência para expedir decretos-leis em matérias não reservadas à Assembléia da República, em matérias de reserva relativa da Assembléia da República, mediante autorização desta, e para desenvolvimento dos princípios ou das bases gerais dos regimes jurídicos contidos em leis que a eles se circunscreveram (art. 201, 1, "a", "b", "c"). Dessas três modalidades, a primeira corresponde ao decreto-lei que resultar da iniciativa direta do Governo, enquanto a segunda e a terceira se ajustam à legislação delegada ao Governo, provindo de lei de autorização legislativa ou de lei de bases (art. 201, 3). Os decretos-leis nas matérias não reservadas à Assembléia da República, no exercício da competência legislativa exclusiva do Governo, não são submetidos à apreciação da Assembléia da República (art. 172, 1).

A Constituição da Espanha de 1978, inspirando-se na Constituição da Itália, autoriza o Governo, que se compõe do Presidente, do Vice-Presidente, dos Ministros e de outros membros previstos na lei (art. 98, 1), a expedir, em caso de extraordinária e urgente necessidade, disposições legislativas provisórias, sob a forma de decretos-leis, mas se afasta da matriz constitucional italiana, para ressalvar que os decretos-leis não poderão atingir o ordenamento das instituições básicas do Estado, os direitos, deveres e liberdades dos cidadãos, regulados no Tít. I, o regime das Comunidades autônomas, nem o Direito Eleitoral geral (art. 86). A Constituição determina que os decretos-leis deverão ser imediatamente submetidos a debate e votação pelo Congresso dos Deputados, dentro do prazo de 30 dias, a contar de sua promulgação, para fins de convalidação ou derrogação. As Cortes, no mesmo prazo de 30 dias, poderão submetê-los a tramitação como projetos de lei, em procedimento de urgência.

A *delegação legislativa*, outra forma que operou o deslocamento parcial da atividade legislativa do Parlamento para a área do Poder Executivo ou do Governo, floresceu, originariamente, nos regimes parlamentares, permanecendo o regime presidencial, durante largo período, hostil a essa modalidade de legislação governamental, como evidenciam a Constituição norte-americana de 1787 e o constitucionalismo brasileiro que precedeu à breve experiência do regime parlamentar, no período de 1960/1963, e à Constituição congressual de 1967.

Na Inglaterra, modelo de regime parlamentar, a legislação delegada comporta uma distinção entre a delegação normal e a delegação anormal ou legislação de crise. Enquanto a primeira atende a exigências da pressa e da complexidade técnica dos textos legais, a segunda, como destacou Paul Visscher,[17] tem sua origem em circunstâncias excepcionais e bruscas: guerras, crises econômicas, perturbações internas. A legislação de crise, imposta pela guerra de 1914-1918 — *Defense of the Realm Act 1914* — reproduziu-se nos *Emergency Powers (Defense) Acts*, de 24.8.39 e 22.5.40, verdadeira legislação de plenos poderes. A discricionariedade da legislação delegada suscitou vivas reações na Inglaterra. Lord Hewart of Bury, antigo *Chief Justice*, exprimiu essas resistências em livro que alcançou larga repercussão — *The New Despotism* — no qual sustentou que a prática da legislação delegada resultava de um complô de altos e ambiciosos funcionários interessados em anular os poderes soberanos do Parlamento inglês.

Nos Estados Unidos, a legislação delegada embutida na legislação do *New Deal* provocou a forte resistência da Suprema Corte, em sucessivas declarações de inconstitucionalidade, fundadas na interpretação constitucional da separação dos Poderes e na ausência de *standard* que pudesse dirigir ou limitar os poderes do Presidente, como frisou o Juiz Cardozo[18] na sua *concurring opinion*, manifestada no famoso caso *Schechter Poultry Corp. et al.* v. *United States* (1935).

Contemporaneamente, a técnica da legislação delegada, que Georges Burdeau[19] disse ser o tributo que a democracia presta à razão de Estado, tornou-se comum às Constituições parlamentaristas da Itália, da Alemanha, da França, de Portugal e da Espanha.

A Constituição da Itália contempla forma moderada de delegação legislativa, que afasta a atração exercida pela concessão de plenos poderes. Preferiu a delegação controlada, assim concebida no art. 76, *verbis*: "L'esercizio della funzione legislativa non può essere delegato al Governo se non con determinazione di principi e criteri direttivi e soltanto per tempo limitato e per oggetti definiti".

A lei de delegação é o ato instrumental do Parlamento, para atribuir ao Governo o

17. *Les Nouvelles Tendences de la Démocratie Anglaise*, Paris, Casterman, 1947, pp. 28 e 29.

18. Rocco J. Tresolini, *American Constitutional Law*, Nova York, The Macmilan Company, 1959, pp. 137 e 138.

19. *Traité de Science Politique*, t. VIII/561, Paris, LGDJ, 1974.

poder-dever de legislar dentro das limitações constitucionais, e o decreto com valor de lei é o ato do Governo que exterioriza o exercício da função legislativa delegada, como dispõe a primeira parte do art. 77 da Constituição.

A Lei Fundamental da República Federal da Alemanha, de 23.5.49, prevê a habilitação legislativa ao Governo Federal, a um Ministro Federal ou aos Governos dos Estados, com as cautelas da delegação controlada, conforme o modelo italiano. A lei que conferir a competência para expedir regulamento de direito (*Rechtsverordnungen*) determinará o conteúdo, o fim e a extensão da habilitação, constituindo essa medida o fundamento jurídico do regulamento (art. 80).

A Constituição da França de 4.10.58, que acolheu a concepção de poder de De Gaulle, faculta ao Governo, para execução de seu programa, solicitar ao Parlamento autorização para adotar por *ordonnances*, durante prazo limitado, medidas que se situam normalmente no domínio da lei. As *ordonnances* são decididas em Conselho de Ministros, após o parecer do Conselho de Estado. Elas entram em vigor desde sua publicação, mas caducam se o projeto de lei de ratificação não for apresentado ao Parlamento na data fixada pela lei de habilitação (art. 38).

Duas inovações da Constituição de 1958 abalaram a tradicional concepção do Direito Público francês, fundada no monopólio da lei pelo Parlamento: a que definiu as matérias da lei, seja para fixar regras ou para determinar os princípios fundamentais (art. 34), e a que, nas condições estabelecidas no art. 16, investe o Presidente da República na competência de poderes extraordinários para adotar as medidas exigidas quando as instituições da República, a independência da Nação, a integridade de seu território ou a execução de seus compromissos internacionais forem ameaçadas "d'une manière grave et immediate" (art. 16). Burdeau[20] identificou nessas inovações o rompimento da tradição republicana do monopólio legislativo pelas Assembléias Francesas.

Claude Leclercq[21] entende que a distinção entre o domínio da lei e o domínio do regulamento, estabelecida nos arts. 34 e 37, representa o abandono do princípio que assegurava a primazia da lei e os poderes extraordinários do art. 16 concentram no Presidente da República a totalidade dos poderes legislativo e regulamentar. Jacques Cadart[22] qualifica de revolução jurídica a nova definição de lei e de regulamento. A determinação das matérias que constituem objeto da lei e a indefinição do que poderá ser matéria regulamentar, abrangendo tudo o que não estiver incluído no domínio da lei (art. 37), tornaram excepcional o domínio da lei e de direito comum o poder regulamentar autônomo do Governo. Outra inovação da Constituição francesa que conflita com princípios do Governo representativo, incorporados ao Direito Público Republicano, tão zelosamente preservado na III^a^ e IV^a^ República, é a da chamada lei referendária, cujo projeto é submetido diretamente ao *référendum* popular, dispensando a deliberação parlamentar sobre ele. O Presidente da República, mediante proposição do Governo ou iniciativa conjunta das duas Assembléias, na forma do art. 11, poderá submeter ao *référendum* projeto de lei dispondo sobre a organização dos poderes públicos, a aprovação de acordo da Comunidade ou a ratificação de tratado que tenha repercussão no funcionamento das instituições. Comentando o alcance do art. 11, Burdeau[23] concluiu ter ele introduzido na França duas categorias de leis: as leis parlamentares e as leis referendárias.

20. *Traité*, cit., t. VIII/568.

21. *Droit Constitutionnel et Institutions Politiques*, 7ª ed., Paris, Librairie de la Cour de Cassation, 1990, pp. 578, 579 e 593.

22. *Institutions Politiques et Droit Constitutionnel*, 2ª ed., t. II/1.069, 1.073 e 1.074, LGDJ, 1980.

23. Ob. e v. cits., p. 472.

A Constituição da República Portuguesa abrandou a reserva absoluta de competência legislativa da Assembléia da República, que consagra a indelegabilidade das matérias incluídas nessa competência (art. 167, letras "a" até "p"), com a reserva relativa de competência legislativa, que prevê autorização ao Governo para legislar sobre a amplíssima matéria situada nesse domínio (art. 168, 1, letras "a" até "z" e "aa"). As regras constitucionais que disciplinam a legislação governamental contêm, entre outras, as seguintes disposições: as leis de autorização legislativa devem definir o objeto, o sentido, a extensão e a duração da autorização, a qual pode ser prorrogada; as autorizações legislativas não podem ser utilizadas mais de uma vez, sem prejuízo de sua execução parcelada; as autorizações caducam com a demissão do Governo a que tiverem sido concedidas, com o termo da legislatura ou com a dissolução da Assembléia da República (art. 167, 2 a 4).

A Constituição da Espanha de 1978 — como as Constituições da França e de Portugal e a Lei Fundamental da República Federal da Alemanha — filia-se ao modelo da delegação ou habilitação legislativa controlada, concebido na Constituição da Itália de 1947, que afasta os temores suscitados pela técnica dos plenos poderes, difundida na versão francesa do constitucionalismo do primeiro após-guerra. Estabelece a Constituição que as Cortes Gerais poderão delegar ao Governo o poder de expedir normas com força de lei sobre determinadas matérias, excluídas as matérias que constituem objeto das leis orgânicas (art. 82, 1, c/c art. 81). A lei de bases será o instrumento formal da delegação legislativa, quando se tratar da formação de textos articulados. A delegação se fará na via da lei ordinária, para refundir diversos textos legais em texto único. Várias cautelas condicionam, de modo geral, a delegação legislativa (art. 82, 3) e, especificamente, a prescrição de que as leis de bases delimitarão o objeto e o alcance da delegação legislativa e os princípios e critérios que deverão regular o seu exercício (art. 82, 4).

No Direito Constitucional brasileiro, a delegação legislativa encontrou prolongada resistência no período republicano, não obstante a disfarçada forma de delegação adotada nas autorizações orçamentárias da Primeira República, responsáveis pelos "orçamentos rabilongos", prática que Rui[24] condenou com severidade, qualificada por ele de "recurso da Administração contra ambas as Casas do Congresso, a fim de lhes subtrair, sem debate, à última hora, achamboiradas e disfarçadas nas leis de meios, exigências absurdas ...".

Acentuando a restrição isolada que se continha na Constituição Federal de 1891, para vedar ao titular de um dos Poderes o exercício de funções de outro (art. 79), as Constituições Federais de 1934 (art. 3º, § 1º) e de 1946 (art. 36, § 2º), em redação coincidente, vedaram a qualquer dos Poderes delegar atribuições. Afonso Arinos de Melo Franco,[25] referindo-se à Constituição de 1946, lamentou a proibição, na qual localizava "um dos mais infelizes dispositivos de nossa Constituição". Na vigência da Constituição de 1946, a Emenda Constitucional 4, de 2.9.61, que instituiu o Sistema Parlamentar de Governo, introduziu a legislação delegada no Direito Constitucional brasileiro, estabelecendo o paralelismo entre a delegação legislativa e o regime parlamentar (art. 22, parágrafo único). Extinta com o restabelecimento do regime presidencial, em 1963, a delegação legislativa encontrou ampla utilização no Gabinete Brochado da Rocha. A Constituição Federal de 1967 reintroduziu a delegação no processo legislativo federal, sob a forma da lei delegada (arts. 49, IV, e 55),

24. *Comentários à Constituição Federal Brasileira* (Coligidos e ordenados por Homero Pires), v. II/182, Livraria Acadêmica, 1933.

25. *Estudos de Direito Constitucional*, Rio, Forense, 1957, p. 96.

excluindo da legislação delegada determinadas matérias (art. 55, parágrafo único, I, II, III), dentro da concepção de delegação legislativa controlada, que adotou, para submetê-la à especificação do conteúdo e aos termos disciplinadores de seu exercício (art. 57). A preferência presidencial pela legislação abreviada e de urgência, sujeita à deliberação automática, por decurso de prazo, que a Constituição autorizava (art. 54, §§ 1º e 3º), converteu em norma ineficaz a delegação legislativa, relegada ao desuso constitucional.

A Constituição da República de 5.10.88 manteve a delegação no processo legislativo (arts. 59, IV, e 68), perfilhando a concepção de legislação controlada, que consagra as matérias indelegáveis (art. 68, § 1º, I a III), cujo campo se dilatou pela inclusão nesse domínio da matéria reservada à lei complementar e da legislação sobre planos plurianuais, diretrizes orçamentárias e orçamentos. A resolução do Congresso Nacional, que dispuser sobre a delegação ao Presidente da República, deverá especificar o conteúdo da delegação e os termos de seu exercício, exigência da legislação controlada. A delegação legislativa perdura inexplorada. Outros instrumentos de aceleração legislativa gozam da preferência presidencial, como a legislação de urgência, para os projetos de iniciativa do Presidente da República (art. 64, §§ 1º e 2º), e a legislação governamental direta, na via larga das *medidas provisórias com força de lei* (art. 62, parágrafo único). Duzentos e noventa e nove medidas provisórias, adotadas na vigência da Constituição Federal de 1988, até a data de 1.10.91, demonstram a freqüência e a intensidade desse procedimento, que a Constituição reserva aos casos de relevância e de urgência, dentro da competência privativa do Presidente da República (arts. 62 e 84, XXVI). Medidas provisórias com força de lei, que independem de autorização congressual prévia e emanam da vontade do Presidente da República, no exercício monocrático do Poder Executivo (Constituição da República, art. 76), como é da índole do regime presidencial brasileiro, conduzem à legislação de plenos poderes, atenuada pela audiência imediata do Congresso Nacional e a implícita vedação da matéria insubtraível ao Congresso, por interpretação analógica da regra da indelegabilidade legislativa. Já assinalei,[26] em estudo dedicado às "Medidas provisórias", o equívoco em que incorreu o constituinte brasileiro ao transpor para o regime presidencial técnica legislativa do regime parlamentar italiano, no qual a adoção dos *provvedimenti provvisori* decorre de decisão colegiada do Governo, envolvendo a responsabilidade política inerente ao regime parlamentar.

Conclusões

No mundo contemporâneo, o monopólio da lei reside no Poder Legislativo. A lei é ato do órgão legislativo, nas suas várias denominações de Parlamento, Congresso, Câmaras, Assembléias, conforme a preferência da Constituição, sancionado ou promulgado pelo Poder Executivo. Aí temos a ineliminável lei formal que à matéria da lei acrescenta o conteúdo da lei material. A localização da lei no Poder Legislativo é constante e generalizada nos sistemas jurídicos do mundo contemporâneo. A mudança ocorreu em outro plano, o do deslocamento da atividade legislativa para o Governo, através do decreto-lei, da legislação delegada, dos *provvedimenti provvisori* e das medidas provisórias, reduzindo a intensidade do monopólio legislativo, sem a perda da competência exclusiva de elaboração da lei. A atividade legislativa paralela do Poder Executivo, em períodos normais ou em períodos de crises, passou a compartilhar do exercício da atividade legislativa, atingindo a exclusividade da competência legislativa que o Poder Legislativo deteve no esplendor da democracia clássica e do

26. Raul Machado Horta, "Medidas provisórias", *Revista de Informação Legislativa do Senado Federal* 107/5-18, julho-setembro/90.

liberalismo político e econômico. Formas redutoras da intensidade legislativa do Parlamento igualmente se situam nas técnicas contemporâneas que privilegiam a iniciativa legislativa do Poder Executivo, mediante os procedimentos abreviados e de urgência, ou ainda no controle da deliberação legislativa através da fixação da Ordem do Dia das Câmaras. No excelente estudo sobre o funcionamento de Parlamentos, Mílton Campos e Nélson Carneiro[27] apontaram o declínio da iniciativa parlamentar das leis, as restrições ao poder de emendar e a presença do Executivo no mecanismo parlamentar da deliberação como manifestações das mudanças operadas no processo legislativo contemporâneo.

Não desconhecendo as exigências que conduzem à configuração dos poderes legislativos extraordinários e de urgência, estou convencido de que a retomada da plenitude legislativa do Parlamento, além das providências regimentais que visam ao aprimoramento do trabalho legislativo, no âmbito de seu funcionamento cotidiano, poderá ser alcançada na técnica da legislação pelas Comissões e nos instrumentos dessa legislação mais rápida, que a Constituição da Itália de 1947, em visão antecipadora, particularizou no procedimento normal e nos procedimentos abreviados, que conduzem à legislação pelas Comissões. Nas técnicas parlamentares de procedimento abreviado, como as que se encontram na Constituição da Itália, o Poder Legislativo mantém a intensidade da competência de legislar e assegura a necessária rapidez da legislação, dispensando ou, pelo menos, reduzindo a níveis mínimos a expansão da legislação governamental através dos poderes extraordinários do Executivo ou do Governo.

27. *Estudo sobre o Funcionamento dos Parlamentos da Grã-Bretanha — República Federal Alemã — França — Itália — Estados Unidos da América — México e Peru,* Brasília, DF, Serviço Gráfico do Senado Federal, 1966, pp. 16-19.

DOUTRINA

A DESPOLITIZAÇÃO DA LEGITIMIDADE

PAULO BONAVIDES
Professor da Universidade Federal do Ceará

A legitimidade, a soberania, o poder constituinte e o direito natural se inserem numa esfera de temas que o positivismo formalista tem procurado com todo o afinco desterrar da Ciência do Direito, para fazê-lo unicamente objeto de especulação metafísica, mas sempre circunscrito num espaço vedado à investigação jurídica de natureza científica propriamente dita. Forma-se, assim, aquela categoria de temas suspeitos a uma metodologia que se presume de inspiração estritamente científica.

Tem a legitimidade íntimos laços com o direito natural, o poder constituinte e a soberania, sobretudo laços históricos. Mas não é dessas conexões que nos ocuparemos a seguir, senão do processo de despolitização ou de neutralização que esse conceito vem constantemente padecendo; uma despolitização tão profunda que acabou por descaracterizá-lo, ao fazê-lo indiferente a valores, vazio e, por conseqüência, inócuo. Do ponto de vista da ação política acaba sendo também um conceito inútil ou inaplicável à *praxis* institucional. Não entra, assim, no universo efervescente e dinâmico de algumas modalidades contemporâneas de sociedade, inclinadas a quebrantarem o *status quo* ou a ordem estabelecida.

O problema da legitimidade não pode, porém, ser suprimido da reflexão filosófica e da análise sociológica em se tratando de examinar os fundamentos do poder numa sociedade política em crise. Em geral, as sociedades sujeitas à iminência de transformações podem acarretar uma substituição da tábua de valores dominantes. O tema legitimidade é, portanto, inseparável da ideologia. Isso se torna mais claro quando ele emerge, com toda força e densidade, nas épocas revolucionárias, em ocasiões de contestação dos poderes organizados, de mudança do regime e do sistema institucional, ou quando a sociedade política, agredida pelo golpe de Estado e pelas usurpações, questiona seus próprios valores.

A legitimidade enquanto crença ou valor fundamental de sustentação do poder com base no consenso dos governados é conceito histórico, aberto, de conteúdo variável, dotado sempre de crucial atualização.

Onde há revolução, golpe de Estado, reformas e contra-reformas, onde a instabilidade dos poderes, dos interesses e das situações reflete na esfera política um estado de conflito que revolve as instituições e as altera em dimensões profundas, a legitimidade ocupa sempre o primeiro lugar do debate; é a idéia-chave do poder constituinte, da matéria institucional oriunda das deliberações do colégio soberano.

A legitimidade configura, pois, essas hipóteses de crise, anormalidade e ruptura; é fórmula revisora das bases sobre as quais se assenta o poder, é também o ponto central de todas essas controvérsias: o lugar da teoria para onde convergem, se encontram, o jurista, o filósofo, o sociólogo, o cientista político, o historiador, enfim, a balança de todos os valores ou o cálculo de produção do consenso na sociedade dilacerada de antagonismos e convulsões.

Toda queda de regime, toda transição política substancial, toda mudança de instituições, toda variação de estruturas da autoridade, toda substituição da forma de Estado, toda introdução de um novo poder social com o selo da supremacia, traz ínsito um problema de legitimidade, presente ao fato histórico e concreto.

Se considerarmos a legitimidade como um valor na ordem abstrata dos conceitos, verificaremos que o direito natural no século XVIII, com as formulações do poder constituinte, o colocou na ordem do dia das cogitações mais agudas e trágicas do debate racionalista, tornando-se o primeiro, talvez, dos problemas políticos da filosofia iluminista. A tese do século, levantada com palavras tanto quanto possível fiéis à linguagem da época, era esta: sem contrato social não há legitimidade.

A ideologia do terceiro-estado produziu os conceitos de soberania, poder constituinte e representação e provocou a primeira grande crise de legitimidade da sociedade ocidental: a da passagem do Estado monárquico-absolutista, de composição social privilegiada, ao Estado constitucional burguês. Diminuindo a massa dos privilégios sem, todavia, extingui-los, o poder do terceiro-estado atenuou as desigualdades sociais e fez do credo igualitário e libertário a principal força de sua legitimação.

O constitucionalismo liberal da burguesia exprimiu essa fase da consciência européia. A limitação de poderes decretou o fim da legitimidade de direito divino, ao mesmo passo que a *ratio* jusnaturalista se positivou nos códigos e nas Constituições. O pensador social já não precisava explicar tudo pelos eventos históricos. Da análise da sociedade extraiu-se uma grande teorização de cunho sociológico. Convém, por conseguinte, inserir aqui o esquema das distintas formas de legitimidade constatadas pela genial análise de Max Weber, ainda hoje ponto de partida para toda discussão séria em torno do problema ao qual trouxe ele tantas luzes e tão notável contribuição.

Distingue o sociólogo alemão três tipos puros de autoridade: a carismática, a tradicional e a racional.

A autoridade carismática repousa, segundo Weber, no fervor ou na devoção excepcional a uma ordem revelada ou criada pelas virtudes de santidade, heroísmo e perfeição de uma determinada personalidade.[1]

O carisma é revelação de confiança pessoal da parte dos que obedecem; o conceito, segundo confessa o classificador dessa forma de legitimidade, foi extraído da velha terminologia cristã.

A autoridade de caráter tradicional se funda na crença cotidiana acerca da sacralidade das tradições observadas bem como na legitimidade daqueles que, mediante elas, exercitam a autoridade.

Finalmente, prossegue Weber, a terceira forma legítima de autoridade é a racional, resultante da crença assentada na legalidade das ordens estatuídas ou no direito de baixar instruções possuído por aqueles que exercem o poder.[2]

É de assinalar, segundo esse pensador social, que as três formas de legitimidade referidas não se apresentam em estado puro numa determinada sociedade; mas se infere daquela formulação, aplicada ao campo histórico da civilização, um desdobramento de predominância em que o modelo racional,

1. *Wirtschaft und Gesellschaft*, vierte, neu herausgegebene Auflage, besorgt von Johannes Winckelmann, I. Halbband, Tuebingen, 1956, p. 124.

2. Ob. cit., p. 124.

na extremidade das variantes, acaba por ser aquele que tem de último prevalecido nas organizações nacionais do Ocidente, como conceito de competência, princípio da hierarquia, a racionalidade administrativa, a burocracia, a qualificação profissional, o registro cartorial, a disciplina do titular da função pública etc.

Identificadas e admitidas essas três categorias básicas de exercício legítimo do poder, constatadas numa linha histórica vertical e reconhecido de último o traço horizontal contemporâneo de prevalência dos elementos racionais, uma observação de logo se impõe, a fim de corroborar implícita ou explicitamente o que já se percebe das explanações dantes feitas: a legitimidade, em última análise, exprime sempre e invariavelmente uma crença fundamental, um valor, uma idéia, concretamente vinculados ao respectivo ordenamento político, para regular, por via de um princípio de autoridade, as relações de comando e obediência. Em outras palavras, há na base de toda legitimidade uma religião, uma filosofia ou uma ideologia, que fazem a força do princípio e a intensidade com que ele socialmente se exercita.

Não padece dúvida que durante os séculos XIX e XX a tônica da legitimidade recaiu numa ideologia de sustentação. Do tema ficaram conscientes alguns teoristas liberais da primeira metade do século passado, entre os quais Benjamin Constant, com os seus estudos acerca da usurpação do poder. Mas a tese da legitimidade revolucionária do poder popular representativo já se inscrevia por inteiro no pensamento contratualista dos filósofos racionalistas, e destes passara, numa transformação da teoria à prática, para o panfleto célebre do Abade Sièyès sobre o terceiro-estado e o poder constituinte da Nação, excedendo, assim, em *praxis* o que havia de nebulosidade teórica no texto do *Contrato Social* de Rousseau.

A teorização da legitimidade pelos escritores sociais alcançou de último um grau quase didático e sistemático com as obras de Max Weber, Ferrero, Carl Schmitt e Niklas Luhmann.

De Max Weber já nos ocupamos, o quanto basta, acerca da essencialidade de seu esquema.

Quanto a Ferrero, nota-se a diligência do autor em formular o conceito de legitimidade. Governos legítimos seriam, segundo ele, aqueles que libertam do medo os governados e imprimem um estado de confiança recíproca entre titulares e destinatários do poder.

O publicista identifica quatro princípos básicos de legitimidade: o eletivo, o hereditário, o aristocrático-monárquico e o democrático, que "se hão entrelaçado entre si, ao longo dos séculos, porfiando ou colaborando um com o outro".[3]

Dantes, Ferrero observara a combinação ou a associação de dois desses princípios de legimidade, o eletivo e o democrático, sem, todavia, asseverar fossem "os únicos princípios de legitimidade reconhecidos e aplicados no Ocidente", porquanto, anterior à Primeira Grande Guerra Mundial, e até esse conflito, a Europa vira uma larga aplicação do princípio aristocrático-monárquico, bem como o hereditário, hoje em comprovada fase de decadência histórica.

O conceito de legitimidade de Ferrero faz ínsita em cada espécie admitida um certo teor axiológico, porquanto pertence à essência da legitimidade inferir-se dela um juízo afirmativo acerca do poder que se vai estabelecer ou que já se acha estabelecido: se esse juízo, porém, é negativo, o poder se reputa, então, ilegítimo.

Clássico das análises modernas referentes ao problema da legitimidade atado a um critério de valor, Ferrero condensa com meridiana clareza e precisão o seu ponto de vista essencial: "Em suma, os

3. Guglielmo Ferrero, *Potere*, ed. a cargo de Gina Lombroso, Milão, 1959, p. 59.

princípios de legitimidade são justificações do poder, isto é, do direito de comandar; porque entre todas as desigualdades humanas nenhuma tem conseqüências tão importantes e por isso mesmo tanta necessidade de justificar-se quanto a desigualdade derivada do poder. Salvo algumas raras exceções, um homem equivale a outro: por que então um deve ter o direito de comandar e os outros o dever de obedecer? Os princípios de legitimidade respondem a esta objeção".[4]

Assim como Hobbes fez do medo a base de toda a sua filosofia de alienação dos direitos e franquias do estado de natureza para estabelecer a investidura de uma autoridade sem limites no estado de sociedade, Ferrero retoma esse elemento psicológico, qual fenômeno que se acha na raiz de todas as formas históricas e conhecidas de legitimidade. De tal sorte que, sem exagerar, legitimidade, para ele, é a libertação do medo.[5]

Esse princípio, diz Ferrero textualmente, é, hoje, a maior garantia contra o mais terrível dos males: o reino do medo; portanto, um bem que pertence a todos, o "precioso selo do verdadeiro contrato social".[6]

Desfazendo toda a ilusão acerca da natureza dos princípios de legimidade, sujeitos a eventual destruição "por serem humanos, isto é, empíricos, circunscritos, convencionais, extremamente frágeis", eles representam, todavia, segundo Ferrero, o maior bem de que a humanidade, como ser coletivo, pode fruir: o poder sem medo.[7]

A legimidade era, assim, portadora de solução para "o mais terrível problema da vida: o medo do Poder".[8] O reconhecimento da legitimidade como um princípio de libertação do medo, tanto dos governados quanto dos governantes, perdendo estes o temor das revoltas "sempre imanente na obediência coacta de seus súditos", é, talvez, o ponto-chave da doutrina política de Ferrero sobre a essência do poder.[9]

Entende ainda o publicista peninsular que se há de distinguir, nessa matéria, conceitos tais como legitimidade, pré-legitimidade, quase-legitimidade e ilegitimidade.

Teoriza Ferrero à base de reflexões sobre a história, cuja análise ele faz nas suas conexões sobre o tema, sendo das mais curiosas aquelas que abrangem o comportamento de Napoleão, tocante ao medo, porquanto foi o imperador corso aquele que motivou basicamente a investigação precursora de Benjamin Constant sobre a legitimidade, condensada no ensaio acerca da usurpação e do espírito de conquista.[10]

Vejamos a concepção básica de legitimidade que flui das reflexões de Ferrero. Vamos, tanto quanto possível, com suas próprias palavras, expor-lhe a seguir o pensamento.

Acha ele que um poder é legítimo quando os procedimentos usados, primeiro

4. Ob. cit., pp. 59 e 60.

5. Entende Ferrero que o poder vem sempre de cima, mas a legitimidade, tanto nas monarquias como nas democracias, vem de baixo, acrescentando que o poder se torna legítimo e livre do medo "unicamente pelo consenso, ativo ou passivo, mas sincero daqueles que devem obedecer" (ob. cit., p. 357).

6. Ob. cit., p. 381.

7. Ob. cit., p. 380.

8. Ob. cit., p. 342.

9. Ob. cit., p. 342.

10. Sobre o medo que dominou a personalidade de Napoleão: "O seu governo não foi senão um acesso de medo, que aterrorizou e incendiou a Europa. Durante 10 anos a Europa tremeu sob a ameaça contínua da guerra, porque o imperador Napoleão tinha medo. Mas por que tinha medo? Havíamos dado já uma resposta provisória a esta indagação crucial: eis agora a resposta definitiva. A onipotência imperial, o patrão da Europa, o super-homem nietzschiano da lastimável literatura do século passado, tremia porque lhe faltava o apoio dos dois gênios invisíveis, que unicamente podem dar ao poder a força de ter coragem: a legitimidade monárquica e a legitimidade democrática. Todas duas haviam desertado as Tulherias e o seu senhor, porque nem ele nem o seu governo tomavam a sério uma ou outra. Cabeça de um imenso exército, de uma grande administração do mais poderoso Estado do mundo, Napoleão se sentia só nas Tulherias e, do princípio ao fim, tivera medo de sua solidão" (Ferrero, ob. cit., pp. 155 e 156).

para criá-lo, depois para exercitá-lo, são conformes com os princípios de legitimidade: o hereditário, o eletivo, o aristocrático-monárquico e o democrático, e as regras que dele derivam.[11]

Ou, com ligeira variação de forma: um governo é legítimo se o poder é assinado e exercitado segundo princípios e regras aceitas sem distinção por aqueles que devem obedecer.[12]

Concretamente, admite Ferrero a existência de povos que, "sem possuírem a noção abstrata de legitimidade", sabem reconhecer com respeito àquelas regras e princípios a origem do direito de comandar, povos como os da Europa que, sem saber, tinham já aquela "ciência simples e profunda do poder".[13]

Noutro lugar de sua obra, Ferrero reitera o conceito que representa a essência da legitimidade: a atribuição e o exercício do poder, de conformidade com o princípio da legitimidade e das regras que dele derivam.[14]

Mais adiante faz esta interrogação: que é um regime legítimo? Não vacila em responder, é um regime em que o poder se estabelece e se exerce segundo regras fixadas há longo tempo; regras conhecidas e aceitas por todos, interpretadas e aplicadas sem hesitação e sem flutuações por unânime acordo, segundo a letra e o espírito das leis, reforçadas ainda pelas tradições.[15]

Sem demonstrar sensibilidade para a importância sociológica que assumem os meios de comunicação em sua reconhecida capacidade material e efetiva de "fabricar" a chamada "opinião pública" e, assim, contribuir num determinado quadro político e social para a produção de legitimidade, Ferrero cuida que "um governo legítimo não precisa de propaganda". Assinala, então, que a legitimidade "implica no povo a racional persuasão de que o governo é capaz de gerir os negócios públicos de modo satisfatório", o que tanto basta para um poder legítimo não preocupar-se muito com "as críticas e os murmúrios populares, mais ou menos justos, que lhe sejam dirigidos".[16]

Numa das últimas menções específicas acerca do conceito de legitimidade, Ferrero volta a asseverar que a legitimidade consiste num acordo tácito e subentendido entre o Poder e os seus súditos tocante a certas regras e princípios que fixam as atribuições e os limites do poder.[17]

Um dos conceitos mais originais de Ferrero sobre a temática ora examinada se reporta ao de pré-legitimidade, um espaço onde se podem colocar aquelas situações flutuantes ou indecisas que indigitam uma preparação ou um esforço deliberado de fazer a sociedade aceitar uma determinada forma política ou um certo corpo de governantes no exercício do poder.

A pré-legitimidade, diz ele, é um estado preparatório que precede a legitimidade, é a legitimidade na infância. Nem todo governo quando nasce é legítimo e os que buscam legitimar-se atravessam necessariamente um processo de legitimação para "fazer-se aceitar", processo que demanda tempo a fim de "habituar um povo ao seu princípio de legitimidade", como disse Ferrero, citando Taleyrand.[18]

Durante a pré-legitimidade, a sociedade se encontra dividida com respeito ao novo regime: uns aceitam, outros recusam-no, de modo que ele é, segundo aquele publicista, "a mais árdua das provas a que um Estado pode submeter-se".[19]

Ainda com relação à pré-legitimidade, afirma Ferrero que se trata de um período

11. Ferrero, ob. cit., p. 183.
12. Ferrero, ob. cit., p. 184.
13. Ob. cit., p. 184.
14. Ob. cit., p. 193.
15. Ferrero, ob. cit., p. 240.
16. Ob. cit., p. 254.
17. Ob. cit., p. 342.
18. Ob. cit., pp. 186 e 187.
19. Ferrero, ob. cit., p. 188.

em que o princípio da legitimidade, ao invés de sustentar o governo, precisa de ser sustentado, uma vez que — prossegue — o princípio pode assegurar ao poder estabelecido somente o consenso de uma minoria ou de uma maioria exígua, insuficiente para libertá-lo do medo das oposições e das revoltas ou das minorias influentes que em seu proveito intentam tirar vantagens do descontentamento da maioria.[20]

Fazendo um contraste entre a pré-legitimidade e a ilegitimidade, ao ocupar-se dos regimes revolucionários, Ferrero elucida: "Pré-legítimo é portanto um regime em que o poder é atribuído e exercido segundo regras e princípios que o povo não aceita ainda, mas que o governo respeita; ilegítimo é o governo no qual o poder é exercido e atribuído segundo as regras e os princípios que o povo não aceita, que o governo proclama, mas não quer nem pode respeitar e que reduz a uma mistificação".[21]

Foram regimes em fase de pré-legitimidade, de acordo com aquele abalizado publicista, a república de Weimar e a república espanhola de 1931, "na sua brava e heróica existência".[22]

A quase-legitimidade é, finalmente, outro conceito que entra nas categorias intermediárias teoricamente colocadas entre a legitimidade propriamente dita e não-legitimidade ou ilegitimidade. Formas híbridas de governo, situações políticas flutuantes, aplicação contraditória de princípios, compromisso instável de interesses discrepantes, conflito acentuado de elementos políticos e sociais em busca de afirmação e supremacia compõem um certo quadro de instabilidade, e se acham em um estado de indefinição, que faz suspeitar o caráter precário ou transitório dos poderes quase-legítimos, carentes de um passo final ou de uma resolução afirmativa capaz de fazê-los estáveis e legítimos.

Com efeito, a formulação da quase-legitimidade tropeça em obstáculos. Quem o diz peremptoriamente é o publicista mesmo: "entre todos os governos, aqueles quase-legítimos são os mais difíceis de compreender-se. Isto porque, buscando justificar-se com dois princípios opostos de legitimidade, vivem numa contradição inconfessável, tentando ocultá-la para não irritar muito a razão e o senso moral dos seus súditos: em conseqüência disso não gozam das vantagens da quase-legitimidade senão na medida em que são bem sucedidos em camuflar-se".[23]

Exemplos históricos de governos quase-legítimos, Ferrero arrola a monarquia orleanista de julho de 1830, de Luís Felipe, em França, bem como o reino da Itália, desde sua fundação em 1861 até o golpe de Estado de 1922; o primeiro, "o único governo quase-legítimo da história", o segundo também "por sessenta anos um governo quase-legítimo".[24]

O esquema de Ferrero sobre a legitimidade se completa dentro das formulações que ele igualmente fez sobre a ilegitimidade do poder ao dizer que um governo ilegítimo é, por inteiro, o oposto do legítimo. Ou, conforme as palavras mesmas do autor, um governo em que o poder é atribuído e exercitado segundo regras e princípios impostos pela força, definição que ele logo substitui por outra para evitar ambigüidade, em relação ao governo pré-legítimo. De sorte que o governo ilegítimo fica sendo aquele que "não pode nem quer respeitar o princípio de legitimidade, com que pretende justificar o seu poder imposto ao povo contra a vontade deste".[25]

O mais importante, porém, na obra de Ferrero, após o exame das crises históricas de legitimidade verificadas nos regimes políticos da Europa ao transcurso de mais de um século, é a constatação da relativi-

20. Ob. cit., pp. 188 e 189.
21. Ob. cit., p. 241.
22. Ferrero, ob. cit., pp. 187 e 188.
23. Ob. cit., p. 293.
24. Ob. cit., p. 273.
25. Ob. cit., pp. 240 e 241.

dade desse princípio; conclusão que, a nosso ver, prepara ou estréia já um passo no sentido teórico do reconhecimento de sua progressiva despolitização, qual vem acontecendo de último na literatura científica sobre a matéria, como é intuito deste ensaio assinalar.

Desse resultado se acerca Ferrero com as seguintes reflexões: "Os princípios de legitimidade não fogem às regras, são circunscritos e parciais, e não servem que em dadas situações históricas, determinadas pela orientação dos espíritos; orientação que pode variar. Se o espírito humano fosse bem sucedido em achar um princípio de legitimidade absolutamente racional e justo, o problema do Poder estaria definitivamente resolvido: a república de Platão fundada para todos os homens e para a eternidade; as revoluções acabadas para sempre. Não ocorreriam mais reformas: a história poderia fechar o seu livro e o gênero humano recriar-se nas selvas, tocando a flauta cara aos pastores de Teócrito".[26]

A perda de confiança e fé na racionalidade qual chave ou solução do problema dos poderes legítimos se acha aí implícita; e a racionalidade é a última das legitimidades. Conclui o processo de sua decomposição política como elemento de crença ou fundamento ideológico da organização estrutural do Estado.

A seguir, instaurando a relatividade constante de todas as formas possíveis de legitimidade, inclusive, por inferência nossa, a racional, objeto de tantas esperanças nas formulações constitucionais do século XVIII e na construção do sistema de instituições do Estado liberal, Ferrero escreve: "A ordem social é um edifício em contínua reconstrução, porque os princípios de legitimidade que o regem são todos parciais e circunscritos: não se impõem nunca para sempre e totalmente. O homem não os aceita senão após haver-se habituado, e sempre de maneira provisória: do mesmo modo que os aceita por hábito, ao fim se cansa e deles se afasta. Por serem parciais e circunscritos, se exaurem, o que se explica porque nascem e morrem, porque têm uma infância e uma velhice".[27]

A autoridade racional de Max Weber, que seria a grande característica da organização do poder introduzida na idade do capitalismo em expansão, chega ao seu ponto culminante com a obra de Carl Schmitt. Formulou este o conceito de legalidade para confrontá-lo com o de legitimidade. É de 1932 o ensaio do constitucionalista alemão sob o título "Legalität und Legitimität", estampado no auge da crise que açoitou e fez soçobrar a república de Weimar.

Em verdade, a análise do constitucionalista se concentrava sobre a legalidade como uma forma de legitimidade, e isso nos obriga a ponderar de antemão que é perfeitamente possível fazer da legalidade, ainda pelo ângulo histórico, um tal modelo de poder legítimo, tendo-se, porém, em vista que ele, nessa acepção, passa por dois graus ou momentos distintos. No primeiro é todo impregnado de valoração e corresponde à época que mais se avizinha de sua criação ou elaboração conceitual, como um princípio novo e revolucionário, recém-formulado por inferência dos valores proclamados pela filosofia do contrato social.

Nessa fase primeira, a legalidade na consciência dos juristas é categoria que tem ainda todas as suas raízes embebidas no direito natural, que respira a ambiência das lutas contra o *ancien régime* e se faz o mais poderoso instrumento de combate em prol das novas instituições para desarmar a tradição, sepultar o direito divino dos reis, romper o privilégio feudal das aristocracias e cancelar, por via da *ratio*, os usos e abusos do passado, na medida em que estes configuram a forma decaída da legitimidade removida.

26. Ob. cit., p. 379.

27. Ob. cit., pp. 379 e 380.

A legalidade é, portanto, a nova legitimidade que sai das mãos do direito natural para a esfera do direito positivo ou que se exprime pelas regras dos códigos e das Constituições, das leis ordinárias e das leis constitucionais.

Daí por diante não sendo possível congelar, estratificar, imobilizar ou coagular os conteúdos, isto é, os elementos materiais do novo direito, derivados do momento criativo da reflexão racionalista, a atitude positivista subseqüente teve que manter uma indiferença a tais conteúdos, pela impossibilidade mesma de conservá-los na dimensão histórica em que haviam sido postos, atendendo-se doravante ao formalismo; este, sim, perfeitamente sustentável contra a força da ideologia, as mutações de princípios e o advento de outros valores na própria ordem jurídica e política. Foi o que aconteceu. O positivismo jurídico se mostrou decisivo em neutralizar, desidratar, despolitizar, esvaziar e dissolver, pelas vias formalistas, o sentido de legalidade na proporção em que este traduzia a constância ideológica de conteúdo da sociedade burguesa e era sua própria legitimidade.

Deixou, assim, a legalidade de ser a legitimidade material do Estado burguês para se converter na sua legitimidade formal; por mais que digam o contrário os arautos do direito positivo, a legalidade, ainda desapossada de seu substrato liberal clássico, continuará sendo invariavelmente um instrumento e veículo ideológico, mesmo que isso fique dissimulado ou oculto em fórmulas absolutamente procedimentais.

Houve a partir desse ponto posições que foram tão longe, que não titubearam em substituir a expressão "legalidade" por legitimidade, mas tendo esta o significado que ficava restrito àquela, ou seja, deixava de ser entendida como um valor, qual fora na literatura jurídica clássica, ostensivamente ideológica, para ser concebida como forma, ordenação legal ou procedimento, à primeira vista totalmente desvestido de cunho ideológico.

Reporta-se Carl Schmitt ao sistema de legalidade do "Estado legislativo" (*Gesetzgebungsstaat*), que era o "Estado de Direito" do século XIX ou, com mais precisão, o Estado legislativo parlamentar, cuja organização conduzia sempre a uma separação entre lei e aplicação da lei, entre Legislativo e Executivo, regido por um princípio fundamental de que os homens e as pessoas não governam, mas sim as leis, as regras impessoais, o princípio da legalidade, um sistema inteiro de normas, que alicerça a obediência e exclui a resistência; em suma, uma espécie de Estado onde a lei é a forma específica de manifestação do Direito e a legalidade a justificação da coação do Estado ("Spezifische Erscheinungsform des Rechts ist hier das Gesetz, spezifische Rechtfertigung des staatlichen Zwanges die Legalität").[28]

Admite ele outras formas de Estado: O Estado-jurisdição (*Jurisdiktionstaat*), o Estado-governo (*Regierungsstaat*) e o Estado-Administração (*Verwaltungsstaat*), cuja legitimidade contrasta com a do "Estado legislativo parlamentar", aquele que particularmente se faz objeto de nossa atenção, porquanto é o mais típico para o entendimento do fenômeno aqui analisado, a saber, o de despolitização progressiva do conceito de legitimidade em algumas posições do pensamento político e social contemporâneo.

Com efeito, esse Estado legislativo parlamentar de Carl Schmitt produziu um ideal e sistema de legalidade acabada em que toda a ação do Estado transcorre sem lacunas. Um sistema que faz supérflua e, por conseguinte, rejeitável qualquer indagação acerca da legitimidade.[29]

Em tal sistema, assinala Schmitt, palavras como "legítimo" ou "autoridade", se forem ainda usadas, deverão sê-lo unicamente como expressão da legalidade ou

28. Carl Schmitt, "Legalität und Legitimität" (1932), in *Verfassungsrechtliche Aufsätze aus den Jahren 1924-1954*, Berlim, 1958, pp. 263 e 264.

29. Carl Schmitt, ob. cit., p. 269.

dela derivada.[30] Recai, assim, o jurista na célebre fórmula estampada por Max Weber, consoante ele mesmo esclarece e faz sentir, ou seja, a legalidade vale por legitimidade ou, hoje, "a mais corrente forma de legitimidade é a crença na legalidade".[31]

A essência da crise do sistema de legalidade, o velho constitucionalista do decisionismo viu na possibilidade contraditoriamente aberta de dar-se a legalidade aos inimigos da legalidade, conseqüência necessária da redução formal do que é legítimo, unicamente, ao que é legal. O raciocínio que ele armou é o seguinte: "Hoje se pode dizer, p. ex., de uma dissolução do *Reichstag* — sem haver nisso contradição — que ela é "estritamente legal", ainda que na realidade seja um golpe de Estado, ou, ao contrário, que ela corresponde na substância ao espírito da Constituição e todavia não é legal". Tais antíteses documentam o desmoronamento de um sistema de legalidade que, segundo ele, acaba num funcionalismo infundado ou num formalismo absoluto.[32]

Partindo da distinção histórica presente ao direito alemão anterior à república de Weimar entre lei em sentido formal e lei em sentido material, comportando esta última duas acepções, uma das quais "a lei como intervenção na liberdade e na propriedade", Carl Schmitt assinala que aqui ainda havia uma idéia de proteção e segurança em relação ao legislador, logo sacrificada, em proveito de um conceito de lei unicamente formal, a saber, desatada de toda a conexão com o direito e com a justiça, um conceito absolutamente político.[33]

Mostrava o publicista que esse conceito consentia ao legislador arredar-se da regra de tratar o igual igualmente; a lei deixava até de ser "uma regulação geral e permanente com um conteúdo certo e determinável", de tal sorte que, pelo processo legislativo, o legislador faria o que quisesse: sua vontade seria sempre "lei" e criaria sempre o "direito".[34]

É de perceber que o caminho ficava obviamente aberto, como ele assinalou com toda precisão, para uma concepção de legalidade absolutamente "neutra", formalista, funcionalista, sem vínculos materiais (ou seja, de conteúdo), qualitativos e valorativos.[35] O Estado-legislativo, desvinculando-se de seus pressupostos históricos, acabava então, segundo Schmitt, fechando os olhos às situações constitucionais concretas e se abraçando a "um conceito de lei absolutamente *neutro a valores*, funcionalista e formal", a fim de salvar o sistema de legalidade.[36]

O Estado-legislativo, que foi o Estado de Direito do liberalismo no século XIX e também a forma de Estado da monarquia constitucional daquela época, somente conhecia, segundo Carl Schmitt, um único legislador ordinário, que detinha o monopólio de criação do direito material. Pelo menos formalmente guardou "o claro e evidente axioma de que o Estado-legislativo deve ter apenas um só conceito de lei, um só legislador e um só processo de elaboração legislativa".[37]

Com essa concepção formalista de lei e legalidade conduzida ao extremo, a legalidade deixava, portanto, de ser uma forma de legitimidade, para se transverter, com o positivismo jurídico, na antítese da legitimidade. De tal sorte que, segundo Max Weber, toda determinação, não importa

30. Ob. cit., p. 269.
31. Carl Schmitt, ob. cit., p. 269.
32. "Heute kann man, ohne Widerspruch zufinden, z. B. von einer Reichstagsauflösung sagen sie sei "streng legal" und doch in der Sache ein Staatsstreich, und umgekehrt, sie entspreche in der Sache dem Geist der Verfassung und sei trotzdem nicht legal. In solchen Antithesen dokumentiert sich der Zusammenbruch eines Legalitätssystems, das in einem gegenstands — und beziehungslosen Formalismus und Funktionalismus endet" (Carl Schmitt, ob. cit., p. 270).
33. Ob. cit., p. 280.
34. Carl Schmitt, ob. cit., p. 280.
35. Carl Schmitt, ob. cit., p. 280.
36. Ob. cit., p. 282.
37. Carl Schmitt, ob. cit., p. 288.

qual seja, podia se tornar "legal", desde que formulada por via legislativa competente; aquela, aliás, monopolizada pelo Estado-legislação da terminologia de Carl Schmitt.[38]

A despolitização do conceito de legalidade acabou sendo na Alemanha de Weimar o instrumento formal que consentiu se fizesse o assalto à Constituição, valendo-se da Constituição mesma, ou seja, do conceito de neutralidade da Lei Maior perante todo conteúdo introduzido por via de emendas à Constituição. Não havendo limites expressos ao poder de reforma, fora entendimento dominante entre os juristas do positivismo que, respeitadas as regras estabelecidas de emendas ao texto, tudo poder-se-ia alterar materialmente e, por via de conseqüência, novos valores ser acolhidos na Constituição.

Era o princípio da legalidade radicalizado, servindo, como serviu, de veículo de destruição do próprio ordenamento democrático-representativo, a saber, decretando o fim da república de Weimar, conforme patenteou Schmitt. Tal destruição, segundo o mesmo autor, se fez por um partido que entrou pela porta aberta da legalidade, mas logo fechou essa porta aos seus adversários e levou a cabo o excêntrico modelo da "revolução legal", cujos resultados catastróficos foram, como se sabe, o advento do nacional-socialismo.[39]

O normativismo de Kelsen, a identidade por ele estabelecida entre Estado e Direito, tem sido igualmente indigitada por alguns pensadores do Direito como uma das vertentes do positivismo que aniquilam ou suprimem do debate jurídico o tema da legitimidade qual problema científico.

O dano causado por essa posição seria, talvez, apenas o da indiferença a que se relegou a matéria, o menosprezo que lhe é votado nas esferas de aplicação do direito positivo, volvidas unicamente para as questões de legalidade, ficando a determinação das formas legítimas de governo ou de exercício do poder transferidas para o campo da filosofia, da sociologia e da política.

Entram também na corrente da despolitização, da neutralização ou da "desvalorização" da legitimidade aqueles que sustentam que o "legítimo" se mede pelo "útil", ou seja, é legítimo todo governo ou todo poder cujos "meios de ação, como força e estrutura, aparecem adaptados e proporcionados a sua finalidade".[40] Ferrero, esclarecendo essa doutrina, diz que, segundo ela, todos os poderes seriam legítimos só no grau em que se fizessem obedecer, estabelecendo-se uma identidade entre o fato e o direito. Mas assim "se resolveria a questão da legitimidade simplesmente suprimindo-a", observa com ironia o sociólogo e historiador.[41]

38. Ob. cit., p. 347.

39. As consideraçõs de Schmitt constam do comentário suplementar que ele fez ao ensaio "Legalität und Legitimität", atualizando esse trabalho datado de 1932 e que fora concretamente um estudo da realidade constitucional alemã no auge da crise que pôs abaixo o edifício da república de Weimar. A reprodução de "Legalidade e legitimidade" se fez em 1958 na obra *Verfassungsrechtliche Aufsätze aus den Jahren 1924-1954 — Materialen zu einer Verfassungslehre*, estampada em Berlim. A certa altura, escreveu Schmitt: "Der Vorgang, dass eine Partei durch die Tür der Legalität eintritt, um diese Tür dann hinter sich zu schliessen, also der Modellfall einer legalen Revolution, ist hier (S. 286) ein für allemal erkannt und festgehalten" (Schmitt, ob. cit., p. 345). Destacando a importância histórica que teve aquele trabalho, concluído a 10.7.32, como um brado de advertência sem grande eco entre os constitucionalistas da época, Schmitt, cuja cumplicidade com o nacional-socialismo é, todavia, notória, cita Hans Schneider em seu artigo sobre a "Ermächtigungsgesetz vom 24 März 1933", do qual transcreve o seguinte trecho: "gerhard Ansch" utz, der berühmte Kommentator des Reichsverfassung, hat die Ansicht, dass Verfassungsänderungen nicht die politische Substanz einer Verfassung zerstören dürfen, kurzerhand abgetan mit der Bemerkung, das sei eine nur *de lege ferenda* beachtliche politische Forderung, im Weimarer Verfassungsrecht finde sie jedoch keinen Anhalt" (Carl Schmitt, ob. cit., p. 345).

40. Charles Maurras, *Enquête sur la Monarchie*, *apud* Ferrero, ob. cit., p. 180.

41. Ob. cit., p. 182.

A refutação da legitimidade como um valor em relação ao Direito não se cingiu tão-somente à escola clássica do positivismo, aos utilitaristas e aos juristas do formalismo, nomeadamente os da Teoria Pura do Direito, senão que recebeu sua mais aperfeiçoada versão na obra de um jurista-sociólogo da envergadura de Niklas Luhmann.

Aqui se faz mister citar ou reproduzir excertos básicos de sua tese fundamental sobre a legitimidade para bem compreender-se a que ponto de refinamento chegou na teoria da Sociedade e do Direito a doutrina formalista, que busca, em última análise, esvaziar a legitimidade ou fazê-la algo de todo distinto daquilo que no pensamento tradicional de inspiração jusnaturalista era tido como sendo a legitimidade. Indo além do mero conceito de legalidade para invalidá-la, apóia-se Luhmann em meios procedimentais, com o intuito de alcançar, com mais eficácia, esse fim, já dantes consumado em parte com graves conseqüências de ordem material e moral para a estrutura dos ordenamentos jurídico-constitucionais do Ocidente.

Com efeito, não padece dúvida que as mais recentes e profundas formulações pertinentes ao problema da legitimidade são daquele sociólogo, que deu um largo passo avante nesse processo de formalização, esterilização, dessoramento ou dessubstancialização da legitimidade, como ninguém nunca o fez, reduzi-lo ao seu ponto mais neutro possível ou transformá-lo num conceito ilusório. Despolitizou-se, por inteiro, a legitimidade ao consagrar-se por formas legítimas os meios procedimentais que constituem os mecanismos regulares de funcionamento político de uma sociedade.

Versando de modo frontal a questão da legitimidade em *Legitimação por Meio de Procedimentos — Legitimation durch Verfaheren* — Luhmann assinalou que já a Idade Média fizera uso dela, como conceito jurídico, para defender-se da usurpação e da tirania, e que nessa mesma acepção a Restauração pós-napoleônica insistiu em seu uso e a propagou.[42] Mas, com a positivação do Direito no século passado, isto é, com a ascendência do positivismo jurídico, a legitimidade perdeu sua força substancial e a seguir, conforme elucida o sociólogo, se equiparou à posse do poder fático, sendo, então, novamente utilizada para apoiar a problemática de um princípio de legalidade puramente positivista.[43]

Na *Sociologia do Direito* (*Rechtssoziologie*), ocupando-se da legitimidade, fez Luhmann uma substancial síntese da colocação moderna desse problema, trazendo-o desde suas origens medievais.[44]

Com essa colocação, o conceito de legitimidade foi deslocado para um novo eixo ou novo terreno: o da facticidade pura, perdendo, desse modo, suas bases clássicas, que foram as do jusnaturalismo, e só

42. Niklas Luhmann, *Legitimation durch Verfahren*, Suhrkamp, 1983, Frankfurt am Main, p. 27.

43. Niklas Luhmann, ob. cit., p. 27.

44. "O problema da eficácia vinculativa do Direito deve ser novamente considerado em razão da crescente e enfim completa transformação do Direito numa estrutura de expectativas (*Erwartungstruktur*), contingente e dependente de decisão. O curso de idéias acerca desse tema se completou sob o título de "legitimidade", sem contudo desvendar os mecanismos específicos que conferem força obrigatória a uma decisão. O conceito de legitimidade tem raízes medievais e foi em primeiro lugar um conceito de Direito. Relacionou-se com a autoridade hereditária e serviu de defesa contra a tirania e a usurpação violadora do Direito. Despedaçado ficou no século XIX com a dissolução do direito natural, e especialmente com a questão crítica da legitimidade de uma nova autoridade e da construção jurídica da transferência ilegítima do poder. A solução jurídica desse problema se mostrou impossível. Isso levou a uma nova construção do conceito sobre um fundamento puramente fático — antes de mais nada a uma equiparação com a facticidade pura da dominação política e, a seguir, a definição hoje dominante de legitimidade, através de uma irradiada crença fática na validade do direito ou dos princípios e valores, sobre os quais repousam as decisões obrigatórias" (Niklas Luhmann, *Rechtssoziologie*, 2, Hamburg, 1972, p. 259).

reaparecendo nessa última versão, segundo aquele cientista social, com os ensaios restauradores do direito natural.[45]

O fático consistiria, segundo Luhmann, tocante à legitimidade, numa convicção de todo efetiva sobre "a validade do Direito, a obrigatoriedade de certas normas ou decisões ou o valor dos princípios", mediante os quais se chega à legitimidade.[46]

Mas até aí se lograria, consoante o entendimento do pensador social, unicamente esta indagação: como é possível divulgar a crença no acerto ou na obrigatoriedade de uma decisão se apenas poucos decidem?[47]

Não podendo um sistema político, conforme ele diz, se apoiar tão-somente na força, necessitando, por conseguinte, de consenso, resta saber, de acordo com essa posição, se o consenso e sua coação socialmente misturados desvendariam o âmago ou a natureza da legitimidade. A resposta de Luhmann é negativa: "sua mera adição não bastaria nem lograria também explicar a institucionalização da legitimidade".[48]

Muitas questões ficariam sociologicamente abertas: as motivações reais de aceitação das decisões, o grau ou extensão exata da medida em que o medo ou a aprovação determinariam a observância da medida decisória. Sendo esse, portanto, o nó sociológico da questão, como ele mesmo assinalou, surge um conceito de legitimidade que Luhmann formula provisoriamente como "uma disposição generalizada de aceitar materialmente dentro de certos limites de tolerância decisões de conteúdo ainda incerto" ("generaliserte Bereitschaft, inhaltlich noch unbestimmte entscheidungen innerhalb gewisser Toleranzgrenze hinzunehmen").[49]

Fez Luhmann a Max Weber a censura de haver este elaborado um conceito de legitimidade incompleto em relação aos processos sociais que criam legitimidade e com respeito às condições sócio-estruturais que a fazem possível. Weber, com sua tese de legitimidade legal-racional, conforme Luhmann faz constar, teria apenas formulado o problema, sem, contudo, resolvê-lo, ou, em outros termos, não declinou os mecanismos sociais que poderiam solvê-lo.[50]

Mas a omissão, segundo ele, não fora unicamente de Weber, de um pesquisador solitário, senão que constituía os "problemas abertos" da teoria clássica do poder político, a teoria maquiavélica e hobbesiana, necessitada de padecer uma radical mudança de princípio.[51]

Entende Luhmann que, numa sociedade cujo sistema social se destaca por uma alta complexidade e variabilidade, a legitimação do poder político deve ser elaborada no próprio sistema político e deixada a cargo de uma concebida moral natural.[52] Põe-se, a seguir, o sociólogo de acordo com François Bourricoud, cuja definição de poder legítimo se lhe afigura uma formulação excelente, a saber, "um poder que aceita ou mesmo institui seu próprio processo de legitimação" ("un pouvoir qui accepte ou même qui institue son propre procès de légitimation").[53]

O sociólogo vai além de Max Weber na determinação de lograr o conceito científico de legitimidade, isento de toda implicação valorativa, tão freqüente, e de essência nas fundamentações jusnaturalistas ou "nos métodos ilusórios de formação de consenso", propondo, substitutivamente, a legitimação da tomada satisfatória de decisões mediante processos e igualdade de oportunidades.[54]

45. Luhmann, *Legitimation durch Verfahren*, cit., p. 27.

46. *Legitimation durch Verfahren*, cit., p. 27.

47. Luhmann, *Legitimation durch Verfahren*, cit., p. 27.

48. *Legitimation*, cit., p. 28.

49. *Legitimation*, cit., p. 28.

50. Luhmann, *Rechtssoziologie*, cit., p. 259.

51. Luhmann, *Legitimation*, cit., p. 29, nota 5.

52. *Legitimation*, cit., p. 30.

53. Luhmann, *Legitimation*, cit., p. 30.

54. Luhmann, *Legitimation*, cit., p. 30.

Deve afiançar-se, pondera ele, que as decisões obrigatórias sejam aceitas como premissas de comportamento, sem que de antemão se possa especificar que decisões concretas vão ser tomadas.[55] Respeitante ao conceito de legitimidade, o mesmo sociólogo postula, por igual, a necessidade do estabelecimento de uma distinção entre aceitação das premissas da decisão e a aceitação da própria decisão.[56]

A certa altura de seu estudo sobre legitimação por via procedimental, Luhmann afirma que "a legitimidade não repousa numa *livre e voluntária* aceitação, numa convicção pessoal responsável, mas, ao contrário, num clima social, que institucionaliza como evidência o reconhecimento de decisões obrigatórias e não as considera conseqüência de uma decisão pessoal, mas efeito da validade de uma decisão oficial".[57] Completa essa proposição conceitual asseverando, em seguida, que somente quando se abandonar a vinculação do conceito de legitimidade a crenças pessoais acerca da retidão das decisões poder-se-á competentemente investigar as condições sociais de institucionalização da legitimidade nos sistemas sociais.[58]

Disse Luhmann que a institucionalização do direito positivo ocasionou dificuldades, conhecidas como a questão da legitimidade do direito positivo, não tendo a Sociologia contemporânea resposta convincente para essa questão.[59]

A seguir, asseverou ele textualmente que o conceito corrente de legitimidade tomou da tradição a concepção de princípios ou valores mais altos do Direito e os transladou para a esfera do empírico, fazendo a legitimidade repousar sobre crenças fáticas acerca de valores e princípios, sobre os quais se assenta o Direito.[60] Desse modo, continua o sociólogo, a questão da legitimidade da legalidade pura não pode ser colocada, muito menos respondida.[61] E remata: "Na medida em que uma tal "legitimação por processos" é bem sucedida, legitima-se o sistema político e o próprio direito por ele criado: mediante instituições e organizações próprias. Sua legitimidade independe de interpretações valorativas institucionalizadas socialmente, sem interrupção. Pode-se também abdicar da doutrinação de uma ideologia válida para todas as esferas existenciais. A admissibilidade de uma tão alta autonomia social do sistema político, observa ele, parece constituir um pressuposto inderrogável da positivação integral do Direito".[62]

Ficou Luhmann mais perto de Schmitt do que de Max Weber, e a proximidade dos dois foi perfeitamente reconhecida e proclamada por Habermas. Com efeito, o pensador de Frankfurt, fundamentando essa assertiva de colocar Luhmann ao lado da teoria decisionista do Direito de Schmitt, valeu-se da seguinte passagem do trabalho "Positives Recht und Ideologie", estampado na obra *Soziologische Alfklärung*, onde se lê: "A positivação do Direito significa que, para qualquer conteúdo, pode-se obter uma legítima validade jurídica; na verdade através de uma decisão que põe em vigor o direito e que outra vez poderá retirar-lhe tal validade. O Direito positivo vale por força de decisão".[63]

Assevera o mesmo Habermas, ao expor esse entendimento, que as regras formais do processo são suficientes, dispensando, por sua vez, toda outra legitimação.[64] Isso se dá, aliás, explica ele, porquanto elas

55. Luhmann, *Legitimation*, cit., p. 30.
56. Luhmann, *Legitimation*, cit., p. 31.
57. *Legitimation*, cit., p. 34.
58. *Legitimation*, cit., p. 34.
59. *Ausdifferenzierung des Rechts*, Suhrkamp, Frankfurt am Main, 1981, p. 132.

60. Luhmann, *Ausdifferenzierung*, cit., p. 132.
61. Luhmann, *Ausdifferenzierung*, cit., p. 133.
62. Luhmann, *Ausdifferenzierung*, cit., p. 133.
63. Luhmann, "Positives Recht und Soziologie", in *Soziologische Aufklärrung*, *apud* Jürgen Habermas, *Legitimationsproblem im Spätkapitalismus*, Suhrkamp, Frankfurt am Main, 1972, p. 135.
64. Jürgen Habermas, *Legitimationsproblem*, cit., p. 135.

preenchem as suas funções de absorver incertezas: ligam a dúvida a respeito de que decisão se tomará com a certeza de que afinal de contas uma decisão se há de tomar. Habermas, nesse último ponto, faz menção de uma assertiva de Luhmann em *Legitimation durch Verfahren*.[65]

A redução da legitimidade a simples manifestação empírica sem relação imanente com a verdade, explicitamente apoiada sobre bases que têm unicamente um significado psicológico, conforme as textuais palavras de Habermas, parece corresponder, por inteiro, àquela posição inarredavelmente neutral e formalista, sustentada por Luhmann e que o mestre de Frankfurt ao expô-la cita o seguinte trecho da *Soziologie des politischen Systems*: "O direito de uma sociedade se positiva quando se reconhece a legitimidade da pura legalidade, quando o direito portanto é conseqüentemente observado em razão de haver sido estabelecido segundo regras determinadas através de uma competente decisão. Com isso o arbítrio se faz instituição numa questão central da convivência humana".[66]

A despolitização da legitimidade levada, pois, às suas derradeiras conseqüências equivale, do ponto de vista axiológico, a manter o conceito desterrado da filosofia, como um tema que já teria perdido sua razão de ser, por falecer-lhe a dignidade de princípio ou valor em que sempre o vimos considerado, sobretudo por aferidor de sistemas de organização do poder sobre bases históricas de um determinado consenso social ou de uma determinada crença, de acordo com o sentido tão bem captado na percuciente análise sociológica de Max Weber.[67]

A legitimidade considerada pura legalidade ou pura aplicação procedimental, conforme deflui respectivamente do decisionismo de Schmitt ou do formalismo processualista de Luhmann, seria incompatível com a concretização de uma ordem jurídica democrática, aberta, pluralista, atada a uma tábua consensual de valores, com variações alternativas ao exercício do poder por formações dispostas ao compromisso, ao respeito mútuo, à preservação da identidade do regime.

Aliás, Luhmann, com a mesma perspicácia de Schmitt, parece haver admitido as duas "versões" de democracia, segundo sua vinculação com a legitimidade, e que são de suprema importância para determinar o fundamento do exercício de uma vontade democrática em toda a sociedade: a democracia como um valor em si mesma ou a democracia como um princípio. Dir-se-ia, aliás, com mais propriedade, a democracia como um processo, uma técnica ou um instrumento de expressão de vontade ou de recolhimento quantitativo de sufrágios, que pode justificar toda decisão. Tudo, por conseguinte, nos termos de de-

65. Habermas, *Legitimationsproblem*, cit., pp. 135 e 136.

66. Luhmann, *Soziologie des politischen Systems*, p. 167, *apud* Jürgen Habermas, *Legitimationsprobleme im Spätkapitalismus*, cit., p. 135.

67. Um dos pontos da obra de Luhmann em que ele questiona com mais força e energia o debate clássico acerca do conceito de legitimidade é provavelmente este: "Numa visão retrospectiva a respeito dessas discussões, fazem-se nítidas as discrepâncias com referência à discussão clássica sobre a legitimidade, a qual poderá fazer duvidosa a continuação do conceito de legitimidade. Deve-se abandonar a relação do conceito com as derradeiras normas ou valores, funcionalizando-se o conceito, de tal modo que a questão da crença na validade possa ser tratada como uma variável. Consiste ainda, nessa acepção funcional, por outra parte, em já não designar o conceito de legitimidade como uma justificação externa antecedente nem como limitação de variabilidade do sistema político. Mas como resultado desse próprio sistema: de modo que o monopólio da decisão sobre o emprego da força física e também o estabelecimento de procedimentos são realizações do sistema político, que cuida de um tranqüilo fluxo das decisões obrigatórias e, por via de conseqüência, da própria legimidade" (N. Luhmann, *Rechtssoziologie*, cit., p. 266). "As antigas concepções do conceito de legitimidade tiveram uma função transitória, que encobria a plenitude da positivação do Direito. Depois que a positividade do Direito se tornou uma realidade identificável, deve também o conceito de legitimidade adaptar-se-lhe, o que significa ser definido a partir de sua função" (N. Luhmann, *Rechtssoziologie*, cit., p. 266).

mocracia postos por Luhmann (... "so als ob Demokratie ein Wert an sich sei oder ein Prinzip, das jede Entscheidung rechtifertigen könne").[68]

O jus-sociólogo, com seu conceito de legitimidade formalista e neutral, em que a legitimação se faz por via de procedimentos — *Legitimation durch Verfahren* — se inclina sem dúvida pela última modalidade, aquela mesma que deriva do decisionismo de Schmitt. Tornando à legitimidade, diz ele, do modo mais incontroverso: "O institucional da legitimidade não reside numa dedução de valores nem na propagação fática de um consenso consciente, mas na subordinação da aceitação" ("sondern in der Unterstellbarkeit des Akzeptierens").[69]

Dissolvendo no conceito de legitimidade a "persuasão" ou a "crença", a Sociologia de Luhmann desampara a democracia de sua base racional-valorativa, que foi tão importante para alicerçar a ideologia do consenso democrático-representativo, sem o qual os governos não teriam alcançado historicamente o grau de participação, tão largo e tão sólido, na elaboração da vontade governante, da vontade estatal, em nome sobretudo da vontade popular, majoritária e representativa.

Até o racionalismo de Max Weber, a legitimidade era um valor: o valor-razão. A crença na legalidade fora, aliás, a legitimidade dos sistemas jurídicos dos países burgueses do Ocidente: o pedestal das suas leis, dos seus códigos e das suas Constituições.

Depois de Weber, com o formalismo de Kelsen, o decisionismo de Schmitt e o funcionalismo procedimental de Luhmann, a legitimidade já não se define como uma crença na legalidade, senão como uma legalidade sem crença.

Mas, a partir daqui, cabe, então, indagar se o conceito de legitimidade, que se evaporou na volatilização das crenças e na rarefação dos valores, ainda faz parte do temário jurídico, ou, em outras palavras, se é de legitimidade, ainda, que os juristas e sociólogos devem continuar falando, depois que o formalismo jurídico e o procedimentalismo sociológico fizeram da legitimidade um conceito-fantasma.

Em suma, com essas posições finais do positivismo, cada sistema jurídico se faz juiz de sua própria legitimidade, ou, num entendimento mais rigoroso, cada sistema se legitima por si mesmo.

68. *Rechtssoziologie*, cit., p. 261.
69. Luhmann, *Rechtssoziologie*, cit., p. 261.

OBRA PÚBLICA A CUSTO ZERO

(Instrumentos jurídicos para realização de obras públicas a custo financeiro zero)

CELSO ANTÔNIO BANDEIRA DE MELLO
Professor titular de direito administrativo da Faculdade de Direito da Universidade Católica de S. Paulo

1. Obras e serviços públicos tanto podem ser efetuados diretamente pelo Estado quanto por intermédio de terceiros aos quais o Poder Público recorra para tal fim. Nesta segunda hipótese, para obter o concurso de particulares que executem obras ou serviços que lhe interessem, obviamente o Estado deverá proporcionar-lhes a obtenção de contrapartida econômica que os atraia a estes engajamentos. Múltiplas formas podem ser prestantes para ensejar-lhes dita remuneração.

A mais óbvia delas, evidentemente, será contratá-los, versando-lhes o correspectivo, em dinheiro, para pagamento da atividade desempenhada, num simples *contrato administrativo de obra pública ou de prestação de serviços.*

Pode também, o Estado, ao invés de pagá-los por si mesmo, exonerar-se da despesa em que teria de incorrer, convindo em que a remuneração do empreendimento será colhida por seus executores diretamente dos usuários, mediante *tarifas* cobradas a título de exploração da obra ou serviço efetuados. É o que se denomina *concessão de obra ou concessão de serviço público*, conforme o caso, os quais, como é evidente, são cabíveis apenas nas hipóteses em que o bem em causa se destine à *utilização do público* e não da própria Administração.

Estas são as modalidades clássicas de realização dos aludidos cometimentos públicos. Ditas fórmulas não são, entretanto, as únicas possíveis.

2. Com efeito, em períodos nos quais os recursos públicos sejam escassos, insuficientes para cobrir o campo de necessidades, não haveria como atendê-las mediante contratos de obra ou prestação de serviço.

No caso de obras públicas, a concessão de obras também careceria de préstimo, por inexeqüível, quando o bem desejado não se destina ao uso do público ou quando, embora destinando-se a isto, o acobertamento de seu custo e da margem remuneratória do empreendedor, em tempo razoável, demandaria tarifas excessivamente elevadas, proibitivas ou, quando menos, alijadoras de parte da comunidade a que devesse servir.

Assim, em épocas de forçada contração de investimentos públicos, não restará ao Estado senão a alternativa de buscar *formas de colaboração com a iniciativa privada*, convocando-a para custear total ou parcialmente a realização destes empreendimentos, mediante contrapartida diversa das tradicionalmente oferecidas. Não há dificuldades de monta para tanto, por ser vasto o repertório de vantagens que o Poder Público dispõe e pode oferecer aos particulares para atraí-los.

3. Com efeito, desde logo, é certo que o Estado dispõe de seu próprio patrimônio imobiliário (normalmente vasto). O todo ou a parte de cada uma de suas propriedades que não tenha de estar necessariamente comprometida com uma utilização pública podem ser adscritos à *exploração econômica* dos empreendedores particulares que, nelas ou em outro sítio, se disponham a realizar as obras públicas em cuja realização o Poder Público esteja interessado.

Dependendo do vulto e da natureza do empreendimento, a parte do patrimônio imobiliário estatal alheia ao uso especial da Administração e não votada à utilização coletiva pode ser outorgada a título de concessão de uso, concessão de direito real de uso, aforamento ou simplesmente alienada ao empreendedor particular como meio de pagamento de obras públicas por este custeadas.

4. Figurem-se algumas hipóteses. Estações ferroviárias, metroviárias ou rodoviárias comuns ou simples terminais, tanto como linhas de "metrô", túneis e passagens subterrâneas de cruzamento ou ligação de vias, para pedestres ou para veículos automotores, podem ser construídas, reformadas, ampliadas ou modernizadas, com recursos privados, outorgando-se aos empreendedores que se disponham a efetuá-los a expensas próprias a exploração imobiliária e ou comercial *de parte do solo, do subsolo ou do supersolo edificável onde se implantem os referidos equipamentos urbanos*. Supermercados, "shopping centers", estações de serviço, hotéis, lojas de todo tipo, estacionamento de veículos e serviços variados podem ser instalados nos espaços dessarte utilizáveis. Sua comercialização ou exploração constituir-se-iam em atrativos suficientes para suscitar o afluxo de capitais privados empenhados em custear o empreendimento público ante a espécie de retribuição aludida, que lhes poderia proporcionar proveitos econômicos compensatórios.

Assim também, rodovias poderiam ser construídas total ou parcialmente, ou tão-só conservadas e reparadas, às expensas de empresários privados. Para tanto, ao se efetuarem as desapropriações requeridas, abranger-se-iam nelas também faixas marginais selecionadas em função de conveniências dos usuários, em guisa de infra-estrutura de apoio, como postos de gasolina, oficinas de reparo, hotéis, restaurantes, "shopping centers" de pequeno ou médio porte, pronto-socorros etc., a fim de trespassá-las ao empreiteiro da obra para que, comercializando-as ou explorando-as, se ressarcisse das despesas em que teria de incorrer.

Outras áreas seriam igualmente abrangíveis e mobilizáveis para este mesmo suporte financeiro, já agora tomando em conta interesses, igualmente públicos, mas de outra natureza, quais os relativos ao descongestionamento urbano. Na conformidade de entendimentos com os municípios interessados e entrosadamente com os respectivos planejamentos urbanísticos, poderiam estar inclusos no âmbito da desapropriação espaços destinados a terminais de carga, centros de abastecimento ou até a núcleos industriais ou de serviços, que conviesse manter mais afastados dos centros de população e adjacentes às estradas, com o fito de serem trespassados, por tempo certo ou em definitivo, para a empresa que custeasse a obra (ou que simplesmente fosse encarregada de sua reparação ou manutenção), a fim de que, explorando-os, se ressarcisse das despesas e auferisse a remuneração correspondente.

É óbvio que em cada caso a entidade governamental interessada teria de estudar a modalidade, extensão da participação e custeio (total ou parcial) da obra pela iniciativa privada, em função da viabilidade econômica, isto é, dos custos envolvidos, da compensação ofertável e do tempo de recuperação do investimento e remuneração correspondente, mas é certo que seriam sempre possíveis.

5. Não há óbice constitucional algum a que o Poder Público, em regime de livre iniciativa, como é o nosso, se relacione com particulares empreendedores e acerte as fórmulas jurídicas idôneas para obter-lhes a colaboração mediante contrapartida econômica conveniente de parte a parte.

Resta ver, pois, quais as trilhas de direito existentes e quais as exigências que o sistema normativo imporia para efetivar operações negociais deste gênero, já que inexiste entre nós uma legislação adrede armada ao propósito de regular vínculos *com a compostura aludida*. Embora nela se contemple tanto a possibilidade de alienação de bens, como os institutos da concessão de uso, da concessão de direito real de uso e do aforamento (enfiteuse), não cogitou de empregá-los como contrapartida da realização de obras públicas. Ou seja, não os prefigurou nomeadamente enquanto instrumentos prestantes para tal fim, os quais, então, alojar-se-iam genericamente sob a rubrica de contratos administrativos, sem particularização das formas peculiares que porventura poderão revestir.

6. É certo que mesmo as formas clássicas da concessão de obras e de serviço público sempre dependeram de *autorização legislativa*.[1] Nem por isto tal circunstância representou qualquer óbice à normal utilização delas, tanto que a concessão de serviços públicos sempre teve largo trânsito entre nós.

Assim, o fato das fórmulas não tradicionais alvitradas também demandarem dita autorização — pois envolveriam, no mais das vezes, alienação de bens públicos ou concessão de direito real de uso, ambos dependentes do mesmo requisito (Decreto-lei federal 2.300, de 21.11.86 e Constituição do Estado de São Paulo, art. 19, IV) — nem por isto propõem, no tópico em apreço, exigência normativa diversa daquela que sempre condicionou a utilização de institutos jurídicos clássicos, como os referidos, sem que tal fato lhes haja criado empeços ou diminuído o emprego corrente, tanto alhures como no Brasil.

Isto posto, é bem de ver que a realização de obras públicas pelos meios aduzidos é plenamente factível mediante "contratos administrativos", obedecido o regime geral deles (Decreto-lei federal 2.300, de 21.11.86, Lei estadual 6.544, de 22.11.89) pactuando-se, entretanto, com *autorização legislativa*, que a retribuição do contratado pelos encargos assumidos não se fará por uma contrapartida em dinheiro versada pelo Poder Público, mas pelo trespasse integral ou parcial da área do imóvel não afetada à utilização pública, mediante *transferência da propriedade, ou enfiteuse, concessão de direito real de uso* ou simplesmente *concessão de uso* — conforme a viabilidade econômica do negócio — a fim de que o empreendedor se remunere através da comercialização ou exploração do imóvel, segundo o que seja estipulado.

Para melhor esclarecer estas alternativas, vale comentar, conquanto de modo singelo, cada uma das hipóteses referidas, apontando as características básicas dos institutos mencionados.

7. *Concessão de uso* é, no dizer de Hely Lopes Meirelles, "o contrato administrativo pelo qual o Poder Público atribui a utilização exclusiva de um bem de seu domínio a particular, para que o explore segun-

1. Veja-se Hely Lopes Meirelles, *Dir. Admin. Brasileiro*, Ed. RT, 15ª ed., 1990, p. 334; Diógenes Gasparini, *Dir. Administrativo*, Ed. Saraiva, 1989, pp. 163 e 289 e nosso *Prestação de Serviços Públicos e Administração Indireta*, Ed. RT, 2ª ed., 2ª tiragem, p. 49.

do sua destinação específica. O que caracteriza a concessão de uso e a distingue dos demais institutos assemelhados — autorização e permissão de uso — é o caráter contratual e estável da outorga do uso do bem público ao particular, para que o utilize com exclusividade e nas condições convencionadas com a Administração".[2]

Nos casos em que o investimento seja relativamente modesto e a obra de pequeno porte, a simples concessão de uso de bem público, por prazo certo, poderia despertar interesse empresarial. Figure-se a hipótese de uma passagem subterrânea para a ligação dos dois lados de uma importante avenida sita em local valioso do ponto de vista comercial. A realização desta obra pública poderia efetivar-se às expensas de empresário o qual, em contrapartida, graças à concessão de uso, comercializaria ou exploraria economicamente, por determinado lapso de tempo (10, 15 anos), os espaços subterrâneos adrede previstos e organizados para tal fim à margem da área destinada à passagem.

8. A concessão de *direito real de uso*, por oferecer garantias muito mais sólidas, teria possibilidades de utilização em um espectro bem mais amplo de hipóteses. Está expressamente prevista no art. 7º do Decreto-lei 271, de 28.2.67 e, ainda de acordo com a lição de Hely Lopes Meirelles, na esfera pública configura-se como "o contrato pelo qual a Administração transfere o uso remunerado ou gratuito de terreno público a particular como direito real resolúvel, para que dele se utilize com fins específicos de urbanização, industrialização, edificação, cultivo ou qualquer outra exploração de interesse social".[3]

Agregue-se o esclarecimento de que a concessão de direito real de uso poderá ser outorgada por tempo certo ou por tempo indeterminado, conforme estatui o referido art. 7º. Consoante dispõe o § 4º deste preceptivo, salvo reserva contratual, o direito por ela instaurado é transmissível por ato *inter vivos* ou *mortis causa*, como os demais direitos reais sobre coisas alheias.

Desde logo diverge da simples concessão de uso pelo fato de que, ao contrário daquela — na qual apenas se compõe um direito de natureza obrigacional (isto é, pessoal) — instaura um direito real. Este, no dizer de Clóvis Bevilacqua, é o "poder jurídico da pessoa sobre uma coisa determinada, aderindo a ela, enquanto perdure e prevalecendo contra todos".[4]

Possui, então, como características inerentes, sua imediata adesão à coisa e o chamado direito de seqüela, que enseja a persecução do bem. É exclusivo, vale dizer, sobre o bem em que recai não incidirá outro direito da mesma espécie e é protegido por ação real, graças ao que "prevalece contra qualquer que detenha a coisa".[5] É oponível *erga omnes*, ou seja, contra todos, pois confere ao titular a prerrogativa de vê-lo respeitado por quaisquer sujeitos, os quais ficam impedidos de opor-lhe qualquer embaraço. Seu exercício independe da colaboração de terceiro; faz-se de per si, diretamente na relação entre o sujeito e a coisa "ao contrário dos direitos pessoais em que a colaboração do devedor, espontânea ou forçada, é indispensável para o gozo do direito", como bem o expressou Sílvio Rodrigues.[6]

A concessão do direito real de uso é, quando menos, um instituto aparentado com o velho "direito de superfície". Com efeito, José Afonso da Silva nele reconhece "os elementos essenciais do direito de superfície".[7] Nelson de Figueiredo Cerqueira

2. Op. cit., p. 431.
3. Op. cit., pp. 432-433.

4. *Direito das Coisas*, 5ª ed. atualizada por José Aguiar Dias, Ed. Forense, vol. I, p. 261.
5. Clóvis, op. cit., pp. 262-263.
6. *Direito Civil*, Ed. Max Limonad, 1964, Direito das Coisas, vol. V, pp. 16-17.
7. *Direito Urbanístico Brasileiro*, Ed. Rev. dos Trib., 1981, p. 535.

assinala que "desde a edição do Decreto-lei 271, de 28.2.67, o direito de superfície voltou a integrar o nosso ordenamento jurídico".[8] José Osório Azevedo, em excelente artigo, observa que a concessão de direito real de uso "é o direito de superfície apenas modernizado" e que não se confunde integralmente com o vetusto instituto já que, tal como composto pelo Decreto-lei 271, "é por sua própria natureza resolúvel enquanto o direito de superfície é, em geral perpétuo e ou, pelo menos, de prazo longo e não se extingue pelo não uso".[9]

9. Sem embargo da parentela com o direito de superfície, o certo é que com as características atribuídas pelo Decreto-lei 271 ganhou fisionomia específica, em que sobressai seu caráter *conaturalmente resolúvel*, conforme consta do próprio art. 7º, precitado, se (a) o concessionário distrair o bem da destinação contratualmente estabelecida ou (b) descumprir cláusula resolutória do ajuste, consoante dispõe o § 3º do mesmo preceptivo.

Mas não só isto. Ao contrário do direito de superfície que, como o próprio nome indica, respeita à "superfície" de um imóvel, a concessão do direito real de uso *não tem seu âmbito de aplicação circunscrito ao nível do solo.*

Com efeito, o instituto não se restringe à transferência do uso de "terrenos" (embora seja esta a expressão que consta do próprio art. 7º, precitado e que foi reproduzida no conceito que dele fornece Hely Meirelles), pois o art. 8º do mesmo diploma estabelece que "é permitida a concessão de uso do *espaço aéreo* sobre a superfície de terrenos públicos ou particulares, tomada em projeção vertical, nos termos e para os fins do artigo anterior e na forma que for regulamentada".

8. "O Direito de Superfície", *in Rev. dos Tribunais*, vol. 473, março de 1975, p. 27.

9. *Rev. dos Tribunais*, vol. 388, fev. 1968, pp. 40 e ss.

Note-se que a referência normativa explícita ao espaço aéreo impõe o entendimento de que seu uso pode ser concedido *autonomamente*, isto é, desligado do solo e não, portanto, como simples resultante ou conseqüência da concessão do uso do solo.

10. Verifica-se, pois, que o Poder Público tanto poderia remunerar o particular que executasse obra pública outorgando-lhe concessão de direito real de uso sobre o terreno público contíguo à edificação votada ao uso administrativo ou ao uso público, quanto sobre o espaço aéreo que se projete verticalmente *acima da própria edificação pública*.

É dizer: repartições ou edifícios votados para servir o público, como estações rodoviárias ou metroviárias, *exempli gratia*, poderiam ser construídas a expensas do empreendedor privado, ao qual se outorgaria concessão de direito real de uso sobre a área contígua ou (nos limites dos coeficientes urbanísticos) *sobre o espaço aéreo que cobre a própria edificação pública*, o qual seria explorado com a ereção de pavimentos suplementares comercializáveis pelo particular empreendedor.

Outrossim, nada obsta que através dele se faça concessão de uso do subsolo, na medida em que este é um componente físico do próprio terreno, em si mesmo considerado.

No caso de estações subterrâneas de embarque e desembarque de passageiros dos transportes de massa, o próprio solo que as recobre poderia ser objeto de concessão de direito real de uso. O direito de edificar ou incorporar edificações sobre ele, mediante concessão de direito real de uso, corresponderia à contrapartida do investidor privado que se encarregasse de custear as obras públicas subterrâneas.

Assim também, a escavação subterrânea poderia ultrapassar em amplitude ou profundidade as dimensões requeridas para abrigar as plataformas de embarque, desembarque e correlata infra-estrutura, de molde a compreender espaços aptos à instalação de supermercados, "shopping centers", lojas, cinemas, estacionamento de automóveis etc., em um mesmo nível ou em mais de um nível do subsolo, a fim de compor um "acervo" de espaço aproveitável cuja organização e utilização econômica seria conferida ao empresário que realizasse com recursos próprios a obra pública pretendida.

11. Tanto como a concessão de direito real de uso, a *enfiteuse* (aforamento) seria utilizável, para os mesmos fins, no que concerne à parte do solo ou subsolo que não esteja absorvida pela utilização pública a que a obra se destina. Tal instituto, regulado nos arts. 678 a 694 do Código Civil e, para os bens da União, nos arts. 99 a 124 do Decreto-lei 9.760, de 5.9.46, pode ser definido, nas expressões de Orlando Gomes, como o direito real sobre coisa alheia "que confere a alguém, perpetuamente, os poderes inerentes ao domínio, com obrigação de pagar ao dono da coisa uma renda anual e a de conservar-lhe a substância".[10]

Enfiteuse ou aforamento, que são expressões equivalentes, só se confere sobre imóveis e, em rigor, ao conceito formulado seria preciso acrescentar que a renda é certa e invariável e que o direito real em apreço é transferível, onerosa ou gratuitamente, desde que seja dado aviso ao senhorio, isto é, ao titular da propriedade. No caso de venda ou dação em pagamento, este tem direito à preferência para consolidar o domínio em seu favor. Não se valendo dela faz jus ao laudêmio, que é uma percentagem fixa sobre o valor da transferência. Nos termos do Código Civil, importa em 2,5%, salvo estipulação em contrário. Em face do Decreto-lei 9.760, de 1946, atinente aos bens imóveis da União, tal percentual é de 5%.

O proprietário da coisa denomina-se senhorio e seu domínio é chamado direto. O beneficiário do direito real denomina-se foreiro ou enfiteuta e seus direitos sobre a coisa são designados como domínio útil. A renda que pagará ao senhorio chama-se foro, cânon ou pensão e se por três anos consecutivos deixar de pagá-la sofre o comisso, isto é, a perda do aforamento, consolidando-se o domínio pleno em favor do proprietário.

O enfiteuta dispõe dos mais amplos poderes sobre o bem: pode usá-lo, gozá-lo e dispor dos frutos, produtos e rendas, mas não pode mudar-lhe a substância ou deteriorá-lo.

12. Há quem considere a enfiteuse uma velharia, instituto arcaico e que deveria, na esfera pública, ser substituído pela concessão de direito real de uso. Mas o fato concreto é que está largamente usado no direito público brasileiro. Basta dizer que todos os prédios na orla marítima de Copacabana ou de Guarujá, por exemplo, estão edificados sobre "terrenos de marinha", dos quais os "proprietários" não são senão enfiteutas!

Vale dizer, a tradição do instituto é tão forte e este é tão estável que os enfiteutas são socialmente havidos como proprietários, o que, evidentemente, facilita o comércio jurídico do domínio útil de que dispõem. Diversamente, a concessão de direito real de uso, por falta de tradição e utilização disseminada, não conta, ou pelo menos não conta ainda, com idêntico trânsito no comércio jurídico, fator que não pode ser minimizado se se pretende atrair investidores que, para auferir a contrapartida dos dispêndios em que incorrerão com a construção da obra pública, terão de se empenhar na comercialização das áreas que lhes sejam trespassáveis.

10. *Direitos Reais*, Ed. Forense, 1958, p. 397.

13. É por isto, aliás, que a *transferência*, pura e simples, da propriedade, na parte não comprometida com o uso administrativo ou público, seria, possivelmente, a forma mais facilmente atrativa para os empreendedores. Com efeito, dessarte, além de desfrutarem de ampla liberdade para compor com terceiros os negócios através dos quais recuperariam os investimentos demandados pela obra pública e captariam o proveito econômico que os incitara a assumir as obrigações com o Poder Público, não encontrarão, por parte destes terceiros, eventuais receios quanto à segurança da transação jurídica que lhes seja oferecida. É claro que a disposição do domínio pleno conferiria, sob qualquer aspecto, maior desembaraço para os empreendedores.

14. Sem embargo desta última observação, cumpre sublinhar encarecidamente que todas as variantes mencionadas são exeqüíveis e que haverão de ser eleitas, ora uma, ora outra, em função das circunstâncias, da natureza da obra a ser realizada e daquilo que a Administração disponha para oferecer aos eventuais interessados, pois, não será indiferente a adoção, em todos os casos, de quaisquer destas fórmulas jurídicas referidas. Para confirmá-lo, basta pensar que, nas hipóteses em que o espaço aéreo superior à obra seja o único bem de que a Administração disponha para conferir ao investidor, não haveria outro instituto utilizável além da concessão de direito real de uso do supersolo.

15. Não se imagine que o fato das distintas modalidades que se vêm de considerar não se encontrarem previstas expressamente entre as *formas de execução indireta de obras públicas*, arroladas nos já mencionados diplomas federal e estadual regedores dos contratos administrativos (arts. 9º, do Decreto-lei 2.300 e 8º, da Lei estadual 6.544, inciso II, letras "a" a "d", de ambos os textos normativos), signifique impedimento à utilização de tais variantes.

Com efeito, desde logo, é certo que embora os sobreditos textos declarem (art. 1º de ambos) que *as "concessões" a eles se submetem* — aí inclusas, portanto, *as de obra pública — também não as arrolou entre as modalidades de execução indireta de obras públicas*, o que demonstra que a enunciação das modalidades de execução indireta, constante dos sobreditos artigos 9º e 8º, não pode ser havida como exaustiva.

Por outro lado, uma vez que as presumidas alienações, concessões de direito real de uso ou mesmo as concessões de uso, dependem de *autorização legislativa* em que se estabeleçam as condições em que integrarão o negócio — tal como se passaria com as clássicas concessões de serviço ou de obra pública — é bem de ver que a questão já ficaria por aí resolvida, independentemente do caráter exaustivo ou não exaustivo dos preceptivos dantes mencionados. Deveras, em havendo autorização legislativa, desapareceria o pretenso obstáculo. De toda sorte, não há, neste particular, qualquer peculiaridade empecedora ou sequer diferenciadora em relação às concessões de obra ou de serviço público.

16. Tendo-se visto, inicialmente, que as relações cogitadas assujeitam-se, no geral, ao regime dos "contratos administrativos", atendidas apenas as particularidades inerentes à especificidade das relações em apreço, é, então, livre de qualquer dúvida ou entredúvida que haverão de ser precedidas de licitação. Isto resulta, não apenas dos diplomas normativos citados (art. 2º, de um e de outro), mas do próprio Texto Constitucional do País (art. 37, IX) e do Estado de São Paulo (art. 117).

Com efeito, não se conceberia que o Poder Público desejando entreter relações negociais com terceiros para a obtenção ou alienação de bens, realização de serviços ou obras, deixasse de ensanchar, em nome do princípio da isonomia (art. 5º da Constituição do País) e da impessoalidade (art. 37, *caput*) iguais oportunidades a quaisquer interessados que pudessem satisfatoriamente atender o interesse público aí envolvido, tanto mais porque a disputa entre os eventuais proponentes é propiciatória da escolha da oferta mais vantajosa, além de concorrer para o resguardo do princípio da moralidade administrativa (também previsto no art. 37, *caput*, da Lei Magna). De resto, estes mesmos cânones da impessoalidade e da moralidade na Administração acham-se também expressamente referidos na Constituição Paulista (art. 111).

17. Por último vale considerar a questão dos critérios de julgamento das licitações armadas em função dos propósitos referidos, visto que, a toda evidência, estar-se-á perante certame cujas características demandam solução ajustada a suas peculiaridades.

É óbvio que não seria possível indicar um certo e determinado critério prestante para quaisquer delas, uma vez que as distintas obras públicas, as condições peculiares de cada qual, porão em pauta interesses administrativos diversos, que terão de ser privilegiados entre os fatores decisivos das respectivas licitações. Além disto, a referida variedade dos instrumentos utilizáveis para custear obras públicas, evidentemente, também interfere na composição dos possíveis critérios de comparação de propostas, como logo se dirá.

Em todo o caso, trata-se sempre e sempre de estabelecer uma diretriz preordenada a "selecionar a proposta mais vantajosa", que é o que impõe o art. 3º, tanto do Decreto-lei federal 2.300, de 21.11.86 quanto da Lei paulista 6.544, de 22.11.89.

Como se sabe, a legislação sobre licitação estatui que no julgamento das propostas a Comissão levará em consideração: (I) a qualidade, (II) o rendimento, (III) preço, (IV) o prazo e (V) outros fatores previstos no edital (art. 36 do Decreto-lei 2.300, e art. 41 da Lei paulista 6.544).

18. Conforme o caso, sempre em função dos interesses públicos específicos postos em causa e das peculiaridades da obra pretendida, bem como do que a promotora do certame disponha para oferecer como contrapartida de um negócio comercialmente exeqüível para um empreendedor, comporá o critério de julgamento, encaixando-o em um dos "tipos de licitação" também previstos nas sobreditas leis (arts. 37 do diploma federal e 42 do estadual). Tais "tipos" estão distinguidos em função do critério básico de julgamento adotado e são os de (I) menor preço, (II) melhor técnica, (III) técnica e preço e (IV) preço-base.

Em rigor, o critério baseado fundamentalmente no preço não tem de ser o de "menor" preço, pois, inversamente, o "maior preço" pode ser o mais vantajoso para a Administração. Com efeito, o preço mais vantajoso para a Administração certamente será o preço menor quando o pagamento incumba a ela, mas, pelo contrário — e como é óbvio — o mais vantajoso ser-lhe-á o maior preço, quando é o ofertante quem tem de versar-lhe um pagamento.

19. Posto que as modalidades de execução de obras públicas aqui cogitadas *não implicam despesa financeira para os cofres públicos*, resulta evidente que não seria possível encontrar a "proposta mais vantajosa" mediante critério de julgamento favorecedor daquela que implicasse menor dispêndio financeiro, como se faz correntemente nas licitações para a aquisição de bens, obras ou serviços.

É claro, pois, que terão de ser encontrados outros fatores capazes de diferenciar as propostas em vista do proveito maior ou menor que pudessem oferecer à Administração. Estes, então, haverão de estar relacionados ou com o menor comprometimento patrimonial da Administração, ou com a "melhor técnica" na produção da obra ou com o menor prazo de sua conclusão ou — tal como se passa nas licitações efetuadas em vista da alienação de bens públicos — com o maior proveito econômico positivo que o proponente ofereça à Administração. Ditos fatores poderão ser utilizados conjugadamente, quando pertinentes, dependendo do bem licitado e da modalidade jurídica do atrativo que o Poder Público esteja oferecendo.

20. Assim, por exemplo, seria um critério utilizável o de demandar um percentual sobre o proveito econômico que as áreas transferidas ensejarão ao proponente vencedor quando da exploração delas. Vencedor seria — *verbi gratia* — o proponente que oferecesse à promotora do certame o maior percentual sobre o valor do metro^2, quando da venda (ou transmissão dos direitos de concessão de direito real de uso ou de enfiteuta) pelo empreendedor, a terceiros, da área comercializável que lhe deva ser transferida pelo Poder Público em conta de retribuição pela construção da obra pública. É óbvio que, em tal caso, teria de haver uma prévia avaliação e fixação do valor do metro^2 transferível, embora não necessariamente da totalidade da área quando se tratasse de transferência de espaço subterrâneo, pois, em tal hipótese, poder-se-ia deixar que o próprio ofertante a delimitasse, uma vez que os custos da escavação e preparo do espaço excedente da obra pública seriam por ele mesmo suportados.

O critério figurado presume certame licitatório no qual o destino deste espaço seja a *alienação* dele pelo empreendedor. Se, diversamente, o certame propusesse cláusula em que o ofertante devesse conservá-lo e promover-lhe a exploração, o percentual haveria de ser concedido sobre um estimado e prefixado valor mensal de exploração comercial do metro^2.

Outro critério, cuja adequação maior ou menor do que o anterior dependerá do tipo da obra, consistiria em privilegiar a proposta que ofertasse à Administração maior área construída, para que esta a utilize em serviços administrativos.

21. Outro critério ainda, prestante para os casos de concessão de direito real de uso por prazo determinado, seria o de preferir a oferta que previsse a consolidação do domínio pleno do concedente, isto é, a devolução das áreas, no período mais curto.

Fator relevante, que poderia ser tomado em conjugação com o critério da melhor técnica e ou da vantagem patrimonial ofertada pelo proponente seria o do prazo de execução da obra pública pretendida.

É de sublinhar, finalmente, que, conforme a espécie de obra pública objetivada, teria grande relevo e haveria de ser tomada em conta nos critérios de julgamento, a qualidade do projeto, dos materiais empregados, da coerência da utilização dos espaços, seu entrosamento com as condições da área urbana em que se situa e com a própria natureza da obra em questão. Nas licitações de "melhor técnica", ou de "técnica e preço" (esta última, mais conveniente na quase-totalidade dos casos, pois resolver tão-só pela apreciação "técnica" implica grandes riscos para a objetividade do julgamento) são precisamente aspectos desta ordem que se tomam em consideração.

22. Ao cabo do exposto, verifica-se que não é possível antecipar um dado critério que seja o mais adequado para toda e qualquer licitação na qual o Poder Público se proponha a obter construção de obra pública efetuada a expensas de um empreendedor. Como dantes se disse, a própria Administração que a promova, tendo em conta as características da obra, os interesses públicos específicos que estejam em pauta e o que tenha como disponível para oferecer em contrapartida é que poderá definir, na linha das alternativas apontadas, o critério adequado para o caso. De resto, comprovação disto tem-se no fato de que a própria legislação, nos artigos já citados, não mencionou um único "tipo" de licitação, mas quatro. Além disto, ao referenciar os fatores a serem tomados em consideração no julgamento das propostas, cautelosamente se absteve de efetuar enumeração exaustiva e às expressas, no item V, aludiu a "outros previstos no edital".

23. O que se pretendeu assinalar e encarecer foi que é perfeitamente possível, no direito brasileiro, empreender a realização de obras públicas do mais variado tipo com o concurso de capitais privados que as custeariam mediante atrativos distintos dos tradicionalmente utilizados nos rotineiros contratos de obra pública e de concessão de obra pública, pois o pagamento em dinheiro ou o direito de perceber tarifas dos usuários não são as únicas modalidades de compensação econômica ofertáveis pelo Poder Público aos eventuais empreendedores.

LIMITES À REVISÃO CONSTITUCIONAL DE 1993

GERALDO ATALIBA

I — *Propósito deste estudo*

Propomo-nos, neste breve estudo, a demonstrar que "a revisão" a que se refere o art. 3º do ato das disposições constitucionais transitórias (ADCT) deverá ser circunscrita aos lindes do plebiscito de que cuida o art. 2º do mesmo ato. Para isso, usaremos raciocínio e linguagem jurídicos. Mesmo porque, todo conflito, questão, problema ou direito disso emergente, deverá ser resolvido perante o Judiciário, que só se sensibiliza com argumentos jurídicos.

II — *Revisão não é refazimento da Constituição*

É equivocado pensar que os parlamentares federais em função em 1993 são "como constituintes". A desconsideração pela ciência do direito constitucional é que permite tal equívoco. Para saber-se que é *poder constituinte*, basta ler o sintético e científico livro de Aricê Amaral Santos, com esse título (Sugestões Literárias, 1980, SP). Não se conteve o publicista e ministro do STJ Adhemar Maciel, diante desse clima irresponsável e afoito: "A muita gente parece estranho: mal a Constituição foi promulgada, já se está cogitando de sua revisão. Não seria isso um típico sintoma bem brasileiro de instabilidade político-constitucional? As constituições, quando feitas, têm a natural pretensão da perenidade" (Revista *AJUFE*, novembro 1990, p. 17).

Aliás, a tese "ampla" interessa aos extremistas de direita e de esquerda, que saíram perdendo com a Constituição de 1988. Leibnitz dizia: se os postulados de Arquimedes contrariassem os nossos desejos e interesses, seriam tão discutíveis como as regras jurídicas.

A manipulação exegética que os pregadores da "revisão ampla" estão fazendo com os arts. 2º e 3º do ADCT mostra a argúcia da frase de Leibnitz. Menosprezam-se valores universais, básicos, fundamentais; despreza-se o valor supremo "segurança jurídica"; abandonam-se todos os padrões de civilização e relega-se o exemplo das nações civilizadas, para satisfação de pequenos interesses paroquiais, visões grupais, apetites setoriais ou ímpetos primários insuscetíveis, por sua rusticidade, de serem moderados pelo espírito jurídico.

O art. 3º do ato das disposições constitucionais transitórias (ADCT) refere-se à revisão constitucional a realizar-se "após cinco anos da promulgação da Constituição". E muitas pessoas interessadas, nisso vêem uma verdadeira nova constituinte.

Pensam muitos sociólogos, economistas, políticos, jornalistas e leigos em direito que é previsão de uma "reforma geral" da Constituição. Os juristas, entretanto, não podem pensar igualmente; os juristas não podem raciocinar do mesmo modo. São guiados e presos pelo direito positivo, que não é letra fria (Celso Antônio), mas veículo de um "espírito", traduzido num sistema de desígnios, valores e finalidades que o povo quer ver promovidos ou protegidos (Michel Temer).

É que — interpretando o texto constitucional, inclusive esse art. 3º das Disposições Transitórias — consideram o conjunto sistemático de preceitos e verificam que a "revisão" é limitada e circunscrita, longe, muito longe, de assemelhar-se à feitura de uma nova Constituição.

Por isso o jurista — empregando recursos hermenêuticos, sabendo que não há preceito avulso, isolado, que possa ser interpretado ou aplicado singularmente — busca conhecer, interpretar e aplicar o *sistema* jurídico como um todo harmônico e não como um amontoado caótico de normas. Faz interpretação sistemática — ensina Adilson Dallari — considerando *todos* os princípios e todas as regras do sistema, harmonicamente.

III — O argumento da intenção do legislador

Em primeiro lugar, o jurista sabe que a eventual intenção do legislador nada vale (ou não vale nada) para a interpretação jurídica. A Constituição não é o que os constituintes quiseram fazer; é muito mais que isso: é o que eles fizeram. O jurista trabalha com o direito positivo (posto). A lei é mais sábia que o legislador. Como pauta objetiva de comportamento, a lei é o que nela está escrito (e a Constituição é lei, a Lei das leis, a Lei Máxima e suprema). Se um grupo maior ou menor de legisladores quis isto ou aquilo, é irrelevante, para fins de interpretação. Importa somente o que foi efetivamente feito pela maioria e que se traduziu na redação final do texto, entendido sistematicamente (no seu conjunto, como um todo solidário e incindível).

Os juristas não perdem mais tempo em expor os argumentos tendentes a expressar o postulado hermenêutico elementar segundo o qual o desejo do legislador, sua vontade e seus processos subjetivos motivacionais não têm valor para a exegese jurídica. Porque ou sua "intenção" está idoneamente traduzida na norma, interpretada em harmonia com o sistema, ou, no caso de divergência entre a norma posta e a intenção do legislador, o intérprete deve ficar com aquela.

O direito moderno — cientificamente tratado pelos doutrinadores e tribunais dos países civilizados — com efeito, já não tem por critério a vontade do legislador. Isso é coisa subdesenvolvida, tribal, primitiva e primária, que só prevalece em sociedades rudimentares e países onde — por não existir consciência jurídica — não há segurança do direito, tribunais independentes e doutrinadores científicos (para quê?).

Baleeiro — em magistral voto no Supremo Tribunal Federal (*RTJ* 44/54) — sintetizou, de modo claro e didático, aquilo que o Brasil decidiu adotar como postura, há muito tempo, desde que resolveu ser um país adulto, senhor de seu destino, regulado por um direito positivo informado por padrões modernos, do mundo ocidental, que tomamos como modelo ("Não me cabe psicanalisar os eminentes representantes da nação"... "Não julgo a lei, julgo segundo a lei"; v. nosso comentário *in RDP* 7/201).

Tão clara, firme, estabelecida e sólida é essa postura — absolutamente prevalecente no mundo cultural em que nos inserimos — que já parecia, aos juristas que expõem e tratam da ciência do direito, desnecessário repisar os argumentos negadores do valor da "intenção" do legislador. Essa atitude comum entre os cientistas do direito, no Brasil — atestatória do predomínio de um bom padrão de aspirações — mostra que estávamos próximos ao clima de segurança jurídica que informou a institucionalização atualmente prevalecente no mundo ocidental.

IV — Poder Constituinte originário e derivado

Os congressistas atuais, integrando órgão com meros poderes de reforma, simples poder constituído (subordinado, condicionado e limitado), na expressão de Paulo Bonavides "não tem poderes constituintes de grau equivalente em extensão e profundidade, àqueles de que foi dotado o colégio de soberania que fez a Constituição de 5 de outubro de 1988" (*Revista de Informação Legislativa*, vol. 113, p. 53).

A Assembléia que promulgou a Constituição de 1988 foi eleita com poderes constituintes delegados pelo titular da soberania, o povo, que a proveu de "plenitude, de um poder constituinte primário, que, de modo formal, movia-se num espaço sem fronteiras, salvo aquelas tacitamente impostas pelos imperativos sociológicos de sua origem e do meio sobre o qual atuava" (Paulo Bonavides, op. cit.).

O Congresso atual é ordinário. Não tem senão poderes constituintes de reforma, subordinados, condicionados e limitados. "Não se trata de maneira alguma de uma Constituição; seria aviltar esta noção, desrespeitar a vontade popular, tropeçar sobre o País constitucional, desferir um golpe de Estado sobre as instituições — já tão maltratadas por um recente passado ditatorial — se fizéssemos prosperar esse entendimento falso que ofende e mina as bases de legitimidade do novo Estado de Direito, sobre o qual repousa o pacto de nossa reconciliação com os valores da liberdade e da democracia" (Paulo Bonavides, op. cit., p. 53).

Em bem fundamentado parecer, dado à OAB-DF, o jovem jurista Carlos Eduardo Caputo Bastos, após estudar proficientemente o tema, chega às mesmas conclusões: "Diante dessas considerações, nossa conclusão é no sentido de que: (a) a revisão de que trata o artigo 3º do ADCT é restrita, quanto ao conteúdo, à definição de forma e sistema de governo; (b) as demais modificações que se queira introduzir no texto constitucional devem observar o procedimento próprio, qual seja, o regime de emenda (art. 60 da CF)".

A discussão sobre a *revisão*, prevista no art. 3º do ADCT, entretanto, assusta e força a recolocação do problema. É doloroso e frustrante que, no limiar do século XXI, regressemos a esse ponto, no Brasil. Subitamente, dou-me conta do tamanho do estrago feito na nossa cultura jurídica e política, pelo clima de arbítrio, prepotência e supressão do espírito jurídico, durante o longo regime autoritário a que fomos submetidos. Mais que um atraso, é regredir culturalmente, pôr-se a indagar e discutir o que queriam alguns constituintes de 1988; é lamentável invocar suas intenções, motivações e "vontades", para encontrar critério decisivo de interpretação do preceito do art. 3º do ADCT. É atitude primária que iguala os bacharéis em direito aos leigos, não versados na ciência jurídica.

É uma involução — que nos aproxima mais do que há de pior no terceiro mundo — deixar de lado a interpretação sistemática, o tratamento jurídico de um texto positivo como esse, para dar-lhe interpretação exclusivamente em termos de vontade do legislador. E, pior, justificar a solução exegética adotada, pela rememoração de que esse preceito resultou da dificuldade de conciliação de correntes ideológicas na Assembléia Constituinte que — na impossibilidade de estabelecer uma fórmula de conciliação, adotando as decisões básicas próprias de uma Constituição — resolveu relegar para "uma futura revisão" tal solução!

Compreende-se o emprego desse argumento "exegético" por leigos, que não sabem que a segurança jurídica — único clima no qual é possível construir-se uma civilização sólida — é a condição e, ao mesmo tempo, a finalidade da institucionalização política a que as Constituições tendem; que ignoram que a palavra constituição tem um sentido gramatical (norma que cria e dota de órgãos um estado), mas que o direito não fica aí, mas atribui-lhe um significado mais amplo, mais profundo, mais comprometedor e envolvente. O direito constitucional é "o direito político", por causa da carga histórica, cultural, sociológica e ideológica que o acompanha. Quem ignora tudo isso fica sem nada, fica sem Constituição. Não há Constituição sem compromisso "atual" que a sustente. Relegar, assim, o denso significado de Constituição, para tratá-la como uma lei qualquer, que pode ser modificada de qualquer jeito, por qualquer órgão, em qualquer clima, a todo momento, é negar o próprio significado do conceito; pior, é negar todos os valores que a idéia de Constituição encerra e excluir antecipadamente os benefícios que toda Constituição promete, cabendo aos órgãos dos poderes constituídos tornar realidade, assegurando-lhe (à Constituição) sua eficácia.

Com a lição de Baleeiro, deixemos aos psicanalistas investigar a vontade do legislador e fiquemos com o único dado que interessa: o Texto Constitucional, que traduz a vontade constituinte da Nação. O que o jurista investiga é só a vontade da lei (no caso, da Lei Constitucional).

V — Interpretação sistemática

A ciência do Direito tem seu mais importante capítulo na hermenêutica, que consiste no conjunto de princípios científicos (lógico-jurídicos), técnicas e procedimentos que permitem sacar (a expressão é do jusfilósofo Lourival Villanova) o conteúdo, sentido e alcance das normas jurídicas.

Pois, um dos primeiros postulados da hermenêutica indica que nenhum preceito existe isolado, e, portanto, não pode ser considerado, para fins de interpretação, isoladamente. Pelo contrário, cada mandamento deve ser examinado como parte do sistema, como um ingrediente do todo global, harmonicamente considerado: o sistema; no caso: o Texto Constitucional.

Toda palavra tem um significado básico e um contextual. A hermenêutica jurídica busca o significado contextual dos termos empregados pelo legislador. Isto só se obtém entendendo-se o contexto, sua direção, seu sentido, suas finalidades e condições. Só após isso é possível determinar com exatidão o significado das palavras que revelarão o conteúdo, sentido e alcance de cada norma. Paulo Barros Carvalho usa didático exemplo: se uma norma cuida de quatro cidadãos que disputam uma cadeira no Senado, só superficial, apressada e leiga visão permitirá supor que quatro pessoas agarram-se fisicamente a uma cadeira (cada qual puxando por uma perna) integrante do mobiliário do prédio onde instalada aquela Casa Legislativa.

O postulado da harmonia do sistema jurídico implica que as normas não se amontoam, formando um todo caótico, mas, pelo contrário, organizam-se harmonicamente, formando um sistema coerente e coordenado, segundo um critério normativo próprio, em função de valores (traduzidos em princípios) que permitem ao intérprete perceber a harmonia e desvendar a hierarquia que o preside.

Em outras palavras, o Direito (conjunto de normas) aparece-nos como *sistema*. Tércio Sampaio Ferraz Júnior ensina que o sistema se faz pelo repertório e pela estrutura. Repertório é o conjunto material de elementos. Estrutura é o modo de sua arrumação. E dá didático exemplo: um amontoado de carteiras, quadro negro, giz, dentro de uma sala configuram um depósito. Esses mesmos elementos (repertório) organizados, arrumados finalisticamente (estrutura) formam uma sala de aula.

No sistema jurídico também, o que dá sentido aos elementos do repertório (normas) é a estrutura (modo de arranjá-los), que se faz em torno de princípios cujos desígnios são servidos pelas normas.

Tudo isso — imediata e facilmente aceitável por quem tenha rudimentos de ciência do Direito — mostra, imediatamente, ser impossível interpretar o art. 3º das disposições transitórias da Constituição de 1988, sem relacioná-lo com o sistema como um todo. Inútil e errado pretender considerá-los isoladamente.

Deixando de lado — não por desimportantes, mas por pressupor cediços — os princípios constitucionais básicos, em sua estruturação sistemática, centremo-nos nos princípios e regras que governam as modificações constitucionais, sem desatender aos demais que formam seus pressupostos e condições.

VI — Constituição rígida e dificultação das emendas

Aproveitando as lições da história e o exemplo dos povos civilizados e almejando colher os frutos propiciados pelos arranjos institucionais adotados por nações cultas, fez-se rígida a Constituição: só pode ser emendada por voto de 3/5 de cada casa do Congresso, em dois turnos (art. 60, § 2º). Isso, exatamente para proteger os valores consagrados e — como o sublinha Paulo Bonavides — tornar difícil qualquer alteração no Texto; para evitar que paixões momentâneas, interesses episódicos ou convicções minoritárias deformem o quadro normativo básico que emergiu do pronunciamento do poder constituinte originário, como ensina José Celso de Mello Filho. Só robusta convicção generalizada, sobre tema específico — debatido tão amplamente que crie um verdadeiro "clima constituinte", quanto a esse ponto — levará o Congresso a proceder a emenda, ponderadamente, prudentemente, sem ligeireza ou pressa.

Tal é a regra nos países desenvolvidos, seguros e prósperos. Esse o padrão que também adotamos. Isso é que dá a estabilidade que as instituições requerem, para tornar o país civilizado. Essa é a regra dominante no mundo desenvolvido. É também a regra do nosso direito, para proteção do princípio da superioridade da Constituição.

Na mais jurídica e prudente linha de pensamento o Ministro Adhemar Maciel sublinha: "Um melhor entendimento só pode ser aquele segundo o qual o legislador constituinte é sempre superior ao legislador da revisão. Se assim não se entender, o poder revisional acabaria por aniquilar a própria Constituição, fenômeno que os doutrinadores de língua alemã chamam de *Verfassungsbeseitigung* — a eliminação da Constituição" (op. loc. cits.).

Das emendas à Constituição cuida o art. 60. Sua aprovação dá-se por 3/5, em cada Casa do Congresso, não podendo ter por objeto certos princípios, suas implicações e desdobramentos (§ 4º), sendo impossível deliberação a respeito.

Esse processo especial e qualificado é que faz a nossa Constituição ser rígida. O obstáculo do § 4º faz desses princípios (que lhe são estruturais, básicos e fundamentais) rigidíssimos, supraconstitucionais, no sentido de que não podem ser menoscabados, reduzidos, diminuídos, mesmo pelos mais conspícuos dos poderes constituídos: o Congresso, como órgão de reforma constitucional.

O processo especial e qualificado de reforma dos demais preceitos dá-lhes garantia de estabilidade. Assim, eles ficam acima da disponibilidade de maiorias eventuais e de paixões momentâneas ou arrebatamentos episódicos. Só sólida convicção, arraigada na maioria da sociedade, permitirá alcançar o difícil *quorum* de 3/5 para introduzir alterações (sempre secundárias) na Constituição.

VII — Excepcionalidade do art. 3º

O art. 3º do ADCT é exceção. E, como toda exceção, deve ser interpretada restritivamente e não ampliativamente, como vêm fazendo as pessoas ainda impregnadas pela mentalidade inconseqüente, casuística, superficial e desafetuosa do direito que predominou durante o regime autoritário (e que deixou tantos saudosos discípulos!).

Essa pseudo-interpretação leva à instauração da instabilidade institucional e retarda a fixação das bases primárias de recuperação da segurança jurídica, clima sem o qual jamais será possível pensar-se em normalidade administrativa, política e econômica.

VIII — Remissão ao plebiscito

Representando o povo soberano, o constituinte produziu o Texto de 1988, ali pondo a decisão fundamental da Nação. Em dois pontos o constituinte não decidiu com robustez, deixando ao próprio povo a decisão final e última: forma e sistema de governo. República ou monarquia e parlamentarismo ou presidencialismo. As decisões constituintes, quanto a tais matérias, foram provisórias. Válidas só por cinco anos. A palavra última e final será dada pelo povo, em 1993, mediante plebiscito (art. 2º do ADCT).

Ora, se a república presidencial que temos pode modificar-se para república parlamentar ou para monarquia (necessariamente parlamentar), pronunciando-se o povo mediante simples voto positivo ou negativo (*sim* ou *não*), o Congresso deverá implementar tal decisão, editando as regras necessárias a dar eficácia aos novos princípios (sistema parlamentar com república ou monarquia).

É intuitivo, lógico, claro que a emenda constitucional a ser editada pelo Congresso, limitando-se a "adaptar" o Texto Magno à inovação — se alguma for decidida pelo povo — é forçosa e necessária.

Daí a exceção do art. 3º, que qualifica essa complexa e especial emenda como "revisão".

IX — Finalidade da revisão

O Congresso somente irá dar conseqüência à decisão popular. Irá implementar, com regras adequadas, os princípios inovadores que o povo tenha decidido introduzir (sistema parlamentar, forma monárquica). Se o plebiscito redundar em confirmação da república presidencial, nada haverá a ser alterado. Perderá a função o preceito do art. 3º do ADCT.

X — Impossibilidade de revisão

Se, pois, o povo decidir manter o sistema atual (república presidencial), não há o que rever, nos termos do art. 3º. Conseqüentemente, o Congresso fica impedido de usar o processo excepcional previsto nesse mesmo art. 3º. Assim também pensa Gasparini: "Fora daí seria fraudar a vontade do colégio eleitoral, tomando-a como fundamento para uma revisão mais ampla que a autorizada pelo Constituinte de 1988. Estar-se-ia dando um efeito maior, mais largo, à decisão plebiscitária e a revisão calcada nesse *plus* não teria como ser sustentada. Seria, induvidosamente, inconstitucional. Ademais, a revisão assim ultimada pelo Congresso Nacional, sobre padecer desse gravíssimo vício, beiraria, sem dúvida, a um estelionato, por aproveitarem-se seus promotores de um mecanismo de alteração constitucional beneficiado por um *quorum* favorecido e exclusivo a dar atendimento à vontade do eleitorado, manifestada nos estritos limites do artigo 2º, do Ato das Disposições Constitucionais Transitórias" (op. loc. cits.).

Desse sentir não discrepa Bonavides: "Vamos supor que a vontade plebiscitária soberana diga não à monarquia e ao parlamentarismo. Pronto, exauriu-se aí o ato da disposição constitucional transitória e já não há que falar em revisão constitucional, aquela que procederia, por voto de maioria absoluta, à tomada das decisões necessárias para implementar, seja a monarquia, seja o parlamentarismo" (op. loc. cits.).

A finalidade dessa "revisão" é só implementar a decisão popular — adotada em plebiscito — sobre forma e regime de governo (art. 2º do ADCT). A excepcional redução do *quorum* e simplificação do processo de votação justifica-se pela conveniência de superar rapidamente os possíveis embaraços à adaptação do Texto Magno à decisão soberana popular (v. nosso artigo sobre "Revisão constitucional", *in Revista de Informação Legislativa*, do Senado Federal, vol. 110, 1991).

Como toda norma, este art. 3º tem uma hipótese e um mandamento (antecedente e conseqüente normativos). A hipótese é: o povo decidir modificar a forma de governo (adotando a monarquia) ou o sistema (parlamentar). Dado esse fato (contemplado na hipótese do art. 3º), o Congresso fará a revisão, no texto constitucional, necessária a adaptá-lo ao pronunciamento popular.

Se se optar pela forma monárquica, disciplinar-se-á o modo de investidura vitalícia do chefe de estado (eletiva ou hereditária) e regular-se-á a sucessão, bem como suas relações com o governo (aí, necessariamente, parlamentar), bem como diferente definição das responsabilidades políticas, dada a irrevocabilidade da investidura do chefe de estado.

Se se optar pela república parlamentar, impor-se-á definir as atribuições, responsabilidades e relacionamento recíproco entre presidente e gabinete, bem como definir se o governo será colegial ou centrado no primeiro ministro (ou se este será moldado à feição de um "chanceler", etc.) e ainda suas relações com o Congresso (poderes das duas Casas diante do governo, etc.), regime dos votos de confiança, dissolução da Câmara, etc. A tarefa vai ser, conforme o caso, ampla, vasta, plena de nuances e implicações, além de apaixonante.

XI — Matéria que exceda o art. 3º só pode ser aprovada por emenda

Se o Congresso quiser alterar qualquer preceito (exceto os integrantes, na ampla cláusula pétrea, art. 60, § 4º) deverá obedecer ao rito exigente do art. 60, com todas suas propositadas dificuldades: "Nada poderá, por conseguinte, ser votado sobre matéria de emenda à Constituição, em contravenção do requisito constitucional dos três quintos dos votos dos respectivos membros das duas Casas do Congresso Nacional, que obviamente não funcionará em sessão unicameral nem votará por maioria absoluta, como no caso da revisão prevista nos artigos 2º e 3º do Ato das Disposições Constitucionais Transitórias" (Paulo Bonavides, op. loc. cits.).

XII — Emenda e revisão

Não é lícito — pelo contrário, é claro abuso — adotar o procedimento excepcional do art. 3º do ADCT, para emendar a Constituição, desprezando todo o profundo significado jurídico do rigoroso processo previsto no art. 60. "Em suma, a Constituição separa nitidamente as figuras da revisão e da emenda — a primeira só existe para a finalidade expressa no Ato daquelas Disposições; é por isso mesmo transitória e tem um conteúdo material rigidamente limitado e inalterável, especificado nos termos inequívocos do artigo 2º" (Paulo Bonavides, op. cit., p. 56). Prossegue o eminente publicista cearense: "Enquanto à segunda, o poder de emenda pertence ao corpo da Constituição, é permanente e atua num espaço que só encontra diques à deliberação nos quatro itens do parágrafo 4º do artigo 60 da Constituição, a saber, aqueles relativos à forma federativa de Estado, ao voto direto, secreto, universal e periódico, à separação dos poderes e aos direitos e garantias individuais".

Configura agressão à soberania popular recorrer-se a mera "maioria absoluta para 'rever' sem limites a Constituição"; isso "aloja uma inconstitucionalidde flagrante e insanável" (Bonavides, op. loc. cits.).

Resta concluir com Bonavides: "Utilizar a revisão, portanto, fora dos limites expressos da disposição transitória, decretará o fim precoce da Constituição de 1988, inaugurando um novo ciclo de atentados à natureza representativa do sistema e fazendo mais uma vez a ordem jurídica superior soçobrar num quadro de calamidades imprevisíveis".

XIII — Excepcionalidade da "revisão"

Seria muito difícil implementar o resultado do plebiscito, se o *quorum* normal de 3/5 fosse mantido. Correr-se-ia o risco de jamais implementar-se a decisão popular. Dada a complexidade material dessa emenda, previu o Texto do ADCT (art. 3º), excepcionalmente, que ela será apreciada e votada em conjunto (unicameralmente) pelo Congresso, por maioria absoluta.

Tal redução de *quorum* e simplificação do processo, por absolutamente excepcional quanto à matéria e quanto à ocasião (uma única e exauriente oportunidade) deve — é óbvio, é evidente — ser interpretada estritamente. Só se aplica a esse momento (designado também singularmente de revisão constitucional) e a essa matéria: forma e sistema de governo.

Tudo isso mostra o caráter sistemático da Constituição e a recíproca integração, harmonia e solidariedade de suas partes e unidade fundamental de seu espírito, demonstrando que a lei é, verdadeiramente, mais sábia que o legislador.

XIV — Conjugação dos arts. 2º e 3º do ADCT

É evidente que o art. 3º do ADCT só pode ser interpretado em conjunto com o art. 2º, ambos operando como exceções à norma perene do art. 60, sem abalar seu rico e forte § 4º.

A interpretação sistemática do Texto Constitucional leva a que "*o artigo 3º* que determina a revisão constitucional após cinco anos da promulgação da Constituição mediante o voto da maioria absoluta dos membros do Congresso Nacional, em sessão unicameral, *acha-se indissoluvelmente vinculado*, na sua finalidade, *ao conteúdo material do artigo 2º*, ou seja, à definição eleitoral, através do plebiscito, da forma e do sistema de governo" (Paulo Bonavides, op. cit.). Essa inteligência é compartilhada por Seabra Fagundes e Diógenes Gasparini. Este último escreveu: "Essa vinculação é percebida até pela seqüência dos arts. 2º e 3º do ADCT. Pelo primeiro marca-se a consulta ao eleitorado e, como essa levará, inexoravelmente, a um resultado, consubstanciando uma opção pela forma tal e pelo sistema qual de governo, deve-se, sob pena de inócua a consulta, rearranjar a Constituição Federal segundo essa escolha, daí a revisão prescrita no segundo" ("A dimensão da revisão constitucional", *in RTDP 3*).

E argumenta irresistivelmente: "*Se imaginarmos a Constituição Federal sem o art. 2º, do ADCT, o art. 3º desse mesmo Ato não teria qualquer função*. De fato, a que revisão esse dispositivo estaria se referindo, se em nenhum outro lugar a Constituição Federal mencionou a palavra revisão, ou deixou entrever uma alteração dessa ordem?" (op. loc. cits.).

O professor Diógenes Gasparini, nesse iluminado estudo, arremata: "Sendo assim, é válido afirmar que esse dispositivo *está intimamente ligado ao art. 2º* do ADCT, o único que prevê uma revisão constitucional. Sua redação, nesse particular, é sintomática, pois refere-se a uma revisão certa, tratada anteriormente, e a única, nessas condições, é a do art. 2º das Disposições Transitórias. Não fosse dessa maneira, o Constituinte teria dito: 'A Constituição será revista após cinco anos (...)'. A dicção do art. 3º, portanto, seria outra" (op. loc. cits.).

A revisão irá abranger, na verdade, apenas e tão-somente aquilo que for necessário para dar concreção ao que já foi decidido diretamente pelo povo. Ou seja, implementará o resultado do plebiscito, fixando regras que lhe dêem eficácia.

O modo ponderado e civilizado de encarar as instituições e a necessidade de sua preservação — defendido por juristas como Seabra Fagundes, Paulo Bonavides, Celso Antônio, Michel Temer, Arx Tourinho, Edgard Silveira Bueno, Diógenes Gasparini — corresponde à convicção de um dos mais autorizados jornalistas brasileiros, respeitado pela ponderação e independência de suas posições. Luiz Alberto Bahia escreveu: "A revisão constitucional após cinco anos só deixará de ser aberrante se obediente à conexão que limita claramente o campo da revisão: o sistema de governo e o do regime político. Escolhido o parlamentarismo, a conseqüência do plebiscito terá de ser a revisão constitucional para implantar o novo sistema de governo" (*Folha de São Paulo*, 13.1.93, p. 3).

E expressou a razão de assim pensar: "Seria desvairio entender-se que o constituinte de 1988 autorizou o Congresso de 93 a rever ampla e ilimitadamente o texto em vigor, após tão pouco tempo. Revisão incontrolável, da qual poderia resultar uma Constituição inovadora mesmo dos dispositivos sem qualquer relação com os objetivos do plebiscito".

XV — Pressupostos da corrente ampliativa

Interpretar diversamente, *data venia*, é afirmar a quase inocuidade da Constituinte de 1987/1988. É predicar à Constituição o caráter de norma integralmente provisória, precária, sem superioridade. É abalar todos os direitos, todas as normas, enfraquecer todas as instituições. É paralisar a vida nacional.

É dizer que tudo nela é provisório, é precário. Que tudo pode ser facilmente revisto. Que ela foi feita para valer só por 5 anos. Que os direitos e deveres dos cidadãos, das empresas, da União, dos Estados, dos Municípios, que as atribuições do Judiciário (e a proteção dos direitos, principalmente contra os abusos do poder, que ele nos deve dispensar), as funções do Ministério Público, etc. só têm o conteúdo, sentido e alcance prescritos no texto, por 5 anos. A contrário de ser perpétua, é temporária a Constituição? Em vez de ser mais sólida que as leis, é mais passageira, mais fugaz.

O "original" dessa concepção é que ela termina por fazer algumas disposições transitórias mais duradouras que o próprio Texto, como é o caso do art. 40, que assegura direitos até o ano 2013! Será essa a contribuição brasileira para o direito constitucional comparado? Temos uma Constituição com limitação de validade no tempo?

XVI — Padrão de civilização

Dizer que a "revisão" (art. 3º, ADCT) será ampla é dizer (a) que não temos Constituição e, portanto, (b) que não houve constituinte. É ignorar que o povo soberano deu à Assembléia Constituinte de 1987-88 poder constituinte; que ela foi eleita para esse fim. Ignorar que o povo foi às urnas, conscientemente, para isso. É afirmar que essa Assembléia elaborou a Constituição de 1988 não como Carta Magna do País, mas como lei episódica, ordinária, sem relevância, provisória, precária!

É abjurar o significado da "Constituição". É desprezar a adesão do Brasil ao constitucionalismo, que — no dizer lúcido de Carlos Velloso — timbra os povos ocidentais modernos.

A propósito, escreveu lucidamente o constitucionalista baiano Arx Tourinho: "O poder de revisar a Constituição não é constituinte originário, evidentemente. Para que haja esse tipo de poder, *é indispensável que haja assembléia constituinte, eleita pelo povo, com essa finalidade*, sob pena de renegarmos a manifestação democrática. Logo de poder constituinte originário não se deve cuidar, até porque não se poderia admitir a existência desse tipo de poder, com características de derivado, condicionado e subordinado — características próprias do poder reformador. Seria derivado, porque provém da Constituição Federal, exatamente o art 3º do Ato das disposições constitucionais transitórias; seria subordinado, porque lhe falta autonomia; e, por fim, condicionado, porque as condições procedimentais de sua atuação já estão traçadas na Constituição" ("A revisão da Constituição brasileira de 1988", *Revista da OAB-Bahia*, ano V, n. 2, novembro/1992, p. 13).

XVII — Autenticidade do processo constituinte

Sustentar a tese ampla é cometer a infantilidade — aliada à ignorância — de esquecer que a legitimidade da Constituinte (e, pois, da Constituição de 1988) decorre da autenticidade do processo constituinte, processo político-sociológico vivido pela sociedade brasileira, por toda a década que antecedeu a Constituinte e que se traduziu em reuniões, comícios, debates, colóquios, simpósios, pregações, estudos, discussões, propostas, contrapropostas a que se entregaram partidos, sindicatos, grêmios, associações, escolas, entidades religiosas, culturais, literárias, corporações profissionais, imprensa, todos os meios de comunicação de massa. Processo que empolgou o país num crescendo irresistível, passando pelo movimento das "diretas" e culminando com o acompanhamento dos trabalhos constituintes até a promulgação da Constituição cidadã. Esse processo filtrou, elaborou, canalizou e organizou todas as aspirações, angústias, idéias, ideais, propostas, desejos, interesses e — por que não dizer — sonhos do povo, de todos seus segmentos e camadas. A OAB — censurando os pregadores inconseqüentes da revisão ampla — registrou: "Após longo período de instabilidade política o país se reencontrou com o processo democrático que culminou com a elaboração da Constituição de 1988, ponto de partida para a construção da almejada sociedade que integrasse todos os brasileiros na participação do bem-estar social. A Constituição de 1988 foi o resultado de um grande esforço nacional, a somatória dos interesses conflitantes presentes na sociedade brasileira, resultado que foi da contribuição de todos os segmentos representativos da nação" ("Nota oficial da OAB sobre o 'emendão'", de 26.8.91).

Juridicamente, não há como entender-se de outro modo. Politicamente, parece arrematado absurdo entender-se investido de poder constituinte um Congresso ordinário em fim de mandato. Persistir nessa concepção implica afirmar provisória a estruturação do Judiciário, precária a institucionalização do Ministério Público, infirmes os direitos individuais, inseguras as conquistas sociais. É admitir que vivemos num país provisório, baseado em instituições mutáveis, deixado ao sabor de aventureiros. Enfim, uma sociedade que não sabe viver, cultivar e dar eficácia a instituições estáveis. E que, por isso, jamais saberá criar o clima de segurança jurídica, que caracteriza os povos que admiramos e queremos imitar.

XVIII — Processo constituinte

a) Condições do processo constituinte

Os constitucionalistas não deixam de sublinhar que a reunião de uma assembléia constituinte (evidentemente para fazer uma Constituição de verdade) só cabe havendo ruptura da ordem institucional vigente. São, na verdade, absolutamente incompatíveis a vigência de uma Constituição e a elaboração de outra. Isso é realidade que, se a política explica, o direito não sabe como justificar.

Lourival Villanova — expondo em termos jurídicos o que é resultado de meditação universal — mostra que só uma revolução instaura direito constitucional novo (*RDP* 70/33 e ss.): "Diremos em termos atuais: a revolução muda a Constituição, descontinua o processo de criação do direito, instaurando Constituição nova".

Ora, essa revolução é um "processo" político e sociológico que desemboca na perempção de um sistema constitucional, postulando a instauração de outro. Nisso se traduz o que se entende por revolução, em direito: a substituição integral de um sistema jurídico por outro, inovador desde (e principalmente) as suas bases.

Esse processo político-sociológico — que não ocorre freqüentemente — pode dar-se de modo súbito e instantâneo ou lenta, paulatina e gradativamente, até culminar com um ato final, instaurador do novo direito constitucional, "declarando" (mais do que "decretando") a perempção do antigo.

Assim, para o direito, haverá revolução com a instauração radical de novo direito constitucional; para a sociologia ou a ciência política, o conceito de revolução já não é idêntico, nem necessariamente coetâneo. Mas, o que estas ciências reconhecem como revolução pode conduzir ou não ao que o direito chamou de revolução.

A adoção de uma Constituição é, assim, o resultado de um processo político e sociológico — mais demorado ou mais rápido, não importa — que implica erodir as bases da Constituição antiga, com a criação de condições para a afirmação de uma nova. Em uma palavra: a Constituição é sempre a culminância de um processo de ruptura institucional; é a rejeição de uma armação político-jurídica, para adoção de outra nova e diversa.

b) Legitimidade do processo constituinte

O processo sociológico que leva à Constituinte — órgão elaborador da nova Constituição — e que lhe dá legitimidade tem duas facetas: uma negativa, que vai corroendo, negando, destruindo, enfraquecendo as instituições vigentes e outra que vai elaborando, propondo bases, alimentando as raízes populares das novas instituições. Tal processo pode ser mais rápido ou mais lento, mas sempre existe: ele é que "trabalha" as raízes sociológicas e políticas da sociedade, promovendo as alterações, que culminam com a nova Constituição (N. Bobbio, *Studi per una teoria generale del diritto*, 1970, p. 83).

Assim, a diferença entre um ajuntamento qualquer de pessoas, que quer criar um estado e fazer-lhe uma constituição e uma Assembléia Constituinte está no processo anterior que a justifica, dando legitimidade ao novo texto, dando-lhe condições de eficácia. Tal é a acatada tese do polonês Lasar, conhecido Ferdinand Lassale ("Que é uma Constituição") que — na síntese de Michel Temer — "sustentou que a Constituição pode representar o efetivo poder social ou distanciar-se dele; na primeira hipótese ela é legítima; na segunda, ilegítima. Nada mais é que uma 'folha de papel'. A sua efetividade derivaria dos fatores *reais* do poder. Espelha o poder. A Constituição efetiva é o fato social que lhe dá alicerce. Assim, a 'folha de papel' — a Constituição — somente vale no momento ou até o momento em que entre ela e a Constituição efetiva (isto é, aquele somatório de poderes gerador da 'folha de papel') houver coincidência; quando tal não ocorrer, prevalecerá sempre a vontade daqueles que titularizam o poder. Este não deriva da 'folha de papel', da Constituição escrita, mas dos *fatores reais de poder*" (*Elementos de Direito Constitucional*, 8ª ed., Ed. Rev. dos Tribunais, 1991, p. 19).

Acrescenta Temer o seguinte comentário: "Os que vêem o direito sob esse prisma sociológico distinguem o instrumento formal, consubstanciado na Constituição, e o instrumento real, consubstanciado na efetiva detenção e exercício do poder" (p. 19).

c) O processo constituinte brasileiro

O processo constituinte brasileiro, que culminou com a Constituição de 1988, iniciou-se quando a sociedade começou a cansar-se do regime autoritário, dando início a um pensamento crítico, que vem de longa data. É irrelevante precisá-la. Importa, isso sim, reconhecer nele já integradas as eleições de 1974, que renovaram substancialmente o Congresso, bem como a reação da consciência nacional aos atos terroristas praticados por apoiadores, protegidos e periféricos do governo. Cresceu com o processo eleitoral de 1982, depois o movimento "diretas já", para solidificar-se nas reuniões de estudos, assembléias de debates, seminários, congressos e conferências, realizados em todo o país, por sindicatos, universidades, associações, partidos, clubes, grêmios, com cobertura crescente da imprensa em todas suas formas, de modo a empolgar todos os segmentos, facções, agrupamentos e camadas sociais.

Nesse amplo, longo e aberto movimento da cidadania, foram expostas, debatidas, discutidas e repisadas inúmeras propostas, programas, diretrizes, princípios, planos e plataformas. Nesse debate nacional — que comoveu verticalmente a sociedade — puseram-se idéias de todas as ordens, matizes e tipos; aventaram-se quase exaustivamente ideais de variadas colorações e tendências. Nossos problemas, angústias, frustrações e sonhos, nossas ambições e desejos foram expostos, criticados, adversados, redargüidos, escrutinados e filtrados, permitindo a definição de diretrizes, plataformas e propostas, cobrindo horizontalmente toda a sociedade.

Esse longo (quase 20 anos) processo *nacional* — a que nenhuma corrente, partido, segmento, classe, camada ou grupo de interesses esteve alheio ou indiferente — foi criando o *clima constituinte*, de abertura a todas as idéias, debate de todas as propostas e consideração de todas as correntes. Todas essas energias foram canalizadas para a eleição da Constituinte que, bem ou mal, representou a nacionalidade e expressou os desígnios de todos. Tudo isso numa dinâmica irresistivelmente democrática e pluralista, que se projetou no seio da Constituinte e levou à penosa elaboração da Constituição de 1988.

d) Legitimidade da Constituição

Foi idôneo o "processo constituinte" amplo e aberto, na sua enorme duração e considerável densidade. Isso legitimou a escolha dos constituintes e da Assembléia que os reuniu. A Nação nela foi sintetizada e nela se reconhece, com todas suas virtudes e defeitos, precariedades e ideais (Paulo Brossard). Daí a eficácia da Lei Magna produzida, o incontrastável cunho objetivo e subjetivo da Lei Fundamental do país (Legaz y Lacambra, *Humanismo, Estado y Derecho*, Barcelona, 1960, p. 88).

Daí a inquestionabilidade de seus predicados de Lei Suprema (nada há acima do Texto Magno), alicerce de todos os princípios e fundante de todas as instituições estáticas (órgãos da soberania) e dinâmicas (estado de direito, igualdade, legalidade, etc.) que instituiu.

Essa decisão fundamental adotada pelo povo brasileiro, por seus representantes, é a Lei Suprema do país, que não reconhece norma ou princípio que lhe seja superior. Por outro lado, soberanamente, a tudo e a todos submete. Essa Constituição é reconhecida por toda a doutrina como rígida; quer dizer: só pode ser modificada mediante emenda, processada e aprovada com observância do procedimento nela própria (Constituição) previsto.

Isso significa que a gravidade de que necessariamente se reveste qualquer alteração constitucional exige a criação de um clima constituinte específico para cada alteração proposta. Amplo debate, discussão aberta, veiculação pela imprensa, estudos empenhados, pregação ingente para mover o povo e, assim, mobilizar o número suficiente de congressistas, para preencherem as exigentes formalidades de aprovação de emendas.

Ficou claro que cada alteração há de ser precedida de um "processo constituinte específico", quanto ao tema proposto. Quer-se autorizar o aborto? Quer-se abolir o divórcio? Grupos querem a privatização da Petrobrás? Outros postulam alteração na estrutura do Ministério Público? Uma corrente quer criar um órgão de fiscalização do Judiciário? Pois que suscitem debates, estudos, discussões em todos os círculos; que promovam boa propaganda de sua tese, comovam a opinião pública e criem um clima constituinte, quanto a esse tema, de modo a mobilizarem o número de congressistas capaz de emendar a Constituição. Se isso não for conseguido, o Texto permanece como está, com a intocabilidade característica de norma suprema sobre a qual repousam todos os nossos direitos e os do estado, e de cuja estabilidade e prestígio dependem a paz social e a segurança jurídica.

XIX — Desdobramento

Quem entende ampla a revisão não parou para pensar! Parece que — podendo optar entre os padrões civilizados e os estilos latino-americanos — nossas elites resolveram optar por estes últimos! Daí o quererem interpretar a previsão de uma simples adaptação do Texto à decisão plebiscitária como uma carta em branco a legisladores ordinários, com poderes de Parlamento inglês, para comportarem-se como chefetes de tribos africanas, movidas por interesses setoriais, episódicos e casuísticos (dando razão a Leibnitz) e com visão paroquial de caciques de arrabalde.

Quem assegura — a prevalecer essa cultura primária — que o Texto resultante da dita "revisão ampla" será mais acatado, mais respeitado e mais eficaz que o saldo de uma constituinte legítima, como o atual?

A visão de quem adere à idéia de que estes parlamentares ordinários, em fim de mandato, têm poderes constituintes é falta de cultura histórica, informação sociológica e ilustração jurídica. Parafraseando o temível debatedor Ministro Carlos Velloso — que a uma pessoa de visão tacanha disse: "se Napoleão pensasse como você, a avenida Champs Elisées seria um beco" — diríamos, se as elites americanas pensassem como o estão fazendo certos políticos brasileiros e a imprensa (e até certos portadores de diploma de bacharel em direito!) os Estados Unidos seriam hoje uma Uganda.

A discussão sobre os limites da reforma constitucional — tema eminentemente jurídico constitucional — deve, pois, para ser adulta, abandonar categoricamente o argumento primário da intenção do legislador, para caminhar por trilha jurídica.

XX — Paralelismo com o Direito português

Houve quem pretendesse sustentar a interpretação aqui profligada do art. 3º do ADCT, invocando o exemplo português. Como esse argumento foi reproduzido por alguns jornalistas, merece ser rapidamente considerado.

Em seminário de observação do funcionamento do sistema português (Colóquio luso-brasileiro do direito constitucional), promovido pelo IDEPE em Lisboa, em janeiro de 1993 (de que participaram os ministros Paulo Brossard, Sepúlveda Pertence, Carlos Velloso, Francisco Rezek e Torquato Jardim, e ainda o procurador geral da República Aristides Junqueira Alvarenga, bem como os professores Celso Antônio, Souto Borges, Geraldo Ataliba, Sacha Calmon, Misabel Derzi, Luiz Alberto Barroso, Fernando Albino e os advogados J. Carlos Dias, Newton de Souza, Marcelo Ribeiro, Esdras Dantas e Alde Santos) discutindo com os professores Gomes Canotilho, Jorge Miranda e Marcelo Rebello de Sousa — além de longos contatos pessoais com o

Presidente da República, o Primeiro Ministro, os Presidentes da Assembléia da República e do Tribunal Constitucional, bem como os membros da Comissão Constitucional da Assembléia da República, pudemos assegurar-nos que, em Portugal:

a) é assente poder haver ampla revisão constitucional a cada cinco anos, por voto de 3/5;

b) são mínimos e lassos os limites jurídicos materiais à revisão;

c) as emendas normais podem ser aprovadas a qualquer tempo, mas dependem de *quorum* mais exigente (4/5);

d) a cada 5 anos pode a Assembléia da República editar um texto da Constituição, até com nova numeração de seus artigos. Não se designa o Texto Magno português como Constituição de 1976, mas simplesmente, como "Constituição da República Portuguesa", a cada 5 anos com um texto diferente (no que foi revisto), com numeração de artigos modificada;

e) o controle do Tribunal Constitucional sobre as revisões é moderado.

Da revisão cuidam os preceitos dos arts. 284 a 289 da Constituição portuguesa (com redação e numeração de artigos da lei constitucional n. 1/89). Vale transcrever, a propósito, Canotilho e Moreira: "O *texto revisto* da Constituição — que é publicado juntamente com a lei de revisão (art. 287º-2) — substitui o texto anterior mas não traduz uma *novação* da Constituição. Trata-se de uma *versão diferente*, modificada, da Constituição, mas é, ainda, a *mesma Constituição*" (*Fundamentos da Constituição*, Coimbra Editora, 1991, p. 295).

Assim redigem-se: "Art. 284.1 - A Assembléia da República pode rever a Constituição decorridos cinco anos sobre a data da publicação de qualquer lei de revisão.

2. - A Assembléia da República pode, contudo, assumir em qualquer momento poderes de revisão constitucional por maioria de quatro quintos dos Deputados em efectividade de funções".

Aí, nitidamente, a revisão em espaço de tempo mínimo qüinqüenal (1) e emendas extraordinárias (2); a periódica sujeita a *quorum* de 2/3 (art. 286-1), as demais 4/5 (art. 284-2). Expôs didaticamente Celso Antônio: a Constituição é rígida, dependendo suas emendas de 4/5. Entretanto, após 5 anos de cada revisão, reduz-se o prazo para 3/5, reduzindo-se a dificultação de sua revisão. Cada "novo Texto" terá feição própria: "Art. 287.1 - As alterações da Constituição serão inseridas no lugar próprio, mediante as substituições, as supressões e os aditamentos necessários.

2. - A Constituição, no seu novo texto, será publicada conjuntamente com a lei de revisão".

Há limites materiais — não correspondentes às nossas cláusulas pétreas, como se verá — que são vistos como *diretrizes*: "Art. 288 - As leis de revisão constitucional terão de respeitar:

a) A independência nacional e a unidade do Estado;

b) A forma republicana de governo;

c) A separação da Igreja do Estado;

d) Os direitos, liberdades e garantias dos cidadãos;

e) Os direitos dos trabalhadores, das comissões de trabalhadores e das associações sindicais;

f) A coexistência do sector público, do sector privado e do sector cooperativo e social de propriedade dos meios de produção;

g) A inexistência de planos económicos no âmbito de uma economia mista;

h) O sufrágio universal, directo, secreto e periódico na designação dos titulares electivos dos órgãos de soberania, das regiões autónomas e do poder local, bem como o sistema de representação proporcional;

i) O pluralismo de expressão e organização política, incluindo partidos políticos, e o direito de oposição democrática;

j) A separação e a interdependência dos órgãos de soberania;

l) A fiscalização da constitucionalidade por acção ou por omissão de normas jurídicas;

m) A independência dos tribunais;

n) A autonomia das autarquias locais;

o) A autonomia político-administrativa dos arquipélagos dos Açores e da Madeira".

São, por outro lado, limites circunstanciais à revisão a vigência de estado de sítio e de emergência (art. 289).

XXI — Limites à revisão em Portugal

A rigor não há cláusulas pétreas na Constituição portuguesa, mas princípios protegidos. Além de ser "revista" (ou reescrita parcialmente, no mínimo) a cada 5 anos, o que se entende como "limites" tem sido interpretado de modo lasso. É o depoimento de Rebello de Sousa: "O Artigo 290º contém limites materiais expressos ao exercício do poder de revisão constitucional que se reportam a princípios gerais e *não a disposições específicas da Constituição*.

Alguns autores consideram que a Constituição da República Portuguesa consigna limites materiais textuais implícitos ao exercício do poder de revisão constitucional, tais como o princípio da integridade do território (Artigo 5º) e o próprio elenco previsto no Artigo 290º" ("A Revisão Constitucional e os Partidos Políticos", *in Revista Democracia e Liberdade*, n. 15, junho de 1980, p. 3).

Mas mesmo esses limites podem ser alterados: "Os limites formais assinalam a autodefesa da Constituição em sentido formal conferindo-lhe um primeiro grau de rigidez formal. Por isso se compreende que, enquanto não são revistos, condicionem o exercício do poder de revisão constitucional. Mas *nada impede que eles possam ser alterados ou modificados* através do processo de revisão da Constituição" (p. 4).

Não prevaleceu a opinião original (1980) de Rebello de Sousa, na revisão de 1989. Escreveu esse admirável expositor: "Como entendemos que o poder de revisão constitucional é um poder subordinado de conservação e não de destruição da Constituição que subjacente a Constituição em sentido formal e mais significativa do que ela, de uma óptica substancial, existe uma Constituição em sentido material e que relevam limites materiais implícitos ao exercício do poder de revisão constitucional — pensamos que a relevância jurídica dos limites materiais é absoluta".

A evolução posterior não permite ter como assente esse lúdico pensamento. A postura predominante, bem como a experiência levam a pensar-se que a Assembléia da República é detentora de um quase poder constituinte permanente, exercitável com prudência, mas também desenvoltura, vencido o prazo de cinco anos de cada revisão.

É da tradição do direito constitucional português proibir-se emendas (revisão) antes de certo prazo da promulgação da Constituição (1822, 1826, 4 anos; 1911, 1933, 10 anos, redutíveis a 5); só a Constituição de 1838 não estabeleceu tal proibição.

A atual Constituição (de 1976) sofreu "vasta" e "substancial" revisão em 1982 (os adjetivos são de Canotilho), havendo alterações inclusive no próprio sistema de revisão.

"A segunda revisão constitucional (1989), para além de ter suscitado a questão do respeito pelos limites do poder de revisão (cfr. *supra*, Introdução 2.3.3.), não deixou intocado o próprio sistema de revisão, tendo efectuado uma importante alteração no *elenco dos limites materiais de revisão* (art. 288º, antigo art. 290º).

Foi suprimido um desses limites — o que garantia 'a participação das organizações populares de base no exercício do poder local' (al. "j" do primitivo art. 290º) — e substituídos dois outros (...)" (Gomes Canotilho e Vidal Moreira, *Fundamentos da Constituição*, Coimbra Editora, 1991, p. 292).

Introduziu-se a revisibilidade com prazo mínimo de 5 anos, tida como corriqueira e previsível, como se vê da referência que fazem Canotilho e Moreira: "(...) a garantia de estabilidade resulta ainda do lapso temporal de cinco anos que normalmente (*sic*) deve ocorrer entre as revisões" (p. 292). Com *quorum* mais severo, outras revisões podem dar-se: "Daí a admissão da faculdade de *revisão normal* qüinqüenal, e de *revisões extraordinárias* em qualquer momento. No entanto, para impedir a banalização destas revisões excepcionais, que seriam foco da instabilidade constitucional e de insegurança institucional, exige-se uma prévia assunção de poderes de revisão pela AR, deliberação essa que deve ter o voto favorável da maioria de 4/5 dos deputados em efectividade de funções (art. 284º-2)" (Canotilho e Moreira, p. 293).

Os limites materiais, por sua vez, são entendidos de modo não estrito; expõem os autorizados mestres de Coimbra: "O alcance limitador dos limites materiais de revisão varia conforme o sentido e lógica própria de cada um. Eles não garantem propriamente a intocabilidade dos *preceitos* constitucionais respeitantes às matérias enunciadas, mas sim certos *princípios* ou *regimes materiais*. Uns salvaguardam o conteúdo essencial do princípio ou regime em causa (exemplos: o princípio da independência nacional, a separação e interdependência dos órgãos e soberania), outros estabelecem limites mais exigentes, impedindo retrocessos nas garantias constitucionais respectivas (exemplos: direitos fundamentais, independência dos tribunais, autonomia local, etc.)" (p. 294).

Esta breve exposição faz ver que o nosso sistema da Constituição de 1988 e o português são muito diferentes, nada havendo que autorize a invocação de analogia, para justificar qualquer alteração no nosso texto constitucional por mera maioria absoluta de votos dos congressistas, em única votação conjunta. Isto só caberá para a excepcionalíssima hipótese (art. 3º ADCT) de dar conseqüência e viabilidade aos efeitos do art. 2º do ADCT.

XXII — Estabilidade política e segurança do Direito

Os mais autorizados economistas, os mais sérios e responsáveis dos nossos jornalistas, bem como os líderes mais ponderados do setor produtivo privado — após tantas décadas de instabilidade, improvisação e falta de segurança — descobriram que uma nação próspera e civilizada se faz com instituições sólidas e estáveis e não com governantes luminosos ou cheios de planos, "pacotes" e fórmulas miraculosas.

Diz a FIESP: "O desenvolvimento de um mercado privado de médio e longo prazos no Brasil — estruturado, portanto, para financiar investimentos produtivos — requer não apenas estabilidade e previsibilidade da inflação. Requer também estabilidade e previsibilidade das regras do jogo, só alcançáveis quando o aparato regulamentador do mercado se altera lentamente e por processos legislativos explícitos e quando existe uma estrutura tributária consolidada, não sujeita a alterações casuísticas" (*Livre para crescer, proposta para um Brasil moderno*, Cultura Editores Associados, 1990, p. 37).

Nesse mesmo documento censura a mentalidade que, entre nós, tem prevalecido: "A resistência que essa posição encontra na sociedade deriva de características da cultura brasileira, marcada por uma combinação paradoxal de personalismo e protecionismo: *maior valorização das personalidades do que das normas*, dos eventos do que dos resultados, confiança em pessoas conhecidas e desconfiança em relação às desconhecidas, pouca ênfase no conceito de que o trabalho tem valor em si mesmo" (p. 43).

E procede a aguda análise crítica do clima que nos foi relegado pelo regime autoritário: "Tais características resultam em grande fragilidade institucional, pois conduzem a escolhas sociais e individuais — como a preferência pela liberdade que enfatiza mais os direitos do que as obrigações, a valorização da autoridade como fonte de proteção e árbitro de disputas, o governo como fonte de empregos — incompatíveis com uma economia mais aberta e competitiva. A conseqüência de não se dar valor às *regras gerais e universais*, mas sim às casuísticas e detalhistas, é o enorme mercado aberto para as atividades de intermediação — despachantes, advogados, relações públicas, corretores — e parafernália burocrática que torna as 'regras do jogo' muito instáveis" (p. 43).

A segurança jurídica — fruto final do estado de direito — é o clima que permite o desenvolvimento e a civilização. Ela só é possível com a criação de uma consciência jurídica, que, por sua vez, depende da cultura de um povo. Ora, esta cultura é condicionada pela história. Enquanto não tivermos uma história de respeito às instituições, não teremos desenvolvimento.

Sendo pouco sólida a consciência jurídica entre nós, alguns governantes querem afastar os obstáculos à sua discrição e limites a seu poder, pregando incessantemente o amesquinhamento do Texto Magno. Contra isso insurgiu-se o presidente Batochio da OAB de São Paulo: "Não é a *Constituição*, cuja *vocação natural é a permanência*, que tem de se flexionar para se adaptar às dificuldades conjunturais deste ou daquele governo, mas os governos é que lhe devem fidelidade e obediência em qualquer circunstância. Se a cada crise, maior ou menor, o texto constitucional for passível de ser alterado, mudando as regras do jogo, jamais teremos uma ordem jurídica estável e, por conseguinte, o almejado Estado de Direito Democrático" (*Jornal do Advogado*, setembro, 1991, p. 3).

As pessoas razoavelmente cultas sabem que acima, mas não fora, dos inúmeros valores que as constituições consagram, como valor em si, que dá consistência e garantia a todos os demais, está a segurança jurídica.

Sabem que nenhum, absolutamente nenhum valor isolado, por mais valioso que ele seja, vale o sacrifício da segurança jurídica, que é um clima, uma postura generalizada, uma convicção firme de todos os cidadãos, de que mesmo instituições imperfeitas devem ser respeitadas e só modificadas com escrupulosa observância do processo estabelecido.

Atribuir ao poder constituinte derivado de reforma, o Congresso, a faculdade de alterar a Constituição por voto de maioria simples, sem as formalidades solenes da emenda (art. 60), é criar nova Constituinte, é fazer revolução. Escreveu Lourival Vilanova: "A Constituição contém, além de outras regras, aquelas que regulam sua própria revisão. (...) Sob pena de em vez da Constituição reformada, ter-se Constituição destruída, radicalmente posta fora de vigor" ("Teoria Jurídica da Revolução", *in RDP* 70/39).

Parece evidente que essa interpretação não pode prevalecer. É absurdo jurídico e político entender que o Congresso em função em 1993 tem "poderes revolucionários". Isso seria ruptura da Constituição: "(...) se há ruptura da Constituição vigente, *modificação* dessa substância constitucional *sem ser pelas vias que a própria Constituição estabelece*, há revolução, nada importando *para o conceito jurídico* de ruptura da continuidade constitucional que seja revolução de massas, de uma minoria vigente, ou um *golpe* de Estado, *cujos agentes são poderes constituídos*" (op. cit., p. 40).

XXIII — Condições jurídicas da emenda

A superioridade da Lei Constitucional sobre as leis (e sobre tudo e todos), inclusive sobre as emendas constitucionais, está na superioridade formal dos constituintes: não só foram especialmente eleitos para esse fim e com esses poderes, como a Assembléia que os reuniu deliberou por maioria absoluta. Ora, parece despropositado entender-se ter igual poder a legislatura ordinária (que não o recebe do povo para isso), com faculdade de deliberar amplamente sobre tudo também por mera maioria absoluta! É absurdo igualar o constituinte originário e o derivado.

Não há dúvida quanto a que "o legislador reformador, que tem assento no Congresso Nacional, submete-se aos ditames constitucionais; submete-se àquilo que antes positivou o legislador constituinte ordinário, aquele que criou o Estado, aquele que estabeleceu a Constituição" (Michel Temer, *Elementos de Direito Constitucional*, 8ª ed., p. 147).

Adverte Michel Temer: "A emenda constitucional, (...) só pode ingressar no sistema se obedecer a *processo* determinado, o qual vem arrolado no art. 60, I a III e parágrafos 2º e 3º" (op. e loc. cits.).

Claro que "não ingressa no sistema", não passa a incorporar-se ao direito positivo pretensa emenda que viole o art. 60. Resta a declaração, pelo STF, dessa evidente circunstância, no que tange à "revisão" ampla que se quer fazer.

Considerar ampla a revisão é entender que o constituinte não exerceu sua função e a delegou ao legislador ordinário. Francamente, nenhum jurista, no mundo, ousou tal tese!

Onde houver Poder Judiciário independente, com a função de velar pelo prestígio da Constituição, esta não pode ser alterada a não ser com escrupulosa observância do processo de emenda nela mesma previsto. E estas normas são pétreas, juridicamente, por sua própria natureza; é o que diz incisivamente Lourival Villanova: "E quanto às normas de revisão, impedientes para se transformar Constituição rígida em flexível, seriam, elas mesmas, insuscetíveis de revisão? Se outras normas estabelecerem sua irrevisibilidade, seriam tais normas, elas próprias, inalteráveis pela via da reforma constitucional? É difícil dizê-lo em tese. Até certo ponto, se pode dizer: juridicamente, não; politicamente, sim. *Juridicamente não*, se algum órgão for investido de *jurisdição de controle, para deter a ilegitimidade constitucional e conferir a 'prevalenza alla norma piu resistente'* (P. Calamandrei, *La Illegittimità Costituzionale della Legge nel Processo Civile*, p. 10)" (op. cit., p. 40).

XXIV — Conclusão

O Congresso não pode discutir proposições que não concernentes a forma e sistema de governo, a pretexto de executar a revisão prevista no art. 3º do ADCT.

E, se o fizer, praticará inconstitucionalidade. Os que tiverem direitos feridos por causa disso poderão acorrer ao Judiciário e, demonstrando o vício jurídico, pleitear a proteção de seu direito, com base no Texto Constitucional de 1988.

Tudo que extravasar essa temática será abusivo. As normas materiais que disponham sobre outras matérias — se aprovadas pelo processo excepcional do art. 3º do ADCT — serão nulas. Nada valerão. Não terão legitimidade. Nem validade jurídica.

a) Emenda constitucional inconstitucional

Emenda à Constituição desobediente às regras procedimentais do art. 60 é inconstitucional. Não é emenda, é abuso (ou tentativa de "golpe" de Estado, como a qualifica Lourival Villanova) do poder constituinte derivado. Como disse o eminente constitucionalista, ministro Celso de Mello, votando na ADIN 466-2: "Emendas à Constituição — que não são normas constitucionais originárias — podem, assim, incidir, elas próprias, no vício da inconstitucionalidade, configurado pela inobservância de limitações jurídicas superiormente estabelecidas no texto constitucional por deliberação do órgão exercente das funções constitucionais primárias ou originárias, como tem reconhecido a doutrina, expressa no magistério de Otto Bachof, *Normas Constitucionais Inconstitucionais?*, pp. 52/54, 1977, Atlântica Editora, Coimbra; Jorge Miranda, *Manual de Direito Constitucional*, tomo II/287-294, item n. 72, 2ª ed., 1988, Coimbra Editora; Maria Helena Diniz, *Norma Constitucional e seus efeitos*, p. 97, 1989, Saraiva; J. J. Gomes Canotilho, *Direito Constitucional*, pp. 756-758, 4ª ed., 1987, Almedina; José Afonso da Silva, *Curso de Direito Constitucional Positivo*, p. 58/60, 5ª ed., 1989, RT, entre outros".

b) Inconstitucionalidade da discussão

Dispondo-se o Congresso Nacional a alterar seu regimento interno para processar emendas a título de *revisão ampla*, dá início a um "processo de emenda" violador da Constituição. Não é preciso esperar que se inicie a agressão. A deliberação de praticá-la é inequívoca. Cabe lembrar o já decidido pelo STF, secundando voto do eminente ministro Moreira Alves: "Não admito mandado de segurança para impedir tramitação de projeto de lei ou proposta de emenda constitucional com base na alegação de que seu conteúdo entra em choque com algum princípio constitucional. E não admito porque, nesse caso, a violação à Constituição só ocorrerá depois de o projeto se transformar em lei ou de a proposta de emenda vir a ser aprovada. Antes disso, nem o presidente da Casa do Congresso ou deste, nem a Mesa, nem o Poder Legislativo estão praticando qualquer inconstitucionalidade, mas estão, sim, exercitando seus poderes constitucionais referentes ao processamento da lei em geral. A inconstitucionalidade, nesse caso, não será quanto ao processo da lei ou da emenda, mas, ao contrário, será da própria lei ou da própria emenda, razão por que só poderá ser atacada depois da existência de uma ou de outra.

Diversas, porém, são as hipóteses como a presente, em que *a vedação constitucional se dirige ao próprio processamento da lei ou da emenda, vedando a sua apresentação* (...) ou a sua deliberação (como na espécie). Aqui a inconstitucionalidade diz respeito ao *próprio andamento do processo legislativo*, e isso porque a Constituição não quer — em face da gravidade dessas deliberações, se consumadas — que sequer se chegue à deliberação, proibindo-a taxativamente. *A inconstitucionalidade, neste caso, já existe antes de o projeto ou de a proposta se transformarem em lei ou em emenda constitucional, porque o próprio processamento já desrespeita, frontalmente, à Constituição.*

E cabe ao Poder Judiciário — nos sistemas em que o controle da constitucionalidade lhe é outorgado — impedir que se desrespeite a Constituição. Na guarda da observância desta, está ele acima dos demais poderes, não havendo, pois, que falar-se, a esse respeito, em independência de Poderes. Não fora assim e não poderia ele exercer a função que a própria Constituição, para a preservação dela, lhe outorga" (MS n. 20.257-DF, *in RTJ* 99/1.031).

c) Legitimidade para agir

Como ressalta do despacho proferido pelo Ministro Celso de Mello, no mandado de segurança n. 21.642-5-DF: "Titulares do poder de agir em sede jurisdicional contudo, hão de ser os próprios membros do Congresso Nacional a quem se reconhece, como líquido e certo, o direito público subjetivo à correta observância da disciplina jurídico-constitucional regedora da formação das espécies normativas. O parlamentar, fundado na sua condição de co-partícipe no procedimento de elaboração das normas estatais dispõe da prerrogativa de impugnar o eventual descumprimento pela instituição parlamentar, das cláusulas constitucionais que lhe condicionam a atividade jurídica".

Além dos parlamentares — que têm seu direito público subjetivo de participar (e exigir) o regular funcionamento dos órgãos legislativos que integram — com legitimidade para, impetrando mandado de segurança, provocar o Supremo Tribunal Federal, os órgãos e entidades arroladas no art. 103 têm legitimidade para propor ADIN, para declarar inconstitucionais as normas regimentais que implicarão início do processo de deliberação constitucionalmente vedado.

DOUTRINA

POR UMA JUSTIÇA EFICAZ — CONTROLE DE CONSTITUCIONALIDADE

SACHA CALMON NAVARRO COÊLHO
Professor Titular de Direito Tributário da Universidade Federal de Minas Gerais

Muitas são as causas que emperram o Poder Judiciário. Igualmente amplas são as medidas já propostas para sanar os defeitos. As sugestões ora apresentadas possuem suporte diferente, visto que visam a aperfeiçoar o funcionamento do Judiciário a partir do sistema misto de controle de constitucionalidade, adotado pela Constituição de 1988. Serão, portanto, sugestões relativas ao processo constitucional, o que nos obriga, antes de formulá-las, a uma ligeira resenha da matéria.

Como é sabido, existem, nos dias que correm, entre os povos civilizados do Ocidente, dois métodos básicos de controle de constitucionalidade das leis e atos normativos: o método do controle concentrado exercido por Cortes Constitucionais, comum na Europa Continental, e o método do controle difuso, de matriz norte-americana, adotado pela maioria dos países latino-americanos. A Constituição de 1988, em boa hora, reuniu os dois métodos, instituindo um método misto de controle de constitucionalidade. Com efeito, do modelo europeu ampliamos o controle abstrato, por via de ação direta, *Abstrakte Normenkontrolle*, na terminologia alemã, sem alterar o tradicional sistema difuso de controle de constitucionalidade das leis, que vimos adotando desde a primeira República.

Explico, agora, como funcionam os dois métodos, não sem antes explicitar que o controle de constitucionalidade, modernamente, é o assunto mais importante do constitucionalismo. Importante por isso que, nas populosas e complexas sociedades modernas, o *legislador* freqüentemente legisla *contra a Constituição* ou não legisla (omissão), a desafiar mandados de injunção nos casos concretos ou ações diretas de inconstitucionalidade por omissão, em tese. De outra parte, a *Administração*, detendo notável poder regulamentar, freqüentemente baixa atos normativos inconstitucionais ou realiza atos administrativos contrários à Constituição. De conseguinte o controle do *Legislativo* e da *Administração pelo Poder Judiciário* torna-se absolutamente importante e necessário para resguardar o Estado de Direito e a própria Constituição.

Passemos, agora, a explicar como funcionam os métodos, de modo a tornar inteligíveis as propostas de modernização.

Pelo sistema difuso, como praticado no Brasil, todos os juízes de qualquer grau ou instância, ao julgarem os casos que lhes são afetos, podem incidentalmente (*incidenter tantum*) declarar a inconstitucionalidade de lei ou ato normativo. Mas os efeitos da decisão valem apenas para as partes (efeito *inter-partes*). As decisões de juízes e tribunais, em verdade, apenas deixam de aplicar ao caso a lei ou ato normativo, assim mesmo com alcance limitado às partes do processo. É que a declaração definitiva e concludente da inconstitucionalidade cabe exclusivamente ao Supremo Tribunal Federal, mediante decisão em grau de recurso extraordinário. Mesmo assim, a decisão do Supremo tem efeitos *inter-partes*, não obrigando os juízes e a Administração relativamente aos casos análogos que estiverem em curso. É dizer, não tem o caráter de precedente, como ocorre nos Estados Unidos, que adotam o *stare decisis* (precedente obrigatório).

Este método é antiquado, restrito, demorado e somente adequado às questões civis e comerciais entre particulares (direito privado). O Supremo diz a *última palavra* após anos do início do litígio. A sua valia reside principalmente em permitir ao jurisdicionado, na mais longínqua comarca, a suspensão liminar de uma lei ou ato normativo considerado lesivo aos seus direitos por decisão de um juiz singular, logo no início do processo. Em segundo lugar, tem valia nas ações civis públicas em defesa de interesses coletivos e difusos. Nesta modalidade de ação, a Procuradoria da República, no interesse, *v. g.*, de "classes", como a dos aposentados, dos proprietários de veículos, dos usuários do serviço de telefonia, dos contribuintes do imposto de renda, pode obter liminares suspendendo leis e atos normativos considerados inconstitucionais, em prol de categorias inteiras de pessoas, ainda que provisoriamente, perante um simples juiz monocrático.

No concernente ao método concentrado de controle de constitucionalidade de leis e atos normativos, que é assim chamado porquanto o controle fica concentrado *num só órgão*, verifica-se que a Corte Constitucional pronuncia a *primeira e única* voz sobre a constitucionalidade de dada lei ou ato normativo. O controle concentrado, como exercido na Europa Continental — exceto na França, que só tem o controle político prévio — dá-se, basicamente, através de duas fórmulas: a da exceção e a da ação direta.

O controle pela via da exceção, também chamado controle concreto, ocorre quando num determinado processo entre partes é levantada a questão da inconstitucionalidade de lei ou ato normativo com aplicação ao caso. Tratando-se de uma *prejudicial*, os tribunais suspendem o processo e submetem a espécie restrita da inconstitucionalidade à Corte Constitucional, para que esta se pronuncie.

O controle por via de ação direta, também chamado de controle abstrato, não exige a existência de uma demanda subjacente. Nesse tipo de controle ataca-se diretamente a lei através de uma ação direta perante a Corte Constitucional. Dependendo do ordenamento jurídico, existe um rol maior ou menor de entes ou pessoas legitimadas constitucionalmente para propor a ação direta.

O método concentrado, vê-se claramente, é mais moderno e rápido, sendo especialmente voltado para as questões de direito público, causas administrativas e tributárias, envolvendo muitas pessoas ao mesmo tempo. Seria o caso, entre nós, de questões que envolvem categorias inteiras de pessoas, como, p. ex., as seguintes: *a)* reajuste das prestações da casa própria; *b)* devolução do empréstimo compulsório sobre veículos; *c)* ou do empréstimo compulsório sobre viagens; *d)* liberação de cruzados retidos; *e)* correção de balanço das empresas pelo BTN e não pelo IPC; *f)* reajuste dos proventos dos aposentados. Em todos esses casos, a Corte diria a *primeira palavra*. Suas decisões valem para todas as pessoas em situação análoga, e não apenas para as partes do processo, além de obrigar a todos os juízos e tribunais bem como a Administração, evitando, assim, milhares de ações dispersas no sistema judiciário, a possibilitar decisões díspares e conflitantes, que teriam de ser, mais tarde, uniformizadas.

Pois bem, o Brasil, a partir da Constituição de 1988, combinou o *sistema difuso* com o *sistema concentrado por ação direta de inconstitucionalidade*, criando um dos mais hábeis sistemas dentre os vigorantes no mundo. Com alguns reparos — e logo direi as sugestões para aperfeiçoá-lo — poderemos simplificar com grande utilidade o processo judicial, de modo a tornar a Justiça ágil e prestimosa. É que, resolvendo as macrocontrovérsias, sobraria mais tempo para as demandas interpessoais de direito público e privado. O contencioso constitucional, no Brasil de hoje, é quase todo de *direito público* e pode ser resolvido pelo controle direto de constitucionalidade, visto que o direito público *está constitucionalizado*, isto é, possui regulamentação constitucional exaustiva, o que não ocorre com o direito privado.

Entre nós, praticantes do sistema misto, verifica-se que o sistema concentrado, obrigando o STF a dizer a primeira palavra sobre a constitucionalidade de lei ou ato normativo com efeito *erga omnes*, corrige os defeitos do sistema difuso: *(a)* tornando obsoleta a tese da avocatória; *(b)* prejulgando todas as questões em curso nas varas e tribunais (efeito de *stare decisis*); *(c)* abreviando e uniformizando o contencioso constitucional; *(d)* introduzindo no País todas as virtualidades ínsitas no sistema concentrado, tais como o combate à omissão e ao excesso legislativo; a inconstitucionalização progressiva; o controle prévio de tratados e convenções internacionais; a evolução da doutrina constitucional; a resposta rápida às tentativas de atos e leis inconstitucionais dos outros dois Poderes da República.

Para aperfeiçoar ainda mais o nosso dinâmico sistema de controle de constitucionalidade das leis, ainda pouco meditado e menos ainda utilizado, com efeitos impactantes no *contencioso jurídico*, que ocupa a juízes e tribunais, faço originais proposições. A adoção delas concorreria para desafogar em muito o Poder Judiciário e, também, para proteger mais eficazmente os direitos dos contribuintes brasileiros, já tão escarmentados pelas estocadas do Legislativo e do Executivo. Antes, no entanto, é preciso optar pelo STF como órgão máximo do controle de constitucionalidade ao invés de Corte Constitucional, mesmo sendo parlamentarista o regime, por várias razões: *a)* entre nós, o entrelaçamento do Direito infraconstitucional com a Lei Maior é total e abrangente, desaconselhando a separação dos contenciosos jurídico e constitucional; *b)* a natureza mista do nosso sistema de controle é incompatível com a Corte Constitucional; *c)* no Brasil, os juízes, principalmente os monocráticos, possuem, cada vez mais, uma noção extremamente positiva do controle de constitucionalidade, são promessas de um sistema jurisdicional altamente eficaz. Alfim e ao cabo, só há nove anos saímos da mais extensa ditadura dentre as que existiram em nossa Pátria.

Passemos, agora, às principais proposições: *(a)* conferir às decisões unânimes ou sumuladas do STF, em via de processo difuso, o efeito de precedente obrigatório para juízes e tribunais, resolvendo todos os casos análogos em curso, ao modo do *stare decisis* norte-americano. Em via de controle concentrado, a decisão teria o mesmo efeito, desnecessitando, porém, ser unânime ou sumulada, por isso que independente do caso concreto entre-partes e com valência *erga omnes*. O Senado Federal sairia de cena, por obsoletismo; *(b)* nestas circunstâncias, conforme expus, as decisões do STF obrigariam de imediato toda a Administração, que ficaria constrangida a satisfazer, em prol dos jurisdicionados em idênticas situações, as prestações de fazer, não-fazer, pagar ou devolver, atribuídas aos autores da ação provocadora da *vox* jurisdicional. Haveria notável economia processual. Exemplifico com o ICMS na importação. Embora o STF já tenha dito que este só é devido na entrada da mercadoria no estabelecimento importador, a Administração insiste em cobrá-lo no porto, gerando dezenas de mandados de segurança por dia; *(c)* em caso de resistência da Administração ou tergiversação, os jurisdicionados teriam ação de cumprimento. Poderiam entrar diretamente em juízo somente com a matéria de fato, ou seja, para provar a identidade fática de sua pretensão com a da demanda decidida, requerendo ao juiz a extensão da coisa julgada para obrigar o ato, a omissão, o pagamento ou a devolução, havendo nos casos de fazer ou não-fazer sentença mandamental, sob pena de crime de desobediência, e, nos casos de pagar ou devolver, imediata expedição de ordem ou precatório. O recurso, com prazo de 60 dias para decisão, seria exclusivamente para o Tribunal *ad quem* e sobre os fatos, tão-somente. Em casos como o da devolução da taxa paga para viajar, seria desnecessário cada viajante entrar com uma ação. Após a decisão do STF bastaria provar a identidade do fato e executar o direito; *(d)* ao lado do controle sucessivo, seja difuso ou concentrado, se propõe o controle prévio de constitucionalidade para dois casos. Na hipótese de lei sobre matéria já declarada inconstitucional, para evitar o revide do Legislativo ou do Executivo, e, no caso dos tratados e convenções internacionais, antes do decreto legislativo homologatório, para prevenir futuros conflitos emergentes de colisão de cláusulas acordadas com princípios da Constituição, conferindo-se, assim, maior credibilidade aos tratos internacionais, subscritos pelo Brasil; *(e)* predica-se a manutenção do Ministério Público Federal com as suas atuais funções e prerrogativas, mas com organização piramidal, prevalecendo a autorização do Procurador-Geral para as iniciativas dos Srs. Procuradores, de modo a evitar atitudes conflitantes, como está ocorrendo; *(f)* situando-se o mandado de injunção no campo do controle concreto, recomenda-se que o juiz colmate a lacuna legal que o caso requisita, como legislador positivo substituto, ficando a ordem ao órgão responsável pela feitura de norma faltante para os casos da ação de inconstitucionalidade por omissão em tese, como prevê a Constituição expressamente, por isso que aqui o controle é abstrato.

Veja-se a importância de medidas tão singelas. Naquele caso da taxa-pedágio, a rápida decisão do STF pela inconstitucionalidade impediu centenas de mandados de segurança que afluiriam às Varas da Justiça Federal. Já, no caso dos aposentados, a inércia do STF em decidir ação direta de inconstitucionalidade gerou a imensa celeuma que vimos de ver.

Finalizo com duas súplicas: *(a)* que o STF assuma com rigor a sua face de Corte Constitucional; *(b)* que os órgãos titulados para exercer o controle direto se valham de suas prerrogativas em prol da cidadania e de uma Justiça eficaz. Afinal, 10 são os entes legitimados pela Constituição (art. 103), quais sejam: I — o Presidente da República; II — a Mesa do Senado Federal; III — a Mesa da Câmara dos Deputados; IV — a Mesa de Assembléia Legislativa; V — o Governador de Estado; VI — o Procurador-Geral da República; VII — o Conselho Federal da Ordem dos Advogados do Brasil; VIII — partido político com representação no Congresso Nacional; IX — confederação sindical; X — entidade de classe de âmbito nacional.

DOUTRINA

LICENÇAS E AUTORIZAÇÕES NO DIREITO ADMINISTRATIVO

CARLOS ARI SUNDFELD
Professor de Direito Administrativo na Faculdade de Direito
da Universidade Católica de São Paulo —
Doutor em Direito

1. É freqüente encontrar, em doutrina, a afirmação de que a licença para construir é meramente declaratória, pois a faculdade de edificar surge diretamente da conjunção da lei com a aquisição da propriedade (através de compra e venda, p. ex.); à Administração cumpriria, segundo esse ângulo de vista, simplesmente reconhecer a preexistência do direito e declará-lo formalmente.[1]

Tal visão, excessivamente simplista, parece-nos falsa. O proprietário é legalmente proibido de edificar sem a prévia obtenção de licença. De conseguinte, o ato que faculta o início da construção não pode ser *meramente declaratório*. Sua expedição pressupõe, decerto, haver o Poder Público constatado que, por atender aos requisitos da lei, o proprietário tem o direito de ver deferida a licença (se se quiser: tem o direito de construir); nesse aspecto, o ato é recognitivo de direito. No entanto, não é meramente declaratório, mas também constitutivo, visto atribuir ao proprietário faculdade de que não dispunha antes: a de iniciar as obras. Por mais que se queira classificar a licença como ato declaratório, ninguém negará que o proprietário não tem qualquer espécie de direito de iniciar a edificação antes dela.

Oswaldo Aranha Bandeira de Mello, intervindo na polêmica sobre o conteúdo da licença, esclarece o ponto: "Discute-se se ela é constitutiva de direito, porque esse direito preexistia no seu titular. Realmente, não é constitutiva quanto ao gozo do direito, porém o é quanto ao seu exercício. Este só pode licitamente ser levado a efeito depois de licenciada a atividade de que alguém tinha o gozo do direito. Por isso se diz que é constitutivo apenas sob o aspecto formal".[2]

2. Essa lição permite perceber com clareza que o proprietário tem, desde logo, pelo fato de sê-lo, apenas o *direito ao deferimento do pedido* de licença, não o direito de construir. Esse último só surgirá após o ato administrativo que, destarte, é constitutivo do direito (ou do exercício do direito, como diz Oswaldo Aranha).

Nada impede sustentar o caráter declaratório da licença ou afirmar que o direito de construir já existe antes da licença, desde que fique reconhecida a impossibilidade de o titular do suposto direito ma-

1. José María Boquera Oliver, *Estudios sobre el Acto Administrativo*, Madri, Civitas, 1988, p. 274.

2. *Princípios Gerais de Direito Administrativo*, v. I/569 e 570, Rio, Forense.

negá-lo antes do ato administrativo. O primeiro problema de tais afirmações é que contrariam o uso convencional dos termos, visto referirem um "ato declaratório" que permite a prática de comportamento antes proibido (quando tal espécie de ato é normalmente chamado de constitutivo) e um "direito de construir" que não autoriza diretamente a construção, mas apenas a obtenção de provimento que a faculte. A segunda dificuldade é mais grave: é que tais afirmações surgem, tanto em doutrina como em jurisprudência, como meramente retóricas, sem que se extraiam delas suas conseqüências lógicas. Se o direito de construir precedesse à licença, seria um *direito adquirido*, antes mesmo de sua expedição — e estaria a salvo da incidência de lei nova (CF, art. 5º, XXXVI). Contudo, tanto a doutrina como a jurisprudência admitem a incidência de lei nova regulando tal direito, salvo em relação aos proprietários que, ao amparo da lei revogada, tenham obtido licença ou iniciado as obras. Ora, se o direito de construir existisse antes da licença — como normalmente se afirma — a expedição desta jamais poderia ser tomada como marco da aquisição do direito, para fins de pô-lo a salvo de alteração legislativa.

Daí a necessidade de reconhecer que mesmo a mais clássica das licenças não é meramente recognitiva, mas constitutiva do direito. Tanto o é que o direito nem pode ser exercido nem se tem por adquirido antes dela. Reconhecê-lo é condição para uma análise científica do tema.

3. Para compreender adequadamente os problemas suscitados pelos atos ampliativos de que tratamos é fundamental atentar para o modo como se inserem na técnica jurídica. São decisões através das quais a Administração, admitindo o exercício, pelo particular, de atividade inicialmente proibida, constitui em favor dele a correspondente situação jurídica.[3]

3. García de Enterría e Fernández, *Curso de Derecho Administrativo*, v. II/123, Madri, Civitas, 1977.

Isso é o que há de comum aos atos de que estamos tratando. Levantam uma proibição, contida na lei, de os particulares desenvolverem atividade própria da vida privada. É o que se passa tanto com a licença para construir quanto com outros atos ampliativos, como os que permitem a importação e a exportação, o funcionamento de casa comercial ou bancária, o porte de arma, a condução de veículos, o corte de árvores, a abertura de instituições particulares de ensino, e assim por diante.

Em todos esses casos, a lei proíbe em princípio uma atividade privada. A crueza dessa afirmação pode causar certo choque. Indagar-se-á: como pode a lei proibir o proprietário de construir em seu terreno, se a Constituição assegura o direito de propriedade (art. 5º, XXII) e o poder de construir é inerente ao domínio? Como pode a lei vedar o exercício de atividade econômica, se este é livre aos particulares (CF, art. 170, parágrafo único)? Como pode a lei interditar o funcionamento de instituições de ensino, se este também é livre à iniciativa privada (CF, art. 209)? Haveria inconstitucionalidade em tais proibições?

A resposta a tal pergunta pode fornecer um norte adequado para a fixação dos limites da utilização, em nosso Direito, da técnica dos atos ordenadores ampliativos.

4. Em algumas hipóteses, a Carta Constitucional, além de assegurar certo direito, de fato proíbe o legislador (e, em conseqüência, a Administração) de condicionar seu exercício à prévia obtenção de licença, autorização ou ato do gênero. Nessas situações, entendeu o constituinte que a proibição em princípio da atividade pela lei poderia constituir oportunidade para o administrador impedir a constituição (ou, se se quiser: o exercício) do direito, dificultando ou negando licenças, mesmo contra a lei. Por isso, aceitando o risco de tornar mais dificultosa a fiscalização administrativa, preferiu limitar a ação do Poder Público ao controle *a posteriori*.

Não podem ser proibidas, em princípio, pela lei, mesmo com a ressalva de autorização ou licença, as seguintes atividades: *a*) a expressão da atividade intelectual, artística, científica e de comunicação (CF, art. 5º, IX: "é livre a expressão da atividade intelectual, artística, científica e de comunicação, *independentemente de censura ou licença*"); *b*) a publicação de veículo impresso de comunicação (art. 220, § 6º: "a publicação de veículo impresso de comunicação *independe de licença de autoridade*"); *c*) a locomoção dentro do território nacional (o art. 5º, XV, dispõe ser "livre a locomoção no território nacional em tempo de paz", preceito que deve ser entendido não só como outorga do direito à locomoção mas, também, como vedação da instituição do regime de salvo-conduto); *d*) a realização de reunião (art. 5º, XVI: "todos podem reunir-se pacificamente, em locais públicos, sendo *apenas* exigido prévio *aviso* à autoridade competente"); *e*) a criação de associações e cooperativas (art. 5º, XVIII: "a criação de associações e, na forma da lei, a de cooperativas, *independem de autorização*, sendo vedada a interferência estatal em seu funcionamento"); *f*) a fundação de sindicato (art. 8º, I: "*a lei não poderá exigir autorização* do Estado para a fundação de sindicato, ressalvado o registro no órgão competente..."); e *g*) a criação de partidos políticos (art. 17, *caput* e § 2º: "é livre a criação ... de partidos políticos ..."; "após adquirirem personalidade jurídica, na forma da lei civil, registrarão seus estatutos no Tribunal Superior Eleitoral").

Seria inconstitucional, em casos tais, a instituição de um regime de proibição legal sob reserva de autorização ou licença, por afronta direta às normas da Carta Nacional que, de modo expresso ou razoavelmente implícito, vedam a adoção do sistema. Nessas hipóteses, é idôneo falar de um direito preexistente, de origem constitucional, cujo exercício não pode ser proibido pela lei, em princípio, mesmo se à Administração for concedido poder para levantar, por ato vinculado, a proibição.

5. Inobstante, o mecanismo pode ser adotado em relação a outras atividades privadas, tenha ou não a Constituição assegurado expressamente aos particulares o direito de realizá-las.

O fato de a lei proibir em princípio certa atividade assegurada aos particulares pela Constituição, sob reserva de liberação por ato administrativo, não implica, em si mesmo, inconstitucionalidade. O problema todo radica no grau de subjetividade da apreciação atribuída ao administrador, nas condições impostas para a obtenção do ato ampliativo (licença, autorização, habilitação, admissão, certificado de censura, naturalização, permissão ou concessão, pouco importa como denominado pelo legislador) e no seu regime de permanência.

6. Interessa, neste ponto, analisar o modo como a doutrina do Direito Administrativo vem distinguindo os diversos atos ampliativos de direitos dos particulares.

Fala-se em duas espécies de atos, ambos voltados a facultar o exercício de atividade privada: a licença e a autorização. A distinção entre as duas estaria em que a licença, sendo vinculada, apenas reconhece direito prévio, enquanto a autorização, discricionária, amplia a esfera jurídica dos particulares. Portanto, o critério básico da classificação é o caráter vinculado ou discricionário do ato.

Esse modelo teórico foi concebido para um Direito Positivo muito mais simples do que o atualmente vigente. Hoje, é fonte de mais equívocos que soluções.

7. Costuma-se falar em licença quando a expedição do ato ordenador ampliativo não admite juízo discricionário. São exemplos: a licença para construir, por meio da qual se libera o início de construção em terreno, ante a apresentação de planta comprovando a observância dos condicionamentos impostos objetivamente na lei; a licença para majoração de preços, através da qual o órgão administrati-

vo incumbido do controle de preços na economia faculta a elevação do valor cobrado do consumidor pelo empresário, em face da demonstração do aumento nos custos de produção.

Em casos do gênero, de fato há vinculação total do administrador: cumpre-lhe apenas conferir objetivamente medidas, recuos, volumes (na licença de construção) ou custos do produto (na licença para aumento de preços) e deferir o pedido, se demonstrado o atendimento às condições legais, ou indeferi-lo, na situação oposta. Por isso se costuma atribuir ao provimento administrativo caráter meramente declaratório, voltado a reconhecer direito preexistente: é que a Administração não exerce, no caso, qualquer juízo volitivo.

8. No entanto, mister perceber a existência de situações em que a Administração também não dispõe em concreto de qualquer espécie de discricionariedade na produção do ato ampliativo e, mesmo assim, este tem pouco a ver com a tipologia clássica da chamada licença, por ser impossível reconhecer direito preexistente em favor do particular. Suponha-se a seguinte situação:

A lei, proibindo a construção de *shopping centers* na cidade, faculta à Administração permiti-la se a via pública onde se situar o terreno não tiver trânsito saturado. Nenhum proprietário poderia imaginar integrado a seu patrimônio o direito de construir tais centros comerciais; poderia, contudo, obtê-lo, na dependência da situação urbana em dado momento. Inexistindo prédios ao redor, e sendo nulo o trânsito, o proprietário "A" seria autorizado a construir (a decisão nesse sentido será necessariamente vinculada). O proprietário "B", pretendendo o mesmo logo em seguida, veria negada sua pretensão, à vista do saturamento existente. Anos depois, sendo substituído o *shopping* de "A" por prédios residenciais com pequeno número de unidades, a diminuição do afluxo de carros na rua tornaria aceitável o pedido de "B".

O exemplo — propositalmente tomado do campo clássico das licenças: o direito de construir — mostra que vinculação administrativa e direito preexistente não são realidades que caminhem sempre juntas. No caso suposto, embora à Administração não caiba juízo volitivo, deve examinar não só dados relativos ao imóvel onde se pretende construir e ao projeto apresentado mas, também, outros elementos que escapam ao controle do proprietário e pelos quais ele não é responsável, como o estado do trânsito na cidade. Por isso, não se pode visualizar um direito de construir centros comerciais previamente incorporado à esfera jurídica do proprietário (seria um curioso direito, que entra e sai do patrimônio do particular na dependência das condições do trânsito urbano!).

Muitos outros exemplos desse tipo podem ser concebidos: o licenciamento de instalação de indústrias, condicionado ao nível de poluição existente na cidade (o ato será vinculado se a lei fixar objetivamente o grau de poluição que impede a instalação de novas fábricas); a autorização de funcionamento de motéis condicionada à inexistência de estabelecimento de ensino a menos de 500m, e assim por diante.

O quanto visto demonstra a necessidade de distinguir ao menos dois tipos de atos ordenadores ampliativos de direito privado, praticados sem qualquer discricionariedade: *a*) ato em cuja emanação o Poder Público deve analisar apenas condições próprias do sujeito ou do objeto a que a atividade se refere, para verificar se correspondem às exigidas pela lei (caso da típica licença para construir); e *b*) ato em cuja produção a Administração analisa não só as condições do sujeito ou do objeto mas, também, dados externos a eles.

Nesse segundo caso, é preciso especialmente considerar os atos ampliativos que devam ter limitação de número de beneficiários. Imagine-se uma política governamental de redução de importações que limite o total das aquisições de produtos no estrangeiro a 1 bilhão de dólares por ano. Na hipótese, o número de guias de importação a serem expedidas no ano será, obviamente, limitado. Cogite-se também que o Estado brasileiro firme tratado internacional comprometendo-se a exportar no máximo 100 milhões de sacas de café ao ano. Também aqui, o número de guias de exportação deverá ser limitado. Há algum princípio jurídico especial a ser considerado na expedição de tais atos?

Evidentemente, sim: como, nessas situações, ao expedir as guias, o Poder Público estará atribuindo um benefício que não pode ser estendido a todos os interessados aptos, será fundamental observar o princípio constitucional da igualdade. Deve ser adotado um método de decisão que considere igualmente as pretensões dos múltiplos interessados. Tal método consiste na realização de *procedimento administrativo de competição*, guiado por princípios semelhantes aos da licitação.[4]

Assim sendo, pode-se dizer que, no primeiro caso — isto é, quando a expedição da licença depende apenas do exame das condições próprias do sujeito ou do objeto a que a atividade se refere, para verificar se correspondem às exigidas pela lei — o administrado, sempre que preencher os requisitos legais, tem direito de obter da Administração a constituição, em seu favor, da utilidade substancial que busca (o direito de construir, p. ex.). No segundo caso — quando a expedição de licença deva considerar dados estranhos ao sujeito ou objeto dela, sobretudo na hipótese da limitação de número — o particular tem direito à legalidade do comportamento da Administração e, muito especialmente, ao respeito do princípio da igualdade (direito que se traduz, quando menos, na possibilidade de requerer a anulação dos atos expedidos sem a observância do princípio).

Essa primeira classificação é útil para visualizar as hipóteses em que, à vista das normas constitucionais vigentes, à lei é facultado conferir à Administração poderes para produzir um ou outro dos tipos de atos identificados. Trata-se de saber, em outros termos, a espécie de regulamentação que a lei pode dar a certa atividade.

Dispõe o art. 192 da Constituição Federal, em seu inc. I, que lei complementar disporá sobre a autorização para funcionamento das instituições financeiras, esclarecendo o § 1º que tal autorização será concedida, sem ônus, "a pessoa jurídica cujos diretores tenham capacidade técnica e reputação ilibada, e que comprove capacidade econômica compatível com o empreendimento". Vê-se, portanto, que a Administração deve examinar, ao conceder a autorização, apenas a capacidade da empresa e as qualificações dos diretores; não é dado nem à lei nem à Administração limitar o número de instituições financeiras no País, nem condicionar a outorga da autorização ao exame de qualquer condição externa à instituição.

Já, nas hipóteses da produção e comércio de material bélico e das operações de importação e exportação, parecem existir poucas dúvidas de que a lei possa conter regulação mais restritiva. Quanto ao primeiro caso, estabelece o art. 21, VI, da Constituição caber à União "autorizar e fiscalizar a produção e o comércio de material bélico", sem que, em nenhum outro momento, o constituinte tenha assegurado aos particulares o direito de desenvolverem tais atividades. Destarte, não há inconveniente em a lei vincular a outorga de autorizações a limites numéricos ou outros sem qualquer

4. Sobre tais procedimentos e a necessidade de realizá-los toda vez que a Administração deve conceder benefício que não possa ser estendido a todos os interessados aptos, v. nosso "Procedimentos administrativos de competição", in *RDP* 83/114. Adotando esse pressuposto, a lei espanhola que dispõe sobre o Regulamento de Bens das Corporações Locais determina, em seu art. 61, 3: "As autorizações serão outorgadas diretamente, salvo se, por qualquer circunstância, deva ser limitado o número das mesmas, caso em que o serão por licitação e, se tal não for possível, porque todos os autorizados tenham de reunir as mesmas condições, mediante sorteio" (consultem-se García de Enterría e Fernández, ob. cit., p. 125).

ligação direta com a capacidade do empreendedor. No caso da importação e exportação, cabendo à União "*administrar* as reservas cambiais do País" (art. 21, VIII), também não se poderá negar o cabimento de autorizações do gênero.

9. Pense-se, agora, na idéia de solo criado: todos os proprietários urbanos teriam, reconhecido pela lei, direito à licença para construir uma vez a área do terreno, mas poderiam obter mais, pagando determinado valor em dinheiro por metro quadrado suplementar de construção.

É uma licença o ato que, à vista do pagamento efetuado, permite ao proprietário construir mais cinco vezes a área do terreno? Esse direito certamente não preexiste no patrimônio do proprietário, tanto que é necessário adquiri-lo, pagando por ele.[5] Mas também não se pode reconhecer, aqui, a clássica autorização, visto inexistir discricionariedade.

O exemplo demonstra a necessidade de distinguir dois tipos diversos de atos ordenadores ampliativos: *a*) ato cuja produção depende de o particular realizar, em favor da Administração, prestação equivalente ao benefício dele derivado; *b*) ato cuja produção independe de tal prestação.

Em que medida pode a lei conferir à Administração poderes para a prática da primeira espécie de atos?

Na hipótese do direito de propriedade imobiliária — a propósito do qual surgiu o tipo de ato ora em análise — parece haver limite claro para isso. A Constituição Federal diz ser "garantido o direito de propriedade" (art. 5º, XXII). É conatural ao direito de propriedade de imóvel urbano o poder de construir. Se o constituinte garantiu o direito de propriedade, não pode o legislador, proibindo qualquer tipo e qualquer quantidade de construção, conferir à Administração a possibilidade de vender o direito de erigi-las. É preciso, sob pena de inconstitucionalidade, que a lei assegure ao proprietário urbano *um grau razoável de edificação*, sob pena de negar pura e simplesmente o direito de propriedade. Contudo, será constitucional uma lei conferindo ao proprietário o direito de ver autorizada, sem qualquer contrapartida em favor do Estado, a construção de uma vez a área do terreno e, em paralelo, o direito de obter autorização para um maior aproveitamento da área, mediante pagamento.

Já, a autorização para funcionamento de entidade financeira será "concedida sem ônus" (art. 192, § 1º), donde a impossibilidade de exigir-se a contrapartida de que cogitamos.

10. Alguns atos ampliativos de direitos destinam-se a facultar operação específica (a construção de prédio, a poda de árvore, a importação de certa quantidade de um produto) e outros visam a autorizar o desenvolvimento, indefinido no tempo, de dada atividade (o uso de arma de fogo, o funcionamento de indústria, a criação de universidade). São, respectivamente, as chamadas autorizações por operação e as autorizações de funcionamento.[6]

No primeiro caso, realizada a operação, esgota-se o conteúdo do ato, que se torna irrevogável, mesmo quando resultante de juízo discricionário.

No segundo caso, o das autorizações de funcionamento, tendo havido discricionariedade na expedição do ato, e salvo a ocorrência de óbices específicos, a revogação é possível, se a mudança das circunstâncias de fato o recomendar (ex.: autorização para porte de arma). Contudo, se o ato tiver sido produzido vinculadamente (ex.: autorização para funcionamento de

5. Tal pagamento nada tem a ver com as chamadas taxas de polícia, que são calculadas não em função do benefício auferido pelo particular, mas do trabalho despendido pela Administração, como expõe Régis Fernandes de Oliveira (*Taxas de Polícia*, São Paulo, Ed. RT, pp. 50-53).

6. García de Enterría e Fernández, ob. cit., p. 126.

indústria), nem por isto o empreendedor adquire imunidade contra as eventuais alterações da lei, visto que o ato administrativo o coloca em situação estatutária, passível de modificação por via de lei, sem que se possa invocar direito adquirido.

11. De outro lado, é preciso distinguir, dentre os atos da Administração ordenadora que constituem direitos privados, aqueles destinados a consentir com o *desenvolvimento de atividades* privadas, após a verificação da regularidade do pretendido exercício — hipótese em torno da qual a doutrina construiu as figuras da autorização e da licença — e os destinados apenas a *conferir segurança e certeza jurídica* a atos privados.

Segundo o art. 18 do Código Civil, "começa a existência legal das pessoas jurídicas de direito privado com a inscrição dos seus contratos, atos constitutivos, estatutos ou compromissos no seu registro peculiar". Como se sabe, a atividade registral é pública (CF, art. 236), resultando na produção de atos administrativos. Assim, a personalidade jurídica das entidades privadas é constituída pelo ato administrativo que registra seus documentos de constituição. De acordo com o art. 530 do Código Civil, a propriedade imóvel, afora as hipóteses da acessão, do usucapião e do direito hereditário, adquire-se pelo registro do título de transferência no Registro de Imóveis. Os direitos reais sobre imóveis são também adquiridos pelo registro: a servidão (CC, art. 697), o usufruto (CC, art. 715), e assim por diante. Também se adquirem por registro, produzido através de ato administrativo, os direitos ao privilégio de invenção, modelo de utilidade, modelo industrial e desenho industrial, bem assim ao uso exclusivo das marcas de indústria, de comércio e de serviço e das expressões ou sinais de propaganda (Lei federal 5.772/71). O ato de registro cabe ao Instituto Nacional da Propriedade Industrial.

A atuação administrativa ligada aos registros públicos, como os de imóveis, de pessoas jurídicas, de privilégio de invenção, de marcas e patentes, destina-se a conferir certeza e segurança a relações jurídicas nascidas entre particulares. Cuida-se de atividade essencialmente vinculada, em que o grau de interferência administrativa é muito reduzido, limitando-se à confrontação dos padrões legais objetivos com os dados apresentados pelos interessados. Praticado o ato, deixam de interessar diretamente à Administração (ou, pelo menos, ao órgão expedidor) as vicissitudes dos direitos por ele constituídos. Portanto, o ato administrativo não está ligado ao exercício, pelo Estado, de qualquer fiscalização do exercício do direito.

A situação é distinta no caso das chamadas licenças e autorizações, que são meramente instrumentais, surgindo como mais um elemento para permitir o exercício da fiscalização do exercício do direito.

Atente-se para a circunstância de, muito freqüentemente, a lei exigir do particular a efetivação de certo registro que, no entanto, não se destina à constituição de qualquer direito. Trata-se de medida voltada à organização do cadastro administrativo, no interesse da melhor fiscalização da atividade privada. O direito ao desempenho da atividade não deriva do registro. Porém, a licitude do exercício depende dele. O registro não é, no caso, condição da constituição do direito, mas simples encargo a ser cumprido por seu titular, sob pena de sanção.

DOUTRINA

AÇÃO POPULAR: DIREITO POLÍTICO?

José Sérgio Monte Alegre
Professor de Direito Administrativo da Universidade Federal de Sergipe — Procurador de Justiça

1. Direitos e garantias fundamentais na Constituição de 1988

1.1 Formalmente estruturada em nove títulos, a Constituição brasileira de 1988 reserva o segundo deles à declaração dos direitos e garantias fundamentais, formalizando-a em articulado distribuído por cinco capítulos, cada qual ostentando epígrafe própria que o individualiza frente aos seus vizinhos. Na técnica de composição do texto republicano, tais direitos, com o timbre da fundamentalidade, são classificados em: individuais e coletivos; sociais; políticos.

1.2 E tão relevantes são esses direitos, sem exceção de nenhum, que a Constituição qualificou a desconsideração deles, de qualquer deles, pelo Presidente da República, como delito de responsabilidade, suficientemente grave para assujeitar o primeiro mandatário da Nação à gravíssima sanção da perda do cargo com inabilitação, por oito anos, para o exercício de função pública, sem prejuízo das demais "sanções judiciais", conforme dicção expressa do art. 85, III, combinado com o parágrafo único do art. 52.

1.3 Aqui, permito-me ligeira digressão. Ou o art. 5º, *caput*, abriga impropriedade de expressões, deslize de redação, vexando o intérprete, porém apenas isso, ou, pior ainda, a Constituição, prodigalizando defeitos, menciona direitos nela não localizados, quais sejam, os direitos fundamentais da pessoa humana (art. 17, *caput*), deixando ao desabrigo da mais rala proteção o que não é nacional do Brasil ou de país estrangeiro, e nem esteja residindo nas fronteiras do território brasileiro. Realmente, valorizado o elemento literal na interpretação daquele versículo constitucional, exagerada a presunção de rigor técnico na redação dos artigos da Constituição, tem-se que a Lei Republicana reconhece, como garante, direitos individuais unicamente a *brasileiros* e *estrangeiros* residentes no País. Uns e outros serão os *exclusivos beneficiários da inviolabilidade*, no respeitante à vida, à liberdade, à igualdade, à segurança e à propriedade. Ora, e os apátridas, despossuídos de nacionalidade? O que dizer dos estrangeiros não residentes no Brasil, mas que nele se acham com a sua pessoa e seus bens? E os brasileiros, em idênticas circunstâncias? Estarão deserdados desses direitos? Evidentemente que não! Admitir que o Brasil pôs-se na contramão da História, recusando proteção constitucional àqueles não contemplados na literalidade do art. 5º, *caput*, é extrair do sistema conseqüências socialmente perniciosas, insuportavelmente iníquas, principalmente se se tiver em linha de conta a vocação para o abuso do poder, em nosso País. É remeter para a legislatura ordinária o reconhecimento de direitos que a consciência dos povos civilizados exigiu fossem constitucionalizados, ademais de esvaziar de significado estimável a expressão "direitos fundamentais da pessoa humana", utilizada no art. 17, sabido como é que pessoa humana é o homem encarado na sua humanidade mesma, pelo só fato de existir, independentemente da sua nacionalidade ou cidadania. Trata-se do ser humano, qualquer ser humano, que "todos nascem livres e iguais em direitos". Ora, "a solução jurídica deve ser valorada na medida em que contribui para a paz social. Uma teoria jurídica é apreciada, antes de mais nada, pelas conseqüências sociais que produz" (Gaston Jèze). E, assim, não se pode haver como razoável uma interpretação que dê ao sistema normativo um significado não apenas diferente daquele que o inspirou, mas, além disso, o seu oposto. Residência, no art. 5º, *caput*, não é sinônimo de domicílio, devendo-se-lhe atribuir sentido mais compassado à razão inspiradora das declarações de direitos dos tipos norte-americano e francês, do século XVIII. Reside no Brasil quem nele se encontre, com ânimo definitivo ou não. Quanto à referência a brasileiro ou estrangeiro, o que aparenta sugerir nacionalidade, não deve impressionar o operador do Direito, que bem pode valer-se da interpretação extensiva, pois parece claro que a Constituição se serviu de estrutura de linguagem mais curta do que a que desejava usar. O texto, querendo dizer o mais, acabou dizendo o menos. E, ademais, é verdade proclamada que "a letra mata, o espírito é que vivifica".

2. *A participação na vontade do Estado, expressa legislativamente: os direitos políticos*

2.1 Abstraídos, por ora, os individuais, os coletivos e os sociais, *quais são os direitos políticos*? São, sem tirar nem pôr, os hospedados no Cap. V do Tít. II, cuja epígrafe nominalmente lhes corresponde, a saber: o voto direto, secreto e igual; o plebiscito; o referendo; a iniciativa popular.

2.2 Relativamente aos direitos políticos, tal como aparecem na listagem constitucional, tenho como certo que a fidelidade do investigador jurídico às palavras da Constituição aliada ao local que esta lhes reservou haverão de conduzi-lo, no processo de conhecimento e descrição do fenômeno jurídico, à conclusão de que:

— *é de direitos subjetivos* que se cogita, o que vale dizer direitos de um determinado sujeito, por oposição a direito objetivo, expressão designativa do *direito legislado*;

— na categoria dos direitos subjetivos, compõem a família dos *direitos subjetivos públicos*, em contraste aos direitos sujetivos privados;

— dizem todos eles com *o exercício da soberania*, como expressão da vontade geral;

— e, enfim, como direitos subjetivos, *são exigentes da idéia de poder jurídico* por parte de quem os titularize.

2.3 Envolvendo tais direitos o manejo de um poder jurídico, atribuído a quem deles seja o titular, *não se pode concluir*, sem extremos de cautela (diferentemente do que se vem fazendo), que semelhante poder consiste *em influir no processo de formação da vontade do Estado*. Sim, porque parece certo que a vontade do Estado se manifesta: *a)* nas leis; *b)* na sentença e no acórdão; *c)* no ato administrativo. Há, portanto, para acima e além de toda a dúvida razoável, uma expressão legislativa, uma expressão judicial (ou judiciária) e, enfim, uma expressão administrativa da vontade do Estado.

2.4 Isso nada obstante, *não se consegue ler uma linha sequer no artigo constitucional relativo aos direitos políticos que tenha alguma coisa a ver com o exercício da função judicial, que se realiza contenciosamente e cujos atos exprimem também a vontade estatal*. Naquele artigo estão enumerados escrupulosamente poderes jurídicos apenas pertinentes à participação de certos sujeitos jurídicos na atividade legislativa. Rigorosamente, da cooperação na atividade legislativa ali talvez somente se não inclua o plebiscito. Contudo, mesmo este é estranho às funções judiciais.

2.5 Resumindo, em apertada síntese: quando se diz que o direito político é a capacidade ou o poder de influir na formação da vontade do Estado, deve-se entender a afirmação no *sentido exclusivo da participação do indivíduo na produção de normas jurídicas gerais, normas da atividade legislativa, portanto*. Significa dizer: *participação na formação das leis*, o que, no Brasil, constituído em Estado Democrático de Direito (art. 1º da CF), se consuma mediante o concurso de técnicas de democracia representativa com técnicas de democracia direta, ou participativa, conforme resulta do art. 14, I, II e III, constitucional.

2.6 Isso é o que ressuma da Constituição, sem dúvida séria. Perante os termos do vocabulário constitucional, o direito político aparece como interferência de certos sujeitos jurídicos na formação da vontade do Estado *quando expressa nas leis*. E não surpreende que seja assim, especialmente se se atentar para o art. 1º, *caput*, da Constituição, cuja estrutura de linguagem foi construída para declarar que o Brasil é um Estado Democrático de Direito. Ora, não há quem, razoavelmente esclarecido, desconheça que o traço essencial e característico da forma democrática de Estado *é, precisamente, a participação na legislação dos sujeitos que a ela se submetem*. Esse é mesmo o *discrimen* que separa o Estado Democrático do seu contraponto perfeito, o Estado autocrático, em que, alijados de semelhante participação, os indivíduos estão despojados de direitos políticos. Então, o critério distintivo de uma ordem democrática *é o modo pelo qual a Constituição regula a criação da ordem jurídica geral, das leis, portanto* (Hans Kelsen, em *Teoria Pura do Direito*, 3ª ed., Coimbra, p. 200 , e *Teoria Geral do Direito e do Estado*, 1ª ed. brasileira, Martins Fontes/Editora Universidade de Brasília, março/90, pp. 232 e 277-279). Pois bem. Sonorizado no art. 1º, *caput*, que o Brasil é um Estado Democrático de Direito, o que está se dizendo é que o Brasil é um "governo de leis e não de homens", *e que da criação dessas leis participam os indivíduos* (indicados na Constituição), *que a essas mesmas leis se submetem*. E, se se juntar ao art. 1º o art. 14, I, II e III, tem-se que a participação na legislação se dá pelo voto, pela eleição (relativamente aos eleitos), pelo referendo, pelo plebiscito e pela iniciativa popular. E, enfim, *a essa participação se empresta a designação de direitos políticos, que é justamente a epígrafe do Cap. V do Tít. II. Somente!*

3. A participação na formação da vontade do Estado, expressa judicialmente: a ação popular

3.1 Todavia, há um outro modo de concorrer para a formação da vontade do Estado. *Trata-se do exercício do direito de ação*, como mero desdobramento do inc. XXXVI do art. 5º da Constituição, de acordo com o qual "a lei não excluirá da apreciação do Poder Judiciário lesão ou ameaça de direito". Assim, é bem de ver que a ação popular viabiliza *a interferência na formação da vontade do Estado, a ser expressa já não mais legislativamente, e sim judicialmente, ou judiciariamente*! Sim, porque ninguém recusará que o indivíduo, ao apresentar em juízo uma petição, está concorrendo para a expedição de sentença ou acórdão, *como formas de expressão da vontade estatal*! Principalmente se se considera que a função judiciária não é daquelas que se põem em movimento *ex officio*, como sucede com a administrativa, e, pois, exige sempre provocação de algum interessado. Vê-se, então, que, em ambas as situações (a do direito político e a da ação popular), o que está em jogo é apenas uma só função, qual seja, *a participação do súdito no processo de elaboração da norma jurídica, geral em um caso, individual no outro*. Quando a norma é de caráter geral, é lei, dá-se a essa participação o nome de direito político; e quando é a norma individual da sentença e do acórdão, como atos de realização do Direito, dá-se à participação designação diversa.

3.2 Pois bem. Quanto ao poder jurídico de cooperar na formação da vontade do Estado, *a ser expressa pelo Judiciário*, que fez a Constituição brasileira? Já vimos que o não colocou no capítulo servido com a epígrafe "Dos Direitos Políticos". Então, onde está semelhante poder? Simplesmente, no elenco dos direitos individuais e coletivos, que é a epígrafe do Cap. I do Tít. II. *O só fato de estar esse poder em diverso capítulo é sugestivo do propósito constitucional de torná-lo inconfundível com os direitos políticos*, porque ninguém rudimentarmente informado ignora que "influi para a interpretação e aplicabilidade o lugar em que um trecho está colocado", isso sem falar em que, "tomada a interpretação sob o aspecto formal ou técnico-sistemático, deve-se ter em vista, *acima de tudo*, o lugar em que um dispositivo se encontra" (Carlos Maximiliano, em *Hermenêutica e Aplicação do Direito*, 9ª ed., Forense, pp. 267 e 269; e, ainda, Alípio Silveira, em *Hermenêutica do Direito Brasileiro*, v. 1º/25, Ed. RT, dezembro/68, que se socorre de exemplos frutuosos do uso de epígrafes para resolver dúvidas de interpretação).

3.3 Registro aqui, por me parecer útil, que nem sempre os direitos políticos merecem hospedagem separada nas Constituições brasileiras, tal como se lê nos textos de 1891, 1937 e 1946.[1] No entanto, todas as vezes em que foram distinguidos com acomodações especiais, em 1934, 1967/69 e 1988, as Constituições *deles excluíram a ação popular, exatamente porque não predisposta a viabilizar a interferência do indivíduo na criação de normas jurídicas gerais, das leis*. Aqui, vale enfatizar que o próprio da Constituição é indicar os órgãos e o procedimento pelos quais se formará a vontade do Estado, a ser expressa nas leis, o mesmo não sucedendo com a vontade estatal a ser manifestada pela sentença ou pelo ato administrativo. Não é à toa que há na Constituição um processo legislativo, à base do qual o Estado exerce o monopólio na produção das normas jurídicas gerais, das leis, mas não um processo judiciário ou administrativo, que culminem na criação de atos individuais e concretos. *Isso só pode significar que a Constituição cuida exclusivamente da forma geral de aparição das normas jurídicas*. Esse é o depoimento insuspeito recolhido da história constitucional, devidamente documentada ao longo dos anos.

4. *O sentido negativo da palavra "cidadão", no art. 5º, LXXIII, da Constituição*

4.1 Nem o emprego da palavra "cidadão" (art. 5º, LXXIII) é idôneo para, só por si, incluir a ação popular no rol dos direitos políticos (aos quais, insisto, a Constituição reservou local próprio), porque:

4.1.1 Não é das melhores a redação do texto constitucional em vigor. E, por não ser de boa qualidade, em nada facilita a tarefa de quem se dispõe a investigá-lo para surpreendê-lo na plenitude do seu significado, do primeiro ao derradeiro artigo. Realmente, são muitas as impropriedades na Constituição, numerosas as imprecisões, repetidas as indelicadezas com a melhor doutrina e jurisprudência. A defeituosa tecnologia constitucional vai ao ponto de se referir a emprego remunerado, como se algum houvesse que o não fosse (alínea "b" do inc. I do art. 54); ou a sentença judiciária, induzindo ao erro de supor que alguma o não seja (inc. I do art. 95); ao exercício da judicatura, ao cuidar das atribuições dos auditores do Tribunal de Contas da União, desavisada de que judicatura quem exerce é o magistrado, membro do Poder Judiciário (§ 4º do art. 72), ou, então, de excluir as autarquias da menção a pessoas de direito público interno (alínea "a" do inc. I do art.

1. E, também, no texto de 1824.

54); ou de aludir a Erário Público, sem que se cogite da existência de Erário Privado (inc. II do art. 71). As referências, colhidas ao passar de olhos, valem como simples amostragem e sugerem que se não deve levar muito a sério a presunção de apuro técnico na composição escrita da Constituição. Aliás, não é de agora que se constatam defeitos graves e freqüentes na técnica de feitura das leis, como bem denunciou Miguel Seabra Fagundes em artigo publicado na *RDA* 8/119, sob o título "As imperfeições da elaboração legislativa e o exercício da Advocacia". No pertinente à Constituição de 1988, as deficiências são tão sérias que obrigam o operador jurídico a redobrar seus cuidados com as palavras do vocabulário constitucional. Do contrário, até os direitos fundamentais da pessoa humana (art. 17) ficarão reduzidos a mera peça retórica, deserta de significado estimável, como visto anteriormente (n. 1.3). Daí se segue que se não deve estimular conclusões formuladas à base de que a Constituição emprega termos como "a ninguém", "a todos", "a qualquer pessoa", enquanto, ao tratar da ação popular, no mesmo capítulo em que faz uso dessas expressões, emprega a palavra "cidadão", denunciando, com isso, a intenção deliberada de comprimir a extensão do vocábulo, atribuindo-lhe sentido estrito.

4.1.2 No Brasil, a exemplo de outros países, nunca se obteve unanimidade sobre o conceito de cidadão, isso desde a Constituição Imperial de 1824, e, pois, jamais se refletiu "de maneira expressa e positiva a opinião de muitos de nossos tratadistas, que reservam a expressão *cidadania* para designar uma faculdade específica do nacional: a faculdade de gozar e exercer direitos políticos" (A. Dardeau de Carvalho, em *Dicionário Enciclopédico do Direito Brasileiro*, de Carvalho Santos, t. "C", p. 203). Portanto, autores sempre existiram que, mesmo durante a vigência da Constituição de 1946, época em que surgiu a Lei 4.717, tinham o vocábulo "cidadão" como expressivo da "todos os brasileiros, com ou sem direito de voto" (Themístocles Brandão Cavalcanti, in *Dicionário Enciclopédico do Direito Brasileiro*, t. "C", p. 210). Ocorre, todavia, que a Lei 4.717, disciplinadora da ação popular, veio ao mundo jurídico em 1965, pouco mais de um ano após a chamada Revolução de 1964, responsável pela instauração no Brasil de um longo período de obscurantismo institucional, gerado no ventre de uma ordem jurídica de feitio marcadamente autoritário, repressiva de liberdades mesmo as mais prezáveis. Inevitável, assim, que, contaminada por densa atmosfera de arbítrio, a lei, com ou sem apoio na àquela altura desfigurada Constituição de 1946, houvesse preferido, *entre dois significados possíveis de uma mesma palavra ("cidadão")*, aquele que mais favorecia o poder político e amesquinhava o controle do Judiciário, o que, aliás, é típico dos períodos de excepcionalidade institucional (veja-se que o art. 11 do Ato Institucional 5 excluía de qualquer apreciação judicial todos os atos praticados de acordo com ele e seus atos complementares, bem como os respectivos efeitos, a exemplo da Constituição de 1967, que, entre outros atos, subtraía da apreciação judiciária aqueles praticados com base no Ato Institucional 1, de 9.4.64 — art. 173, I). E, nesse clima de autoritarismo, a lei foi sendo aplicada à base de uma interpretação conveniente do legislador, ou da única possível naqueles dias finalmente superados. Pode-se dizer, então, sem receio de demasia, que a ação popular não conheceu na sua trajetória outros tempos senão os do autoritarismo, do qual se contagiou. Todavia, passados aqueles dias, instaurado o Estado Democrático de Direito, com uma nova concepção da idéia do Direito e uma nova forma de Estado, *exigente do mais extenso e eficaz controle especialmente da Administração pelo Judiciário*, já se vê a ostensiva animosidade, no particular, entre a lei fecundada em ambiente de exceção e a nova Constituição nascida em solo livre. Daí resulta que a Lei 4.717 há de ceder à primazia absoluta da Constituição, pois não assimilada por esta, o que se pode obter por simples esforço de atualização jurisprudencial. O caso é, sem dúvida, de revogação (ou perda de eficácia) de dispositivo de lei anterior por texto constitucional superveniente, com aquele incompatível (§ 3º do art. 1º da Lei 4.717), na esteira da jurisprudência do Supremo Tribunal Federal, que apenas admite a validade e eficácia da legislação anterior à Constituição "desde que não contrastante com os seus princípios e normas ou com o seu espírito" (v. *RTJ* 77/657-659).

4.1.3 Mais ainda: a palavra "cidadão", na linguagem constitucional, *não é sempre equivalente perfeito de eleitor*. Prova de que não é se acha no art. 64 do "Ato das Disposições Constitucionais Transitórias", pois, do contrário, somente o eleitor teria direito a receber um exemplar da Constituição Federal, isso apesar de todos os brasileiros estarem igualmente sujeitos às suas disposições! Porém, não só ali. No inc. V do § 2º do art. 58 há também prova de que não existe relação necessária entre cidadão e eleitor, porquanto, se houvesse, as comissões da Câmara e do Senado, ou as do Congresso Nacional, não poderiam solicitar depoimentos a não ser de autoridades e de eleitores! E mais: a insistir-se na idéia de equivalência, apenas o partido político, a associação, o sindicato ou o *eleitor* poderiam representar ao Tribunal de Contas contra irregularidades ou ilegalidades, enquanto que *qualquer pessoa* poderia dirigir a comissões parlamentares, do Congresso, da Câmara e do Senado, petições, reclamações, *representações* ou queixas contra atos das autoridades ou entidades públicas, *quaisquer que sejam* (§ 2º do art. 74 c/c o inc. IV do § 2º do art. 58), o que seria rematada estultice, dessas de fazer corar um frade de pedra! Daí se segue que, se a um mesmo vocábulo o texto atribui significados descoincidentes, o acertado é dar-lhe, em cada caso,[2] o sentido mais ajustado à finalidade do sistema inteiro, porque é de sistema que se trata, *sem dúvida o de possibilitar o mais completo contraste dos atos do Poder*, o que, de resto, é imperativo de todo Estado de Direito, essa criatura nascida a partir da teorização de juristas alemães da segunda metade do século XIX e que, no essencial, era expressiva da idéia de um Estado "onde a Administração estivesse ordinariamente submetida ao estrito cumprimento das leis e sujeita ao controle dos seus atos pela Justiça" (A. B. Cotrim Neto, em "O Tribunal de Contas e o aperfeiçoamento do Estado de Direito", publ. na *Revista de Informação Legislativa* 76/157, out.-dez./82). A esse respeito é irrepreensível a evocação de Geraldo Ataliba em recente artigo, publicado na *RDP* 95/33-36, acerca da hermenêutica na Ciência do Direito. São do autor os seguintes trechos: "Toda palavra tem um significado básico e um contextual. A hermenêutica jurídica busca o significado contextual dos termos empregados pelo legislador. Isso se obtém, entendendo-se o contexto, sua direção, seu sentido, suas finalidades e condições. Só após isso é possível determinar com exatidão o significado das palavras que revelarão o conteúdo, sentido e alcance de cada norma". Mais adiante, escreveu o publicista: "No sistema jurídico também, o que dá sentido aos elementos do repertório (normas) é a estrutura (modo de arranjá-los), que se faz em torno de princípios cujos desígnios são servidos pelas normas". Desse entendimento não discrepa o Supremo Tribunal Federal, que, ao interpretar a expressão "vencimentos", o fez levando em conta *os diferentes contextos em que a palavra foi utilizada*, para o que se serviu inclusive de valiosas lições de Story sobre a interpretação da Constituição, ministradas no sentido de que "as mesmas palavras não têm necessariamente o mesmo sentido quando empregadas em diferentes partes

2. Dá-se com a palavra "cidadão" o mesmo que com a palavra "órgão" no texto constitucional, empregada ou em sentido amplo, abrangendo inclusive as entidades, ora em sentido estrito, excluindo-as (art. 61, § 1º, II, "e"; incs. I e III do § 5º do art. 165, respectivamente).

do mesmo instrumento. O seu significado é ditado pelo contexto" (ADIn 14, rel. Min. Célio Borja, em *RDA* 178/52 e 53). Ora, se é assim, então não se pode ter como aceitável uma interpretação que prestigie um método de revelação do sentido e do alcance das expressões normativas inteiramente inadequado a um país em que dominam numerosas e variadas imperfeições legislativas, além de deprimir a própria idéia de Estado de Direito, princípio informador de toda a compreensão da organização do Estado brasileiro (art. 1º, constitucional). A propósito, nunca será demasiado recordar as lições de Gaston Jèze, para quem uma teoria jurídica é apreciada antes de mais nada pelas conseqüências sociais que produz (*Direito Administrativo Brasileiro*, de J. Cretella Júnior, Forense, ed. 1983, p. 14). Então, repito, não se há de receber como estimável qualquer interpretação que reduz a uns poucos a tarefa de manter renovada vigilância sobre os comportamentos dos agentes do Poder, habitualmente inclinados a excessos de toda ordem no exercício do mando, principalmente em países de reduzida consciência de legalidade e moralidade. *Finalmente, não teria o menor sentido possibilitar a qualquer pessoa a participação no exercício do controle político* (art. 58, § 2º, IV) *e, concomitantemente, excluí-la de participação no controle judiciário por via da ação popular, reservada que estaria ao cidadão-eleitor*! Afinal, se a Constituição não é das melhores, não chega, porém, a ser das piores...

5. *O sentido positivo da palavra "cidadão", no mesmo artigo constitucional*

5.1 Se a palavra "cidadão", no art. 5º, LXXIII, não significa eleitor, então o que significará? Tenho para mim que, *primeiramente*, significa nacional, brasileiro, em sintonia com o *caput* do artigo ao qual o inciso está conectado *em uma relação de dependência e de acessoriedade*. A função daquele, como dos demais incisos, é a de desdobrar o comando contido no *caput* do artigo, este, sim, disposição principal sob cuja autoridade a Constituição reconhece, como garante, a inviolabilidade dos direitos relativos à vida, à liberdade, à igualdade, à segurança e à propriedade. Dito de outra forma, *nos incisos estão os diversos termos pelos quais a Constituição, no "caput" do art. 5º, protege os direitos que menciona.* E bem por isso não admitem interpretação que os torne inconviventes com a norma principal, cujo conteúdo desdobram. A compreensão dos incisos há, pois, de estar compassada à regra sonorizada no *caput* do artigo, *em um rigoroso processo de conformação do acessório ao principal*. O contrário disso é o estreitamento malsão das possibilidades de contraste judicial dos atos do Poder Executivo (principalmente), com total desatenção ao princípio de que "à República interessa que sejam muitos a defendê-la". Decididamente, se alguma serventia existe na palavra "cidadão", isoladamente considerada, é exatamente a de desfavorecer a idéia dominante, dados a sua localização no texto constitucional e o emprego diversificado que este faz do vocábulo.

5.2 Porém, não é tudo, embora seja muito. Se a ação popular se preordena à preservação, p. ex., do patrimônio público, *não se tem como obscurecer que para a sua formação concorrem todos quantos pagam tributos e não apenas o eleitor*, e, então, é manifesta iniqüidade, a que se não pode prestar o Direito, deferir o uso da ação popular a um e negá-lo aos demais, mormente se se considerar que o princípio de igualdade, hóspede constitucional, *é anunciado em termos que excluem tanto o tratamento igual para situações desiguais quanto o tratamento desigual para situações iguais!* Conseqüentemente, se todos pagam tributos, é prova de intolerável mau gosto dizer que, apesar disso, só o eleitor pode fiscalizar a boa aplicação do dinheiro público. Os outros, não. Estes dobram sob o peso dos deveres, mas não se lhes reconhecem direitos... São súditos ... mas não cidadãos! Sob diverso prisma, se é para a preservação do meio ambiente que se presta a ação popular, não se tem como escamotear que esse é um assunto atualmente tendente à internacionalização *e que diz com a qualidade de vida, direito fundamental que a Constituição jamais cogitou de reservar unicamente ao eleitor!* Trata-se, isso, sim, de direito que a Constituição garante a todos, sem distinções,[3] o que estimula a lembrança de que, onde a lei não distingue, não cumpre ao intérprete distinguir. A não ser assim, o direito ao ambiente saudável seria privilégio do cidadão-eleitor. O absurdo da conclusão evidencia o absurdo da premissa. E, se é para a defesa da moralidade que se direciona a ação popular, não se pode esquecer que "direito a um governo honesto" possuem todos quantos suportam as conseqüências de um governo desonesto: os contribuintes, sobretudo.

5.3 De resto, nunca se discutiu seriamente que todo cidadão é nacional (brasileiro), embora (para muitos) nem todo brasileiro (nacional) seja cidadão. Em conseqüência, nenhuma resistência se pode opor a que "cidadão", no contexto do art. 5º, LXXIII, não significando *eleitor*, signifique *nacional*, para efeito da ação popular.

5.4 Mais problemática é a questão de saber se, *ademais de significar brasileiro*, a palavra "cidadão" seria também compreensiva das pessoas jurídicas (ou órgãos com capacidade processual), com o que se tornariam legitimadas para o desfrute da ação.

5.4.1 Ao derredor desta questão, parece-me que tudo se simplifica quando se aceita a ação popular *como expressão de um direito não-político e, portanto, que não sobrevive razão suficiente para ficar disponível apenas ao eleitor.* Obtido um tal reconhecimento, já não causará espanto o manejo da ação por "qualquer pessoa", "qualquer interessado", "qualquer um", como, aliás, a sua expressão nominal sugere (ação popular). E, verdadeiramente, não há motivo para desassossego, nem para escândalo, até porque já existe faz muito tempo no Direito Positivo brasileiro o reconhecimento expresso da possibilidade de *qualquer um* (nacional, estrangeiro, pessoa jurídica de direito público ou privado, órgão com capacidade processual) *interferir no exercício do Poder*, o que mais ainda desaconselha a solução que no Brasil se vem dando à questão da legitimidade para agir em matéria de ação popular (Súmula 365 do STF). Trata-se da Lei 4.337, de 1.6.64, que "regula a declaração de inconstitucionalidade para os efeitos do art. 7º da Constituição Federal", cujo art. 2º está assim redigido: "Se o reconhecimento da inconstitucionalidade resultar de representação que lhe seja dirigida por *qualquer interessado*, o Procurador-Geral da República terá o prazo de 30 (trinta) dias, a contar do recebimento da representação, para apresentar a argüição perante o Supremo Tribunal Federal" (sem o destaque, no original).

5.4.2 Aí está um precedente (dos mais ricos) de colaboração na formação da vontade do Estado, *e, pois, de interferência no exercício do Poder*, que, no entanto, não compõe o perfil do direito político. *Qualquer interessado*, é a dicção legal, não importa se eleitor ou não, se pessoa jurídica pública ou privada, ou órgão, pode manifestar ao Procurador-Geral da República o seu desejo de ver retirada do ordenamento jurídico uma norma que, no caso da lei, é expressão da soberania nacional e se acha adornada de presunção de conformidade à Constituição. E, se acolhida a argüição, a vontade do Estado (declaração de inconstitucionalidade) se terá aperfeiçoado no sentido apontado pelo interessado (qualquer um), que, então, terá participado da sua formação. Ora, se isso pode acontecer com a ação direta relativamente à lei, típico ato de soberania, se pode acontecer com o regulamento, por que não pode acontecer com a ação popular relativamente ao ato administrativo individual e concreto por

3. Art. 225 da CF.

cuja via se faz a aplicação da lei e do regulamento? Se *qualquer um* pode concorrer para a retirada da lei da ordem jurídica, como explicar que *qualquer um* não possa concorrer para retirar dessa mesma ordem ato de menor dignidade, atuando por via da ação popular?

5.4.3 Definitivamente, não se me afigura plausível que qualquer interessado possa influir nesse "excepcional meio de ativação da jurisdição constitucional" (a ação direta), capaz de provocar seriíssimas conseqüências para a estabilidade e certeza das relações jurídicas, possa participar de uma função que o Supremo Tribunal Federal tem como de "preservação da ordem jurídica plasmada na Constituição vigente" (ac. do Plenário no *Boletim ADCOAS* 23, de 20.8.90), e, contudo, não se lhe reconheça (ao qualquer interessado) o poder de concorrer por via da ação popular para a impugnação de um ato que, nas palavras de Eduardo García de Enterría e Tomás Ramon Fernández, é expressão de um poder subalterno, o administrativo (*Curso de Direito Administrativo*, Ed. RT, 1991, p. 256). Parece evidente que, em um processo de inversão de toda a lógica, se está concedendo o mais (cooperação na retirada da lei) e recusando o menos (cooperação na retirada do ato de sua aplicação), o que ainda mais se agrava quando se tem presente que, no controle político, a legitimidade ativa é estabelecida em ternos da maior amplitude (art. 58, § 2º, IV, da CF). Mais: observadas bem as coisas, nada é mais natural do que se admitir a participação da pessoa jurídica nesse processo judiciário de contrasteamento dos atos do Executivo por via da ação popular, especialmente em um país cuja Constituição assegura como liberdade fundamental a de associação para fins lícitos (art. 5º, XVII), resultando em contra-senso negar-se ao indivíduo associado a outros a possibilidade de fazer o que se lhe permite atuando sozinho! Ora, a Constituição recortou o Estado brasileiro sobre moldes do figurino liberal, um liberalismo estilizado, contemporâneo, sem os excessos dos primeiros tempos, é bem verdade, porém sempre liberalismo. E não se compreende liberalismo sem que se reconheça ao indivíduo o direito de escolher, entre os vários modos de exercício das suas liberdades, aquele que melhor satisfaz os seus interesses. Se o indivíduo entende, pois, à sua discrição, que o melhor meio de agir para a obtenção de um determinado resultado é associar-se a outros, faculta-lhe a Constituição a realização do seu intento tal como o entendeu adequado. Não há, portanto, como retirar-lhe a possibilidade de atuar sozinho, em litisconsórcio, ou reunido a outros indivíduos, formando pessoa jurídica, à qual, convém destacar, a atual Lei Republicana assegura legitimidade para representar seus associados, judicial ou extrajudicialmente (art. 5º, XXI), com o que se reconhece que é fenômeno dos nossos dias a substituição acelerada e freqüente da atuação individual, solitária, pela atuação do grupo.

5.4.4 Mais ainda: se o móvel da ação popular é restabelecer a legalidade (Rafael Bielsa, em Hely Lopes Meirelles, no livro *Mandado de Segurança e Ação Popular*, 1ª ed. ampliada, Ed. RT, p. 86), como valor consagrado em um sistema de leis escritas do tipo brasileiro, então, não se tem como negar que, na medida em que se atua para restaurá-la, se está garantindo esse sistema como expressão de exigências bem definidas de segurança jurídica, *valiosa não só para o eleitor, mas também para todos os demais localizados no âmbito espacial de validade da ordem jurídica nacional!* Interesse compartilhado, pois, e não interesse exclusivo. Da pessoa física, tanto quanto da pessoa jurídica, como bem o revela a Constituição ao referir-se *à segurança como bem inviolável* (art. 5º, *caput*). Afirmar o princípio da legalidade é afirmar que "as normas se produzem de acordo com as normas", na base das quais se coloca a Constituição como fundamento de validade de todas elas. E isso significa dizer que, ao se preservar o regime de legalidade, se está mantendo a integridade da Constituição nas suas opções fundamentais. Ora, se qualquer interessado é admitido como legitimado para tanto, mediante representação ao Procurador-Geral, como não admitir que ocorra o mesmo por via da ação popular?

5.4.5 Aqui, permito-me recordar, à guisa de exemplo, o que houve com a palavra "funcionários". Realmente, a Constituição de 1967/69, antecedida da Constituição de 1946, aludia apenas a "funcionários" em tema de responsabilidade objetiva da Administração pelos agravos patrimoniais a particulares, resultantes da atuação daqueles no exercício de suas atribuições, ou a pretexto de exercê-las. Apesar disso, apesar da literalidade do texto, inclusive do seu comprometimento doutrinário, deu-se à expressão o sentido mais amplo possível, *o mais adequado à finalidade da norma, que era protetiva do administrado*. E, assim, o que era espécie de agente público passou a constituir o gênero, compreensivo de quantos tivessem sob a sua responsabilidade um serviço público, por execução direta ou indireta, em caráter permanente ou eventual, ainda que se tratasse de depositário nomeado *ad hoc* por juiz, sem sequer importar a legalidade ou ilegalidade de sua investidura (*RDA* 13/123 e 145/78; *RT* 268/377, 334/464, 203/299, 128/551, 160/228 e 169/273). Se isso se fez com "funcionários", por que não com "cidadão"?

6. *Síntese*

Isso exposto, valho-me da seguinte síntese para facilitar a apreensão e fixação do que até agora ficou dito:

6.1 No estudo dos direitos políticos há de observar-se, *como exigência metodológica de primária e fundamental importância*, o que a respeito estabelece a Constituição Federal, a partir da qual se desenvolve toda a atividade científica de conhecimento e descrição da ordem jurídica nacional.

6.2 E, perante a Constituição, *nem a ação popular é direito político, nem cidadão é sempre equivalente perfeito de eleitor*. Que a ação popular não é direito político resulta do fato de a Constituição reservar a expressão "direitos políticos" para designar a participação, direta ou indireta, de certos indivíduos na formação da vontade do Estado, a ser expressa legislativamente (nas leis, portanto), o que, de resto, é característico do Estado Democrático de Direito, entendido idealmente como aquele que propicia aos indivíduos influírem na criação das leis, como expressão da vontade geral a que livremente se submetem, fórmula com a qual o genial Rousseau pretendeu resolver a questão de saber se é possível estar sujeito a uma ordem social e, no entanto, permanecer livre (*O Contrato Social*, p. 21). E que a Constituição não utiliza a palavra "cidadão" invariavelmente como sinônima de eleitor mostram-no dispositivos localizados no texto constitucional, como o inc. V do § 2º do art. 58, o § 2º do art. 74 e o art. 64 do "Ato das Disposições Constitucionais Transitórias".

6.3 Tem-se, assim, que, dizendo a ação popular *com a formação da vontade do Estado, a ser exprimida judicialmente na sentença e no acórdão*, não admite se lhe coloque a etiqueta de direito político. E, embora em ambas as situações (formação da vontade do Estado a ser expressa legislativamente e formação da vontade a ser expressa judicialmente) se possa enxergar o desempenho de uma só função jurídica — a participação na produção de normas, gerais em um caso e individuais no outro — não se pode descurar que os atos especificadores dessa função — lei e sentença ou acórdão, respectivamente — são de diversa natureza, como diversas são a sua finalidade e a sua fonte de legitimidade. A não ser desse modo, e, pois, a entender-se o direito político como o poder de interferir na formação da vontade do Estado, *sem se dar importância* aos órgãos, procedimentos e formas pelos quais essa vontade se manifesta, então não se tem como evadir à conseqüência de que o acesso ao Judiciário para a defesa de direitos, por implicar interferência com o exercício do Poder e formação da vontade do Estado, é, também ele, direito político! E isso, convenhamos, é desbordar de toda razão!

7. O estrangeiro e a ação popular

Resta, segundo me parece, enfrentar um derradeiro ponto. Se a ação popular está topograficamente localizada entre os direitos que a Constituição reserva assim a brasileiros como a estrangeiros residentes no País, se não é de direito político que se cogita, isso significa que estaria a ação disponível inclusive para o estrangeiro? Nada obstante a reação que possa despertar, acredito que sim, aplicando-se em favor desse entendimento, *mutatis mutandis*, o que escrevi nos tópicos anteriores e mais o seguinte: quando a Constituição garante a inviolabilidade dos direitos concernentes à vida, à liberdade, à segurança e à propriedade, sonoriza que tal garantia se dá em proveito de brasileiros e estrangeiros residentes no Brasil, sem discriminações. E estrangeiro é cidadão, embora de outro país. E nacional, embora de além-fronteiras. O inc. LXIII não reproduziu a fórmula do art. 64 do "Ato das Disposições Constitucionais Transitórias", onde consta referência expressa a "cidadão brasileiro".

8. Conclusões

8.1 Antes de sintetizá-las, permito-me lembrar que todo o esforço de conhecimento e descrição do texto constitucional teve a ampará-lo, do primeiro ao último instante, algumas idéias de primária e especial importância, a saber:

— A de que a Constituição tem a virtude exclusiva de encontrar em si mesma, nas suas opções fundamentais, o seu próprio referencial de compreensão, diversamente do que sucede com os modelos prescritivos de menor dignidade, que devem ser decodificados a partir dela, Constituição.[4]

— A de que, sem dúvida minimamente séria, configura opção fundamental a declaração feita em tom grave e solene, como tudo o que se deseja levar a sério, de haver o Brasil se constituído sob a forma de Estado Democrático de Direito.

— A de que o Estado de Direito é expressão designativa sobretudo de Administração submetida às leis e cujos atos são passíveis de controle, *o mais amplo possível*, pelo Poder Judiciário.

— E, assim, a de que, entre duas interpretações possíveis da palavra "cidadão", uma e outra bem sustentadas de argumentos, se deve dar atendimento àquela que, contextualmente, mais se ajusta àquele tipo de Estado.

— E, enfim, a de que a interpretação que mais homenageia o Estado de Direito, aquela que melhormente serve às suas exigências, é a que, reconhecendo que a ambigüidade da expressão "cidadão" resulta do seu uso em contextos muito diferentes entre si, conclui no sentido da ampliação da legitimação ativa para o desfrute da ação popular, sobretudo quando se tem em linha de conta a presunção de visceral incompatibilidade entre a obra legislativa produzida em tempos de autoritarismo, durante os quais o próprio do Estado é não se querer visível e controlado, e a obra arejada por sopros de Democracia, definida por Norberto Bobbio como "governo do público em público". Essa presunção, que caminha no sentido inverso da presunção de constitucionalidade das leis, somente cede mediante prova robusta em contrário, impossível de ser ministrada no caso concreto, ante a evidência de que circunscrever a expressão "cidadão" ao elei-

4. Igual advertência foi feita em "Desapropriação indireta — Inconstitucionalidade", escrita em parceria com Carlos Ayres Britto e publicada na *RDA* 74/242-257.

tor é estreitar ao máximo o número daqueles a quem se reconhece o poder de buscar a decretação de nulidade de atos ilegais e lesivos ao patrimônio público, à moralidade administrativa, ao meio ambiente e ao patrimônio histórico e cultural.

8.2 Isso tudo exposto, concluo:

8.2.1 Já não há espaço de sobrevivência para o § 3º do art. 1º da Lei 4.717/65 no atinente à exigência de que a prova da cidadania seja feita pela exibição do título de eleitor, ou de documento que lhe corresponda.

8.2.2 E não há porque, à vista da Constituição, a ação popular não é direito político, e, pois, não há razão para confinar o seu uso exclusivamente ao eleitor, devendo-se, pois, reconhecer o seu desfrute em proveito de qualquer pessoa, qualquer um, qualquer interessado, obedecidos os requisitos da lei.

CONFERÊNCIAS & DEBATES

PROVIMENTOS JUDICIAIS DE PROTEÇÃO AOS CONTRIBUINTES (O PROCESSO E O DIREITO TRIBUTÁRIO)

MANDADO DE SEGURANÇA - CAUTELARES - EMBARGOS À EXECUÇÃO - LIMINARES - EFEITOS - CONTRA-CAUTELA - DEPÓSITO - CAUÇÃO - SUSPENSÃO*

TEMÁRIO

I) PROTEÇÃO LIMINAR DE DIREITOS (INDIVIDUAIS E COLETIVOS)

II) IGUALDADE PROCESSUAL E IGUALDADE MATERIAL

III) ARTIGO 5º, XXI E LXX DA CONSTITUIÇÃO FEDERAL E SEUS PROBLEMAS (ASSOCIAÇÕES REPRESENTANDO SEUS MEMBROS E MANDADO DE SEGURANÇA COLETIVO)

Foram Expositores: Juíza Anna Maria Pimentel, Prof. Arruda Alvim, Prof. Celso Antônio Bandeira de Mello, Min. Eduardo Ribeiro, Prof. J. Ignácio Botelho Mesquita, Juiza Lúcia Figueiredo e Juiz Sebastião Oliveira Lima

Atuaram como Debatedores: Prof. Aires Barreto, Prof. Alcides Jorge Costa, Juiz Américo Lacombe, Proc. Cleide Previtalli Cais, Juíza Diva Malerbi, Juiz Edgar Silveira Bueno Filho e Prof. Pedro Luciano Marrey Junior.

Coordenadores do Seminário: Juiz Homar Cais, Juíza Anna Maria Pimentel e Prof. Geraldo Ataliba.

Organização Executiva: Rosolea Folgosi e Marcelo Figueiredo.

* Seminário organizado e promovido pelo IDEPE - Instituto Internacional de Direito Público e Empresarial e pelo Tribunal Regional da 3ª Região (São Paulo).

JUIZ HOMAR CAIS - Senhores, declaro aberto este curso promovido pelo Instituto Intenacional de Direito Público e Empresarial - IDEPE e pelo Tribunal Regional Federal da 3ª Região sobre PROVIMENTOS JUDICIAIS DE PROTEÇÃO AOS CONTRIBUINTES. Esse curso encerra uma tradição: aquela de a Justiça Federal e o Tribunal Regional Federal co-patrocinarem estes eventos. Doravante estes cursos serão co-patrocinados pela Escola de Magistrados Federais da 3ª Região.

Passo a palavra ao eminente Prof. Geraldo Ataliba.

PROF. GERALDO ATALIBA - Senhor Presidente Dr. Homar Cais, Sr. Vice-Presidente, Dr. Américo Lacombe, Sra. Procuradora Chefe da República em São Paulo Profa. Cleide Previtalli Cais, Sra. Juíza Anna Maria Pimentel, professora da Universidade de Brasília e Coordenadora deste curso, Sr. Prof. José Manoel Arruda Alvim, Sr. Prof. José Ignácio Botelho Mesquita, Srs. Juízes, Sras. e Srs.. Vamos dar início sem maiores formalidades aos trabalhos deste seminário.

Declarada instalada esta sessão inaugural pelo Presidente Dr. Homar Cais, estamos em condições de dar início aos nossos trabalhos. Passamos imediatamente a ouvir os expositores desta manhã.

Vai fazer a sua exposição sobre o tema IGUALDADE DAS PARTES o ilustre Prof. José Manoel Arruda Alvim Netto, titular de Direito Processual da Universidade Católica de São Paulo, que tem a palavra.

CONFERÊNCIAS & DEBATES

IGUALDADE DAS PARTES

PROF. JOSÉ MANOEL ARRUDA ALVIM NETO

Igualdade das partes e Fazenda como parte

Excelentíssimo Sr. Prof. Dr. Geraldo Ataliba, Dr. Homar Cais, Dra. Anna Maria Pimentel, demais ilustres integrantes desta Mesa. O tema que me passou o Prof. Geraldo Ataliba diz respeito ao princípio da igualdade. Não é, na verdade, um tema fácil. De qualquer maneira eu procurei estruturá-lo à luz da Constituição, tendo em vista o Código de Processo Civil e alguma disciplina especial.

Este tema é extremamente importante. Existe uma obra da filosofia francesa de Paul Moreau que se intitula "A procura do Aristóteles perdido - o diálogo com a Justiça". Nesta obra, este especialista em filosofia perpassa toda a obra de Aristóteles e afirma decisivamente que a primeira percepção, a medula da Justiça, para Aristóteles, era a idéia de igualdade.

A partir da Revolução Francesa, no grande patamar dos valores que se instalaram desde então, eu diria que todos os ordenamentos jurídicos, se fôssemos pretender encontrar o seu aspecto mais importante, encontram no princípio da igualdade o seu verdadeiro centro de gravidade. É talvez o princípio da igualdade o mais importante dos princípios jurídicos que presidem a evolução do direito ocidental nestes dois séculos.

A nossa vigente Constituição no seu art. 5º estabelece que todos são iguais perante a lei, sem distinções de qualquer natureza. Subseqüentemente, o inciso I estabeleceu que homens e mulheres são iguais em direitos e obrigações, nos termos desta Constituição. Este inciso I já sugere uma questão que diz respeito àquilo que alguns designavam como os privilégios da mulher, precedentemente a esta Constituição, ou seja, para nos cifrarmos em dois, os chamados "bens reservados" e, no plano do Direito Processual, o privilégio de fôro para determinadas ações.

Há quem diga que na realidade se se fosse interpretar ortodoxamente, linearmente, literalmente este texto, estes privilégios ou estas diferenciações teriam que necessariamente desaparecer. Outros dizem que, tendo estabelecido o texto constitucional uma equalização entre o homem e a mulher, na realidade teria acabado por prejudicar a mulher, tendo em vista a realidade social com a qual se aresta este texto.

Isonomia

Sem embargo disso, estou inclinado a entender que na verdade estas vantagens que precediam ao texto constitucional hoje deixam de existir em face do mandamento do inciso I do art. 5º da Constituição Federal. Talvez tivesse sido mais prudente o legislador em ter expressamente mantido algumas vantagens da mulher exatamente porque decorre do próprio princípio da igualdade que há de se tratar desigualmente realidades desiguais. Se precedentemente à Constituição havia uma reconhecida desigualdade entre os homens e as mulheres, ainda que se houvesse estabelecido a partir da Constituição, dever-se-ia ao menos terem sido resguardadas estas diferenciações que a meu ver se legitimaram.

O princípio da igualdade tal como se encontra cristalizado em nosso sistema e medularmente neste artigo indica que não é possível se estabelecer diferenças, tendo em vista realidades em si mesmas, no seu aspecto deôntico, intrínseco e inerente — realidades que têm de ser reconhecidas como iguais pelo legislador, exatamente em nome do próprio mandamento e da própria significação do princípio constitucional. Se essas realidades intrinsecamente iguais vierem a ser distinguidas no plano da legislação ordinária, na realidade se terá menos uma distinção, senão uma verdadeira discriminação.

Este problema da igualdade, a meu ver, assume um espectro maior do que a igualdade entre as pessoas. E eu me permitiria asseverar o que me parece exato, o quanto são suscetíveis de serem exatas as datas históricas, que principalmente ao cabo da Segunda Guerra Mundial as sociedades, de homogêneas que eram antes, principalmente no século passado, vieram a se revelar como sociedades crescentemente heterogêneas, tendo em vista as pessoas e tendo em vista os grupos sociais que se diversificam entre si.

Na verdade a igualdade à qual me referi e que se instalou nos sistemas ocidentais, com a Revolução Francesa, foi, ao longo talvez de uns 15O anos, sempre encarada como uma igualdade formal, ou seja, não uma igualdade na plenitude da significação possível albergada pela palavra igualdade. No entanto, quer me parecer que esta ótica parcial já trazia dentro de si latentemente uma tendência a um desdobramento, de tal forma que esta igualdade mera ou estritamente formal viesse a se concretizar nos aspectos os mais multifários das ordens jurídicas, crescentemente como uma igualdade substancial.

Igualdade substancial

Então me parece que o momento histórico em que estamos vivendo desde umas duas ou três décadas a esta parte é um anseio em se lograr obter uma igualdade substancial. A própria Constituição Federal, logo no seu limiar, alude a regiões que demandam uma equalização por obra do Estado.

Penso ser esta uma cláusula do princípio da igualdade dirigida principalmente ao legislador, mas também evidentemente ao aplicador da lei. Penso também que estes aspectos heterogêneos que encontramos na sociedade, profundamente heterogêneos e profundamente diferentes das sociedades do passado, onde os valores eram extremamente mais estáveis e onde as ordens jurídicas eram muito mais acreditadas do que hoje, levou na própria estrutura do Direito a um aspecto curioso e interessante: o século passado foi o século das grandes codificações, que parece que continham nas suas entranhas uma pretensão à própria perenidade. A nossa época diferentemente - e isto já tem sido notado por uma série de autores nos mais variados setores do Direito, e o nosso próprio ordenamento jurídico é disto exemplo - é uma época em que na verdade são necessárias as minicodificações.

Lei das execuções fiscais

Eu lembraria a Lei das Execuções Fiscais, a que nos referiremos de uma maneira mais específica logo a seguir, como uma minicodificação de importância transcendental, que acredito nesta década venha a se concretizar, o Código do Consumidor - isto para não falar em toda uma série de leis.

Ainda sob este ângulo da igualdade que se reflete até na própria estrutura e no próprio conteúdo das legislações, lembraria a necessidade do acesso à Justiça, onde se objetiva e se colima franqueá-la de maneira fácil e aberta a um grande número de pessoas que precedentemente se encontravam marginalizadas dos bens culturais e que com as medidas pré-ordenadas à abertura desse acesso, passarão paulatinamente a ser incorporadas num processo civilizatório, vindo a integrar uma sociedade institucionalizada. Lembraria que este tema do acesso da Justiça foi objeto de pesquisa notável, por mais de 100 especialistas, reduzida hoje a nove volumes no mundo inteiro. Aí se encontra imantada esta idéia de igualdade, no sentido de se abrirem as comportas da Justiça, e se aumentar o espectro da atividade da Justiça.

Lembraria também entre nós e recordaria a ênfase emprestada pelo legislador constitucional ao chamado Juizado das Pequenas Causas. O art. 98 da Constituição enfatiza, impõe a sua criação.

Ainda nesses aspectos que me parecem preambulares e que viabilizam legislações de caráter diferente, lembraria o disposto no art. 24 inciso XI da Constituição Federal, aonde se estabelece a competência concorrente da União e dos Estados. A Constituição no art. 22 inciso I estabelece competência exclusiva da União para legislar sobre matéria de processo, mas neste art. 24 um grande elenco de adjudicação de competências concorrentes à União e aos Estados se estabelece, que, no que diz respeito a normas procedimentais, a competência é concorrente. Portanto, permite a análise deste dispositivo deduzir-se que as chamadas normas gerais de procedimento remanescem na competência da União; portanto, o processo em normas gerais de procedimento; as chamadas "normas particulares", normas locais de procedimento, são da competência dos Estados federados.

Já existe no Estado de Santa Catarina um verdadeiro código de processo civil, vigente já há um ano e meio, que na realidade reduz o grande calhamaço da nossa legislação processual a 3O artigos. Tenho conhecimento de um projeto aqui no Estado de São Paulo, aonde também, colimando exatamente a facilitação do acesso à Justiça, colocará, ao que tudo indica, o grosso das causas enfeixado mais ou menos em 3O artigos. É claro que cada Estado fará uma legislação diferente do outro, tendo em vista exatamente a desigualdade entre os Estados, que procurará afeiçoar essa legislação às peculiaridades locais.

Quais seriam os possíveis indicativos daquilo que deveria remanescer na esfera federal e daquilo que poderá se situar na esfera dos estados federados?

Quer me parecer que o problema relacionado com o direito de ação, capacidade, legitimidade, provas, exatamente pela proximidade do direito material com estas matérias, na verdade a capacidade no plano do processo é uma assunção das regras de direito material. A prova me parece que não poderia ser disciplinada diferentemente, pois que não teria sentido ter-se um direito em São Paulo e não tê-lo em Minas Gerais, e esse *discrimen* estaria exatamente em aqui se permitir uma prova e lá não.

Normas locais

Tendo em vista estes quatro indicativos e invertendo o raciocínio, perguntar-se-á: o que sobrará para estas normas especiais ou normas locais de procedimento? Parece que o procedimento, tendo em vista a sua evolução no tempo, o local dos atos processuais e o próprio evolver do processo.

Estes são os dados que me ocorrem como suscetíveis de fornecer, pelo menos por hora, um norte para se saber que são essas normas procedimentais gerais e que são as normas procedimentais especiais variáveis diante da desigualdade de cada um dos estados. Aliás, a leitura do § 1º ao § 4º do art. 24 deixa claro que a finalidade específica desta dicotomia de competência é exatamente um afeiçoamento da disciplina às peculiaridades locais, isto é, tendo em vista a desigualdade de um Estado federado em relação ao outro e tendo em vista também as peculiaridades próprias do Distrito Federal.

Se nos perguntarmos - agora ingressando no Código de Processo Civil - como esse Código regulou o tema da igualdade, responderia que, na verdade, ele o regulou precipuamente como uma igualdade formal. É a regra que se encontra no art. 125-I do Código de Processo Civil. Parece-me também que na exegese, na aplicação do Código de Processo Civil nós devemos ter presente uma frase já bastante antiga de João Mendes Junior, onde ele dizia que o Código de Processo Civil era o regulamento da Constituição; sem um norte sobranceiro da Constituição Federal não é possível se entender bem o sistema processual civil. Isto, que era verdade há muitas décadas atrás, hoje ganhou foros de uma verdade óbvia. Por isto, então, é que me parece importante rememorar, situar ou lembrar alguns princípios que tangenciam o nosso tema e que se encontram insculpidos na Constituição Federal.

O grande princípio, me parece, é o de que ninguém pode ser condenado ou vir a ter uma perda patrimonial sem ser ouvido. É o chamado princípio do contraditório. Encontramos este princípio, entre outros dispositivos, no inciso XL do art. 5º da Constituição Federal. Aí lemos que aos litigantes de processo judicial ou administrativo e aos acusados em geral são assegurados o contraditório e ampla defesa com os meios e recursos a ela inerentes. E parece que aqui, quando se usa da expressão "a ela inerentes", esta expressão se refere a um significado próprio do texto constitucional, a uma faceta de grandeza própria do texto constitucional, e se refere tanto do lado ativo quanto do lado passivo, ainda que a expressão seja "ampla defesa", o que poderia sugerir a idéia equivocada de que se referiria só ao lado passivo.

Permito-me dar um exemplo aos senhores, de uma interpretação errada do Código de Processo, que se encontra, a meu sentir, num autor de grande prestígio, que comentou o tomo II do volume 8º dos comentários editados pela Editora Forense referentes ao Código de Processo Civil.

Arresto

"O art. 823 do Código de Processo diz que aplica-se ao seqüestro, no que couber, aquilo que o Código estatui atinentemente ao arresto. O arresto na estrutura do Código antecede ao seqüestro. Na disciplina do seqüestro o legislador se reporta ao arresto, no que couber."

Ora, o art. 813 do Código de Processo estabelece a possibilidade para a concessão do arresto, não sendo documental a prova, de uma justificação perante o juíz. Este autor enfaticamente nega a aplicabilidade deste dispositivo 813 no bojo do seqüestro. Portanto, para ele, no caso do seqüestro, não há possibilidade de justificação; ou haveria prova documental, ou o interessado ficaria inabilitado para requerer o seqüestro. Ora, me parece que uma manifesta erronia. Esta interpretação, quando mais não fosse, é até mesmo inconstitucional, pois que na realidade a variação entre o seqüestro e arresto é mínima, independe do tipo de pretensão. Com o arresto se deseja, através de bens, garantir uma dívida líquida e certa, e no seqüestro é um outro tipo de pretensão: desejo de se garantir de uma maneira geral a entrega da coisa certa. Conseqüentemente, se eu tiver esta pretensão de precipitar no tempo, através de um seqüestro, a garantia futura da entrega de coisa certa, eu teria amputado neste particular, enquanto requerente do seqüestro, o meu acesso à Justiça, pois, por essa interpretação, estaria negada a mim a possibilidade de produzir uma prova oral.

Aqui me parece, entre outros muitos, um exemplo consistente em que há de se ver, sempre que possível - e obviamente neste caso é possível - uma amplitude que é exatamente garantida pelo texto constitucional.

Um outro aspecto, ainda, que diz respeito à gravidade do princípio do contraditório, pois que se alguém acode a juízo é evidente que aquele contra quem ele acode tem direito de ser ouvido, se coloca nuclearmente no tema citação. O nosso código estabelece no art. 214 que, para a validade do processo, é indispensável a citação do réu. Já o problema da defesa, isto é, da conveniência do litigante passivo em se defender, pode-se dizer que basicamente reside na sua conveniência pessoal.

É tão grave a ausência de citação, com lastro inclusive em três acórdãos recentes do Supremo Tribunal Federal (o que aí se firmou é que a ausência de citação leva à inexistência do processo em relação ao réu). Conseqüentemente, não seria apta sequer a ação rescisória, e na verdade cabimento teria uma ação declaratória de inexistência do processo.

Há três acórdãos do Supremo Tribunal Federal - não se trata sequer de rescisória, porque em relação àquele réu o processo sequer existe.

O legislador toma uma série de cautelas, mesmo no que diz respeito à defesa, se se ostentar uma desigualdade entre os litigantes. Poderemos referir como exemplo o art. 9º inciso II, aonde o réu preso, seja revel ou não, deverá ter um curador especial, exatamente porque ele se encontra apequenado, inferiorizado em relação ao outro litigante.

Execução

Um outro aspecto que também me parece importante de se observar é transpor isto para o plano da execução e perguntar se alguém, sendo citado nestas condições, em que teria um curador especial, no plano do processo de conhecimento, se deve ter este curador especial agora no plano do processo de execução. A minha convicção, desde a edição do código, é de que ele deve ter. Na verdade, os argumentos que têm sido, até com alguma freqüência, repetidos, são no sentido de que o curador é alguém que subsidia a defesa. Os embargos do devedor, na realidade se constituem numa ação desconstitutiva, uma ação aonde se objetiva destruir o título e não comportaria, exatamente por isto, este tipo de subsídio, que só teria sentido pelo sistema do Código no seu processo de conhecimento, tendo em vista o lado passivo. Se assim é, no processo de conhecimento, não se poderia transpor esse texto para o processo de execução.

A meu ver este entendimento é errado, pois se realmente os embargos do devedor são uma ação e sobre o seu objeto pesa inclusive coisa julgada, há que se lembrar um outro aspecto: que se é uma ação, toda a matéria que é deduzida nos embargos do devedor é matéria normalmente de defesa; mas acima disso, na verdade o problema é constitucional, no meu entender: há um desequilíbrio e, em realidade, citar alguém através de uma citação fictaa e não lhe dar o subsídio que outrem no processo de conhecimento tem, significa tratar desigualmente quem está no processo de execução em relação a quem está no processo de conhecimento.

Um outro aspecto é o problema atinente à iniciativa da prova. Todos sabemos que o processo se forma tendo em vista as informações aportadas pelo autor e tendo em vista ainda a vontade por ele manifestada no sentido de colimar esta ou aquela conseqüência jurídica. Por outras palavras, o autor é livre - exatamente daí o nome "princípio dispositivo e dispor dos seus interesses" - ele pode fazer uma triagem dos fatos para aportá-los a juízo, como também poderá pedir esta ou aquela conseqüência jurídica, desde que seja normalmente possível alternar esta ou aquela conseqüência jurídica. E no tema da prova aquele que alega deve provar, é a regra cardeal encartada no art. 333 do Código.

Portanto, quem alega e não prova, quem alega e não diligencia na sua prova, deve perder a demanda; isto evidentemente numa ortodoxia individualista do sistema do Código de Processo Civil.

Eu diria que há uma tendência difusa de parte da magistratura no sentido de se reconhecerem ao juíz poderes de subsidiar até mesmo o litigante relapso. É claro que não concordo com isto porque, na verdade, isto desequilibra a igualdade das partes do ponto de vista formal. Não há aqui uma crítica aos juízes, mas me parece uma conduta inadequada em face do direito vigente; mas talvez louvável em face de um sentimento mais forte de justiça. Muitas vezes, vendo um litigante mal assessorado e procurando fazer com que este revele o direito que tem - já que aquele que o subsidia do ponto de vista da capacidade postulacional, o seu advogado, foi incapaz de fazê-lo.

Mas a meu ver ainda não faltará ao juíz a sua imparcialidade em duas hipóteses: se houver dúvidas, isto é, apesar da prova de lado a lado produzida, o juíz não tem condições de pender para um lado ou para o outro. Aí sim o juíz deve usar dos poderes que lhe defere o art. 13O. Por outras palavras, a meu ver, o art. 13O que defere esses poderes ao juíz deve ser lido em função do 333.

Equilíbrio das partes

Parece também que não há desequilíbrio na atividade de juíz, tendo em vista desequilibrar um litigante em relação ao outro, se um deles faltar à verdade. O nosso código estabelece no art. 14, onde trata da lealdade processual, precisamente no inciso I, o dever de expor os fatos em juízo, conforme a verdade. Isso na realidade se trata da verdade subjetiva. Se o litigante deliberadamente faltar à verdade - e pode faltar por várias maneiras, inclusive até mesmo fazendo uma triagem enganosa, tendo em vista fatos verdadeiros, mas suprimindo fatos relevantes - penso que neste caso o juíz, como é precipuamente também destinatário da verdade, deverá tomar providências, inclusive interrogatório da parte, nos termos do art. 342, para estabelecer ou tentar estabelecer a verdade do processo.

Como lhes disse há pouco, estamos convivendo num sistema geral que vai sendo amputado na sua área de incidência por minicodificações. Neste tema, o Código do Consumidor, que pega uma fatia imensa da economia, já agora claramente em lei, regula a matéria diferentemente. No art. 6º do Código do Consumidor há todo um elenco dos direitos do consumidor.

Direitos do consumidor

Pelo art. 6º-VIII, o juíz tem o dever de estabelecer a facilitação da defesa dos direitos do consumidor, inclusive com inversão do ônus da prova a seu favor - do consumidor - no processo civil, quando, a critério do juíz, for verossímel a alegação ou quando for ele hipossuficiente, segundo as regras ordinárias.

Portanto, pautado em dois conceitos vagos, a *verossimilhança e*, de outra parte, a *hipossuficiência*, aqui comparece clara a temática da igualdade: quando o consumidor for particularmente hipossuficiente, porque o consumidor, como regra geral já o é, o juíz deve deferir esse favor leve, significando com isso que ele deve liberar do consumidor o ônus da prova. E mais ainda, há de se observar que nesta época de mudanças, é grande o uso por parte do legislador dos chamados conceitos vagos. Não vou aqui evidentemente me estender sobre isto, mas apenas lembraria: nesta época de uma sociedade de pessoas e grupos sociais heterogêneos, há que se investir a autoridade de maior poder, e a técnica conhecida pelo direito de investimento de maior poder é exatamente a utilização de conceitos vagos, ou seja, confere-se à autoridade um indicativo e a autoridade completará este indicativo de poucos elementos contidos no mandamento, à luz do caso concreto.

Por outro lado, esse mesmo Código do Consumidor neste tema muitas vezes *ex lege* estabelece de quem é o ônus da prova, contrariamente às coordenadas do Código do Processo Civil.

O art. 38 estabelece: "O ônus da prova da veracidade e correção da informação e comunicação publicitária cabe a quem as patrocina." Ora, se alego uma inveracidade ou uma incorreção, enquanto consumidor, se estivesse submisso à disciplina do CPC, teria que provar; pelo art. 38 do Código do Consumidor, o ônus é daquele contra quem eu alego; ele é que terá de provar a verdade e a correção da informação, sob pena de, não logrando fazer, ao que tudo indica, vir a prevalecer a alegação do consumidor, nua de provas, exatamente por causa desta fraqueza do consumidor.

Se passarmos para o campo da execução, eu diria que, no plano do processo executivo, há realmente uma eminência do credor. Esta eminência em relação ao devedor se justifica, pois que - como já se disse - há de se tratar desigualmente aqueles que são desiguais. Justifica-se porque o credor tem uma situação material, ao que tudo indica assegurada, e o devedor não a tem. Mais ainda, o credor tem uma situação material assegurada contra aquele que é o seu devedor, que é o seu executado no processo, é o legitimado passivo. Portanto, no plano da executividade, ele tem esta posição de eminência, porque deve ser tratado privilegiadamente. Isto não quer dizer que o tratamento privilegiado do credor signifique prejuízo. Na verdade o art. 62O do Código estabelece que, quando por mais de uma forma se puder realizar a execução, ela deverá ser feita pela forma menos gravosa para o devedor.

Se esta eminência do credor existe no plano material da execução - penhora, avaliação etc. - ela inexiste em grande escala no plano do processo de conhecimento que incidentalmente pode se inserir na execução. São os embargos do devedor. No plano dos embargos do devedor há de se observar o princípio da igualdade formal, ainda, entre um embargante e um embargado. Não há aqui privilégio, mesmo porque os embargos do devedor suspendem o fluxo do processo executivo ou executório propriamente dito.

Esta igualdade entre embargante e embargado sofre apenas uma exceção: depois de rejeitados os embargos pela improcedência, uma vez que estabelece o art. 52O inciso V que o recurso será apenas recebido no efeito devolutivo; quer dizer que a execução pode prosseguir, enquanto execução provisória, ainda que confinada aos limites intransponíveis do art. 588.

No plano ainda da execução parece merecer realce aquilo que eu pessoalmente designei como preferência processual da penhora. O nosso legislador, no art. 612, retomando uma tradição de fins do século XVIII e pautado no art. 8O4 do Código de Processo Civil Alemão, estabeleceu que aquele que penhorar em primeiro lugar deve receber em primeiro lugar. É a velha regra do *prior in tempore* ..., ou seja, aquele que age antes recebe antes. O que cabe exatamente, no tema da igualdade, é estabelecer precisamente os limites desta regra.

O número 22 da Exposição de Motivos do Código comete um grave erro, infeliz, porque no Direito alemão é assim: que esta regra estabeleceu um direito real, coisa que absolutamente não se passa no Direito brasileiro. O que reza o art. 612 é o seguinte: "ressalvado o caso de insolvência do devedor em que tem lugar o concurso, opera-se essa preferência." Ora, o que significa este texto do 612 que excepciona a sua aplicabilidade exatamente no caso de concurso de credores? Este texto compatibiliza, faz viver o princípio *prior in tempo-*

re possior in iuri dentro do princípio maior, sem afrontá-lo, da *par conditio creditorum*. Isso significa que, se houver um concurso universal, prevalece íntegro o princípio da *par conditio creditorum*, ou seja, a condição igualitária dos credores. É claro que diante de uma insolvência há uma insuficiência patrimonial e se se fosse aplicar o art. 612, como alguns pretenderam - pelo menos há uns 2O anos atrás, quando foi editado o Código - é claro que não haveria possibilidade de compatibilização e de submissão do primeiro princípio ao segundo, pois que quem houvesse penhorado em primeiro receberia praticamente tudo, ao passo que os subseqüentes não receberiam nada.

De tal maneira que me parece esta preferência processual existe em relação a créditos da mesma grandeza, digamos créditos quirografários e, na realidade, no caso de insolvência, ela desaparece, pois que se não desaparecesse, provocaria evidentemente um desrespeito frontal e absoluto à condição igualitária dos credores, no concurso universal, ressalvados evidentemente os privilégios legais.

Prazos e custas

Lembraria ainda, em seqüencia, que o nosso Direito convive com toda uma série de aparentes privilégios: prazos maiores para o poder público contestar, reconvir, deduzir a sua declaratória incidental; prazos maiores para recorrer. Ainda dar-se-á o duplo grau de jurisdição obrigatória nos casos do 475 incisos II e III. Perguntar-se-á: isto é compatível com o princípio da igualdade? A meu ver é, pela razão central de que parece plausível, razoável que o poder público representando em *ultima ratio* a *res publica* deve ter estes privilégios, na medida em que se pretende que esses aparentes privilégios se colocam como *conditio sine qua non* da própria existência da defesa do poder público.

Um ponto, todavia, não me parece correto: se de um lado, por exemplo, o poder público está dispensado de adiantar despesas porque ele é por definição solvente (é a regra do art. 27 do Código de Processo) e no plano prático provoca problemas gravíssimos, entravamento das próprias pretensões do poder público há toda uma série de jurisprudência aqui, do Superior Tribunal de Justiça, pela 3ª turma, que entendeu que nos atos de ofício ordenados pelo juíz, o poder público é obrigado a adiantar, o que, a meu ver, discrepa da letra do art. 27). Mas eu dizia: se o poder público é solvente, e exatamente por isso é que ele não precisaria adiantar, o problema evidentemente é com o avaliador ou o oficial de justiça; apesar da solvência do poder público, daqui a dez anos, ele precisa comer na semana que vem. Este realmente é um problema muito grave. Fui magistrado e me defrontei com ele.

O Tribunal Federal de Recursos, pela sua Súmula 168, estabeleceu que o encargo de 2O% do Decreto 1O25 é sempre devido nas execuções fiscais.

Parece que há uma disparidade de tratamento que não se justifica sob ângulo nenhum.

Outro aspecto também que me parece importante observar no plano da execução fiscal é ter-se presente que o princípio de que a ação mais forte inibe a ação mais fraca, desde que subjacentemente a uma e outra se encontrem as mesmas alegações, a mesma lide, o mesmo objeto litigioso, ou se quiser o mesmo pedido mediato, lastreado na mesma causa de pedir.

Litisconsórcio

Conseqüentemente, no plano do próprio processo de conhecimentos, se tenho uma ação condenatória contra alguém e se esse alguém pretende promover contra mim, depois, uma ação declaratória dizendo que não deve aquela dívida e com base naquela causa de pedido, penso eu que se verifica *litispendencia*. Ele pode deduzir utilmente tudo, na sua defesa.

Se sairmos do patamar do processo de conhecimento e nos transportarmos para o de execução, é evidente que, com mais razão, a ação de execução não pode ser inibida por outra modalidade de ação.

É, de resto, a regra que encontramos no art. 38 da lei 683O. Ali se estabelece que a discussão que se haja de ferir, entre o particular e o poder público, tendo em vista o âmbito da lei da execução fiscal, se circunscreve a ela, compreendendo-se o mandado de segurança também. E estabeleceu, na segunda frase do art. 38, através de uma redação infeliz, se sugere pelo menos a necessidade de um depósito anexo a uma ação anulatória. Desde logo, a partir da vigência desta lei, se entendeu esta exigência manifestamente inconstitucional. A ação anulatória cabe, independentemente de depósito. Somente que - se não for feito o depósito integral daquilo que o fisco entenda como devido - esta ação não tem a virtude de inibir a execução fiscal.

Diz o art. 38: "A discussão judicial da dívida ativa da Fazenda ... só será admissível na forma desta lei", salvo as hipóteses de mandado de segurança, repetição de indébito do Código Tributário Nacional, ação anulatória do ato declarativo da dívida, esta precedida do depósito que já referi.

Não me parece que esta orientação tenha sido inteiramente seguida, tanto que encontramos nas Súmulas 1 e 2 do Tribunal Regional da 3ª Região, aonde há referência à medida cautelar.

Cautelar fiscal

Recentemente, foi editada a lei de nº 8397. O seu projeto estabelecia de uma parte o que se denominou no texto de uma cautelar em favor do Governo. E de outra parte estabelece o projeto também medidas cautelares do contribuinte em relação ao fisco.

Procurei analisar esta lei que parece ser uma medida cautelar inominada e o símile conhecido que mais guarda parecença com o que se pretende aqui é o arresto. Como sabemos, o arresto destina-se à garantia de um crédito, mas incide no patrimônio do devedor, individualizando, isolando no patrimônio do devedor os bens necessários à garantia de um determinado crédito, à luz dos elementos do art. 213 do Código de Processo Civil. Esta lei é inteiramente calcada no sistema do Código.

Para dizer com franqueza, parece uma lei mais do que inconstitucional. É uma lei quase sem sentido e profundamente infeliz, pois que os pressupostos possíveis de sua aplicação são, segundo o art. 4º: "a decretação da medida cautelar fiscal produzirá de imediato a indisponibilidade dos bens do referido, isto é, de todos os bens." Ou seja, pela mera circunstância de alguém ser um devedor do fisco, ele terá os seus bens indisponíveis. É verdade que a parte final do texto diz: "até o limite da satisfação da obrigação".

Não me parece que se justifique, sob o ângulo de ser uma medida cautelar, este tipo de indisponibilidade, tal como consta desta lei. Sem embargo, inclusive, a lei nos seus parágrafos estende agora, de certa maneira, quase que assumindo uma espécie de desconsideração da pessoa jurídica: "na hipótese de pessoa jurídica a indisponibilidade recairá somente nos bens do ativo permanente, mas poderá ainda ser estendida aos bens do acionista controlador e aos do que, em razão do contrato social ou do estatuto têm poderes para fazer a empresa cumprir suas obrigações fiscais."

Parece-me que não se justifica, em realidade, este grau total de indisponibilidade, tendo em vista o contribuinte e todos aqueles que com ele tiveram qualquer tipo de relação, na gestão de uma determinada pessoa jurídica.

Com isto, meus senhores, agradeço a todos a atenção que me dispensaram e ainda uma vez reitero os meus agradecimentos à direção deste conclave. Muito obrigado (PALMAS)

PROF. GERALDO ATALIBA - Muito obrigado ao Prof. José Manoel de Arruda Alvim, pela belíssima aula que nos deu.

Temos como debatedores o ilustre Prof. Américo Lacombe, o Prof. Aires Barreto, o Prof. Alcides Jorge Costa, a Profa. Cleide Previtalli Cais, a Profa. Diva Malerbi, o Juiz Edgar Silveira Bueno Filho e o Prof. Pedro Luciano Marrey Junior.

LIMINARES: LIMITES CONSTITUCIONAIS À DISCRICIONARIEDADE JUDICIAL

JOSÉ IGNÁCIO BOTELHO DE MESQUITA

PROF. GERALDO ATALIBA: Vamos ouvir o Prof. José Ignácio Botelho de Mesquita, titular de Direito Processual desta Faculdade, que vai falar sobre "Liminares: limites constitucionais à discricionariedade judicial".

Tem a palavra o ilustre professor.

PROF. JOSÉ IGNACIO BOTELHO MESQUITA - Senhor Presidente Homar Cais, Prof. Geraldo Ataliba, Sra. Juíza Anna Maria Pimentel, meu caro amigo Prof. Alvim, meus senhores e minhas senhoras. Dentro do tema que me foi atribuído eu selecionei algumas questões que me pareceram de maior interesse prático, naturalmente questões práticas que se resolvem à luz de conceitos teóricos.

Limites à discricionariedade judicial

O primeiro desses temas diz respeito ao *depósito cautelar preparatório de ação declaratória negativa* para o fim de suspender a exigibilidade do crédito tributário.

A questão prática que se coloca é saber o que acontece com esse depósito uma vez julgada improcedente a ação declaratória negativa. Deverá esse depósito ser convertido automaticamente em renda? Conforme os senhores terão oportunidade de verificar, a solução deste problema depende da construção teórica desse depósito cautelar.

É um tema bastante atual, sabendo eu que existe já decisão do Tribunal Federal Regional da 3ª Região pelo voto da Profa. Anna Maria Pimentel, sufragando o entendimento de que esse depósito não pode se converter em renda. Neste sentido, contrariando orientação, por exemplo, do Superior Tribunal de Justiça - entre outros casos, este é um deles que tenho aqui em mãos - onde se fixou a tese de que prestando fiança, caução ou fazendo depósito do tributo reclamado, nenhum prejuízo irreparável sofrerá a impetrante, já que em caso de concessão de segurança pode ser levantada a fiança ou importância depositada devidamente corrigida. A concessão ou não de liminar é ato do juíz ... e não do Tribunal de Recursos, tendo sido então provido o recurso interposto a um recurso especial julgado pelo Superior Tribunal de Justiça, na 1ª Turma. Mas existem outras decisões no mesmo sentido.

Então em torno dessa questão prática — se esse depósito pode ou não ser convertido em renda é que vou iniciar as minhas considerações a respeito do tema.

Evolução legislativa

Parece-me que tudo se resolve conforme o modo como se construa o direito a esse depósito. Eu poderia dizer que neste particular a nossa legislação passou por alguns estágios diferentes. De início nós tínhamos uma regra no Código de Processo Civil dizendo no § 1º do art. 585 que a propositura de ação anulatória de débito fiscal não inibe a Fazenda de promover-lhe a cobrança. Dessa regra desse estágio inicial, que convivia com o Código Tributário Nacional, nós passamos para outro sistema, o sistema vigente em Lei das Execuções Fiscais, a lei 683O, que em seu art. 38 - ainda há pouco lembrado pelo Prof. Alvim - dispunha que a discussão judicial da dívida ativa da fazenda pública só é admissível em execução, na forma dessa lei, salvo as hipóteses de mandado de segurança, ação de repetição de indébito ou ação anulatória do ato declarativo da dívida, esta precedida de depósito preparatório do valor do débito monetariamente corrigido e acrescido de juros, de multa de mora e demais encargos.

Essa norma, por sua vez, estava relacionada com o art.151-II do Código Tributário Nacional, que dispõe: "Suspende a exigibilidade do crédito tributário: II- o depósito do seu montante integral."

Passamos de um momento em que o Código de Processo Civil não admitia a suspensão da exigibilidade do crédito, por força da propositura de ação anulatória do ato declaratório da dívida, para um outro sistema que passou a admitir a ação de anulação da inscrição da dívida, precedida do depósito chamado preparatório. E feito esse depósito naturalmente incidiria a regra do art. 151-II do Código Tributário Nacional e suspender-se-ia então a execução.

Dentro desse sistema, gostaria de ponderar o seguinte: parece-me inquestionável que o depósito, uma vez julgada improcedente a ação de anulação da inscrição da dívida, se converte em renda.

Suspensão da exigibilidade

Penso assim em primeiro lugar pela simetria que existe entre o art. 151-II do Código Tributário Nacional e o art. 156-VI do mesmo Código. O art. 151 trata da suspensão da exigibilidade do crédito tributado e o art. 153 trata das modalidades de extinção do crédito tributário. Em seu nº VI esse artigo diz que extingue o crédito tributário a conversão do depósito em renda.

Então parece-me que as duas disposições são simétricas e portanto o depósito que é feito para suspender a execução é exatamente o depósito que será convertido em renda no caso de improcedência da ação anulatória.

A Lei da Execução Fiscal de nº 683O vamos dizer que corrobora esse entendimento, porquanto a propósito deste depósito preliminar ela determina que ele se faça em conformidade com o que dispõe o Decreto-lei 1737 de 1979. Esse decreto-lei dispõe sobre os depósitos a serem efetuados na Caixa Econômica e determina no seu art. 7º-I que esse depósito findo o processo será levantado pelo depositante - se for vencedor na causa, evidentemente - ou então será levantado pela Fazenda.

De modo que dentro desse sistema parece-me inquestionável que o depósito se converte em renda se julgada improcedente a ação, e assim ocorre em virtude exatamente de normas expressas de lei.

A hipótese que queremos examinar, no entanto, não é exatamente essa, mas a de um segundo momento de criação jurisprudencial em cima desta norma, construção jurisprudencial essa da qual se originou a admissibilidade da ação declaratória de inexistência da obrigação e também a admissibilidade de uma medida cautelar de depósito para o efeito de suspender a execução.

Digo que existe aí uma construção jurisprudencial em vários aspectos.

Declaratória negativa

Em primeiro lugar, quanto a admissibilidade da *ação declaratória negativa da relação jurídica tributária,* porquanto a Lei das execuções fiscais excluiu praticamente- do seu texto, pelo menos - esta possibilidade. Há uma diferença muito grande entre a ação declaratória negativa do crédito tributário e a ação de anulação da inscrição da dívida. A ação de anulação da inscrição da dívida ou de declaração da nulidade da inscrição da dívida, o que seria para os nossos casos a mesma coisa, pressupõe a dívida já inscrita, enquanto que a ação declaratória da inexistência do crédito tributário pode ser proposta evidentemente muito antes de que a dívida ativa surja, de que a dívida seja inscrita.

Então, tem-se presente a diferença fundamental que existe entre ambas as ações e o teor do *art. 38 que exclui esta ação declaratória* do âmbito das ações em que poderia ser discutido o crédito tributário. Nós podemos perceber claramente que a admissibilidade desta ação já é uma construção de uso potencial. Considerou-se evidentemente *inconstitucional* a norma que restringia de tal modo a possibilidade de defesa dos direitos do contribuinte, impedindo a propositura da ação declaratória.

Mas a jurisprudência foi mais adiante a respeito desse tema, porquanto enquanto o art. 38 da lei impunha coercitivamente o *depósito prévio* do valor da obrigação para o fim de poder ser proposta a ação de anulação da inscrição da dívida ou do ato declaratório da dívida, logo a jurisprudência veio a considerar esta perspectiva da lei como inconstitucional, tendo em vista que impedia o contribuinte de anular a inscrição da dívida se não dispusesse, por exemplo, de recursos com que satisfazer esse depósito inicial.

Exatamente por isso passou a jurisprudência a entender que esse *depósito* não era um dever para o contribuinte que fosse propor a ação, mas era sim um *direito* seu. Ele poderia fazer isto e se fizesse teria a seu favor a *suspensão da exigibilidade* do crédito tributário, mas se não o fizesse isso *não impediria a propositura da ação.*

Notem os senhores que esta perspectiva em relação ao depósito é muito importante. Analisada do ponto de vista processual, é muito diferente daquilo que consta da lei. A exigência do *depósito para a ação de anulação* da inscrição da dívida, a exigência desta prestação de caução figurava na lei - pelo menos tal como estava escrito - como um *pressuposto processual,* semelhante a caução às custas, por exemplo, que deve ser prestada em determinados casos segundo as normas do Código de Processo Civil. Um pressuposto processual para a constituição válida da relação jurídica processual na ação de anulação de débito. Aí esse depósito não assumia nenhuma feição cautelar; simplesmente era uma *garantia* para que se suspendesse a execução fiscal. Vale dizer, esse depósito era ofertado por ato do próprio contribuinte, para propor a ação, não como direito seu mas como pressuposto processual, e fosse ele vencido na ação, o depósito se converteria em renda. É esse o sistema.

Depósito: direito do contribuinte

No momento em que se nega que possa prevalecer esse entendimento, isto foi negado corretamente e se entende que o depósito é um direito do contribuinte, o que ocorre? Ele passa a ser um *direito material e não um direito a uma medida cautelar de suspensão da exigibilidade do crédito* tributário. Seria um direito que teria por objeto precipuamente a suspensão da execução. Este direito seria acompanhado do depósito, mas seria um direito à suspensão da execução propriamente dita; não seria, a meu ver, um direito puramente cautelar, inclusive porque o máximo que se poderia admitir é que seria uma *contra-cautela* representada pelo depósito. A cautelar para a anulação não poderia ser o depósito.

A partir dessas perspectivas chegou-se a admitir a *ação declaratória negativa da obrigação tributária,* ação esta à qual foi acoplada uma *cautelar de suspensão do crédito* tributário. Aí então realmente pensamos numa medida cautelar: a suspensão da exigibilidade do crédito tributário é sustentada em diversos acórdãos como necessária à utilidade prática da ação declaratória negativa da existência da relação jurídica de Direito Tributário. Então o que é *cautelar não é propriamente o depósito*. O que é cautelar é na realidade *a suspensão da exigibilidade* da dívida. O Poder Judiciário passa a poder exigir, neste caso, como *contra-cautela,* fundado no art. 8O4 do Código de Processo Civil, que seja feito o depósito.

Mas notem os senhores que aqui saímos de um sistema que é o do Código Tributário, da Lei das Execuções Fiscais, e passamos para outro sistema completamente diferente. Passamos para o sistema de normas disciplinadas pelo Código de Processo Civil, criadas pelo Código de Processo Civil, reunidas no Código de Processo Civil. Neste caso reconhece-se a necessidade da medida cautelar de suspensão da exigibilidade do crédito tributário, e como *contra-cautela* fundada no art. 8O4 o juiz pode exigir da parte (até a parte pode oferecer, mas o juiz poderia exigir), para concessão de *liminar* desta suspensão de exigibilidade do crédito tributário, o depósito.

Construído assim esse depósito, voltamos à pergunta inicial: vencido o autor, julgada improcedente esta ação declaratória, o que vai acontecer com esse *depósito*? Converter-se-ia em renda? Não. De modo algum.

Contra-cautela

Vejam os senhores o seguinte: sempre que se exija a prestação de uma contra-cautela no processo tem esta contra-cautela um destino específico que é o de *garantir* o requerido no processo cautelar contra os *danos* que possam ser causados pela *execução* da medida cautelar.

Diz o Código de Processo Civil expressamente que esta indenização dos danos será liquidada nos autos do próprio processo cautelar e valerá naturalmente aí a sentença de liquidação - segundo muitos autores, inclusive Galeno de Lacerda - como um título executivo judicial para a execução da obrigação de indenizar as perdas e danos causadas pela execução da medida cautelar.

Dentro desta perspectiva o depósito não se converte em renda. Quando muito poderá ficar sujeito a uma liquidação e conseqüente execução por perdas e danos causados pela execução da medida cautelar.

Naturalmente essa perspectiva é vantajosa para o contribuinte, porque ele *não* corre o risco de ver aquele depósito feito inicialmente ser *convertido em renda* automaticamente, ao término do processo principal desfavorável a ele. Mas coloca um outro problema, este então já mais próximo do tema da palestra, que é o seguinte: se entendemos que aqui se trata simplesmente de um processo cautelar, não passaria o contribuinte a ficar sujeito ao prudente arbítrio do juiz quanto a conveniência e a oportunidade da concessão dessa medida cautelar? Não estaria aqui o contribuinte perdendo alguma coisa no momento em que se diz "bom, não se trata de um direito dele, um direito material, a suspensão da execução mediante o depósito? Trata-se apenas e simplesmente de um direito a uma medida cautelar como quaisquer outras, sujeita portanto à discricionariedade judicial?"

O tema dos limites constitucionais ao poder do juiz para conceder cautelares antecipatórias, há muito tempo vem me preocupando agudamente. E me preocupa demais sob dois aspectos: tanto do ponto de vista da concessão abusiva de medidas cautelares antecipatórias como, ao contrário, da recusa abusiva de cautelares antecipatórias.

Medidas cautelares

Em qualquer reflexão sobre o Direito sempre tenho presente que não há, em Direito, poderes absolutos, não há em Direito poderes ilimitados. Se estamos tratando de direitos, estamos tratando de limites e esses limites têm que ser encontrados. Nunca me senti cômodo com a afirmação de uma ampla liberdade judicial para conceder ou negar medidas cautelares, inclusive porque tive na prática algumas experiências difíceis, experiências de cautelares que põem a parte contrária de joelhos, embora o requerente da medida cautelar não tenha direito algum. Como experiências contrárias, medidas cautelares absolutamente imprescindíveis à garantia do resultado do processo, que os juízes entenderam que não era o caso, que não havia perigo, ou que não havia etc. e recusavam a concessão de uma medida, sem a qual de nada adiantaria o resultado a ser obtido no processo principal.

Pensando no tema, achei que esses limites ao poder cautelar do juiz só poderiam ser encontrados na Constituição, e verifiquei que na Constituição há dois princípios fundamentais: o *princípio* da *efetividade do processo* que decorre dos próprios preceitos da Constituição e também a garantia do *devido processo legal* em favor do réu. Esses dois princípios têm que ser harmonizados, ou seja, a inviolabilidade dos direitos é garantida pela Constituição mediante a proibição da defesa privada; ela obriga quem queira fazer valer os seus direitos a ir ao Poder Judiciário, coloca em defesa do réu todo o devido processo legal, mas de outro lado se obriga a dar efetivamente a quem tem razão tudo o que deve receber. E há casos em que nós podemos notar que esses dois princípios - o da efetividade do processo e o do direito de defesa - não se harmonizam, colidem entre si: ou nós atendemos a um ou atendemos a outro.

Nesse momento de colisão é que entram então as medidas cautelares de natureza antecipatória. É uma forma pela qual invertemos a equação de tempo e passamos a admitir provisoriamente não mais a manutenção daquilo que é desejado pelo réu, mas a outorga daquilo que é desejado pelo autor. Então substituímos essa situação de insatisfação provisória por uma situação de satisfação provisória a favor de um autor requerente da medida cautelar, mas sempre numa coordenação desses dois princípios, de tal forma que *o juiz será obrigado a dar medida cautelar* todas as vezes, a meu ver, em que, atendendo inteiramente ao direito de defesa do réu, não se possa realizar nunca o efeito pretendido pelo autor.

Naturalmente tenho trabalho sobre isso com discriminações mais variadas que não vêm ao caso aqui, mas posso dizer que devemos considerar que prevalecerá a efetividade do processo em favor da obrigatória concessão de uma medida cautelar antecipatória, toda a vez que o direito não possa ser realizado pela via processual, sem essa medida cautelar antecipatória.

Ação fiscal

No caso, *o que pretende o contribuinte é não ser alvo da execução fiscal*. A ação declaratória visa a este resultado prático. O interesse na declaração se explica exatamente nisto, de ele não ser alvo, de não vir a ser sujeito a execução fiscal. Se é este o efeito prático a que se destina a ação declaratória negativa, se é esta a razão prática que consubstancia o interesse na declaração, é evidente que essa razão prática jamais alcançaria a realização se na pendência da ação declaratória negativa pudesse a Fazenda, não obstante, propor a execução fiscal.

Parece-me, por isto, tratar-se de hipótese em que a *discricionariedade do juiz é reduzida a zero*; o máximo que ele pode fazer é exigir a *contra-cautela* para garantir à Fazenda a indenização na hipótese de vir a sofrer danos em razão da execução da medida cautelar. É só isto.

Não me parece que a configuração puramente cautelar desse depósito venha em desfavor do contribuinte e do ponto de vista da ampliação da discricionariedade do juiz, porque me parece que neste caso a *discricionariedade do juiz* está realmente limitada.

Natureza da liminar

Um tema ainda correlato a este diz respeito ao caso do *mandado de segurança* impetrado *para a se obter a liminar* de suspensão da exigibilidade do crédito tributário. Pergunto: nesses casos, será exigível o depósito do valor do débito para a concessão de liminar dessa segurança?

Também aqui estamos em face de um caso que se resolve, a meu ver, em função da perspectiva que se tenha sobre a *natureza jurídica da liminar* no mandado de segurança e do próprio mandado de segurança. Se entendermos o mandado de segurança neste caso como uma ação condenatória, em que se pretende a ordem para que a autoridade coatora se abstenha de praticar um ato que é a propositura da ação de execução fiscal, ou talvez mesmo apenas a instauração do processo administrativo que tenderá à constituição da dívida ativa, se entendermos o mandado de segurança como uma simples *ação condenatória,* à qual se acoplaria uma medida cautelar antecipatória do resultado desta ação condenatória, nós nos veríamos exatamente na situação de entender que o juiz poderia exigir para a concessão da medida liminar deste mandado de segurança uma contra-cautela, representada pelo valor do débito. Mas, como já salientei anteriormente, contra-cautela esta submetida expressamente aos termos do Código do Processo Civil.

No entanto, não considero o mandado de segurança como uma ação qualquer; não considero o mandado de segurança como uma ação condenatória e também *não* considero a *liminar* dada no mandado de segurança como *medida cautelar*.

Começando pelo exame da natureza da medida liminar, os termos em que a lei do mandado de segurança coloca a medida liminar dão toda a sensação, para quem lê, de que se trata efetivamente de uma medida puramente cautelar, de vez que é condição estabelecida para a concessão da liminar do mandado de segurança o *perigo de tornar-se ineficaz a ordem* se por acaso ela não for liminarmente concedida. Então entra como um dos elementos da concessão liminar do mandado de segurança exatamente o chamado *periculum in mora*, que é próprio das medidas cautelares.

Mas a meu ver não basta isso para que um provimento dessa natureza se revista da natureza cautelar. Seria necessário que por exemplo pudesse o juiz, no mandado de segurança, concedendo liminarmente a segurança, desse uma providência diferente daquela pleiteada pelo impetrante do mandado de segurança. Aí então sim estaríamos no campo puramente cautelar; teria o juiz a liberdade de, atendendo ao pedido do impetrante, conceder liminar, mas com uma ordem diversa daquela que foi pleiteada. Isto é absolutamente excluído em matéria de mandado de segurança; o que se pode conceder liminarmente ou não é a ordem impetrada, não outra qualquer. Isto *retira,* a meu ver, *a natureza cautelar à liminar no mandado de segurança.*

A liminar no mandado de segurança se afigura aos meus olhos simplesmente como um *ato de composição antecipada*, como uma antecipação não cautelar, como uma antecipação do resultado final do processo, à semelhança do que ocorre, como por exemplo, na ação de alimentos, na ação possessória. Não se trata absolutamente de uma medida cautelar.

Mandado de Segurança

Mas, vou um pouco mais adiante. Disse aos senhores que não considero o mandado de segurança como uma ação qualquer. Até sendo mais preciso eu diria que a defesa da ordem jurídica prevê para a defesa dos direitos um sistema de ações. Voltando ao que dizia o Código Civil, a cada direito corresponderia uma ação que o assegura.

Além do mandado de segurança está inserida dentro deste sistema, como os senhores podem notar, a norma que diz que o julgamento do mandado de segurança não prejudicará o direito do impetrante de pleitear os seus direitos e respectivos efeitos patrimoniais pela ação própria. Ou seja, para a defesa de um direito eu tenho, além da ação própria, o mandado de segurança.

Processo sem réu

O mandado de segurança como medida de tutela das liberdades fundamentais asseguradas pela Constituição não rende ensejo a um processo semelhante, sequer em parte, ao das ações para a defesa do direito. Basta ver que o processo de mandado de segurança é, a meu ver, ostensivamente um processo sem réu, é um processo onde não há citação, é um processo onde não há contestação, embora naturalmente haja toda uma tendência no sentido de fazer submergir o mandado de segurança dentro do campo das ações, transformando-o numa ação qualquer. Pelo que consta da lei, não há forma de os senhores conciliarem o mandado de segurança com a ação.

A idéia absurda, por exemplo, de que o erro na designação da autoridade coatora implica carência do mandado de segurança, por falta de legitimidade da parte, para mim é uma coisa totalmente inconcebível, porque é evidente que a autoridade coatora não é parte, ela simplesmente presta informações.

Dentro dessa perspectiva de que o mandado de segurança pode ser considerado - e assim eu o considero - como uma medida de intervenção de natureza política e administrativa de um poder no outro ou dentro de um mesmo poder hierarquicamente, esta medida só pode ser submetida aos *pressupostos ou às condições que estejam previstas na própria Constituição,* que institui essa medida. Evidentemente, não se pode exigir nunca, sem ofender o texto constitucional, que a parte, para impetrar o mandado de segurança e defender um direito seu líquido e certo, contra o ato abusivo da autoridade, por ilegal, tenha que dar algum depósito. Isso não existe, a meu ver, dentro do campo do mandado de segurança.

Cautelar fiscal

Outro tema que me pareceu de interesse e foi abordado pelo Prof. Arruda Alvim, é o da chamada cautelar fiscal. Esse assunto me foi trazido inicialmente pela Associação dos Advogados de São Paulo, quando havia sido submetido ao Congresso Nacional o chamado pacote fiscal. Desse pacote fiscal constavam - como foi lembrado ainda há pouco - dois projetos expondo sobre medidas cautelares.

Um projeto converteu-se na lei 8397 de 6 de janeiro de 1992. Ao lado deste projeto havia outro, um projeto que dispunha sobre medidas cautelares contra os entes públicos. A conjugação dos dois projetos era absolutamente escandalosa. A medida cautelar fiscal outorgava vantagens incríveis, como outorga vantagens incríveis ao poder público, enquanto que o outro projeto praticamente impedia a concessão de medidas cautelares contra o Poder Público.

Examinando esta lei, cheguei também com o Prof. Alvim à conclusão por sua inconstitucionalidade. É sobre este assunto que conversarei com os senhores agora.

Em primeiro lugar, seria interessante salientar a característica básica desta medida cautelar fiscal: é uma medida de indisponibilidade de bens e segue a disciplina do arresto. O legislador nesse projeto limitou-se simplesmente a decalcar todo o texto do Código de Processo Civil relativo ao arresto, mas com umas pequenas diferenças. Como diriam os franceses, *et vive la différence*, porque essas diferenças, meus senhores, são seríssimas.

Arresto

A primeira é a seguinte: sabem que para a concessão do arresto é necessária a existência de prova literal de dívida líquida e certa. Ou seja, é preciso que o requerente do arresto esteja em condições de propor uma ação de execução. Transportando isto para o plano de uma medida cautelar fiscal, seria de se esperar que o requerente estivesse em condições de propor uma execução fiscal. Aliás, esta lei dispõe que o procedimento cautelar fiscal pode ser instaurado antes ou no curso da execução judicial da dívida ativa da União, dos Estados e dos Municípios respectivos à autarquias e dessa execução sempre dependendo. Mas na realidade dispõe assim mentirosamente, porque para propor esta medida cautelar fiscal o legislador, conforme diz o art. 3º, I, se satisfez com a prova literal da constituição do crédito fiscal. A prova literal da constituição do crédito fiscal é coisa completamente diferente de prova literal da constituição da dívida ativa. Pelo que dispõe o Código Tributário Nacional, no art. 142, o crédito tributário se constitui pelo lançamento pura e simplesmente. Ou seja, basta o lançamento para que já exista o crédito, muitíssimo antes no tempo, do momento em que poderia ser instaurada uma execução fiscal.

Não se pode pensar em cautelaridade sem instrumentalidade. Se a execução fiscal ainda não pode ser instaurada, não se pode dizer que esta medida de indisponibilidade de bens seja cautelar em relação à execução fiscal.

Há outro detalhe. Os senhores sabem que o arresto concedido preventivamente vai levar a parte a ter que propor a ação principal dentro de 3O dias, sob pena de ineficácia da medida liminarmente concedida. No caso da cautelar fiscal se estabeleceu um prazo bem mais dilatado. O prazo para propor a ação principal - que é no caso a execução fiscal - passa a ser o do momento em que se tornar irrecorrível a decisão administrativa que se pronunciar a respeito da existência ou da inexistência desse crédito fiscal.

Ora, isso pode acontecer muitíssimos anos depois, e fica inteiramente ao arbítrio, esse momento, do próprio poder público, porque é a própria administração que determina a rapidez ou a lentidão do andamento dos seus processos administrativos.

Cautelaridade

Os senhores podem perceber naturalmente o horror que isso nos inspira. Quando pensamos nisto como medida cautelar em nível infra-constitucional, vemos claramente que falta cautelaridade. Mas a grande pergunta é a seguinte: é isto inconstitucional? em que podemos sustentar a inconstitucionalidade desta medida cautelar fiscal?

Disse que me interessei por esse assunto por iniciativa da Associação dos Advogados de São Paulo e acabei atropelando o raciocínio.

Quando foram ao Congresso Nacional esses projetos, a Associação dos Advogados pediu que fizesse um estudo, porque ela queria pronunciar-se a respeito do assunto e encaminhar essa matéria com pronunciamento ao Congresso Nacional.

Na ocasião, estive examinando esta matéria e verifiquei que realmente há uma inconstitucionalidade clara que se pode demonstrar da seguinte forma: uma medida de indisponibilidade, ou seja, um ato judicial pelo qual se põe algum bem sob indisponibilidade é algo extremamente grave. Isto não é conseqüência normal do arresto, nem da penhora, nem do seqüestro, coisa nenhuma; o bem arrestado, penhorado ou seqüestrado pode perfeitamente ser alienado pelo seu proprietário, não há nada que impeça a compra e venda de bens arrestados, de bens penhorados ou de bens seqüestrados. Quem compra, compra bem sob esta condição. Mas esse bem não fica de modo algum fora da disponibilidade do seu titular. O único ato judicial que põe um bem ou que retira a disponibilidade do proprietário sobre um bem é a arrematação, é o ato final do processo de execução. É nesse momento que o Código de Processo Civil chama de expropriação, é nesse momento que se retira o poder de disponibilidade do particular ou do devedor, se retira este poder, que é assumido pelo juiz que transfere a coisa, na arrematação, para o adquirente, para o arrematante.

Uma medida cautelar que representasse uma antecipação, ainda que parcial, deste momento, seria em tese possível, como ocorre nas medidas cautelares antecipatórias de um modo geral, mas com um seguinte detalhe: que ao lado do processo em que se concedesse a medida cautelar assim, se instaurasse um outro processo no qual se discutisse a fundo, com plenitude do direito de defesa, garantidos todos os recursos, todos os meios de prova, se pudesse provar a inexistência do direito do requerente da medida cautelar à pretendida indisponibilidade final ou ao pretendido ato de expropriação que ocorreria no processo de execução.

Em todo processo de medida cautelar antecipatória - eu já expliquei para os senhores - há uma inversão da equação do tempo e um correspondente cerceamento do direito de defesa daquele que seria réu no processo. Isso é normal, mas esse cerceamento do direito de defesa ocorre simultaneamente com a abertura da possibilidade do direito de defesa num processo paralelo, que é o chamado processo principal.

A antecipação cautelar da indisponibilidade de bens, sem que a parte que sofreu essa antecipação cautelar possa dispor de um processo paralelo pelo qual demonstre que a Fazenda Pública não tem direito à execução fiscal - ou seja, que seria propriamente os embargos da execução fiscal - quebra inteiramente dois princípios dos postulados constitucionais: o do devido processo legal e o do direito ao contraditório, ou seja, o direito de defesa dos seus próprios direitos na plenitude das garantias constitucionais.

É assim que se constrói, a meu ver, a inconstitucionalidade desta medida cautelar fiscal.

Meus senhores, eu já me estendi muito, agradeço a sua atenção e agradeço o convite para participar deste seminário que muito me honrou. Muito obrigado. (PALMAS)

JUÍZO LIMINAR PODER-DEVER DE EXERCÍCIO DO PODER CAUTELAR NESSA MATÉRIA

CELSO ANTONIO BANDEIRA DE MELLO

PROF. GERALDO ATALIBA - Sob a Presidência do Juiz Américo Lacombe, Vice-Presidente do Tribunal Regional Federal, temos o prazer de dar prosseguimento aos nossos trabalhos de hoje. Vamos ouvir agora a aula do Prof. Celso Antônio Bandeira de Mello sobre JUÍZO LIMINAR - PODER-DEVER DE EXERCÍCIO DO PODER CAUTELAR NESSA MATÉRIA.

Tem a palavra o professor.

Dever de concessão de liminar

PROF. CELSO ANTONIO BANDEIRA DE MELLO - Excelentíssimo Sr. Prof. Geraldo Ataliba, Exmo. Sr. Vice-Presidente do Tribunal Regional da 3ª Região Prof. Américo Lacombe, Exmo. Sr. Ministro Eduardo Ribeiro, Exma. Juíza Profa. Anna Maria Pimentel, meus colegas. O tema que vou abordar, que é o tema da liminar, está enfocado com um específico aspecto: na verdade vou propor uma questão a ser posta em debate sobre o caráter da liminar.

Trata-se, em rigor, de saber se a outorga da liminar é um ato discricionário, se é uma decisão que pode em algum sentido ser considerada de foro íntimo do juiz, ou se pelo contrário corresponde a um provimento jurisdicional tal como qualquer outro, em que o juiz pura e simplesmente diz, sem margem de descrição alguma, qual é o direito aplicável ao caso, ainda que provisoriamente.

Subjetivismo e liminar

Muitas vezes se ouve a assertiva de que na concessão de liminar há um subjetivismo, um inevitável subjetivismo do juiz para deferir ou indeferir uma liminar. Compara-se mesmo este subjetivismo que se afirma existente na outorga de uma liminar ou na delegação dela, compara-se mesmo à discrição do administrador.

É só por essa razão que estou aqui falando perante os colegas. Jamais me atreveria a interferir em matéria processual, posto que estou longe de ser e nem tenho veleidade de ser um conhecedor do processo. Entretanto, o tema a meu ver se encarta realmente na Teoria Geral do Direito, não é sequer em matéria constitucional ou em matéria processual.

Mas de qualquer modo, na medida em que se procede a uma assimilação entre o comportamento do magistrado diante de pedidos de liminar ao do administrador, tem-se a enfrentar o problema com a ótica que se aplica ao exame da discricionariedade administrativa, a qual muito compreensivelmente costuma ser tratada exatamente pelos administrativistas.

Por envolver um tema habitualmente colocado nas mãos dos administrativistas, é que tive o ousio de aceder a este honroso convite para falar sobre o assunto da liminar, enfocando precisamente ao lume dessa perspectiva. Será a liminar um ato deferível pelo juiz de acordo com o seu foro íntimo, de acordo com as suas convições subjetivas? Será um ato discricionário? Ou, pelo contrário, o comportamento do juiz ao examinar um pedido de liminar lhe impõe a única solução de direito?

Discricionariedade

Vamos admitir como hipótese de trabalho, como mera hipótese de trabalho, que realmente o exame de uma liminar comporte por parte do juiz aquilo que habitualmente se designa como discricionariedade, e, portanto, como algo cotejável com a discricionariedade administrativa. E vamos examinar quais as conseqüências de direito, se a apreciação que o juiz faz das circunstâncias que lhe são propostas inicialmente, quais as conseqüências se esse seu juízo for um juízo discricionário. Em seguida examinaremos a outra hipótese, a de que realmente inexista qualquer espécie de discricionariedade. Antes, entretanto, para implantar a questão no terreno que me parece próprio, comecemos por lembrar que o juiz exerce função (não se põe em dúvida que o juiz exerce função, a função jurisdicional), tal como o administrador exerce também função, funções de índole certamente distintas, funções qualificáveis por caracteres jurídicos; eu diria mesmo íntimas, intrínsecas, visceralmente distintos.

Por certo há entre a função jurisdicional e a função administrativa um ponto em comum que já foi muito acentuado e há muito tempo; ambos são cumprimento de lei. Diferentemente da função legislativa, em que o Estado, através dela, instaura a lei, tanto na função administrativa quanto na função jurisdicional o Estado cumpre leis. Este é o ponto que possuem em comum, e não desprezível.

"Função" em direito

Mas, de toda a sorte, apresentam características jurídicas fundamentais que as diferenciam profundamente. E não é apenas o tema da definitividade da decisão jurisdicional o que faz com que se distingua a função administrativa da função jurisdicional

Ambos exercem função. Quando se tem função em Direito? Tem-se função em Direito quando alguém se encontra pela ordem jurídica preposto ao dever de atender obrigatoriamente a uma finalidade no interesse de outrem, de tal sorte que os poderes que maneja lhe são deferidos unicamente como meio, um instrumento para atender a finalidade à qual está obrigado. Esta é a compostura da idéia de função. Tem-se função em Direito quando alguém está numa situação que os italianos caracterizam como *doverosità*, está perante o dever de atender a uma certa finalidade instituída em proveito alheio, de tal sorte que para cumprir este dever jurídico não tem alternativa senão manejar poderes, os quais têm natureza meramente instrumental. Quaisquer poderes manejáveis por alguém que se encontre em situação de função, são poderes que a ordem jurídica lhe defere exclusivamente como recursos indispensáveis para que possa atender ao dever de cumprir uma finalidade no interesse alheio. É nesse "no interesse alheio" que se propõe uma diferença fundamental entre situações meramente de poder, porque não se realiza como direito de proveito próprio, mas no interesse alheio. Isto é função.

A função no direito privado nós a reconhecemos com facilidade, embora ela seja excepcional. No direito público ela é a regra absoluta, é uma regra incontrastável, mas nós temos dificuldade de reconhecê-la exatamente no direito comum. O mundo do direito público é o mundo da função; o mundo do direito privado é o mundo da antinomia à função, que é a autonomia da vontade.

No direito privado alguém elege os fins que deseja perseguir. Persegue-os se o desejar, e o faz pelos meios que livremente elege como atos para alcançar aquele fim. A restrição que advém da autonomia da vontade é unicamente a que proceda da lei: não pode ser eleitor, fim proibido. Bom, se é livre de buscá-lo e se é livre de escolher os meios, contanto que não sejam proibidos. Por isto se diz que no direito privado vigora o princípio da autonomia da vontade.

Sem embargo há no direito privado situações de função, e quando existem tais situações nós as reconhecemos com inteira facilidade e sabemos sacar as correspondentes conseqüências. Vejamos: a função na tutela, a função na curatela, a função no pátrio poder.

Deveres-poderes

Na tutela a ordem jurídica pretende estabelecer a defesa, o cumprimento de certos interesses. Alguém se encontra na condição jurídica de assujeitado a atender à finalidade em vista da qual foi estabelecida a tutela. Os poderes que maneja são estritamente instrumentais à satisfação do interesse que está a seu cargo prover, mas que não são interesses seus; são interesses do curatelado. A situação de dever é nítida. O mesmo se pode dizer da curatela, da tutela e do pátrio poder.

A ninguém acudiria, interpretando um problema jurídico concernente a quaisquer desses institutos, privilegiar no processo interpretativo os poderes de tutor, nem os de curador, nem os do pai. A todos pareceria lógico, induvidoso, claro, que o que se trata é de interpretar uma dada situação em função da finalidade da tutela, da curatela e do pátrio poder. Ia reconhecer, nos casos em que se ponham dúvidas, os poderes concernentes ao tutor, ao curador e ao pai, porque é esse que a ordem jurídica coloca em patamar sobranceiro e que serve de guia para a intelecção dos poderes instrumentais então definidos ao tutor, ao curador, ao pai.

Quando se está, entretanto, na esfera do direito público, que é o reino da função, que é o reino antitético ao da autonomia da vontade, inúmeras vezes processa-se a interpretação privilegiando não a situação de dever em face da finalidade, mas colocando sob realce, enfatizando o ângulo do poder.

Veja-se que perante a função administrativa ou perante a função jurisdicional, e se formos aplicar ao caso as liminares, seria possível um enfoque que tomasse como ponto de partida o dever de atender uma dada finalidade, dever este assujeitador de quem tem o poder cautelar. E seria possível, embora manifestamente de modo equivocado, privilegiar o ângulo, a perspectiva daquele que está, pela ordem jurídica, colocado apenas na condição de instrumento de satisfação de um dado interesse, do qual ele é serviente. Seria possível dizer-se: não, é algo de foro íntimo.

Cautelares

Na verdade a ordem jurídica não prevê a existência de medidas cautelares, a lei não prevê, como não prevê a concessão de liminares em homenagem a quem possa concedê-las. O juiz quando defere ou indefere uma liminar não está a praticar nenhum ato de munificência; ele está simplesmente a exercitar uma função, a cumprir um dado e específico dever que é o de acautelar uma situação jurídica que corre o risco de perecimento e que se apresenta com vezos de interesse protegido pela ordem jurídica. É simplesmente isto.

Dir-se-á, de toda a sorte, as considerações feitas não implicam em elidir a existência de discrição administrativa, pois que o administrador público assujeitado a esse mesmo dever de buscar o atendimento de uma finalidade legal e sendo, pois, meramente um instrumento de satisfação de um bem jurídico de terceiros da coletividade, encontra, inobstante, diante de inúmeras hipóteses que são comuníssimas, todos nós sabemos na vida administrativa, encontra-se em posição de emitir um juízo discricionário.

Aplicadores da lei

Pode, pois, dar-se que o juiz se encontre em situação análoga ou equivalente. Seria uma hipótese. Partamos dessa hipótese, ainda que não me pareça correta: por supor-se, por imaginar-se que ao ser apreciada uma liminar o juiz dispõe de poder discricionário, embasado nesta tese pode-se pretender dizer: a decisão do juiz é irrevisível, porque se alguém deveria tomar uma decisão segundo um juízo subjetivo próprio seu e se estava titulado pela ordem jurídica para proceder a tal juízo, não pode ser revista essa decisão, pois a lei teria conferido a alguém a qualidade de apreciador único sobre qual seria o interesse público no caso concreto, e portanto não seria revisível jurisdicionalmente, mas apenas revisível segundo um juízo de conveniência e oportunidade, que é por excelência o juízo da discussão. Logo, um juízo só apreciável de uma perspectiva administrativa, não de uma perspectiva portanto de mérito, e não de mérito no sentido comumente usado no direito administrativo e não no sentido de um juízo de legalidade. Poder-se-ia ter essa impressão, que é a mais equivocada de quantas se possa formular a respeito de discricionariedade.

Quando a lei confere a um agente o chamado poder discricionário - e eu digo *poder* com esta inflexão deliberadamente produzida porque em rigor não existe poder discricionário, é algo que a ordem jurídica não conhece, existe o dever discricionário. Já de algum tempo, por influência dos estudos de Direito Romano, passou-se a falar em poder-dever para referir-se à discricionariedade. Ainda não é a dicção correta, ou pelo menos ainda não é a dicção ideal, porque quando a lei comporta, quando a lei prevê a possibilidade de mais de uma solução para um dado caso, isto significa pura e simplesmente que ela considera que alguém está em condições ideais, superiores às do legislador, para verificar qual é o interesse público no caso concreto. Isto significa no fundo que a autoridade que disponha do chamado poder discricionário está posta pela ordem jurídica do dever de encontrar a solução que atenda com precisão absoluta qual é a finalidade da lei perante aquela situação. Não é difícil demonstrar.

Vejam os colegas: a lei pode regular de duas maneiras um dado comportamento ou ela pode estabelecer com antecipação todas as condições de fato em vista das quais deve ser emitido um juízo e preestabelece qual é o único comportamento, qual é a conduta única perante aquelas situações de fato que ela descreveu em termos de objetividade absoluta. Nesse caso ela não confere margem alguma de liberdade, tem que ser chamada vinculação, e a lei pode, pelo contrário, descrever a situação de fato através de conceitos vagos, fluidos e imprecisos, como urgência, como interesse público relevante, para que o agente estatal perante uma dada circunstância reconheça se existe ou não aquela situação, de tal sorte a permitir-lhe optar entre pelo menos dois comportamentos.

Finalidade: interesse público

Só se tem discricionariedade quando a ordem jurídica comporta a possibilidade de duas condutas diferentes perante uma dada situação.

Bem, se em rigor de verdade a lei - e isto temos que assumi-lo como um axioma - só deseja a realização exata e precisa do interesse público em todos os casos, por que razão em alguns ela predefine de maneira absolutamente objetiva qual é a situação do interesse público e em outros ela não predefine um meio de satisfazer o interesse público? Por quê? Só pode ser por uma razão: porque ela só quer sempre, em todo e qualquer caso, a perfeita satisfação do interesse público. Se ela admitisse soluções ora ótimas, ora boas, ora aceitáveis, ela disciplinaria uma situação vinculadamente porque daria uma solução que seria prestante e se encaixaria como uma luva para 7O% dos casos, para 6O%, para 8O% dos casos, e não se encaixaria bem nos outros 2O ou 3O% restantes.

Mas exatamente porque a lei não se satisfaz com uma solução mais ou menos, com uma solução apenas aceitável é que a lei é redigida, é proposta em termos que comportam discrição, para que em todo e qualquer caso só seja adotada a solução ótima, a solução perfeita; em outras palavras, a solução que se ajusta com precisão capilar à sua finalidade, e que vai realizá-la no caso concreto.

Logo, ao definir discrição em geral o que a lei está fazendo é colocar o titular do exercício daquela discrição perante o dever jurídico de buscar encontrar única e exclusivamente a solução que atenda com perfeição absoluta, capilar, a finalidade da lei.

Nos casos de vinculação, tanto ou quanto nos casos de discrição, o agente titular de alguma discrição está sempre obrigatoriamente perante sobretudo o dever jurídico de adotar a solução ótima. O poder que ele tem é um poder de eleição, mas esse poder de eleição só lhe é conferido como requisito insuprimível para que ele atenda ao dever de encontrar a solução ótima.

Se encararmos o exercício da discrição nesses termos, nós teremos na verdade uma profunda revolução no sentido mais corrente de discrição administrativa que advém do nosso país, onde os estudos jurídicos ainda têm um desenvolvimento bastante modesto comparativamente com os centros mais avançados.

O fato é que firmado este ponto - que é aquele que de momento pretendo estabelecer - de que a discrição administrativa não é senão a outorga a alguém, a irrogação a alguém do dever de encontrar a solução que atenda magnificamente, perfeitamente o interesse estabelecido na norma, ter-se-á que toda vez que seja possível demonstrar que um dado comportamento não é aquele que no caso concreto atende com perfeição à finalidade da lei, esse alguém simplesmente não tendo atendido a finalidade da lei não atendeu o direito, violou o direito, e quando um ato é violador da lei ele é ilegítimo, e quando ele é ilegítimo ele deve ser impugnado.

Finalidade legal

Inúmeros são os casos no universo jurídico de discussão. Inúmeros. E a discussão com grande freqüência resulta do fato da regra do direito valer-se de expressões vagas ou imprecisas, dos chamados conceitos indeterminados. Não só, mas freqüentemente resulta disso. Em rigor a discrição pode advir, segundo o meu ponto de vista, ou da existência de conceitos indeterminados - um notável saber jurídico, da reputação ilibada, estado de perigo, risco - ou deriva de que no próprio comando da regra de direito ao invés de dizer "deve" diz "pode".

São duas as possibilidades de existência da discrição. Ela advém do uso de conceitos vagos, fluidos ou imprecisos, dos quais os homens não podem se socorrer. A maior parte da nossa comunicação é feita através de conceitos vagos, fluidos ou imprecisos. Ou advém disto, ou advém da circunstância de que o comando da norma ao invés de dizer "deve", diz "pode", ao invés de dizer "o ato A", diz "o ato A ou o ato B", há pelo menos as seguintes alternativas. Daí advém a discrição.

Liminar

Tornemos agora à liminar. Costuma-se imaginar que se o juiz posto em discrição vai ter que sopesar circunstâncias, vai ter que avaliar, inclusive fatos, para extrair ilação de que há ou não há um perigo iminente, há ou não há o *periculum in mora*, sem contar com a análise que deverá também fazer, se existe ou não plausibilidade da existência de um direito.

Claro que numa liminar o juiz não se pronuncia sobre a existência ou a inexistência do direito; numa liminar ele se pronuncia sobre a plausibilidade daquele direito alegado, e se pronuncia sobre a existência ou a inexistência de um perigo de que a decisão, se afinal for favorável ao requerente, ficará prejudicada pela ausência de uma tempestiva garantia deste direito. É sobre isso que o juiz se pronuncia.

Dir-se-á: neste exame, nesta apreciação, nesta análise o juiz está atuando, com certa margem onde ingressa algum subjetivismo. Enquanto ele exercitar esse subjetivismo, se a ordem jurídica lhe cometeu exercitar, o seu juízo é indevassável e por tal razão não caberia, por exemplo, mandado de segurança contra a denegação de liminar.

Controle das liminares

Há um equívoco nisto. Mesmo que tratemos a matéria tal como tratamos a discricionariedade administrativa, a decisão teria que ser revisível. E teria que ser revisível por uma razão também ela muito simples, também ela quase que intuitiva: se o juiz estiver perante uma situação qualificável mediante conceitos vagos, fluidos ou imprecisos, tais conceitos a serem manejados pelo juiz, a serem considerados pelo juiz, por mais vagos, fluidos ou imprecisos que sejam têm limites; se não tivessem limites eles não seriam conceitos.

Um conceito é um recorte no universo das possibilidades lógicas. Todo e qualquer conceito que formularmos, mesmo o mais vago ou o mais impreciso dos conceitos, ele pretende isolar no universo do pensável um dado objeto. E ele consegue proceder a esse isolamento porque se a ele não procedesse as palavras que recobrem tais conceitos sequer seriam palavras, seriam ruídos porque eles careceriam de qualquer significação, seriam nada.

Logo, é indispensável concluir que por mais fluidos ou vagos que sejam os conceitos a serem manejados tanto pelo administrador quanto pelo juiz, eles têm um campo significativo indisputável, porque se não tivessem eles não seriam conceitos, eles não seriam nada. Seriam ruído, um barulho impenetrável, ininteligível, incompreensível.

Se assim é, temos que admitir que em todos os conceitos usados pelas palavras da lei existe aquilo que os filósofos e particularmente os interessados no tema de direito e linguagem, chamam de "zona de certeza". Em relação a quaisquer situações, noções, conceitos, existe uma zona de certeza positiva, em que ninguém duvida da aplicabilidade do conceito. E existe uma zona de certeza negativa em que ninguém duvida da não-aplicabilidade do conceito. Se não existisse isso simplesmente não haveria conceito e aquilo que estaríamos chamando de palavra não seria palavra, seria um ruído impenetrável.

Juízo discricionário

Como é assim e não pode deixar de ser assim, aquele que exercita um juízo discricionário só está atuando discricionariamente e não arbitrariamente enquanto ao considerar uma situação avalia dentro do campo significativo possível do conceito e não dentro de um campo significativo seguramente não comportado por ele, e não na zona de certeza negativa, digamos assim.

Tomemos um exemplo para tornar um pouco mais palpável essas idéias que quem sabe possam estar parecendo excessivamente abstratas. Ninguém duvidará, em dado tempo e lugar, que certo comportamento é imoral, e ninguém duvidara, em certo tempo e lugar, que certo comportamento não é imoral. Haverá inúmeros comportamentos a respeito dos quais as opiniões vão se dividir - e poderiam até se dividir - meio a meio. Isto é imoral, isto não é imoral, metade aqui e metade ali. Poderia até ocorrer isto. Mas sempre tem que existir um campo significativo em que considerada uma situação concreta haveria uma concordância geral das pessoas normais na sociedade dizendo "isto não é imoral". Ninguém diria, por exemplo, que nós estamos neste momento praticando aqui um ato imoral. E pelo contrário, haveria situações em que todos diriam "mas isto é claramente imoral, isto é imoral."

Portanto, em toda e qualquer situação proposta a um juízo jurídico existirá um campo significativo de verdade, indisputável, sobre a aplicação do conceito ou sobre a não-aplicação do conceito. Se admitirmos que o juízo jurídico é discricionário no caso da liminar e admitirmos, portanto, que ele tem uma esfera para decidir-se, nós estamos de toda maneira nos utilizando desta ou de outra palavra equivalente, ele tem uma esfera de liberdade. Portanto, existe algo que superará aquela esfera de liberdade. E como existe algo que superará a esfera de liberdade, se ele porventura hipoteticamente superar essa esfera de liberdade ele terá praticado um ato ilícito e será corrigível na instância superior. Portanto, haja discricionariedade ou não haja discricionariedade no ato de concessão de liminar, contra ele em tese cabe impetração de segurança.

Se alguém considerar que o juiz ao negar ou ao deferir uma liminar apreciou aquela situação ultrapassando o campo significativo possível daquela liberdade, obviamente alguém estará afirmando que ele praticou um ato pura e simplesmente ilegítimo, e ele poderá estar praticando um ato ilegítimo, ele poderá ter ultrapassado este campo onde as dúvidas se podem razoavelmente instalar. E a instância superior então poderá apreciar se ao agir de tal modo, concedendo ou denegando, o juiz se manteve dentro daquele campo possível onde mais de uma opinião seria razoavelmente comportável.

Haja ou não discricionariedade do ato jurisdicional de conceder ou denegar liminar, contra ele certamente caberá recurso.

Portanto, começo por firmar ou pretendo estar firmando que é revisível o ato de concessão ou denegação de liminar e que ao se rever o ato de concessão ou denegação de liminar, o Tribunal estaria, o órgão de alçada estaria sempre dentro de um juízo de legitimidade, porque jamais seria legítimo tomar as palavras da lei apenas como pretexto.

Eficácia do Direito

Isto se redemonstra por um outro modo, a saber: se não fosse possível esta revisão, a competência deferida a alguém que tivesse o chamado poder discricionário seria delimitada, não pela lei, mas pelo próprio titular da competência. Quando alguém delimita a sua própria competência significa simplesmente que ele não está apoiado pelo Direito. Ninguém concede o exercício de alguma função sem uma delimitação jurídica. Se for o próprio titular da discrição quem diz até onde vai a sua discrição, então ele não está limitado, então não existe regra jurídica.

Todo direito é uma limitação. O direito em si mesmo é uma limitação. Não existe regra jurídica que não seja para limitar. Mesmo a regra que investe alguém em um poder ou que investe alguém em uma faculdade, ou que investe alguém em um direito; dir-se-á: "Mas ela não me limita em nada, ela me amplia!" Não, o que essa regra está fazendo é limitar o comportamento de todos os demais, proibindo-os, que impeçam o exercício daquele poder, daquela faculdade, daquele direito. Todo direito é uma limitação, o que está é limitando a conduta de terceiros.

Ininvocabilidade do foro íntimo

Se o direito é uma limitação e se alguém pudesse, ao apreciar uma liminar, dizer "esta decisão minha é de foro íntimo e portanto é só minha", este alguém estaria ilimitadamente definindo a sua competência para apreciar aquela matéria, porque daria às palavras a significação que bem quisesse.

É algo semelhante a isso que acontece quando se vê manifestações do Poder Judiciário dizendo que não pode apreciar interesse público relevante ou urgente, digamos) numa medida provisória ou num decreto-lei. Está dizendo na verdade que as palavras interesse público relevante ou urgência não existem, está dizendo que é como se as tirassem do texto constitucional; no caso, não existem essas palavras. O presidente da República poderá emitir medidas provisórias quando lhe pareça conveniente e oportuna, quando deseje, enfim. Portanto, estaria conferindo o oposto do direito, estaria na verdade fazendo retornar ao tempo do "*quod princips placuit legem habent vigorem*", porque se o Judiciário não puder verificar se é de interesse público relevante ou urgência, se alguém extrapolou ou não, dentro do campo significativo possível, essas palavras, se ele não puder, duas conclusões se impõem: uma, as palavras da lei que provocaram isso não existem, interpretar é dar um sentido às palavras da lei, não é retirá-las do texto. Isto equivaleria a retirá-las, então já haveria uma primeira falha. E haveria uma segunda, imperdoável: a de considerar que aquela competência é ilimitada, que ela não está freada nem por finalidade e nem por pressupostos; e competência ilimitada não é competência, porque a competência é uma delimitação de poder.

Inexistência de discricionariedade

Por idêntica razão, pelas mesmíssimas razões, se porventura o ato de indeferir ou de deferir uma liminar fosse discricionário, teria que ser revisível, de todo modo, pelo Tribunal Superior, para que verificasse se se manteve dentro do limite possível, que não desbordasse aquele campo de liberdade.

Já bastaria a própria noção de discricionariedade para rejeitar a concepção de que a decisão de liminar positiva ou negativa é uma questão de foro íntimo. Não é uma questão de foro íntimo, é uma questão de coincidência ou não-coincidência com a finalidade da lei diante dos pressupostos, isto é, diante da situação concreta.

Mas na verdade não há discricionariedade alguma para o juiz na concessão de liminar; o fenômeno que se passa no exercício deste - chamemos - poder cautelar nada tem a ver com o fenômeno da discricionariedade. Não existe discricionariedade em decisão jurisdicional. E por quê não existe discricionariedade?

Para tornar explícito o que quero transmitir temos que fazer necessariamente uma separação de dois planos: o plano que vou chamar de substancial, que seria um plano - admitamos abstratamente - de uma verdade abstrata de uma verdade absoluta. E um plano jurídico, a verdade jurídica, que são dois planos literalmente distintos.

Pararelo entre despacho e sentença

Um juiz profere uma sentença e o Tribunal a reforma. Eventualmente há uma ação rescisória e aquela decisão é modificada. O Tribunal decide num dado sentido; amanhã o Tribunal muda de orientação e decide em sentido diferente. Qual das decisões alcançou a verdade? Nunca se poderá realmente saber. Essa verdade absoluta é inalcançável. Uma decisão reformada pelo Tribunal poderia ser aquela, abstratamente falando, a correta perante o sistema normativo. Poderá. No entanto, qual é a verdade jurídica? É aquela que é decidida em última instância. Esta é a verdade jurídica.

O Direito é algo eminentemente pragmático. Do ponto de vista do Direito pretende-se alcançar uma verdade absoluta, a coincidência entre a proposta normativa e a realização concreta através da decisão judicial em face de pretensões conflitantes. Pretende-se isso, mas define-se que para fins de direito a verdade jurídica é a verdade pronunciada em última instância pelo Poder Judiciário. São dois planos diferentes. Inútil tentar resolver um problema jurídico com soluções extra-jurídicas; um problema jurídico só se resolve com soluções jurídicas, isto é, aquelas que derivam do que é extraído do próprio sistema normativo. Separado desses dois planos tem-se que a qualidade intrínseca, aquilo que faz com que a decisão jurisdicional seja o que é, é o atributo que a ordem jurídica lhe confere de dizer o direito no caso concreto. O juiz não se pronuncia dizendo: o título jurídico de pronúncia do juiz não é o título jurídico de pronúncia do administrador, quando tem discrição. O administrador diz: é assim, poderia ser assim; são duas soluções possíveis comportadas pelo sistema normativo; estamos perante um indiferente jurídico, eu opto por esta no exercício da minha discrição. O juiz não diz que perante um caso concreto duas soluções são igualmente admissíveis, a solução a e a solução b, mormente quando são duas soluções antagônicas e conflitantes entre si: a pleiteia um direito, b nega a existência do direito contra ele pleiteado. E o juiz diria, admitamos, vejamos o ilogismo dessa solução: "tanto pode ter direito quanto pode não ter, mas eu decido que tem, porque é mais conveniente". A ninguém acudiria supor que é esta a função jurisdicional, a ninguém acudiria imaginar que o juiz entre duas alternativas e antagônicas entre si, contrapostas, ele diz que ele adota uma como ele poderia adotar a outra, mas que ele tem o poder de adotar uma delas.

Submissão à lei

O juiz é o oráculo do direito no caso concreto. É esta a função do juiz. Quando o juiz decide num sentido, aquela decisão que ele toma é para aquele instante, a verdade legal, e é produzida a título de dizer: a verdade legal, a única que existe porque duas não podem existir conflitantes numa mesma situação. Logo, toda e qualquer pronúncia jurisdicional, no momento em que ela é proferida, o título jurídico dela não é de fazer uma opção entre diferentes jurídicos, entre duas soluções possíveis, mas é o de dar a única solução que o direito comporta. Esta é a codificação do juiz, o juiz não tem outra, e é este título que o Poder Judiciário se pronuncia. Logo, aí não há discrição, porque a discrição supõe alternativas igualmente confortadas pelo sistema.

A pronúncia judicial significa a manifestação da única, que no caso concreto realiza o que as normas determinam. Não pode haver discrição na atividade jurisdicional. Não pode haver discrição no pronunciamento do juiz perante uma liminar, de que ele opta por esta mas pode ter outra. Quando ele se pronunciar ele terá que dizer: "Esta é a solução, cabe liminar, e se cabe liminar eu sou obrigado a concedê-la, porque eu sou o oráculo da lei. Se não cabe liminar eu sou obrigado a indeferi-la."

Obrigatoriedade a liminar

Aliás, o art. 7º da lei do mandado de segurança não diz que o juiz *poderá con-*

ceder a liminar; ele diz que o juiz *concederá* a liminar, estando presentes os pressupostos estabelecidos nesse mesmo artigo, ou seja, a existência de perigo iminente e fumo de direito. Até costuma-se falar "e lesão irreparável". Não é isto que o texto diz, o texto não fala em lesão irreparável. O texto diz: quando a decisão afinal se for concessiva resultar ineficaz. É isso que o texto diz.

Mas vejam, não há a menor diferença quanto ao juízo lógico proferido pelo juiz em uma liminar e em uma decisão terminativa afinal. Nenhuma diferença. O juiz para dar uma sentença terminativa de mérito seria obrigado a sopesar fatos, sopesar circunstâncias, avaliar a situação, verificar se se encaixam na norma legal, se são aquelas supostas na regra da lei; e é obrigado, se houver dúvidas quanto a aplicabilidade da regra a ou da regra b, a estimar qual a regra que no sistema normativo tem aplicação por decisão do sistema normativo àquele caso concreto. Em que isto é diferente da apreciação de uma liminar?

"Periculum" e "fumus"

O objeto sobre o qual incide um juízo do juiz numa liminar é diferente do objeto do juízo do juiz quando decide o mérito. Realmente são diferentes. Mas o procedimento mental é o mesmo. Por que são diferentes os objetos? Porque num o juiz está cifrado única e exclusivamente a verificar se existe o *periculum in mora* e a verificar se existe *fumus* do bom direito. Só.

A pronúncia do juiz não é absolutamente a de que a parte tem direito. A pronúncia do juiz é de que é plausível, que há verossimilhança de que exista direito - é diferente da pronúncia sobre se existe o direito - e se há um *periculum in mora*. É esta a pronúncia dele. Portanto, os objetos não são os mesmos, mas o processo, o juízo que ele tem de emitir é da mesma natureza, seja numa sentença, seja numa liminar, ele tem que verificar única e exclusivamente sopesando as circunstâncias, tomando em conta os fatos, a sua coloração própria, discutindo interiormente se a regra de direito cabível aplicado na hipótese como sobre ela também se contenda "é a regra a ou a regra b", ele está emitindo juízo da mesma natureza da liminar. Se o juízo da liminar for discricionário, são discricionárias as sentenças. E se as sentenças são discricionárias, o Tribunal, ao reformar uma sentença, que título jurídico estaria exercitando? Quando o Tribunal reforma uma sentença o que ele está dizendo? Que essa sentença disse sim àquilo que o Direito estabeleceu, mas que o Direito poderia ser dito de outro modo. Em suma: que a poderia ter razão e b poderia ter razão também, e que ele prefere a razão de b. É isso que o Tribunal fará?

Recorribilidade

Quando o Tribunal revê uma sentença tanto quanto quando revê uma liminar, o que o Tribunal faz é dizer que o direito aplicável à espécie não o foi corretamente. Em outras palavras, está errada a face do direito naquela primeira decisão. Terá o Tribunal acertado ou quem acertou foi o Juiz de Primeira?

Do ponto de vista da verdade absoluta jamais se terá essa resposta. Do ponto de vista do Direito a solução está dada pelo Direito Positivo, é a decisão ulterior, aquela que transita em julgado, é a que do ponto de vista do Direito é a verdade legal.

Juízo de legalidade

Vejam, meus colegas, eu não lhes queria dizer mais do que isto. É logicamente impossível considerar que existe discrição na concessão de uma liminar, porque se se considerar que existe discrição na concessão de uma liminar ter-se-á de considerar que todas as vezes que um tribunal reforma uma decisão jurisdicional ou uma sentença terminativa de mérito, ele está emitindo um juízo de conveniência e oportunidade, ele está admitindo que duas soluções igualmente seriam possíveis perante o Direito: que tanto a tinha direito quanto b tinha direito, e que ele opta por b, ao contrário do juiz que decidiu por a, ou que pelo contrário ele concorda com o juiz ao decidir por a, mas que poderia ser considerado que o direito era de b. Não é isso que um tribunal faz.

Se fosse isso que um tribunal faz, a função administrativa e a função jurisdicional seriam idênticas, apenas uma com força de coisa julgada e outra sem força de coisa julgada. E realmente não é, porque a função atribuída ao administrador é uma e a função atribuída ao juiz é outra. A função atribuída ao juiz, a chamada função jurisdicional é a função oracular do Direito no caso concreto, é a verdade legal no caso concreto, restrita ao caso concreto; mas é naquele caso a única que o Direito comportava no instante em que foi proferido.

Muito obrigado. (PALMAS)

PROTEÇÃO CAUTELAR - TUTELA PREVENTIVA CONTRA-CAUTELA

EDUARDO RIBEIRO

PROF. GERALDO ATALIBA - Vamos dar prosseguimento aos nossos trabalhos.

Vamos ter a satisfação de ouvir o ilustre Ministro Eduardo Ribeiro, do Superior Tribunal de Justiça. Encantador expositor, como os senhores vão verificar, é professor da Universidade de Brasília, um magistrado antigo, de carreira, altamente conceituado, e tem só um defeito, porque ninguém pode ter só qualidades: sendo profundo conhecedor do Direito Público, do Direito Constitucional, do Direito Administrativo, do Direito Tributário, na instalação do Superior Tribunal de Justiça, podendo optar entre o Direito Público e o Direito Privado, cometeu o crime inafiançável e hediondo de ir para a área do Direito Privado. Será sempre censurado, até que volte atrás e então terá o nosso perdão e beneplácito.

Vamos ouvir o ilustre professor e ministro Eduardo Ribeiro, que tem a palavra.

Processo cautelar - depósito - caução

MINISTRO EDUARDO RIBEIRO - Prezado amigo Prof. Geraldo Ataliba, Dr. Américo Lacombe, Prof. Bandeira de Mello, Prof[a]. Anna Maria Pimentel, caros colegas que me ouvem. Fosse eu um pouco mais prudente, não me abalançaria a fazer uma palestra logo em seguida a essa excelente exposição do Prof. Bandeira de Mello. Acho, entretanto, que apesar de mineiro o afastamento das minhas origens tem-me feito perder essa magnífica virtude; daí a ousadia de aceitar a incumbência.

Observação corrente, quando se cogita do estudo do processo civil, é a evolução marcante na preocupação dos processualistas. Afirmada sua autonomia e bastante desenvolvidos os institutos fundamentais, a ênfase, hoje, está na questão do acesso à Justiça, sabido que a prestação jurisdicional, em muitos lugares, e entre nós especialmente, tornou-se algo que precisa ser produzido em massa, para atender aos reclamos que vêm de todas as classes.

Talvez seja um fenômeno único no mundo, o que se verificou aqui em São Paulo, quando, para distribuir uma petição inicial, era preciso enfrentar uma longa fila que se estendia pela Avenida Paulista.

Tendo em atenção esse clamor, necessário construir novos instrumentos, para atender à fantástica demanda da atividade judiciária. A prestação jurisdicional haverá de ser eficazmente entregue. Isso, entretanto, sem destruir tudo aquilo que foi anteriormente conquistado.

Constituição de 1988

A Constituição de 1988 acentuou os dois aspectos. De um lado procurou tornar a Justiça acessível, criou instrumentos novos, ampliou a legitimidade para as ações diretas de inconstitucionalidade, cuidou do mandado de segurança coletivo, pôs ênfase em juizados especiais que possam atender mais prontamente às pessoas necessitadas. Paralelamente, colocou muito relevo nas garantias tradicionais, indispensáveis para que se possa alcancar uma prestação jurisdicional quanto possível justa.

Mais do que nos textos anteriores, nota-se na Constituição vigente a preocupação com o devido processo legal, valendo citar, entre outros dispositivos o art. 5º itens LIV e LV.

É preciso que harmonizemos as dois valores. Ao procurar garantir a eficiência da Jurisdição, não se haverá de fazer naufragar os outros, pertinentes ao devido processo legal, à segurança que só o contraditório pode propiciar.

Quando se cogita da cautelar, uma questão que se coloca com freqüência é exatamente a de simultaneamente resguardar, como a Constituição quer que se resguarde, o direito ameaçado, e não apenas o já lesado, sem preterir outras garantias, também consagradas por ela.

A tendência do processo atual, cada vez mais, é de procurar assegurar à parte tudo aquilo a que tem direito e precisamente aquilo a que tem direito.

Evolução

No Direito antigo, aceitava-se mais facilmente a substituição do devido por indenizações, por outro tipo de prestação. Hoje, coloca-se ênfase na necessidade de se dar ao titular do direito exatamente aquilo que a lei lhe assegura. Isso o que a Jurisdição deve tender a alcançar.

Visando a esse objetivo, mecanismos já existem no processo civil, notadamente quando se cogita das obrigações de fazer, em que a execução específica é mais difícil. Costuma-se dizer que ninguém pode ser obrigado a fazer precisamente alguma coisa. Nemo praecise potest cogi ad factum. Isto é exato, mas existem instrumentos para substituir-se a atuação da pessoa, ou para induzi-la a ampliar a prestação. Procura-se levá-la a fazer o que não quer, atendendo ao direito reconhecido na sentença, por meio das chamadas "*astreintes*", que são modos de, mediante multas, convencer o devedor a praticar o ato, tal como determinado. Melhor que isso será, quando possível, proceder-se à substituição da manifestação de vontade da parte pela sentença.

A jurisprudência do Superior Tribunal de Justiça, menciono de passagem, evoluiu notavelmente nesse campo, afastando-se do entendimento, até então consagrado pelo Supremo Tribunal Federal, e vindo a admitir que, nas promessas de compra e venda, a sentença substituirá a manifestação da vontade das partes, mesmo que o respectivo instrumeto não tenha ingressado no registro de imóveis.

Dentro desse quadro, coloca-se, em certa medida, o processo cautelar, enquanto visa assegurar que a parte possa obter exatamente aquilo a que tinha direito e não um sucedâneo.

O processo tem como seu grande inimigo o tempo. O juiz não pode proferir sentença de imediato e, ao fazê-lo, de regra não lhe é dado colocar-se na situação em que estaria se o fizesse no mesmo momento em que formulada a demanda. O processo cautelar visa a impedir que o passar do tempo faça inútil a prestação ou, mesmo não a tornando totalmente inútil, degrade-a de algum modo.

Proteção cautelar

Quando será possível a proteção cautelar? Obviamente que quando houver uma situação de perigo, não contemporâneo ao nascimento do Direito, mas ulterior a ele.

Claro está que se já havia o risco, quando adquirido o direito, não se justificará a cautela. Apenas quando aquele vier a surgir posteriormente será viável a proteção cautelar, para evitar que o perigo se converta em dano, tornando ineficaz a prestação jurisdicional ou a dificultando.

De regra, o processo cautelar não há de ter caráter satisfativo, embora isso ocorra em algumas hipóteses, como uma forma de adiantamento da prestação jurisdicional a ser outorgada. É o que se verifica, por exemplo, nos alimentos provisionais, ou na regulamentação de guarda de filhos ou de visita de filhos, em que de algum modo se antecipa a prestação pleiteada, a ser dada a final. Em outros casos, mais comuns no processo cautelar, cuida-se apenas se resguarda a situação de fato ou de direito. Assim, por exemplo, com o seqüestro, em que se retira a coisa litigiosa, da disposição das partes, de maneira a garanti-la integralmente a quem for vencedor.

Distinguem-se essas medidas de outras que não têm caráter cautelar, como as liminares nas ações prossessórias, que objetivam adiantar a prestação, em obediência à recomendação de que *spoliatus ante omnia restituendus*. Aquele que foi esbulhado deve ser, o quanto antes, reintegrado. Isso não é cautelar, como também não o é a chamada tutela preventiva.

Tutela preventiva

No mandado de segurança preventivo, por exemplo, o pleito declaratório ou o interdito proibitório, são ações em que a tutela preventiva é o próprio objeto do processo, não se ligando a um processo futuro.

Observo, correndo embora o risco da superfluidade, que, ao falar em cautela, não me estou referindo necessariamente à liminar; liminar é um aspecto, é uma possibilidade do processo cautelar, que pode existir ou não.

Para que se faça viável essa cautela, entende-se indispensável o requisito da plausibilidade, o chamado fumus boni iuris, cujo exato entendimento foi, ultimamente, posto em questão. Alguns respeitáveis doutrinadores, como o saudoso Ronaldo Cunha Campos, entendem que o fumus boni iuris tem de ser examinado, não em função da lide que será objeto do processo principal, consistindo, assim, até certo ponto, em um pré-julgamento, um exame prévio dessa, mas em função simplesmente do processo cautelar. O juiz teria que verificar apenas se a cautela pedida é viável, em vista das normas que regulam esse processo.

A doutrina, malgrado muito sedutora por sua lógica e rigor técnico, não tem alcançado grande número de adeptos porque contrasta com certas realidades fáticas. Com base nela, durante uma certa fase, dificultaram-se enormemente, neste país, as desapropriações por interesse social. Requeria-se a cautelar, pretendendo impedir a desapropriação. Muitos ilustres magistrados, perfilhando o entendimento que acabei de mencionar, concediam quase sistematicamente as liminares. O *periculum in mora* era evidente. A imissão na posse da União e o parcelamento do terreno tornavam inviável voltar atrás e o proprietário não poderia recuperar. Apresentando-se a medida como necessária, para garantir a eficácia do processo principal, a proteção cautelar era deferida, sem maior exame quanto às possibilidades daquele. Corria-se, assim, o risco de paralisar a ação governamental ainda que, a final, viesse o proprietário a sucumbir.

A doutrina não tem triunfado, prevalecendo o entendimento de que se possa verificar se o direito, a ser deduzido na lide principal - ao lado da lide principal a meu ver há uma lide cautelar - goza plausibilidade.

A concessão da cautela encontra um problema, depara-se com um óbice de certa gravidade. Li uma vez uma frase do Dr.

Clóvis Beznos muito expressiva: "*periculum in mora* é uma via de mão dupla." Realmente, para se impedir a consumação do dano, para se resguardar a situação daquele que se diz titular do direito, freqüentemente se colocando em risco o direito da outra parte. Eventualmente, para impedir o dano a uma delas, acarreta-se dano irremediável à outra.

Como evitar que isso ocorra? Como proceder para impedir que a salvaguarda do direito de um importe dano irreparável ao do outro? Para atender a essa necessidade existe a medida conhecida como contra-cautela.

Contra-cautela

Se os senhores, entretanto, examinarem o Código de Processo Civil, onde se cuida dessa contra-cautela, ou seja, seu art. 8O4, verificarão que aí só se cogita das hipóteses em que a medida liminar é concedida sem audiência da parte contrária. Se assim é, cabe suscitar uma questão. Concedida a liminar, condicionada à contra-cautela, e depois confirmada essa na sentença do processo cautelar, seria de dispensar-se aquela exigência, já que seu pressuposto foi a circunstância de a medida ter sido concedida sem audiência da parte contrária, omissão que se supriu com o contraditório ulteriormente instaurado. E quando o juiz concedesse a medida pleiteada, apenas na sentença final do processo cautelar, não liminarmente, inexistiria espaço para incidência do art. 8O4. Não haveria, pois, como exigir-se a contra-cautela para o deferimento e execução da medida.

Tem-se ampliado, entretanto, a compreensão do texto em exame, entendendo-se que esse utilíssimo instrumento há de aplicar-se também nessas outras circunstâncias, em atenção a que não é admissível que o processo, que visa a resguardar o direito da parte, possa levar - por ofício do juiz - ao sacrifício sem remédio do direito da outra.

Cumpre observar, contudo, e isso é importante, que a finalidade da contra-cautela não é de satisfazer o direito da parte contrária; em princípio não é essa a razão de ser. Visa apenas a resguardar, a garantir possível reparação de danos advindos da concessão da medida; daqueles danos cuja indenização é prevista no art. 811 do Código de Processo Civil.

Exemplo

Dou um exemplo. É muito comum, talvez tenha sido das primeiras cautelares atípicas, inominadas, admitidas entre nós, antes mesmo da vigência do Código de 73, a consistente na sustação de protesto de título cambial. Muitos juízes a deferiam, mas vinculada à prestação da contra-cautela, consistente no depósito do seu valor. Esse não tinha como finalidade o pagamento do título, em caso de derrota do autor, mas apenas garantir o réu, aquele que se dizia titular desse direito cambiário, resguardando-o contra os prejuízos advindos da sustação. Julgada improcedente a ação e anulado o título, ou simplesmente negada a cautelar, por sentença final, não se seguia daí que fosse lícito ao credor simplesmente levantar a importância depositada.

Enfatizo esse aspecto por nos interessar especialmente para nosso tema específico: cautelar em matéria tributária.

Assinale-se também que a medida cautelar, no exemplo figurado da sustação de protesto, não iniie aquele que se diz titular do direito de ajuizar a ação, tendente a haver a importância correspondente ao título. Poderia perfeitamente, sustado muito embora o protesto do título, executá-lo e fazer incidir a penhora sobre a importância depositada.

Colocados esses pontos, vamos passar ao exame da cautela em matéria tributária, que apresenta dificuldades próprias.

Cautelas tributárias

Seja esclarecido, desde logo, que, quando me refiro a cautelar em matéria tributária, a estou encarando do ângulo do contribuinte, pois esse seminário cogita de sua defesa em juízo. Não vou cuidar da cautela para defesa do fisco, hoje amparado, no ponto, por lei bastante rigorosa. Começo pela questão pertinente à inscrição do débito na dívida ativa, tendo em vista as conseqüências que daí podem advir.

Esse ato administrativo, preparatório da execução, traz, por si, uma série de restrições, com maior ou menor respaldo legal, mas que ocorrem realmente, e que interessam muito ao contribuinte neutralizar. Àquele que não puder apresentar certidão negativa veda-se a obtenção de certos incentivos fiscais, obstaculiza-se a participação em concorrências, entre outras coisas.

Claro que, para afastar tais restrições, é em tese possível sempre a medida cautelar, consistente em pedido, objetivando arredar o concreto óbice que esteja acarretando embaraço ao exercício do direito da parte. Induvidoso que isso se pode fazer, sem problema algum, ao que me parece. A dificuldade que se coloca é em outro ponto. As cautelares, mais das vezes, não pretendem isso, simplesmente, não objetivam tão-só elidir os efeitos restritivos ao direito, decorrentes da inscrição da dívida; visam, sim, a suspender a própria exigibilidade do crédito tributário.

Aí cumpre indagar-se: é possível isso? É admissível juridicamente uma medida cautelar, visando a obter esse resultado?

Exigibilidade do crédito é uma questão de direito material, de Direito Ttributário, e tem, por outro lado, uma relevantíssima conseqüência que diz com o Direito Processual e também com o Direito Constitucional, que é a de ensejar ou não o ingresso em juízo. Será possível impedi-lo? Vedar que a parte pleiteie ao Judiciário o reconhecimento e satisfação do seu direitos? A questão poderá ser resolvida com a invocação das normas gerais pertinentes às medidas cautelares?

A primeira indagação é se o tema da exigibilidade do crédito tributário e, por conseguinte, da suspensão desse, seria próprio da lei complementar. A mim se me afigura que sim, menos pelo fato de o Código Tributário Nacional disso ter cuidado explicitamente, e mais pelo que resulta do próprio texto constitucional, em seu art. 146, item III.

Prevê esse dispositivo, permito-me lembrar aos senhores: "Cabe à lei complementar estabelecer normas gerais em matéria de legislação tributária, especialmente sobre: b) obrigação, lançamento, crédito etc.". Lei dessa natureza, está dito, prescreverá normas gerais em matéria de obrigações tributárias. A exigibilidade é algo próprio da obrigação. As normas que cuidam da possibilidade de ser suspensa hão de inserir-se em lei complementar, se esta se exige dispor sobre a obrigação tributária. O Código Tributário Nacional regulou o assunto, no seu art. 151, estabelecendo quando é que se suspende a exigibilidade do crédito tributário.

O eminente Prof. Galeno Lacerda, dos autores mais respeitáveis, dos que têm versado o processo cautelar, afirma, mas afirma de passagem, sem maior detença, por lhe ter parecido certamente desnecessário exame mais longo, que a discriminação constante do citado dispositivo do Código Tributário Nacional não é exaustiva, admitindo-se outros casos, com base nas normas gerais do processo cautelar.

Meditando sobre a matéria, cheguei à conclusão de que se pode admitir, se deve realmente admitir a possibilidade da medida cautelar em tema tributário, malgrado se trate de matéria de lei complementar e a hipótese não constante da enumeração do art. 151 do Código Tributário Nacional. Justifico o entendimento.

Aquele Código, entre os vários modos de

suspender o crédito, mencionou uma medida processual: a liminar em mandado de segurança. Foi, entretanto, elaborado, cumpre acentuar, numa época em que o processo cautelar, entre nós, não tinha alcançado a grandeza que hoje tem, a importância que assumiu, a partir da Lei Processual de 73.

O Código de 39, em seu art. 675, já continha norma que, a meu ver, ensejava, tão amplamente quanto o de 73, o uso das medidas cautelares inominadas, atípicas. A doutrina, entretanto, na vigência daquele, era sobremodo tímida a respeito, e a jurisprudência mais ainda.

Isso contaminava, evidentemente, a postura dos advogados. Usava-se com extrema moderação das medidas cautelares atípicas, de que hoje se utiliza amplamente. Assim é que, para impedir o protesto de título, valia-se, em alguns lugares, do artifício do seqüestro. Seqüestrava-se o título porque entendia que era preciso lançar mão de uma medida já existente, prevista pelo Código de Processo Civil. Como não se podia simplesmente mandar sustar o protesto, precisava-se buscar no Código algum modelo, e esse modelo era o seqüestro.

Quero crer que quando o Código Tributário Nacional referiu-se à liminar em mandado de segurança foi porque era a cautelar que existia, ao ver dessa doutrina restritiva, desse entendimento jurisprudencial apertado a que me referi. Tenho como lícito não nos apegarmos a esse texto, em sua literalidade, e admitir que, no contexto em que figura, diverso do quadro normativo atual, o que se pretendeu foi admitir explicitar a possibilidade de que algum tipo de cautela poderia também sustar a exigibilidade do crédito, com aquela conseqüência notável, que eu mencionei, de impedir o ingresso em juízo.

Visão ampliativa

Obstar-se que se postule em juízo é algo que, em princípio, repugna. A regra é que há de ser sempre facultado a todos fazê-lo. Houve, mais ou menos recentemente, a concessão de uma série de cautelares, não em matéria tributária, mas de direito privado, proibindo os bancos de requerer a execução de débitos em determinadas circunstâncias, genericamente colocadas. Isso foi considerado absolutamente incompatível com o nosso ordenamento jurídico e quando esses processos desaguaram nos Tribunais de Justiça e no Superior Tribunal de Justiça essas medidas foram cassadas.

Impedir-se o ingresso em juízo é algo que em princípio nos repugna. O ingresso em juízo justamente é facultado a todos. Houve mais ou menos recentemente uma série de cautelares concedidas por este país afora, não em matéria tributária mas em matéria de direito privado, proibindo os bancos de ingressarem em juízo ou de protestarem títulos em determinadas circunstâncias, genericamente colocadas. Isso foi considerado absolutamente incompatível com o nosso ordenamento jurídico e esses processos foram, na medida em que desaguaram nos tribunais de justiça e no Superior Tribunal de Justiça todas essas medidas foram cassadas.

Não se pode, *a priori*, impedir alguém em juízo, e se aqui isso ocorre, por disposição expressa de uma lei complementar, é como conseqüência da suspensão da exigibilidade do crédito.

Tem-se uma regra que opera, que tem eficácia no plano do direito material e que simplesmente repercute no processual. Assim encarada, não há óbice a interpretá-la ampliativamente, para compatibilizá-la com o ordenamento processual vigente. Válido, em exegese construtiva, admitir que, quando se fala em liminar em mandado de segurança, quer-se significar processo cautelar. Saliento que a liminar em mandado de segurança identifica-se com a cautelar e não com aquelas outras medidas de cunho satisfativo que mencionei. A lei do mandado de segurança, ao prever a liminar, estabelece que será deferida, como salientou o Prof. Bandeira de Mello, quando a medida, eventualmente concedida a final, possa resultar ineficaz. Está-se a ver que visa assegurar a eficácia daquela medida e não a satisfazer desde logo o interesse da parte. Claro que isso nem sempre é possível. Apresentam-se hipóteses em que o caráter satisfativo está inelutavelmente presente. Uma situação angustiosa em que o juiz pode encontrar-se é exatamente quando isso se lhe depara: as duas soluções são irreversíveis. É o que sucede, em apreensões de jornais. Ou se concede liminar, e o direito estará plenamente satisfeito, não havendo como recolher a edição, ou não se concede, e o direito terá sido irreparavelmente sacrificado, pois de nada adianta o jornal circular daí a muitos dias. São situações em que uma coisa está de tal modo ligada à outra que é impossível separá-la. De regra, porém, o caráter será simplesmente cautelar, garantindo a execução de medida que vier a ser deferida.

Medida cautelar

Transitando com a liberdade que o jurista deve ter de construir, dentro das possibilidades do ordenamento, aceito que a medida cautelar, equiparando-se à liminar em mandado de segurança, seja passível de ter-se como contida no art. 151 do Código Tributário Nacional.

Claro que essa equiparação não se faz sem algumas dificuldades. Existem questões de competência, por exemplo, que já se têm colocado em determinados casos. Isso se verifica porque, para certos atos, se atacados por mandado de segurança, a competência originária será de um tribunal, mas, se pela via do processo cautelar, competente o juiz de primeiro grau.

O Tribunal de Justiça do Rio Grande do Sul chegou a firmar jurisprudência no sentido de que inadmissível conceder-se liminar em cautelar inominada, em primeiro grau, quando o ato impugnado seja de autoridade que, em se tratando de pedido de segurança, sujeita-se à competência originária do Tribunal. Não tenho conhecimento, entretanto, de que outras Cortes hajam aderido a esse entendimento.

Dificuldade existe, ainda, na equiparação, em virtude da impossibilidade de suspender-se a liminar na cautelar, ao contrário do que sucede no mandado de segurança, a cujo propósito a lei admite que o presidente do tribunal, competente para eventual recurso, suste, em certas circunstâncias, a execução dessa medida.

Saliento, pois, que há alguns problemas. Prefiro enfrentá-lo de outro modo que não aquele que importaria simplesmente afastar a possibilidade da cautelar, porque se o fizermos, aceitando que a exigibilidade do crédito só pode ser suspensa pela medida processual, consistente na liminar em mandado de segurança, remeteremos ao desamparo, à míngua de justificativa razoável, quem tenha deixado decorrer o prazo de 12O dias, sem postular o reconhecimento do seu direito. Parece-me que se hão de compensar essas dificuldades com o uso mais amplo da faculdade de o juiz estabelecer cauções.*

Cauções

Em que consistiram essas cauções? Devem ser, necessariamente, em dinheiro? A meu ver até não. Chego até a pensar, e já decidi assim no Tribunal Federal de Recursos, e aí eu peço a vênia mais respeitosa ao Egrégio Tribunal Regional Federal da 3ª Região, que o depósito em dinheiro não é factível na via da cautelar. Adiante justificarei esse entendimento. A cautela que o juiz pode determinar, nesses casos, será qualquer uma das admissíveis em geral. A fiança bancária, por exemplo, ou a

* As dificuldades apontadas estariam superadas pela Lei 8.437/92, editada após proferida a palestra.

caução de um certo bem, para garantir a Fazenda, em virtude de o seu crédito ter ficado temporariamente inexigível. Deixará mesmo, o magistrado, de impor cautela, se esta lhe parecer dispensável. Tratando-se de pessoa que tenha notoriamente uma fortuna imensa, em condições de arcar tranqüilamente com todo o pagamento daquele débito, às vezes não muito grande, pode o juiz achar desnecessária a prestação de cautela. E a cautela desnecessária seria uma violência. Tem como pressuposto a necessidade. Inexistindo esta, será uma arbitrariedade.

A propósito do mandado de segurança, o eminente Prof. Bandeira de Mello, com o brilho de sempre, dissertou sobre a não discricionariedade da decisão sobre a liminar a que também me filio. A norma legal é impositiva. O juiz haverá de concedê-la, uma vez reunidos os pressupostos legais. Tanto assim é, a meu ver, que a decisão se sujeita a recursos, expondo-se também a ser atacada mediante um outro mandado de segurança, visando à obtenção daquela medida.

Agravo contra indeferimento liminar

Faço um pequeno parênteses: o Supremo Tribunal Federal tem reiteradamente decidido que não cabe o chamado agravo regimental quando negada ou concedida a liminar, pelo relator, em pedido de segurança, e entendido mesmo que se poderá configurar invasão de sua competência, corrigível pela via da reclamação, quando, por meio do agravo, for cassada a liminar, porque só o presidente do Supremo Tribunal, ou agora, conforme o caso, do Superior Tribunal de Justiça, pode sustar a execução de liminar.

Essa doutrina, a meu sentir - e eu o digo sempre com o maior respeito, com reverência mesmo - se me afigura tão antiga e firme quanto equivocada. Se o relator de um processo de mandado de segurança, em um tribunal, nega ou concede a liminar e há previsão de recurso para essa categoria de atos, será cabível, para o órgão colegiado competente. A lei defere uma outra espécie de juízo ao presidente do Tribunal para o qual caiba recursos - o Supremo Tribunal ou o Superior Tribunal de Justiça -, juízo que não diz com a existência do direito, mas com a necessidade de prevenir grave ameaça à saúde, à segurança ou a ordem pública. A decisão será informada por um tipo de consideração que nada tem diretamente com a existência do direito, que este haverá de ser questionado pelos meios recursais próprios. Esse entendimento triunfou recentemente no Superior Tribunal de Justiça. Ajuizado mandado de segurança, impugnado ato do próprio Tribunal, e indeferida a liminar, manifestou o impetrante recurso de agravo e o órgão competente - a Corte Especial que substitui o Pleno - considerou-o cabível, com poucos votos divergentes.

Mandado de segurança contra-cautela

Tornando o nosso tema específico, saliento que, tratando-se de mandado de segurança, a meu sentir não há falar em contracautela. Não há lugar para essa medida, quando se cogita da liminar, e, menos ainda, da sentença que a concede.

Como se explicaria, então, a exigência do depósito em dinheiro para que se conceda liminar em mandado de segurança?

O depósito em dinheiro é uma forma de suspender a exigibilidade do crédito tributário que a lei defere incondicionalmente. Aquele que quiser fazer um depósito em dinheiro poderá fazê-lo. O fato do depósito acarreta a suspensão da exigibilidade do crédito, no limite de seu valor. Claro que esse depósito liga-se necessáriamente a um processo, mas suspende-se a exigibilidade pelo fato de ter sido feito e não por decisão que conceda a liminar.

Depósito

Quando um juiz condiciona a concessão da liminar ao depósito, está, implicitamente, afirmando: a liminar não pode ser deferida, mas, se lhe interessar, efetue o depósito em dinheiro, que este suspende a exigibilidade do crédito, mesmo sem aquela medida. Assim é que, a meu ver, se haverá de entender o depósito vinculado a liminar em pedido de segurança. Verifica-se, aí, outra conseqüência. Concedida a segurança, por sentença, libera-se automaticamente o depósito. Não há mais razãos para ele, porque a exigibilidade do crédito estava suspensa pelo depósito e não pela liminar. Se foi concedida segurança, a suspensão decorre da própria sentença, que executa imediatamente.

Volto, agora, a questão anteriormente apenas aflorada. Tratando-se de medida cautelar, entendo que não se justifica depósito em dinheiro, como caução. Isso porque - e nesse sentido existiam decisões do Tribunal Federal de Recursos - falta de interesse de agir. E que se cuidando de matéria tributária, não há necessidade de cautelar para se proceder ao depósito, que se pode fazer no preâmbulo da própria ação em que se demanda a anulação do débito ou a declaração de sua nulidade. Se assim é, se esse depósito pode ser simplesmente feito, sem maiores formalidades, na própria ação em que se vai demandar o direito, por que se movimentar o Judiciário com um processo prévio? Entendo que falta o interesse de agir.

Meu tempo já foi ultrapassado. Outras questões que eventualmente interessem aos senhores poderão ser dicutidas nos debates.

Muitíssimo obrigado a todos.

PROF. GERALDO ATALIBA - A secretária do IDEPE percorrerá os corredores para receber as perguntas que tenham sido formuladas por escrito. Enquanto não chegam essas perguntas, gostaria eu de formular uma ao Ministro Eduardo Ribeiro.

Com todo o respeito, vou ser obrigado a divergir. Na quinta-feira eu seria obrigado a dizer alguma coisa sobre uma afirmação feita pelo Ministro. Eu preferia fazê-lo diante de S. Exa., e não na quinta-feira, quando ele vai estar de volta em Brasília, trabalhando no seu Tribunal.

Liminar e isonomia

Ministro, V.Exa. afirmou que o depósito só se faz diante de determinadas circunstâncias. Uma pessoa, notoriamente rica ou uma empresa notoriamente estável, já tem nesse patrimônio ou nesse conceito as condições de oferecer garantia, de maneira que não precisa fazer depósito nenhum. Eu pergunto: então quer dizer que quem não é rico ou não tem grande empresa ou não é muito estável, quer dizer, quem é pobre tem que fazer depósito, e o rico não precisa? Será que eu entendi bem? Porque embora não entenda de processo, eu penso que meditando sobre a Constituição ganhei um mínimo de sensibilidade jurídica para supor que não entendi bem o que eu ouvi. Gostaria de ouvi-lo a esse respeito.

MINISTRO EDUARDO RIBEIRO - A colocação feita, nos termos em que o foi, é à primeira vista, chocante. Soa como traduzindo tratamento discriminatório entre pessoas, mais ou menos abonadas. Não ocorre isso, entretanto.

Começo salientando que não me referi apenas a depósito, mas a caução em geral, qualquer tipo, como, por exemplo, uma fiança idônea que o juiz considere satisfatória. A questão há de ser vista de um outro ângulo. Em regra, o juiz não tem modos de aferir se uma determinada pessoa, deixando de oferecer caução, acarretará um risco para a Fazenda. Se tiver, se do exame doselementos que lhe sejam trazidos, verificar que não há risco algum, ele vai assim mesmo exigir a cautela? Qual o objetivo disso? Por que exigir uma caução que se evidencia desnecessária?

Isso pode levar a um tratamento diferenciado? Pode. A injustiça, entretanto, estará em muitas pessoas serem pobres e umas poucas imensamente ricas. Daí decorre uma série de outras injustiças no processo. Essas se manifestam com freqüência, porque a igualdade que o Código assegura é meramente formal. Essa preocupação, infelizmente, nem sequer o permeou. Sua Exposição de Motivos contém afirmação expressiva, quando consigna que um Código de Processo é obra eminentemente técnica. Ora, o Código de Processo é uma obra técnica, sim, mas é também uma obra política, e, conforme a posição política de seus elaboradores, seu conteúdo será diverso.

O nosso Código é individualista e privatista. O que o Prof. Ataliba salientou traduz uma injustiça? A nossa ordem sócio-econômica não tenho dúvida de que é injusta, o que se reflete no processo. Não se justificaria, porém, colocar uma restrição desnecessária, exigir uma caução sabidamente supérflua, apenas para, formalmente iguala o rico com o pobre.

PROF. GERALDO ATALIBA - Vou fazer uma outra pergunta ao Ministro Eduardo Ribeiro, declarando que estou satisfeito com o que ele disse. É verdade, não é no processo que se vaõ corrigir defeitos estruturais da sociedade e outros que só se refletem incidentalmente no processo. Eu aceito e concordo.

Depósito e suspensão do crédito

Mas há outra pergunta de quem não sabe e quer saber. Ministro, disse V.Exa. que a parte oferece o depósito para obter a vantagem da suspensão da exigibilidade do crédito fiscal e que essa exigibilidade decorre do depósito e não de alguma decisão do juiz. Eu pergunto: a qualquer instante pode a parte levantar o depósito que fez, com isto situando-se voluntariamente na situação de risco, ou seja, na situação de poder vir a exigibilidade a ser manifestada? Por quê?

Vejo que muitas vezes ao pedir ao juiz o levantamento do depósito o juiz diz: "Não, não pode levantar, o depósito está aqui garantindo alguma coisa", e na verdade só está garantindo é a própria pessoa, livremente. E essa pessoa pode dizer: "Eu não quero mais depositar; eu corro o risco da execução, mas quero esse dinheiro." É uma pergunta.

Mas eu aproveito para engatar uma outra: V.Exa. afirmou que o depósito foi feito em garantia do fisco, do Tesouro, da Fazenda. Eu ouço às vezes se dizer que o depósito é feito em garantia do juízo. Gostaria de entender melhor isso.

MINISTRO EDUARDO RIBEIRO - Comecemos pela última.

Garantia de instância?

É comum realmente essa expressão garantia do juízo. Assim, por exemplo, nas execuções por quantia certa, só se podem oferecer embargos, garantido o juízo pela penhora. Acho a expressão não muito feliz. Garante-se a eficácia do processo. Claro que, na medida em que se garante a eficácia de um futuro processo, movido pelo fisco, está-se resguardando, de certo modo, o direito desse.

A outra questão é complexa: se se pode levantar o depósito a qualquer tempo. Isso envolve uma outra, que demanda prévio exame. Julgada improcedente a ação, em que se pleiteou a anulação ou declaração de nulidade do crédito tributário, e em que se fez o depósito, qual o destino desse?

Depósito

Tive conhecimento de opiniões autorizadas, que teriam sido expostas neste ciclo de palestras, no sentido de que reverteria para o particular. Inclino-me por outra solução. Tem o depósito uma conseqüência muito séria que é a de suspender a exigibilidade do crédito obstaculizando o ingresso em juízo. O fisco fica impedido de executar e penhorar. A contrapartida disso está na segurança que decorre do depósito. Segurança que seria ilusória, caso o contribuinte levantasse o dinheiro, tão logo vencido. Não se expôs à execução e o depósito que fez não serviu, em verdade, para nada.

O Processo Civil conhece algumas ações com o chamado caráter dúplice. Significa que a sentença poderá satisfazer o direito do réu, condenando o autor, ainda sem reconveção. Assim, tratando-se de possessórias, admite-se que, na contestação, o réu peça a proteção possessória, o que lhe poderá ser concedido, embora na posição do réu, não ofertada reconvenção. Nas ações renovatórias, havendo sentença de improcedência, posto que acolhida a exceção de retomada, esta decisão leva ao desejo do autor.

Não é, pois, repugnante ao direito que as ações tenham caráter dúplice. Vejamos se isso pode ocorrer, se há amparo legal para reconhecê-lo na ação garantida pelo depósito.

Conversão de depósito em renda

O Código Tributário Nacional contém dispositivo, a estabelecer que uma das formas de extinção do crédito tributário é a conversão do depósito em renda. Note-se que não há espaço para admitir que se trate do depósito em ação consignatória, pois desta se cuida em outro inciso do mesmo artigo. O depósito aqui mencionado, cuja conversão em renda extingue o crédito, é o mesmo previsto no art.151, a propósito da suspensão. E esta conversão ocorre exatamente quando o Judiciário reconhece que a pretensão do autor contribuinte, de anular ou declarar nulo o crédito, não era de ser acolhida.

Esse entendimento já encontrou repercussão no Superior Tribunal de Justiça. Nesse sentido, o voto do Ministro Pádua Ribeiro, ainda que com fundamentação doutrinária não coincidente com o aqui exposto.

Entendendo assim; forçosamente tenho que concluir não se poder livremente levantar o depósito, que obstou se intentasse a execução. A ser de modo diverso, poderia o contribuinte, após impedi-la, às vezes por largo tempo, mas convencendo-se de que seria vencido, simplesmente levantar a garantia e deixar o fisco, eventualmente, sem meios de fazer efetivo seu direito.

PROF. GERALDO ATALIBA - Profa. Anna Maria Pimentel.

PROFA. ANNA MARIA PIMENTEL - Com a permissão do Prof. Geraldo Ataliba, que exerce a presidência com mão de ferro, fico autorizada a fazer uma correção num defeito que desde ontem vem ocorrendo e foi realmente sem uma pré-intenção, mas é evidente que essa correção merece ser feita.

Devolução do depósito

Ontem o Prof. Botelho de Mesquita disse que haveria um voto meu no Tribunal Regional Federal da 3ª Região sobre a matéria da devolução ao pleiteante daquele depósito que ele teria feito numa demanda cautelar ou no mandado de segurança, porque sendo vencedor ou derrotado aquele depósito lhe pertenceria. Na verdade esse voto nunca existiu, foi um comentário que fiz com ele pelo telefone e ele compreendeu de maneira diferente.

Agora começo a esclarecer as coisas como elas ficaram postas, embora eu devesse me reservar para quinta-feira, porque já estou fazendo invasão de campo. Mas como disse o Ministro Eduardo Ribeiro referindo-se à palestra ontem do Prof. Botelho de Mesquita, dizendo que ele seria partidário da devolução de depósito efetivado pelo contribuinte para a suspensão do crédito tributário, na verdade ele fez duas colocações - salvo engano meu.

Aquela situação peculiar do art. 38 da lei 6.83O de 198O, em que existe um crédito tributário já constituído e a anulação é anulatória desse crédito, ele entende que se a parte ofereceu o depósito e foi derrotada, esse depósito será convertido em renda; não haverá devolução ao contribuinte. Eu estou com isso muito vivo porque ouvi a fita detalhadamente, mas me parece que a situação foi esta.

Declaração negativa

A situação diversa é na ação declaratória de inexistência da relação jurídica tributária. Não há crédito tributário constituído, a situação é outra. Emitida a lei e o contribuinte já atemorizado pela possível imposição de um crédito que ele imagina que seja absolutamente inconstitucional, e tantos são absolutamente inconstitucionais que ele já fica logo pronto para não pagar. Aí houve a construção jurisprudencial ao que ele diz desta declaratória que virá apaziguar os temores do contribuinte, porque ele também pede cautela. E aí eu estou com o Ministro Eduardo Ribeiro: Aquela ação cautelar não é cautelar de depósito nem ação de depósito; o que pretende o pleiteante é não ser compelido a pagar o crédito ..., já a não ter ... Então ele pede cautela. Mas pode ser que o juiz seja parcimonioso e não queira dar aquela cautela. Então ele oferece o depósito que é uma contra-cautela. Nessa hipótese é que eu entendo, e foi isso que disse ao Prof. Botelho de Mesquita, e ele também parece que comunga da mesma opinião, segundo manifestou-se ontem: nesta hipótese o crédito não pertence à Fazenda. Agora irá a Fazenda agilizar a execução para se satisfazer.

O crédito não estava nem constituído. Naquele instante, foi aquele momento de temor, o chamado justo receio em face de uma ameaça, que provocou, por parte do contribuinte, o aforamento de duas medidas: uma declaratória, “não estou obrigado a pagar, quero cautela para não sofrer a sanção”, e se o juiz não for dar, “a cautela já seria esse depósito, ou uma garantia qualquer, para que aí o juiz me preserve o direito futuro”.

Acho que agora ficamos mais ou menos esclarecidos.

PROF. GERALDO ATALIBA - Obrigado, Profa. Anna Maria.

MINISTRO EDUARDO RIBEIRO - Os esclarecimentos da Profa. Anna Maria me tranqüilizam. Também entendo que a conversão do depósito em renda só se poderá verificar quando já constituído o crédito. Antes disso não haveria cogitar de impedir execução que não era viável.

PROF. GERALDO ATALIBA - Vão ser respondidas agora as perguntas.

Eu pediria ao Prof. Bandeira que respondesse a primeira, depois o Prof. Eduardo Ribeiro, e assim vamos variando.

PROF. CELSO ANTONIO BANDEIRA DE MELLO - As perguntas que me foram dirigidas, na verdade estão ferindo o tema que foi abordado pelo Prof. Eduardo Ribeiro, portanto creio que ele mesmo poderia respondê-las. No entanto, a primeira delas não.

Pergunta da Dra. Leila Rahal: “O senhor falou que verificado *periculum in mora* e *fumus boni iuris* em mandado de segurança deverá o juiz conceder liminar.

Não teria a liminar de mandado de segurança natureza jurídica diversa da liminar de caráter cautelar que exige o *periculum* e o *fumus*? Em outras palavras, vale dizer, neste caso, deve existir *periculum* e *fumus*, em mandado de segurança se estas características são, ao seu modo de ver, exclusivas das cautelares?"

"Periculum" e "fumus"

Eu diria que a meu ver tem que concorrer os dois elementos, e com o art. 7º do mandado de segurança, de acordo com seu inciso II "ao despachar inicial o juiz ordenará que se suspenda o ato que deu motivo ao pedido quando for relevante o fundamento e do ato impugnado puder resultar a ineficácia da medida, caso seja deferida". Não me parece que baste um ou outro desses elementos. Ali exige concorrentemente a existência de ambos.

Sei que há quem sustente - creio que é a posição do eminente Desembargador Régis Fernandes de Oliveira - que o que se há de atentar é para a existência do *periculum*. Não me parece, entretanto, que seja em face da lei. E não apenas em face da lei, eu creio que até princípios gerais de direito haveriam de sustentar a necessidade da existência de duas coisas, porque se alguém faz um pedido que se demonstra sem fundamento, não há razão para a cautela contida na liminar. Já que de antemão se revela despida de plausibilidade a premiação da parte, que espécie de razão poderia justificar a concessão? Meramente porque há um perigo? Mas o perigo é do atingimento de uma situação que o direito protege e não o perigo de atingimento de uma situação que o direito não protege.

Se desde logo os fundamentos abusivos não revelam de antemão uma possibilidade de que haja um direito a ser lesado, não há razão para a concessão da cautela. A meu ver têm que concorrer realmente os dois elementos, por questão estritamente ligada ao que foi dito: como situar juridicamente liminar concedida à medida de caução? Está contida no poder cautelar do juiz?

PROF. CELSO ANTONIO BANDEIRA DE MELLO - Aqui me aparece uma pergunta realmente difícil: "A verdade jurídica, como foi exposto, é sempre aquele provimento jurisdicional dado em última instância. Sabemos que, por vezes, há total distanciamento do conceito e noção de justiça. Como fazer para que a verdade absoluta possa, cada vez mais, estar próxima da Justiça, enquanto esta é a maior perseguição quando do exercício do direito de ação?"

Legalidade e jurisdição

Justiça é o ideal, não é um conceito. A justiça é meramente um projeto e as noções de justiça são claramente discrepantes, dependendo, segundo o meu ponto de vista, das classes sociais. São interesses de posição, quando menos, que determinam que alguém considere que algo é justo e que outrem considere que algo é injusto.

Nos regimes ditos democráticos, em que existe a escolha dos representantes do povo, estes representantes bem ou mal escolhidos estabelecem qual é o critério da justiça prevalente na sociedade num dado momento, e esse estará consagrado na Constituição e nas Leis.

O compromisso do jurista enquanto jurista, ou, até, se quiserem, que se diga de outra maneira: o compromisso do intérprete enquanto intérprete é o de dizer aquilo que o direito estabelece como sendo o direito, e não o direito que ele textualmente considere que seja o direito, até porque ele não recebeu nenhuma legitimidade através das urnas para quem aceita o processo democrático.

Sendo assim, o que se trata de verificar e de tentar através do tema das liminares, que se inclui como tantos dentro desse temário, é quais os meios disponíveis para que uma dada decisão possa estar o mais próxima possível daquilo que está no sistema normativo consagrado como sendo o direito; a justiça o coloca como algo à parte, nem considera que jamais tenha sido em qualquer tempo histórico, preocupação do direito estabelecer a justiça. No meu modo de ver jamais foi preocupação, foi estabelecer ordem e segurança, de acordo com os interesses que resultam do conjunto de forças porventura existente na sociedade.

Logo, que providências, que medidas, que meios podem ser mais ou menos aptos para que se assegure este tipo de realização, coincidência entre o projeto de uma dada ordem normativa e a realização em concreto dele?

Talvez tenha necessidade aqui, uma vez que é a minha única pergunta, de abrir um pequeno parênteses esclarecedor.

Valores e constituição

As constituições modernas, as constituições do nosso tempo - a brasileira, inclusive - consagram valores que são os aceitos, quando menos nominalmente como os desejáveis num dado tempo histórico. Qualquer pessoa que abrir a Constituição Brasileira - podia abrir esta e podia abrir a Carta de 1969, como podia abrir a Carta de 1967, como podia abrir a Constituição de 1946 - encontraria em quaisquer delas amplíssimo supedâneo normativo para sustentar idéia extremamente avançada e extremamente progressista em tema de justiça. É claro que há de prevalecer a interpretação que está em texto constitucional e não o que está nas leis.

Portanto, eu não creio que mesmo para uma pessoa que tenha preocupações, as suas pessoais de justiça, e que sejam preocupações - digamos assim, usemos uma expressão - generosas socialmente falando, não teria nenhuma dificuldade em encontrar no texto constitucional amplíssimo apoio.

Aliás, é por isso que eu tenho sempre dúvidas: quando falam desses juízes do direito alternativo, que eu não ouvi nenhum pessoalmente, eu não sei se se está caracterizando esses juízes como alguém que quer fazer prevalecer o seu pensamento pessoal em relação às normas, ou se está falando de alguém que realmente traz os valores constitucionais para aplicação em concreto. Por isso que eu jamais ousei condenar esses juízes do direito alternativo, por não ter ouvido, não saber exatamente o que é.

No Brasil tende-se a achar que se alguém não cumpre exatamente uma portaria, uma disposição legal, porque está buscando supedâneo em normas superiores, esse alguém então está querendo impor o seu próprio direito.

Como seria possível estabelecer essa concordância?

Já que no meu modo de entender essa concordância é sempre uma concordância da decisão de um caso concreto, a disposição normativa é esta, a jurídica, o que pode em tema de liminar a meu ver ser feito exige simplesmente que seja cumprida a Constituição. Uma liminar, se ela é bem concedida, tem fundamentos muito bem postos e expostos, para que se saiba se ela foi ou não bem ou mal concedida e para que possa ser revista pelo tribunal, se for o caso.

Motivação e liminar

O que se passa em concreto é que as liminares são deferidas ou indeferidas, sem nenhuma espécie de fundamentação. Não existe motivação, porque se alguém imagina que motivar uma concessão ou denegação de liminar é dizer: estão presentes os pressupostos do art. 7º-II da Lei 1533 de 31.12.51, ou não estão presentes os pressupostos, não vejo iminência da ocorrência do dano alegado, e considero que não estou suficientemente esclarecido antes da informação da parte, esse alguém não disse nada, não motivou; usou palavras.

O que é motivar? É este o único meio que eu vejo de verificar se há concordância. O que é motivar? É a mesma coisa que um juiz faz quando dá a sentença; ele tem que dizer porque os argumentos expostos não são argumentos convincentes. Em outras palavras: alguém tendo dito que existia um fundamento relevante o juiz tem que indicar: não há fundamento relevante por isso, por isso e por isso. É certo que é o seu modo de interpretar um direito. Ele tem que expôr.

Não há perigo de lesão irreparável porque advindo a decisão porventura em tal sentido, o direito que está posto em questão está mantido, digamos, persistirá, salvo a situação de iminência de dano alegado por isso, por isso ou por isso não se realiza de fato por tais ou quais razões.

Despacho fundamentado

É claro que na medida em que o juízo cumpra isto - e eu não vejo nenhum juiz fazer isso e nem os tribunais fazerem isso quando se impetra uma segurança contra a denegação de liminar - haverá um controle sobre ocorrência ou inocorrência da proteção que a ordem jurídica dá a alguém, ou não dá a alguém. Não existindo isto é evidente que estamos no reino do puro arbítrio, mesmo que não dito, nós estamos no reino pura e simplesmente do foro íntimo: "não dou porque não quero, se preciso invocar o dispositivo legal invoco o art. 7º-II", porque motivar é alguma coisa que em Direito se sabe perfeitamente o que é, foi objeto inclusive de muitas preocupações dos administrativistas.

O que é motivar? Motivar é indicar primeiro o fundamento legal, os dispositivos legais em que alguém se estriba com uma decisão - começa aí. Em segundo lugar, enunciar as razões de fato e de direito que estabelecem a conexão lógica entre aquilo que foi dado como existente depois dessa prévia demonstração, com a dicção afinal produzida. Tem que mostrar a existência de um elo de racionalidade entre aquilo que eu dei por estabelecido e um elo de racionalidade, por que eu dei por estabelecido, por que eu não dei por estabelecido, e dando por estabelecido tal coisa, por que eu deferi ou indeferi. Sem isto não existe motivação.

Eu sei a resposta: mas os juízes estão sobrecarregados; é evidente que é essa resposta que os juízes naturalmente darão. Então, porque eu estou sobrecarregado eu não faço o direito, eu não cumpro o direito, eu não permito garantia para a outra parte. Essa seria, na verdade, a pior confissão de falência do Poder Judiciário, a mais absoluta confissão de falência do Poder Judiciário, algo que nem sequer pode ser feito porque seria uma confissão da inutilidade dele. Assim, no meu modo de entender a única maneira de promover-se ou a maneira mais apta para promover-se um tema de liminar tal como foi colocado aqui, que a verdade absoluta não será absoluta porque ninguém sabe qual é a verdade absoluta; se soubéssemos, nós éramos deuses. Mas que a verdade normativamente consagrada possa estar presentemente realizada no caso concreto, a única forma de controle em liminar, a meu ver, é obrigar que o juiz cumpra a Constituição; se ele se dispuser a cumprir a Constituição nós teremos um controle sobre essa possibilidade. Se ele não cumprir a Constituição não há possibilidade alguma de termos essa possibilidade ou pelo menos essa possibilidade aferível pela sociedade.

PROF. GERALDO ATALIBA - Ministro Eduardo Ribeiro, a palavra é sua para responder à pilha de perguntas.

MINISTRO EDUARDO RIBEIRO - Existem duas perguntas que têm certa similitude.

Mandado de segurança e contra-cautela

Uma delas foi dirigida ao Prof. Celso Antônio, que me passou. Indaga-se: presentes os requisitos legais para a concessão de liminar - suponho que liminar em mandado de segurança - pode ocorrer que o contribuinte esteja enfrentando graves problemas financeiros. Concedida a liminar mas, a final negada a segurança, pode a Fazenda não ter como receber. Como se resolveria? Pode-se condicionar a concessão de liminar a garantia real?

A outra pergunta disse assim: "O título do Executivo confere maior segurança ao credor. Trata-se de documento previsto em lei. A legislação, já prevendo a possibilidade de alguém ser indevidamente executado, instituiu os embargos do devedor como via de defesa. Qual a razão que justificaria o perigo na demora para o juiz conceder liminar que direta ou indiretamente impossibilite a execução, se a parte sempre terá à sua disposição, para defender seus direitos, os embargos?"

A indagação envolve o balanceamento de dois valores. De um lado, o risco de dano para o contribuinte, em razão de ter uma dívida ilegalmente inscrita e executada. De outro, o risco para a Fazenda, ao se obstar um execução legítima.

Saliento, de início, que freqüentemente não se justifica mesmo essa liminar. É preciso que se caracterize o perigo de dano. Cumpre considerar, entretanto, que esse perigo pode existir, em vista das desastrosas conseqüências, decorrentes do fato de alguém ter um débito inscrito em dívida ativa, pelas restrições legais, ou simplesmente de fato que disso advém. Não se podem desprezar possíveis danos que se produzam apenas no plano prático, mas em relação ao débitos tributários, há conseqüências jurídicas da inscrição do débito, prejudiciais ao contribuinte.

Não me parece possível defender a tese de que o mandado de segurança se condiciona à contra-cautela, porque para isso não há amparo na lei. O que o juiz pode é pôr ênfase em certos aspectos como, por exemplo, na relevância do fundamento, diferindo a liminar quando a plausibilidade seja marcante, evidenciando-se como bastante provável que o impetrante tenha razão. De outra parte, se alguma conseqüência particularmente danosa para a Fazenda apresentar-se como possível, restará a possibilidade de suspensão da segurança. Exigir cautela para conceder segurança é que certamente tenho como injurídico. Note-se que haveria a cautela até o trânsito em julgado, o que se choca com as normas pertinentes ao mandado de segurança. A hipótese aqui é distinta do processo cautelar, a cujo propósito admiti interpretação extensiva para o disposto no art.804 do C.P.C. Tratando-se de mandado de segurança não há previsão legal alguma.

Passo a outra indagação.

Ação ordinária e depósito

"A possibilidade de depósito na própria ação em que se discute o direito é proveniente de algum provimento? Ou decorre da própria lei tributária?

Consta que alguns juízes de São Paulo não aceitam o depósito na ação ordinária, exigindo que se distribua uma cautelar incidental. Está correto?"

A meu ver está incorreto. O depósito pode ser feito na própria ação, com fundamento em duas leis. A que regula a execução fiscal, em seu art. 38, e o decreto-lei 1.737 de 1979. A jurisprudência, pelo menos nos tribunais superiores, é no sentido de que se faz na própria ação.

Pergunta seguinte: "Criado tributo em desacordo com regras constitucionais, quando se inicia o fluxo de prazo decadencial para impetração de mandado de segurança, com vistas à obtenção de liminar que venha a suspender a exigibilidade desse tributo, no entender do expositor, Ministro Eduardo Ribeiro?"

Inscrição do débito

Se se cogita de suspender a exigibilidade, parece-me que correria da inscrição do débito. Não da criação em lei do tributo, mas após concretizado o crédito tributário em relação àquele contribuinte.

Em matéria tributária, observo freqüentemente que se fazem pedidos, em mandado de segurança, ou mesmo ações declaratórias, excessivamente amplos, genéricos indeterminados, o que, a meu entender, não se compatibiliza com o exercício da jurisdição, que há de se referir sempre a uma situação concreta.

"Como se concilia o princípio solve et repete com a demonstração do periculum in mora para concessão de medida cautelar em matéria tributária?"

Não creio que seja propriamente um princípio; que a regra seja pagar para depois repetir. O que há em matéria tributária, ao contrário do que sucede nas relações de direito privado, é outra coisa. Nessas efetuado voluntariamente o pagamento, para que seja repetido exige-se a prova de que fez por erro. Em matéria tributária, se recolhido indevidamente o tributo, há sempre o direito à repetição.

Diversos

"A concessão de segurança autoriza o levantamento do depósito em dinheiro efetuado no mandado de segurança mesmo antes da confirmação da sentença pelo tribunal?"

Assim decidiu, salvo engano, o Tribunal Federal de Recursos e me parece correto. Se a liminar suspende, por si, a exigibilidade, como expresso no Código Tributário Nacional, com maior razão a sentença que concede a segurança, e que se cumpre imediatamente, por simples ofício, contendo uma ordem do juiz dirigida à autoridade coatora. A meu ver, aí não se coloca o problema de execução provisória da sentença. A ordem do juiz, é de ser cumprida imediatamente. Assim, não tem sentido pretender-se subsista o depósito, capaz, por si, de sustar a exigibilidade do crédito.

Suponha-se que não se tivesse feito depósito algum. O crédito continuava exigível mas, concedida a segurança, da sentença decorreria a suspensão da exigibilidade, antes mesmo da confirmação pelo tribunal. Ninguém sustentaria que o fisco poderia executar essa dívida, apesar de haver uma sentença concedendo segurança. A suspensão da exigibilidade decorre dela e o depósito propiciou uma antecipação, por outra causa.

"Como situar juridicamente a liminar concedida mediante caução? Está contida no poder cautelar do juiz?"

Não se esclarece se liminar em mandado de segurança ou em processo cautelar.

Como já salientei, entendo que, em se tratando de pedido de segurança, não há lugar para contra-cautela. Pode-se indeferir a medida e facultar o depósito para, por meio dele, obter-se a suspensão da exigibilidade do crédito. Cuidando-se de processo cautelar, insere-se no poder do juiz a exigência da caução, conforme as circunstâncias, para garantir a parte contra os riscos advindos da concessão da medida.

Existem mais duas perguntas envolvendo o Provimento de 58. Eu pediria à Dra. Anna Maria que respondesse por mim, dado que não tenho conhecimento desse ato normativo do Tribunal Regional Federal aqui sediado.

Depósito

PROFA. ANNA MARIA PIMENTEL - Na verdade quem deveria responder seria o Juiz Lacombe, que integra o Conselho da Justiça Federal e eu não, mas de toda forma, a pergunta diz: "Com o advento do Provimento nº 58 do Egrégio Conselho da Justiça Federal, é razoável se admitir ser dispensável o ajuizamento de ação cautelar para se lograr a suspensão do crédito tributário, em que pese as súmulas 1 e 2 do colendo Tribunal Federal da 3ªa Região?"

A segunda também guarda parentesco com a primeira; é também sobre o Provimento nº 58: "Pelo Provimento nº 58, a Justiça Federal em São Paulo autoriza o depósito suspensivo de exigibilidade, exceto em mandado de segurança. Assim, não concedida a liminar em mandado de segurança para a suspensão da exigibilidade, poderá o impetrante efetuar o depósito nos autos do *writ*?"

Ao que parece esse provimento, que é de índole administrativa - evidentemente, esse depósito é administrativo, não é judicial - a meu sentido não tem a ver com judicial, foi feito mesmo para evitar o ajuizamento de medidas cautelares. Nem vou antecipar o que penso a respeito de tal situação, porque evidentemente considero a jurisdição o meio mais adequado para que alguém peça. Então, sobre esse aspecto o tribunal adotou uma política administrativa de autorizar esse depósito e evidentemente inibir o ajuizamento de demandas cautelares no volume em que vinham surgindo. Então, apesar das Súmulas 1 e 2 hoje se faz depósito através das medidas que ficaram explicitadas nesse provimento.

No caso do mandado de segurança, suponhamos que o juiz que preside o feito não reconhecesse os pressupostos da concessão da liminar: dificilmente ele autorizaria o depósito. Se ele sequer viu aquelas duas situações que viabilizariam a concessão da liminar suspensiva da exigibilidade do crédito tributário, dificilmente ele admitiria que nesse mesmo mandado de segurança se fizesse depósito.

As seguranças originárias impetradas perante a 2ª sessão do tribunal nesse sentido são muitas. Eu admitiria, mas os senhores não poderão ficar evidentemente com o meu conceito a respeito disso só. Então, aferindo a generalidade dos juízes hoje que integram o Tribunal Regional da 3ª Região, eles não admitiriam. Então o veículo ainda seria o Provimento 58, que veio para tentar agilizar um pouco mais os depósitos sem ajuizamento de demandas cautelares, que na verdade me parece serem mais adequadas.

PROF. GERALDO ATALIBA - Quero em nome da Dra. Anna Maria e do Presidente Américo Lacombe agradecer ao eminente Prof. Celso Antônio Bandeira de Mello pela magnífica aula que nos deu ao ilustre juiz e professor Eduardo Ribeiro por sua colaboração, pelo esforço que fez em vir de Brasília até aqui, e convoco os senhores para amanhã às 8h3O darmos progressimento, ouvindo os juízes Lúcia Valle Figueiredo e Sebastião Oliveira Lima, que vão prosseguir no debate do tema.

Estão encerrados os trabalhos.

MANDADO DE SEGURANÇA COLETIVO E SEUS PRINCIPAIS PROBLEMAS

SEBASTIÃO DE OLIVEIRA LIMA

PROF. HOMAR CAIS - Minhas senhoras e meus senhores, bom dia. Vamos dar início às aulas de hoje que serão proferidas pela Juíza Lúcia Figueiredo e pelo Juiz Sebastião de Oliveira Lima.

Passo a palavra ao Prof. Geraldo Ataliba para as considerações iniciais.

PROF. GERALDO ATALIBA - Sob a Presidência do Juiz e Prof. Américo Lacombe, Vice-Presidente do Tribunal Regional Federal, vamos dar início aos nossos trabalhos.

Falará em primeiro lugar o Juiz Sebastião de Oliveira Lima sobre:

Tem a palavra o ilustre professor.

PROF. SEBASTIÃO DE OLIVEIRA LIMA - Professor Geraldo Ataliba, Prof. Américo Lacombe, Profa. Lúcia Valle Figueiredo, meus colegas juízes federais, senhoras e senhores. Eu por primeiro devo dizer que me considero um atrevido em estar aqui julgando-me na condição de proferir uma palestra, tendo ao meu lado três meus professores. A eminente Juíza Lúcia Figueiredo é a minha mestra em Direito Administrativo, o Prof. Américo Lacombe é o que me ensina o pouco que sei a respeito de Direito Tributário e o Prof. Geraldo Ataliba é aquele que me corrige nas falhas que cometo, particularmente em Direito Constitucional. De modo que pedindo escusas a todos por esse atrevimento e reconhecimento a responsabilidade que daí me resulte, eu me proponho a conversar com os senhores sobre o mandado de segurança coletivo e seus principais problemas.

Importância do judiciário

Repito aqui as palavra ditas pelo Ministro Carlos Mário Veloso numa solenidade em que aquele eminente julgador nos lembrou que nunca na história constitucional brasileira o constituinte confiou tanto em seus juízes quanto o constituinte de 1988. Com efeito, manteve ele no texto da Lei Maior não apenas aqueles institutos jurídicos já existentes como mandado de segurança, *habeas corpus*, ação civil pública, ação popular, mas criou outros institutos de garantia de direitos sociais coletivos e individuais, através do mandado de segurança coletivo, do *habeas data*, do mandado de injunção.

Pareceu ao constituinte em 1988 que apesar dos pesares, apesar de todas as dificuldades por que passa esse poder, era o Judiciário ainda aquele que tinha melhores condições de se pôr ao lado do cidadão na defesa dos seus sagrados direitos. Criou então o art. 5º inciso LXX da Constituição Federal de 88 o mandado de segurança coletivo.

Naturalmente se esperava que o legislador ordinário editasse um diploma legal que desse os contornos desse novo instituto, tal como ocorre com relação ao mandado de segurança individual. Isso entretanto não ocorreu até agora, fato que faz com que a doutrina e a jurisprudência pátria cuide do assunto sempre à espera da edição de uma norma legal.

Mandado de segurança

O Judiciário vem aplicando o mandado de segurança coletivo naquilo que não é contrário às disposições da legislação referente ao mandado de segurança chamado individual. Isso, entretanto, vem ocasionando uma série de problemas que nós conseguimos detectar através principalmente da jurisprudência de nossos tribunais.

Um problema primeiro que afeta o mandado de segurança coletivo é a confusão que se fez e que ainda se faz - se bem que agora bem menos do que anteriormente - entre o mandado de segurança coletivo e o mandado de segurança individual como litisconsórcio ativo, chamados por uns de pluri e por outros de pluri-subjetivo.

O que torna o mandado de segurança coletivo - os senhores bem o sabem - não é o número de autores, mas a natureza dos interesses que são tratados no mandado de segurança coletivo. Esses interesses devem ser aqueles tão bem estudados pela Profa. Lúcia Valle Figueiredo, chamados de difusos ou coletivos, mas também a qualidade dos titulares desses interesses.

Valores tutelados

Vou me permitir ler aos senhores aqui um Acórdão do Superior Tribunal de Justiça à época em que o Ministro Carlos Mário Velloso, hoje do Supremo, lá ainda judicava. Aliás, foi um agravo regimental em mandado de segurança, originário naquele tribunal. Diz a emenda: "Mandado de segurança. Mandado de segurança individual. Mandado de segurança coletivo, interesses difusos. I- O mandado de segurança individual visa a proteção da pessoa física ou jurídica contra ato de autoridade que cause lesão, individualizadamente a direito subjetivo (Constituição Federal, art. 5º inciso LXIX). Interesses difusos e coletivos, a seu turno, são protegidos pelo mandado de segurança coletivo (Constituição Federal, art. 5º inciso LXX), pela ação popular (Constituição Federal, art. 5º inciso LXXIII) e pela ação civil pública (Lei 7347/85)."

Segurança contra ato judicial

Aliás, fazendo um pequeno parênteses aqui, Prof. Geraldo Ataliba, essa Constituição de 88 teve um grande mérito, a meu ver, que foi fazer com que nós, já mais antigos - afinal, da nossa mesa aqui só o meu eminente mestre é mais velho do que eu - recordássemos os algarismos romanos, porque hoje é muito interessante a gente ver lá inciso LXXXIII. Cada vez que eu vou ler isso primeiro tenho que fazer uma rápida recordação do que significa L, D e outras coisas. Mas essa confusão, como eu dizia, aparece bem mais nítida quando o mandado de segurança é requerido por várias empresas ou por vários impetrantes. E eu vou dar como exemplo um caso ocorrido aqui no Tribunal Regional Federal da 3ª Região, no julgamento de um mandado de segurança da 2ª sessão. Diz a ementa: "Ato judicial em mandado de segurança; cabimento; legitimidade de parte; interesse de agir e irreparabilidade do dano. 1- Cabível para modificar ato judicial." Hoje já não se discute mais isso, cabimento de mandado de segurança para modificar ato judicial. "2- Preenchem os impetrantes os subsídios para impetração de mandado de segurança coletivo consoante o disposto no art. 15 item LXX da Constituição Federal. 3- Ocorrência da irreparabilidade do dano com a retenção de navios de propriedade dos impetrantes, possibilidade de provisória exigência de termo de responsabilidade. 4- Sentença concedida até julgamento do mérito pela autoridade coatora, liminar confirmada."

Então vejam os senhores que aqui o ato impugnado foi apreensão de navios; a autoridade judicial contra a qual foi promovido este mandado de segurança determinou a apreensão de um determinado número de navios pertencentes a pessoas jurídicas diversas, a armadores diversos. Esses armadores diversos ingressaram com mandado de segurança no nosso tribunal contra um juiz de primeira instância e a sessão entendeu que nesse caso estávamos frente a um mandado de segurança coletivo, quando na verdade não é, as empresas marítimas não têm legitimidade para impetrar o mandado de segurança. A legitimidade para requerer o mandado de segurança é apenas daquelas pessoas que a Constituição expressamente prevê no art. 15 inciso LXX. São "*numerus clausus*"; a meu ver, é taxativa essa enumeração e não pode ser, a meu ver, incluída outra pessoa. Então aqui o caso seria de mandado de segurança individual, como um consórcio ativo; quer dizer, vários impetrantes requerendo direitos individuais de cada um deles.

Alcance da decisão

Outro problema que surge dessa matéria, e aqui bastante discutível, é a questão do alcance da sentença proferida no mandado de segurança coletivo. Mas no art. 15 inciso LXX da Constituição a ordem é requerida em benefício de determinadas pessoas que se encontram numa mesma situação de fato e/ou de direito, embora não precisem elas ser nominadas na inicial, isso me parece óbvio. Um partido político quando impetra um mandado de segurança relativamente à população de uma área - nós vamos tocar nisso daqui a pouco, para eu me explicar melhor - não precisa dizer quais são as pessoas que serão beneficiadas pelo mandado de segurança. Vou dar um exemplo: um partido político com representação no Congresso Nacional impetra um mandado de segurança visando a permitir que votem os eleitores analfabetos impedidos de fazê-lo, quer dizer, impedidos de votar numa eleição, por decisão do juiz eleitoral local. Por qualquer motivo o juiz eleitoral baixa um ato dizendo que não podem votar ali na sua seção os analfabetos. O partido político vem então a juízo e impetra um mandado de segurança coletivo contra esse ato do juiz eleitoral. Essa segurança tem por alvo todos os eleitores analfabetos que devem exercer o seu direito de voto naquela seção eleitoral presidida por aquele magistrado. Não há necessidade de que o partido político enumere quais são esses eleitores, serão todos aqueles que se encontrem nessa mesma situação.

Então a pergunta que se faz: qual o alcance da sentença que foi proferida nesta segurança? Autores de peso - aliás, de muito peso - defendem o entendimento de que se concessiva a ordem a sentença beneficiará todos aqueles visados pela segurança; se negativa não faz coisa julgada, sendo possível a qualquer um dentre aquelas pessoas que o mandado de segurança visava, impetrar subseqüente segurança individual sobre um mesmo fato.

Decisão concessiva ou denegação

Parece-me, com a devida vênia, não ser essa a melhor solução. O art. 5º, que será citado aqui bastantes vezes, inciso LXX da Constituição Federal, criou um caso de substituição processual, isto é, as pessoas visadas pela segurança, a quem a segurança visa atingir, são substituídas por outra. Essa outra instância é expressamente prevista no texto constitucional, o que significa dizer que embora substituídas por outra, são os beneficiários da ordem que estão ali postulando, eles são substituídos por uma outra entidade que a Constituição Federal expressamente prevê. A decisão que foi proferida nesta segurança, alcança a todos os visados, seja ela concessiva, seja ela denegatória. Isto é, se a decisão no mandado de segurança no exemplo a que me referi, for concessiva, disser que todos os analfabetos podem votar, todos aqueles analfabetos daquela seção judiciária são abrangidos pela sentença. Da mesma maneira, a mim me parece que se a decisão for denegatória nenhuma pessoa analfabeta daquela sessão judiciária poderá votar, porque entendo que nesse caso, no caso de mandado de segurança coletivo, a sentença produz efeitos "*erga omnes*", mas "*erga omnes*" entre aquelas pessoas que ela visa favorecer. Não seria "*erga omnes*" num universo todo, mas num universo mais restrito, que são aquelas pessoas que o mandado de segurança visa a beneficiar.

Segurança Pública

Esse entendimento de que a sentença se for concessiva atinge a todos e se for denegatória não produz efeito de coisa julgada me parece ofender os princípios da economia processual e da segurança jurídica, inclusive porque obriga o sujeito passivo a responder a dois processos pelo mesmo fato: um mandado de segurança coletivo primeiro, e depois se a sentença lhe for favorável um mandado de segurança individual.

Por isso - não sei se consegui ser claro - eu acho que a decisão proferida em mandado de segurança coletivo alcança todos aqueles que ela visava beneficiar, seja concessiva, seja denegatória a ordem. Isso é irrelevante.

Ação civil pública

Agora, há uma última observação que nós poderíamos aqui fazer: a Lei 7347 de 1985, que cuida da ação civil pública, permite a sua utilização na defesa de qualquer interesse difuso ou coletivo. Esse está no seu art. 1º inciso IV, com a redação dada pelo art. 11O da Lei 8O78 de 199O, aquela lei do consumidor. Em seu art. 16 estabeleceu essa lei que a sentença proferida na ação civil pública faz coisa julgada "*erga omnes*", exceto se a ação foi julgada improcedente por deficiência de prova.

Então, na melhor das situações eu acho que no caso do mandado de segurança coletivo, que também visa a proteger direitos coletivos e difusos, poderia ser aplicada por analogia essa disposição da lei da ação civil pública, isto é, a sentença produz efeito "*erga omnes*" relativamente apenas àquele universo que ela visa a proteger, seja concessiva ou denegatória; a não ser que a ação seja julgada improcedente por deficiência de prova, isto é, que na ação de mandado de segurança a segurança seja denegada porque não suficientemente provado aquilo que pretende o impetrante.

Isso, entretanto, é apenas uma solução conciliatória, porque me parece que por não termos nada ainda a respeito até o momento sobre o mandado de segurança coletivo, a sentença nele proferida atinge todos aqueles que visava beneficiar.

Substituição processual

Um outro problema que eu gostaria de tocar aqui com os senhores é o que diz respeito à natureza dessa substituição processual prevista pela disposição constitucional. Vale dizer, o que eu me pergunto é se essa legitimação processual substitutiva concedida pela Constituição Federal é exclusiva ou concorrente. Isto é, se os direitos a serem defendidos forem coletivos e difusos em favor de um universo que pode ser representado por aquelas pessoas que a Constituição prevê nessa mesma disposição constitucional - evidentemente o art. 5º inciso LXX - se isso inibe os beneficiários de ingressarem com o mandado de segurança individual.

A questão não é simples. Eu entendo que é concorrente essa legitimação. A qualquer momento a pessoa que se julgue prejudicada, que julgue prejudicado o seu direito por um ato de autoridade que também atinge um universo maior, ela pode ingressar com mandado de segurança individual. No caso a que me referi, do partido político, acho que qualquer leitor analfabeto poderia utilizar-se do mandado de segurança individual para fazer valer o seu direito de eleitor; agora, dependendo do caso nós teríamos uma solução na prática se adotado esse meu entendimento.

Vamos supor que determinada autoridade esteja praticando um ato que prejudica a vários associados de uma entidade de classe. Como eu disse, nada impede que eles até mesmo em litisconsórcio ativo impetrem um mandado de segurança - individual aí, pode ser o pluri - visando a proteção dos seus interesses, assim como nada impede que a entidade que os congrega requeira em benefício deles o mandado de segurança coletivo. Aí é caso patente de legitimação ativa concorrente, acho que isso dispensa até maiores considerações.

Mandado de segurança individual e coletivo

O problema é saber se o exercício de uma legitimação inibe o exercício da outra legitimação. Vale dizer, se impetrado o mandado de segurança individual visando a proteção de um determinado fato; se a entidade que a Constituição prevê como legítima para impetrar o mandado de segurança coletivo não possa fazê-lo sob pena de incidir litispendência, ou vice-versa, se impetrada a segurança coletiva pela entidade, favorecendo também determinada pessoa, se essa pessoa fica inibida de fazer valer a sua legitimação individual, isto é, de impetrar em nome próprio o mandado de segurança individual.

Vamos supor que as partes a, b e c no mandado de segurança individual sejam as mesmas quando substituídas pela entidade que as representa no mandado de segurança coletivo. Resulta daí que se na segurança coletiva a entidade requer o benefício dessas mesmas pessoas e com o mesmo pedido, a idêntica causa de pedido, uma outra segurança individual já impetrada por aquelas pessoas, estamos frente a uma litispendência, tal como prevista no art. 3O1, § 3º do Código de Processo Civil, o mesmo acontecendo se ocorrer o contrário, isto é, se a segurança individual for posterior à coletiva.

Nesses casos, em havendo problema de litispendência, a solução é dada pelo art. 267, inciso V, do Código de Processo Civil, que manda seja declarada extinta a segunda ação, sem a apreciação do mérito.

Abrangência subjetiva

Pode acontecer, no entanto, que a segurança individual foi requerida pelo número menor de pessoas do que aquelas visadas pelo mandado de segurança coletivo. Vamos supor que a Associação dos Juízes Federais do Brasil impetre um mandado de segurança coletivo em defesa de direito coletivo dos seus associados, e eu ingresse com um mandado de segurança individual visando apenas evidentemente a me beneficiar. Então, neste caso parece-me que ocorre a conexão, tal como prevista no art. 13O do Código de Processo Civil, devendo então, se existente a conexão, as causas serem reunidas para julgamento pelo mesmo juiz, pelo mesmo magistrado. Aí parece-me que outra solução não restaria do que o juiz decidir o mandado de segurança coletivo que é maior e contém o mandado de segurança individual e julgar prejudicado o mandado de segurança individual, já que a decisão foi proferida no mandado de segurança coletivo.

Devo também esclarecer aqui, particularmente pelo semblante bastante carregado dos meus companheiros de mesa, que tudo isto que estou dizendo aos senhores aqui não tem caráter de definitividade. Pelo contrário, eu estou trazendo esses problemas aqui, que como eu já adverti, levantei apenas na jurisprudência, não tive tempo de examinar os autores que cuidam da matéria, ainda mais porque o único livro que eu tinha do Galeno Lacerda desapareceu, o mesmo acontecendo com o idêntico livro de propriedade da eminente juíza Lúcia Figueiredo. Quer dizer, acho que está havendo um complô para evitar que a gente estude o Galeno Lacerda.

Mas então nada é definitivo. Se agora, ou mesmo posteriormente, chegarem ao meu conhecimento fundamentos que modifiquem esse meu pensar, eu não tenho nenhum pejo em dizer que mudo de opinião. Parece-me, no momento, que isso que eu digo aqui seja o mais adequado para o mandado de segurança coletivo, mas volto atrás a qualquer momento, nisso eu não faço coisa julgada.

Objeto

Uma pergunta que poderia também surgir: qual o objeto do mandado de segurança coletivo Aquilo que visa o mandado de segurança é sempre atacar um ato tido por ilegal ou arbitrário praticado por autoridade pública ou agente da pessoa jurídica no exercício de atribuições do poder público. Isso é o que consta da definição ou da previsão do mandado de segurança individual na Constituição; no individual, porque no coletivo não se cuida dessa matéria.

Ato impugnado

Agora, não é qualquer ato ilegal ou arbitrário que pode ser objeto do mandado de segurança coletivo. Do individual sim, do coletivo não. O mandado de segurança coletivo deve sempre ter como objeto um ato de autoridade ou um ato de agente da pessoa jurídica que esteja no exercício de atribuições de poder público. Mas esse ato deve afrontar não um direito individual, mas direitos coletivos ou de forças. Em segundo lugar, esses direitos têm que ser homogêneos.

Na definição dada pela eminente mestra da Universidade de São Paulo, a Dra. Ada Pellegrini, diz ela num trabalho publicado na "Folha de São Paulo" o seguinte: "À homogeneidade demanda, além da origem comum, a possibilidade prática de tratamento conjunto, de modo a que cada situação jurídica, seja de natureza tal, que a mesma decisão judiciária possa realmente beneficiar a todos os que nela se encontrem."

Parece-me ser de uma clareza solar isso. Não entendo seja possível o mandado de segurança coletivo examinar atos heterogêneos, ainda que beneficie os associados de uma mesma entidade. Vale dizer, num mesmo mandado de segurança coletivo não me parece ser possível que se examine a ilegalidade de uma exigência do imposto de renda, por exemplo, a atualização monetária ou não de uma determinada parcela, a incidência ou não do IPI sobre a fabricação de um determinado produto e a incidência do imposto sobre operações financeiras num determinado contrato cambial. E não me parece possível porque isso viria justamente afrontar o rito de que por força constitucional goza o mandado de segurança.

Limitação do objeto

Se fossem então levantados por uma federação de indústrias, por exemplo, vários problemas relativos aos seus associados - que poderia ser até dois ou três associados nessas condições - uma empresa que seja fabricante de qualquer produto pode não se encontrar nessa situação, ter que importar um produto intermediário e saber se se aplica aí imposto sobre operações financeiras; depois da fabricação do seu produto se incide o IPI. Finalmente, se o resultado dessa operação resultante da venda desse produto é ou não tributado.

Então me parece que a matéria deva ser homogênea. Pode-se impetrar em favor de n beneficiários, mas desde que o assunto seja um só, caso contrário nós teremos ofensa a esse rápido andamento do mandado de segurança.

No mandado de segurança comum, a parte passiva da ação é a pessoa jurídica de direito público, a cujo quadro pertença o servidor, aquela autoridade pública que é responsável pela ilegalidade ou abuso do poder, ou também a pessoa jurídica no exercício de atribuições do poder público a que pertencer o agente apontado como coator.

Essa é uma moderna doutrina, de que faz parte pensamentos evoluídos como o da eminente Juíza Lúcia Figueiredo, do eminente Juiz Américo Lacombe, do Ministro Carlos Mário Veloso, não sendo, como os senhores sabem, o pensamento de Hely Lopes Meirelles, que tem como sujeito passivo no mandado de segurança a própria autoridade coatora. Então são dois participantes do pólo passivo do mandado de segurança: um é o sujeito passivo que é a pessoa jurídica, e outro é a autoridade coatora que é aquela que pratica o ato tido como arbitrário ou ilegal.

Pluralidade de autoridades

No mandado de segurança coletivo não me parece ser possível conviverem autoridades diversas sujeitas às jurisdições diversas, ou melhor dizendo, sujeitas à jurisdição de autoridades judiciárias diversas. Não me parece ser possível que no mandado de segurança coletivo, embora o objeto seja o mesmo, embora a legitimação ativa seja da mesma pessoa e embora vá favorecer os associados dessa mesma entidade, que possam ser apontadas como autoridades coatoras pessoas não sujeitas à jurisdição do mesmo juiz. Por exemplo o Delegado da Receita Federal de São Paulo, o Delegado da Receita Federal de Bauru, o Delegado da Receita Federal de Presidente Prudente.

A competência em mandado de segurança, os senhores bem o sabem, é da autoridade judiciária que exerce jurisdição sobre a autoridade apontada como coatora, porque é essa autoridade que vai suportar a ordem do juiz. Se o juiz não tiver condições de fazer valer a sua determinação, de nada valerá a concessão da segurança. Se o Juiz Federal aqui de São Paulo determina que o Delegado da Receita Federal de Campinas, por exemplo, pratique determinado ato, se ele não praticar não acontecerá nada porque essa autoridade não é jurisdicionada ao Juiz Federal de São Paulo, mas ao Juiz Federal de Campinas.

Competência

Então, por implicação de ordem de competência não podem constar de um mesmo mandado de segurança coletivo autoridades que não sejam sujeitas à jurisdição da mesma autoridade judiciária.

A legitimidade ativa: como eu já adiantei, parece-me que a enumeração constante do inciso LXX do art. 5º seja "*numerus clausus*". E são apenas aqueles casos que a Constituição prevê como apta a substituição processual que o mandado de segurança coletivo exige.

Diz o art. 5º da nossa Constituição nesse seu inciso LXX: "O mandado de segurança coletivo pode ser impetrado por a) partido político com representação no Congresso Nacional; b) organização sindical, entidade de classe ou associação legalmente constituída e em funcionamento há pelo menos um ano, em defesa dos interesses dos seus membros ou associados". Essa é a dicção desse inciso.

Legitimidade ativa

Então vejam os senhores que a Constituição prevê aqui duas situações. Primeiro, o partido político, com uma única exigência: que ele tenha representação no Congresso Nacional. É para evitar que partidos que vão aparecendo a todo momento se valham desse instituto, o que a mim não me parece ser muito importante, mas em todo caso está aqui na Constituição: "Mandado de segurança coletivo pode ser impetrado por partido político com representação no Congresso Nacional". Depois, no meu entender ele traz três casos: organização sindical (sindicatos, federações, confederações sindicais), entidade de classe (são aquelas que defendem as prerrogativas de determinadas classes: OAB, Conselho Regional de Medicina, CREA e outros que tais) e as associações, que nem sempre congregam pessoas que exercem a mesma atividade, seja profissional, seja econômica: nós podemos ter a "associação dos inquilinos da Lapa" ou "associação dos beneficiários de empresas locadoras de vídeo", que congregam gente das mais diversas qualificações profissionais.

Mas aí diz a Constituição: "... legalmente constituída e em funcionamento há pelo menos um ano". O primeiro problema que surge aqui é entender-se esse dispositivo. Esse "legalmente constituída e em funcionamento há pelo menos um ano" diz respeito à organização sindical, entidade de classe ou associação, ou diz respeito apenas à associação? As três só podem impetrar o mandado de segurança em defesa dos interesses dos seus membros ou associados, sem dúvida. Mas a organização sindical e a entidade de classe precisam estar legalmente constituídas e em funcionamento há pelo menos um ano? Eu penso que não. Penso que não e não estou sozinho. Por que eu penso que não? Primeiro, porque a redação da Constituição Federal foi submetida a um filólogo (aliás, termo que eu nem sabia que existia, confesso a minha ignorância; fiquei sabendo que existe um filólogo em conseqüência da Constituição). Eu diria professor de português ou coisa assim, menos filólogo, o que demonstra que a Constituição Federal também faz com que aumente a parca cultura dos seus juízes. E aqui na redação diz: "... organização sindical, entidade de classe ou associação legalmente constituída" (no singular), coisa que me parece que se quisesse abranger os outros três por certo o filólogo teria posto legalmente *constituídas,* e não legalmente *constituída.* Em segundo lugar porque todos sabem, particularmente com relação ao sindicato, ele tem que ser registrado no Departamento do Trabalho e depois de ter os seus constitutivos registrados em cartório ele ainda tem que se registrar na Delegacia do Trabalho. Não teria sentido exigir-se que ela esteja legalmente constituída, porque a organização sindical para ser organização sindical tem que estar legalmente constituída. "... e em funcionamento há pelo menos um ano": daqui ela poderia se subordinar a isso. Mas me parece que pela própria redação do dispositivo essa exigência se aplica apenas com relação às associações.

Relativamente ao partido político ainda, nós poderíamos formular a seguinte pergunta: "Qual a matéria que legitima o partido político a impetrar segurança coletiva? Ele está num item que não fala nada, como diz o item seguinte, que essa impetração deverá ser em defesa dos interesses de seus membros ou associados. Agora, parece-me que a única matéria que possa ser tratada aqui é matéria política. E por quê? Não me parece racional que o constituinte queira trocar a titularidade da ação para a defesa de direitos difusos e coletivos, mas ele quis que determinadas entidades defendessem direitos que a elas estão ligados, interesses em razão dos quais as próprias entidades existem.

Matéria

Se prevalente esse meu ponto de vista o

partido político estaria legitimado, por exemplo, para impetrar o mandado de segurança coletivo contra o ato de um juiz eleitoral que quer impedir que votem os maiores de 16 anos. Como os senhores sabem, o voto do maior de 16 e menor de 18 é facultativo, mas o menor de 18 anos e maior de 16 anos tem o direito, se quiser, de votar. Suponhamos aqui que o juiz eleitoral também proíba que se colha o voto desse menor. Parece-me estar legitimado o partido político para impetrar a segurança coletiva, sendo que a decisão - favorável ou desfavorável - deverá atingir todos os eleitores nessas condições; quer dizer, os maiores de 16 anos e menores de 18 anos que queiram votar e que pelo seu domicílio eleitoral deverão fazê-lo naquela seção eleitoral. Se a ordem for concessiva todos poderão, se for negativa ninguém poderá.

Não tem legitimidade, entretanto, o partido político para ingressar com mandado de segurança coletivo que diz (como já aconteceu): "A liberação dos depósitos bloqueados de 15O milhões de brasileiros ..." Não vou dizer de 15O milhões de brasileiros, mas de um número bastante grande de brasileiros. E por que não pode? Porque não se trata de matéria política. É claro que o mandado de segurança, pela sua própria índole, deve dizer respeito àquilo para a qual a entidade existe, embora eu reconheça que não está essa limitação constando do dispositivo constitucional. Parece-me, entretanto, pelo próprio contexto, ser desnecessária essa menção.

Autorização específica

Uma terceira questão que nós poderemos colocar ainda para que se exerça essa legitimação que lhe deu a Constituição, se há necessidade de estarem as entidades sindicais autorizadas por seus filiados para intentarem a segurança coletiva. A resposta a meu ver só pode ser negativa. A meu ver não há essa necessidade porque a Constituição não a prevê, e como seria limitadora do exercício desse direito consagrado pela Constituição ela deve ser interpretada restritivamente. Não constante aqui, não pode ser exigida, a meu ver, essa autorização.

Eu queria conversar com os senhores sobre mais alguns pontos, mas para encerrar - sei que estou sendo bastante alongado nessa minha exposição - eu queria apenas ler aos senhores aqui a ementa de alguns julgados dos nossos tribunais relativamente aos partidos políticos.

Representação

O primeiro deles é um mandado de segurança que correu no Superior Tribunal de Justiça, o relator foi o Ministro Pedro Accioly. A emenda é a seguinte: "Mandado de segurança de interesse coletivo; partido político. O interesse de grupos não se confunde com o interesse coletivo. No primeiro, mesmo contando com pluralidade de pessoas, o objetivo é comum e limitado, ao passo que no segundo está afeto à difusão do interesse, alcançando os integrantes da sociedade como um todo. Ausente a possibilidade do partido político representar o interesse de seus filiados, porquanto não expressamente autorizado como determina a Constituição Federal."

A Constituição Federal não determina. O que está havendo aqui é uma confusão com o art. 5º ainda, o inciso XXI. O inciso XXI diz o seguinte: "As entidades associativas, isto é, as associações, quando expressamente autorizadas têm legitimidade para representar os seus filiados judicial ou extra-judicialmente."

Vejam os senhores o seguinte, que esse inciso XXI cuida apenas de associações e em segundo lugar cuida de representação. Os senhores sabem que a representação é diferente da substituição. Na substituição uma pessoa vem e assume o lugar da outra; na representação não, os beneficiários aparecem lá.

Na representação,todos sabemos e os senhores como advogados também o sabem, entram com a sua petição inicial dizendo: os menores Geraldo Ataliba e Américo Lacombe (RISOS), menores impúberes, representados por seu representante legal ... Eles comparecem no feito, apenas que representados por uma outra pessoa que a lei permite. No caso de substituição não, eles são substituídos e em seu lugar aparece outro com legitimidade para propor a ação.

Restrição

Um outro do STJ, relator o Ministro Garcia Vieira: "Embargo declaratório ao mandado de segurança coletiva partido político. A exemplo do sindicato e das associações, também os partidos políticos só podem impetrar mandado de segurança coletivo em assuntos integrantes de seus fins sociais em nome dos filiados seus quando devidamente autorizado pela lei ou por seus estatutos. Não pode ele vir a juízo e defender direito subjetivo de cidadãos a ele não filiados ou interesses difusos, e sim direitos de natureza política, como por exemplo os previstos nos art. 14 a 16 da Constituição Federal."

Um outro em que o relator foi o Ministro Garcia Vieira: "Processual; mandado de segurança coletivo; partido político; ilegitimidade. Quando a Constituição autoriza um partido político a impetrar mandado de segurança coletivo, só pode ser no sentido de defender os seus filiados e em questões políticas. Ainda assim, quando autorizado por lei ou pelo estatuto há possibilidade de dar a um partido político legitimidade para vir a juízo defender 5O milhões de aposentados que não são em sua totalidade filiados ao partido e que não autorizaram mesmo a impetrar mandado de segurança em nome deles."

Um outro, relatado pelo Ministro Antônio de Pádua Ribeiro: "Mandado de segurança coletivo; partido político. Falta de legitimação para a causa no caso. 1- falta ao partido político legitimação de causa para impetrar mandado de segurança coletivo se este não tem por objetivo o direito subjetivo ou de interesses atinentes à finalidade partidária. É o que acontece no caso em que o impetrante alvitra a proteção de direitos subjetivos individuais homogêneos de beneficiários da Previdência Social, ou seja, o pagamento do reajuste de 147,6% a todos os benefícios de manutenção de prestação continuada."

Amigos, eu lhes peço que por favor perdoem-me a monotonia da minha exposição e a sua duração e agradeço muito a sua generosidade. Obrigado. (PALMAS)

MANDADO DE SEGURANÇA COLETIVO

LÚCIA VALLE FIGUEIREDO

PROF. GERALDO ATALIBA - Vamos dar prosseguimento aos trabalhos, ouvindo a ilustre Juíza e Profa. Lúcia Valle Figueiredo, que tem a palavra.

PROFA. LUCIA VALLE FIGUEIREDO - Senhor Presidente desta Mesa, ilustre Prof. Geraldo Ataliba, ilustre Vice-Presidente do Tribunal Regional da 3ª Região, ilustre colega e amigo Juiz Oliveira Lima, senhoras e senhores, o tema que tenho de enfrentar MANDADO DE SEGURANÇA COLETIVO, já foi brilhantemente enfrentado pelo Juiz Oliveira Lima, de tal sorte que me permite, não fazer os comentários jurisprudenciais e tópicos que S.Exa. aqui abordou. Apenas, para que a minha exposição siga um fluxo normal, comentarei alguns tópicos abordados por S.Exa., sem pretender também exaurí-los ou dar qualquer definitividade ao tema. Mas acho importante que comece dando um panorama do mandado de segurança coletivo nessa Constituição de 1988, inclusive sua origem, sua filiação.

Inicialmente devo dizer que a Constituição de 1988 é modelar no sentido dos direitos e garantias individuais e coletivas. Os vetores principiológicos desta Constituição de 1988 estão em seu preâmbulo; destacaríamos a soberania, a cidadania. Quanto a isso quero que vocês gravem particularmente bem: essa Constituição, na hora da promulgação, foi chamada pelo Dr. Ulysses de "Constituição Cidadã".

Princípios

O emérito Ministro Seabra Fagundes tem dito - e muitas vezes - que a cidadania é sobremodo enfatizada nessa Constituição de 1988 por inúmeros dispositivos que, a breve passo, teremos oportunidade de referir.

Também a dignidade da pessoa humana, os valores sociais do trabalho e da livre iniciativa, o pluralismo político e, ainda, a idéia de participação direta que se encontra no parágrafo único, do art. 1º. Pela primeira vez aparecem os direitos coletivos e/ou difusos neste texto constitucional. É verdade que na declaração de direitos não se encontra expressamente a denominação "direitos difusos" que só vamos encontrar no art. 129, quando trata do Ministério Público Federal e se lhe dá a titularidade para a ação civil pública.

Mas entendo eu que os direitos difusos, na verdade, estão acolhidos pelo próprio art. 5º, como se fosse uma *espécie* do gênero *coletivo*. Então, o direito coletivo estaria abrigando duas acepções: o coletivo "*stricto sensu*" e o difuso. Que diferença há entre os dois?

Sobre o direito individual, claro que não preciso fazer qualquer referência ao direito individual como era conhecido na Constituição anterior. Se a Constituição anterior respingava, aqui e acolá, alguma coisa que pudesse se assemelhar a direito difuso sem dele tratar, ou a direito coletivo, na verdade tínhamos uma Constituição marcadamente individualista e isso fez com que o Código de Processo Civil também tratasse de maneira individualista o tema.

Direitos Coletivos

Dizia Barbosa Moreira, com a sua acuidade peculiar, que tinha sabor de lugar comum o se dizer que as estruturas clássicas do processo não serviam para abrigar os direitos coletivos. E foi graças aos esforços ingentes de Barbosa Moreira, Ada Pellegrini Grinover, ilustre processualista e professora desta Casa, Kazuo Watanabe, dentre outros, que os direitos coletivos começam a ter tratamento sistemático na Lei 7347, a Lei da Ação Civil Pública. Todavia, a ação civil pública não tinha ainda berço constitucional, como passou a ter na Constituição de 1988.

O ilustre Juiz Oliveira Lima já frisou o art. 5º, inciso XXXV, da Constituição de 1988, em que há realmente prestígio para o Judiciário. Afirmo também que o constituinte prestigia a cidadania. Vê-se, pelo inciso XXXV, que toda e qualquer ameaça a lesão de direito e não mais apenas individual, mais ainda os coletivos e difusos, fazem parte expressa, explícita, de nossa Constituição; qualquer lesão de direito é sucetível de ser analisada pelo Judiciário.

Daí se infere que lei alguma infraconstitucional poderia traçar um limite para a atividade jurisdicional, quer dizer, a proibição de liminares, a proibição de medidas acautelatórias, nada disso é permitido em face do perfil constitucional da *ampla tutela jurisdicional*.

Quais são os traços tipificadores dos direitos coletivos, que nos interessam de perto, que são defendidos pelo mandado de segurança coletivo?

Divisibilidade dos direitos

No direito individual encontramos uma divisibilidade; no direito coletivo encontramos a divisibilidade apenas pela classe: é um direito que pertence a determinada classe, unida por uma relação-base que tem, portanto, um substrato. O direito coletivo não é, e nem poderia ser, uma somatória dos direitos individuais. Esses direitos individuais, quando alguém se reúne em uma classe, fazem parte de uma associação, aquele associacionismo voluntário a que se refere Norberto Bobbio; com efeito, os indivíduos abrem mão de certas individualidades, de certas pretensões de sua parte para integrar aquela classe determinada. Quer dizer, os seus direitos individuais serão postulados de maneira diferente.

O direito coletivo então não é - isso eu quero deixar claro - uma somatória de direitos individuais; é a síntese dos direitos individuais que, num dado momento, aquela associação resolve priorizar. Quer dizer, o direito coletivo é um direito próprio e emerge como um direito que deve ser tutelado pela associação, ou pelo sindicato, ou pelas entidades de classe, e não o direito individual, nem mesmo o direito individual homogêneo. O direito individual homogêneo é possível ser pleiteado pela ação civil pública. O Juiz Oliveira Lima cita a Profa. Ada Grinover quando exatamente, ao fazer comentários sobre uma decisão do Juiz de Primeira Instância, havia entendido não ser aplicável à espécie, pois não se tratava de direito individual homogêneo; ela mesma mostrava que não o era, antes, pelo contrário, tratava-se de um direito individual homogêneo naquela hipótese, creio eu, dos aposentados, do célebre 147%.

Então, como acabei de dizer, os traços tipificadores do direito coletivo são a divisibilidade pela classe e não pelos indivíduos e exercício por meio de sindicatos, de associações e dos partidos políticos.

Legitimidade ativa

Quero já abrir um breve parênteses ao

falar da legitimidade ativa, com relação ao art. 5º, inciso XXI e ao inciso LXX, onde se contém o mandado de segurança coletivo. O inciso XXI - e aí fazem os Tribunais, como já salientou o Juiz Oliveira Lima, alguma confusão a respeito - diz que as entidades associativas, quando expressamente autorizadas, tem legitimidade para representar seus filiados judicial ou extra-judicialmente. Este inciso XXI nada tem a ver com o inciso LXX. Nos termos do inciso XXI percebe-se, infere-se, que as entidades associativas podem representar seus filiados judicial ou extra-judicialmente em quaisquer ações, desde que estejam autorizadas, e, então serão, exatamente, substitutas processuais. Não é a hipótese do inciso LXX, em que as entidades associativas ou os sindicatos representam a categoria ou seus associados mercê de legitimação extraordinária.

Diversos autores dizem que essa legitimação é substitutiva ou é extraordinária, mas, entendo eu, na esteira de alguns autores, que é legitimação extraordinária, no sentido de que a legitimação descende do interesse da própria classe. É dizer, não há uma substituição propriamente, não existe substituto e substituído, como existe no inciso XXI, do artigo 5º, daí porque, a necessidade da associação estar expressamente autorizada; porém não no inciso LXX. No LXX, a autorização pode perfeitamente ser autorização genérica, uma autorização dada nos estatutos sociais para que a entidade associativa represente normalmente os seus associados. Não há necessidade de autorização específica.

Concordo aqui com o Juiz Oliveira Lima quando diz que os partidos políticos, ao ver dele, não têm qualquer restrição no texto constitucional para representação apenas de seus filiados; a alínea b, do inciso LXX, prevê realmente que as entidades de classe ou associação ajam em defesa dos interesses de seus membros ou associados.

Sindicatos

E os sindicatos? Os sindicatos podem agir em defesa de toda a categoria, porque este é o fim último do sindicato. Quer dizer, o sindicato quando postula, postula em benefício de toda a categoria. Se nós formos ao art.8º, veremos que inciso III diz caber ao sindicato a defesa dos direitos e interesses coletivos ou individuais da categoria, inclusive em questões judiciais ou administrativas.

Aqui faço a mesma reflexão já feita no que diz respeito ao art. 5º, inciso XXI. Temos, aqui, autorização para que o sindicato efetivamente seja substituto processual dos seus associados. Não é a mesma autorização que nós encontramos, no texto constitucional, no mandado de segurança coletivo. No mandado de segurança coletivo o sindicato não precisa de qualquer autorização para representar a categoria.

Gostaria de enfatizar, e por isso fiz, no início, aquela distinção que esta é a primeira Constituição a tratar dos direitos coletivos, é claro, que, em conseqüência, devamos ter instrumentos garantidores desses direitos. E não são os direitos coletivos postulados, atualmente, somente pelo mandado de segurança coletivo ou pela ação popular. Qualquer ação pode ser hábil, desde que haja legitimação para se veicular a defesa do direito coletivo.

É importante dizer-se que o mandado de segurança coletivo tem de ser analisado partindo-se das construções americanas. E, eu diria, que ele descende diretamente da *true class action* americana, que é exatamente a defesa do interesse de toda a categoria. Quem trata muito bem do tema é Rogério Cruz Tucci no livro "*Class Actions* e mandado de segurança coletivo". Até me perguntei, ao ler o livro, na medida em que, na verdade até por falta de lei, como ressaltou o Juiz Oliveira Lima, nós não nos temos preocupado com certas questões que, no direito americano, já estão mais ou menos pacíficas, como, por exemplo: a referente a aquele que não quer participar da lide.

Direito de exclusão

No Direito Americano, aquele que não quer participar da lide, membro de uma associação, tem o direito de exclusão. Como se faria isso? Teria que necessariamente se dar ciência a todos, ciência por edital, uma intimação genérica comunicando que se está processando o mandado de segurança coletivo, a ação coletiva, a ação de classe. Isso, como disse, ninguém faz porque nosso Direito não prevê. Como o nosso Direito não prevê, temos usado a lei do mandado de segurança individual. Mas isso seria importante do ponto de vista dos efeitos da sentença que nós também trataremos.

Gostaria de enfatizar, pois parece-me importante, que o partido político não tem, no texto constitucional, a restrição que aparece aos sindicatos, às associações e às entidades de classe.

Por que não tem o partido político tal restrição?

No meu entender, e aqui peço penhorada vênia para discordar das decisões dos tribunais, como também do meu particular amigo o Juiz Oliveira Lima, no que tange à limitação que se está a atribuir ao partido político. Assim, quando se diz que tem limitação, e algumas decisões judiciais assim afirmam, até para a postulação em nome de seus filiados, está-se diminuindo as atribuições constitucionais do partido político.

Se nós pensarmos que, nesta Constituição, o partido político pode deflagrar ação de inconstitucionalidade - art. 1O3, inciso VIII - a meu ver pode também até deflagrar ação civil pública (esta já é uma conclusão minha), uma vez que no art. 129 está dito que a legitimidade do Ministério Público não exclui a de outros. Mas, pelo texto constitucional, a argüição de inconstitucionalidade pode ser feita por partido político e, naturalmente, não há objeção a que se faça a argüição de inconstitucionalidade somente quando houver matéria política. Isso seria um verdadeiro absurdo, seria uma restrição que a Constituição não fez.

Partidos políticos

Ainda trazemos à colação o art. 74,§ 2º: quando trata de controle da administração pública, eu ainda afirmo ter o partido político legitimidade para fazer reclamações, levar ao conhecimento dos Tribunais de Contas irregularidades administrativas. Qualquer cidadão, partido político, associação ou sindicato serão partes legítimas para, na forma da lei, denunciar ilegalidades ou irregularidades perante o Tribunal de Contas.

Então, a mim parece que esses dispositivos constitucionais dão força para o que quero veicular. O partido político não tem os limites, que estão sendo colocados pela jurisprudência, tal seja somente cingindo-se sua competência às matérias políticas, a não ser na hipótese de se dar à idéia de "político", aquela conotação de Aristóteles, do que seja político.

Mas diria: o que nós vimos na jurisprudência aqui colacionada seria que o partido político postularia apenas e tão-somente aquelas questões referentes, vamos dizer, ao direito eleitoral. Os exemplos trazidos a contexto são esses: isto não me parece que possa ser assim. E aí eu trago à colação a lei que estrutura o partido político, em que os partidos políticos destinam-se a assegurar, no interesse do regime democrático, a autenticidade do sistema representativo e a defender os direitos humanos fundamentais. Este é o objetivo do partido político.

Se este é o objetivo do partido político, a defesa dos direitos humanos fundamentais, aí nós temos que existe uma certa proximidade no art. 129, quando se dá a titulação para o Ministério Público defender determinados direitos que são considerados indisponíveis aos direitos fundamentais.

Não me parece que haja qualquer empeço constitucional para que o partido político defenda direitos que são fundamentais, por exemplo: o cerne fixo da Constituição (art. 6O), que é imutável; não existe nada mais importante para a cidadania, para a coletividade, para o estado democrático do direito que a defesa do cerne fixo da Constituição. Por que os partidos políticos não poderiam fazê-lo, se a Constituição lhes deu legitimidade para a argüição de inconstitucionalidade, se ainda lhes deu a possibilidade de postular diante do Tribunal de Contas, denunciando as irregularidades da administração pública? Vejam que existe, no texto constitucional, embasamento para se afirmar que o partido político não seja apenas para defender direitos políticos.

Isso me parece particularmente importante porque acho que, no mandado de segurança coletivo, o campo do partido político seria muito vasto, ainda não explorado, e um campo em que haveria muita força. Então, parece-me que é pena acanhar o objeto do que pode postular o partido político.

Ditas essas breves considerações, a coisa me parece tão importante que, de certa feita, já escrevi até um trabalho sobre o problema dos partidos políticos em mandado de segurança coletivo. Mas passando dos partidos políticos, pois não quero alargar esta exposição, diríamos que o mandado de segurança coletivo, como também o mandado de segurança individual postula, como uma das condições de ação, a existência de direito líquido e certo, vale dizer, sobre o qual não se controverta factualmente.

Direito líquido e certo

Isso é importante que se diga! O conceito de direito líquido e certo não importa ausência de discussão jurídica, mas sim que os fatos sejam provados desde o início, ou depois, se a pedido da própria parte, a requisição dos documentos, por exemplo, que ela não poderia obter por se encontrarem em mãos da autoridade coatora.

Autoridade coatora

As autoridades coatoras serão as mesmas do inciso LXIX, do art. 5º, hipóteses que se encontram absolutamente dilargadas neste texto constitucional, como já era feito pela doutrina e pela jurisprudência. Quer dizer, o inciso LXIX tem abrangência muito maior e comportou aqui uma série de autoridades que não eram mencionadas no outro texto constitucional. Inclusive isso casa-se também com o art. 37, § 6º da Constituição, quando trata da responsabilidade. Também há um alargamento, seguindo *pari passu* o que vinha sendo dito pela doutrina e pela jurisprudência.

A autoridade coatora - concordo aqui em gênero, número e grau com o que já disse o colega Oliveira Lima- não é parte do mandado de segurança, é quando muito parte anômala. Quem é parte realmente, o sujeito passivo, é a pessoa jurídica à qual vão refluir as conseqüências jurídicas do ato praticado pela autoridade coatora.

A autoridade coatora, como autoridade administrativa que é, tem o dever de informar e de, tão-somente, informar a verdade. Não lhe cabe fazer a defesa - no sentido técnico da palavra - da pessoa jurídica; esta caberá à própria pessoa jurídica. À autoridade coatora cabe fundamentar sua decisão, nada mais do que isso. Ela fundamenta o por quê de ser expedido aquele ato de autoridade.

Recurso

Se a autoridade coatora não é parte, e aí

não é específico do mandado de segurança mas, em todo o caso, gostaria de fazer uma breve referência, terá ela legitimidade para recorrer? Entendem alguns que não. Entendo que sim. Não obstante a autoridade coatora não seja parte no sentido técnico da palavra, terá legitimidade para recorrer, claro está que por intermédio de advogado, e terá legitimidade porque pode interessar a ela, autoridade coatora, que nada teria feito em descompasso com o ordenamento jurídico, para se eximir futuramente de uma ação por hipótese de responsabilidade, da ação regressiva, caso a administração tenha que indenizar. Mas isso é *a latere* do que estou a falar.

Uma coisa que deve ser enfocada também é questão do ato coator no mandado de segurança individual e no mandado de segurança coletivo. Com relação ao mandado individual dúvida alguma assiste, quer dizer, este ato coator deve ser um ato com característica de concretude, ou quando menos um ato que esteja na iminência de se concretizar, portanto deve haver receio de que a lesão efetivamente se verifique; inclusive, por força da Constituição de 88, que dá possibilidade de controle judicial, já de início, apenas para ameaça, nós poderíamos suprimir os artigos da Lei do Mandado de Segurança que fala da ameaça, do justo receio e também o art. 7º que possibilita a liminar. Agora a liminar é possibilitada e descende diretamente do texto constitucional. A liminar, no mandado de segurança, sequer precisa estribar-se mais no art. 7º, inciso II. Não digo para vocês que peçam a liminar estribados no texto constitucional. Não me responsabilizo por isso, mas, na verdade, descende ela diretamente do texto constitucional, sem sombra de dúvida, porque se o juiz tem que dar a tutela acautelatória, deverá dá-la da maneira que for possível. Se for necessária uma liminar terá que ser dada a liminar para acautelar o bem de vida, e não ser substituído o bem de vida a ser preservado por futuro ressarcimento.

Ato coator

Existe diferença entro e o ato coator do mandado de segurança coletivo e o do individual? O Juiz Oliveira Lima já assinalou algumas diferenças. O ato coator, no mandado de segurança coletivo, não necessita necessariamente da concretude. Vejam bem, não estou dizendo que não haja necessidade de que um ato coator esteja a se manifestar, ou a, pelo menos, ameaçar; digo que não existe necessidade de uma ponte imediata entre, por exemplo, um ato normativo e o ato concreto. Isso não existe porque não se sabe em que momento os interesse daquela classe, vão ser atingidos. Em determinada hora um membro será atingido, em outra hora, outro será atingido, dependendo da relação jurídica que se coloque.

Um exemplo banal: suponhamos que saia uma resolução administrativa a respeito de férias para determinado grupo. Essa portaria pode, num dado momento, estar atingindo apenas dois ou três que iriam entrar em gozo de férias, mas estará atingindo, enquanto vigente, todos aqueles naquela situação de possibilidade de tirar férias. E assim serão os atos coatores de um mandado de segurança coletivo, podem ter um caráter geral. Não se confundem com as situações contempladas, e não estou querendo fazer tábula rasa da Súmula do Supremo que diz que o mandado de segurança não se aplica a situações da lei em tese.

Lei em tese

Mas aí não se coloca o problema da lei em tese. Quero enfatizar: a inexistir necessidade de um ato administrativo concreto individual, um ato normativo já é suficiente, seja ele a lei, ou seja uma resolução administrativa. O mais das vezes uma resolução administrativa já é capaz de lesar. No mandado de segurança coletivo dou um exemplo para aclarar: uma coisa seria, interpor mandado de segurança individual quando, em edital de licitação, houvesse cláusula discriminatória. Só poderiam interpor tal mandado de segurança aqueles que estiverem interessados naquela dada licitação e que teriam condições para competir naquela licitação. Todavia, não se passa a mesma coisa se for editado, por exemplo, pelo Governo do Estado ou pelo Município, um edital-padrão para a licitação de grandes obras. O Sindicato dos empreiteiros de obras públicas, ao detectar que há no edital-padrão cláusula discriminatória, pode, desde logo, impugnar. Não há necessidade de que se converta o edital-padrão em edital para uma dada licitação, afim de que a cláusula seja impugnada. Destarte eu mostro a diferença entre o ato coator no mandado de segurança individual e no mandado de segurança coletivo.

A liminar, como já é matéria tão debatida no mandado de segurança individual - creio não haver necessidade de me manifestar a respeito, até porque acho que é pública e notória a posição, que venho tendo ao longo dos anos e também tenho escrito sobre a matéria. Deveras, a liminar não se coloca à discricionariedade do juiz, não há discricionariedade para aferir se deve ou não conceder-se liminar, mormente em questões de direito.

Em questões de direito, o que deve o juiz fazer? O juiz deve fazer apreciação técnica, e essa apreciação técnica deve levar em conta o "standard" do razoável. Feita a apreciação técnica, havendo relevância do fundamento e perigo na demora, a liminar deve ser concedida; não é que *pode ser concedida, deve ser concedida* para cumprimento do preceito do inciso XXXV, art. 5º da Constituição. Já não me refiro ao art. 7º, inciso II da Lei do Mandado de Segurança, mas também poderia fazer invocação a esse artigo, que diz peremptoriamente: "o juiz suspenderá o ato" e não o juiz poderá suspender.

Mas esse assunto já tem sido batido e debatido, é um tema candente que, por si só, daria uma exposição. A única coisa a ressaltar é que o mandado de segurança coletivo pode precisar muitas vezes, e até talvez por maioria de razão necessite, de liminar enquanto se processa, senão o bem de vida postulado poderá vir a perecer.

Objeto

Esqueci-me de fazer observação que me parece absolutamente importante: qual o objeto do mandado de segurança coletivo? Creio que falei brevemente, mas não me detive muito. Peguei o tema dos partidos políticos para mostrar que a abrangência era um pouco maior, e não me detive no objeto do mandado de segurança, quando se tratar de mandado impetrado por sindicatos, associações ou entidades de classe.

A mim parece que o objeto só pode ser aquele pertinente à própria associação, ao próprio sindicato ou à própria entidade. Por isso fiz questão de trazer à colação o art. 5º, inciso XXI, bem como o VIII e o III, do art. 7º, para dizer que aqueles casos não se referiam à mesma hipótese do inciso LXX. No inciso LXX há legitimação extraordinária. Então, na verdade, a associação, o sindicato, a entidade de classe, postularão o direito da classe, o direito dos associados, e não os direitos individuais de seus associados ou dos participantes da classe. Isto poderia ser feito, mas não pela via do mandado de segurança coletivo mas por outra qualquer via judicial, usando-se da prerrogativa do XXI ou do VIII e III, do art. 5º, caso se trate de sindicato.

Esta é a posição que tenho defendido e, até agora, não tive realmente condições de modificar meu ponto de vista.

Afigura-se-me que, realmente, esse seria um limite para o mandado de segurança coletivo, sob pena de nós termos um mandado de segurança individual com vários litisconsortes. Na verdade seria isso.

Sentença

Com relação à sentença no mandado de segurança coletivo, tenho alguma discordância e peço vênia ao Juiz Oliveira Lima. O Juiz Oliveira Lima já fez a ressalva, trazendo a contexto a lei da ação civil pública, que realmente diz que a sentença fará coisa julgada quando procedente, ou não fará coisa julgada se denegatória por falta de provas, etc. Eu traria também a contexto, já que não temos lei para o mandado de segurança coletivo, a lei da ação popular; em seu art. 18, também não prevê coisa julgada material quando a ação for denegatória, for improcedente. Com isso parece-me que, sobretudo por se tratar de ação de classe, em que não há necessidade da autorização para o caso concreto, parece-me de particular importância que a coisa julgada material realmente aconteça para todos os integrantes da classe ou da categoria. Se falarmos em sindicato, diremos integrantes da categoria; se falarmos em entidades de classe e associações, diremos integrantes da classe ou associados.

Não seria realmente, creio eu, oportuno entender-se que a coisa julgada atingiria - mesmo se improcedente a ação - a todos aqueles que não foram parte, até porque estão sendo representados. Mas não foram partes e não temos aqui, pelo menos aplicado, o instituto do direito americano da exclusão daquele que não quiser os efeitos da sentença (ir a juízo e ter o direito de se excluir *ab initio*).

Então aí endosso realmente a posição da Profa. Ada Grinover, do ilustre Barbosa Moreira e de Vicente Grecco.

Renovação

Claro está que a renovação do mandado de segurança coletivo só poderia ser feita nas hipóteses em que pode ser feito o individual; se proposto em face de novas provas, de novas situações, poderia ser reproposto pela associação ou pelo sindicato, mas aí não há novidade nenhuma. Afirmo que a sentença não faz coisa julgada para todos os membros ou associados se ela for improcedente. Vale dizer: não impede que individualmente seja postulado um bem de vida, seja pelo mandado de segurança individual, se houver ainda tempo hábil, seja por qualquer outro tipo de ação.

O Juiz Oliveira Lima trouxe a contexto um exemplo na questão dos partidos políticos. Imagine-se o seguinte: os eleitores de 16 anos ficariam impedidos de, individualmente, mostrando sua situação, interporem mandado de segurança individual. Creio que não, se a sentença for denegatória. Claro que se for procedente existiria empeço total, tal seja, a falta de interesse para agir. Mas se a sentença for improcedente, não me parece haja limitação para ser reproposta a questão de maneira individual.

Coisa julgada

Prefiro, pois, a posição desses que vêem a coisa julgada em relação a todos. Para defender também o direito individual, já que esse direito individual estaria absorvido pelo direito coletivo e é aquele que interpõe ao mandado de segurança coletivo a associação, o sindicato etc.

Sei que a matéria ainda é muito controversa exatamente pelo que trouxe aqui a contexto o juiz Oliveira Lima. Na medida em que não temos uma lei, e também se nós tivéssemos a lei, provavelmente aconteceria da lei estar cheia de inconstitucionalidades, ouso dizer. É uma pena que a Constituição em boa hora traga um perfil dos direitos coletivos e individuais, traga as garantias coletivas e individuais e os tribunais estejam, como também a Justiça de Primeira Instância, com terrível congestionamento, exatamente porque as leis descumprem a Constituição.

Na verdade cumprir a Constituição,

creio eu, é a meta maior do juiz, e não cumprir "a leizinha", como diz o Prof. Geraldo Ataliba; cumprir a Constituição e seus princípios é o juramento que o juiz faz e deve executar ao longo de toda a sua vida. Portanto, na verdade, creio que, à míngua de legislação, nós ficamos com o melhor: cumprirmos a Constituição.

Isso é o que tinha de colocar.

PROF. GERALDO ATALIBA - Muito obrigado, Profa. Lúcia Valle Figueiredo. Vamos passar agora à fase de responder às questões que por escrito sejam formuladas.

Enquanto não chegam à mesa as perguntas, indago aos dois expositores, ilustre Prof. Oliveira Lima e ilustre Profa. Lúcia Valle Figueiredo.

OAB

A Ordem dos Advogados é uma entidade associativa. Então pergunto se na forma do inciso XXI do art. 5º da Constituição, que permite que as associações devidamente autorizadas representem em juízo os seus associados, e me parece que o inciso XXI não limita isso ao mandado de segurança, representa de qualquer maneira, para propor qualquer ação, ... a Ordem dos Advogados não poderia? Autorizada expressamente por determinados advogados, ela faz lá um edital e os advogados se apresentam e assinam autorizando se ela pode ir a juízo propor um mandado de segurança contra a exigibilidade do imposto. Gostaria de ouvir uma resposta a isso.

PROFA. LUCIA VALLE FIGUEIREDO - Professor Geraldo, eu realmente não consegui me convencer ainda da posição do ilustre Ministro Carlos Mário, que a Ordem dos Advogados podia fazer isso em mandado de segurança coletivo.

PROF. GERALDO ATALIBA - Artigo 5º, inciso XXI.

PROFA. LUCIA VALLE FIGUEIREDO - Ah, bom. Sim, se não for no mandado de segurança coletivo, estamos de acordo. No mandado de segurança individual a OAB estaria autorizada e teria que dar uma listagem de todos aqueles para quem estaria postulando. Com relação a essa hipótese é perfeito, por isso eu distingo o inciso XXI do LXX do art. 5º. Mas a pergunta que reiteradamente me vem sendo feita em todos os lugares, até na Associação dos Advogados, é se a Ordem dos Advogados, por exemplo, ou qualquer associação, poderia postular por via do mandado de segurança coletivo. Por via do mandado de segurança coletivo não teria de estar, de forma alguma autorizada para aqueles que vão se beneficiar, não teria que listar nenhum dos seus associados. Na verdade, porque estaria representando seus associados. E a sentença do mandado de segurança coletivo, e este é o grande problema, pois não há fugir que tenha um cunho de normatividade, que o mandado de segurança individual via de regra não tem. Mesmo se admitirmos que o mandado de segurança individual pode colher situações futuras continuativas, algo em que venho pensando recentemente, não obstante não teria cunho de normatividade como vem sendo reconhecido ao mandado de segurança coletivo, de se aplicar a situações e hipóteses futuras, desde que iguais.

PROF. GERALDO ATALIBA - ... pode um juiz, por exemplo o Juiz Federal de São Paulo dar uma ordem para autoridades federais em Pernambuco?

Limites territoriais à jurisdição

PROFA. LUCIA VALLE FIGUEIREDO - Acho que não. Aí o Juiz Oliveira Lima já colocou também o problema. Acho que o limite do juiz é sua jurisdição. O autor que citei, Rogério Cruz Tucci, como também outros autores, resolvem o problema da seguinte maneira no mandado de segurança coletivo: entendem que a interposição deve se dirigir à autoridade coatora mais alta. Por exemplo, aqui em São Paulo, se temos delegados da Receita Federal, devemos ter (não sei bem a organização hierárquica deles) um Superintendente da Receita Federal em São Paulo. Então, a autoridade coatora seria esse Superintendente, por hipótese (estou denominando assim porque não sei realmente hierarquicamente como é), a quem a ordem judicial se dirigiria. De seu turno, o Superintendente tem poderes hierárquicos, e tem sob sua ação os delegados regionais, e é que, cumprindo a ordem judicial, determinaria aos delegados regionais seu cumprimento.

Assim parece-me que não teríamos problema de competência jurisdicional e o problema também estaria resolvido sem que se remetesse para a autoridade última, para um ministro, etc., deslocando completamente a possibilidade de interposição local.

PROF. GERALDO ATALIBA - Suponha, Profa., que se trate de um problema ligado por exemplo a uma epidemia, ao cólera. Então uma entidade entra com uma medida contra a autoridade sanitária. Essa medida não é só para o Estado de São Paulo. Então eu pergunto: o juiz pode determinar que o delegado de saúde do Ministério da Saúde lá no Amazonas se abstenha de fazer uma coisa. Pode determinar que o Delegado de Saúde daqui faça; mas digo, pode estender essa ordem ao Delegado de Saúde do Amazonas?

PROFA. LUCIA VALLE FIGUEIREDO - Creio que não. Quando muito, o que poderia ser feito é pedir a providência para outro, mas tenho minhas dúvidas que isso pudesse se concretizar, porque nós teríamos um abalo muito sério na estrutura jurisdicional.

Partidos políticos

PROF. GERALDO ATALIBA - Gostaria só de lembrar que o Supremo Tribunal Federal tem recebido nesses quatro anos, especialmente nos últimos dois anos, ações diretas, mandados de injunção e mandados de segurança coletivos impetrados por partidos políticos sem a menor restrição. É verdade que só dois partidos políticos é que têm movimentado o Supremo, que são o PDT e o PT, mas sem nenhuma restrição tem recebido todas essas medidas, não limitando portanto a legitimidade dos partidos políticos à matéria política, mas amplamente têm sido matérias administrativas, licitações, matéria tributária, matéria previdenciária etc.

Muito bem, vamos então passar às respostas. Eu pediria que cada um desse uma resposta para alternarmos os expositores.

Prof. Sebastião de Oliveira Lima, por favor.

Liminar

PROF. SEBASTIÃO DE OLIVEIRA LIMA - O Dr. Abelardo Pinto de Lemos Neto faz a seguinte consulta: "Seria possível ao particular, após denegação de segurança em mandado de segurança individual, ser abrangido por liminar concedida em mandado de segurança coletivo impetrado por associação da qual faz parte?"

Aqui eu tenho a impressão de que não fui claro quando expus. Eu acho, ao contrário do que entende a eminente Juíza Lúcia Figueiredo, que se no mandado de segurança individual ele tiver denegada a segurança e o mandado de coletivo for impetrado por uma entidade da qual ele faça parte, mas visando o mesmo objetivo, eu acho que não é possível, eu acho que aí a coisa julgada impede que ele se beneficie daquilo que eventualmente ficou decidido em sentido contrário na ação do mandado de segurança coletivo. Porque senão nós enfrentaríamos aí uma afronta à coisa julgada.

PROF. GERALDO ATALIBA - Profa. Lúcia.

Direitos coletivos

PROFA. LUCIA VALLE FIGUEIREDO - A primeira é uma pergunta de Nelson de Freitas Porfirio Junior, Procurador do Estado: "Sabe-se que o conceito de direitos ou interesses coletivos tem duas acepções. A primeira, mais abrangente, engloba também os interesses e direitos ditos difusos, enquanto que a segunda, mais estrita, considera apenas os interesses coletivos assim entendidos como aqueles pertinentes a um grupo de pessoas unido por um vínculo jurídico. Pergunta-se: em qual sentido devemos entender o mandado de segurança coletivo previsto na Constituição Federal?

Direito difuso

Creio eu que o mandado de segurança coletivo, previsto na Constituição Federal, pode tratar de direito coletivo ou de direito difuso, mas aplica-se melhor para direito coletivo, exceção feita, pelo que disse, dos partidos políticos que normalmente vão postular direitos difusos.

Suponhamos uma sociedade de meio ambiente. Uma sociedade de meio ambiente essencialmente defende direito difuso. Se o direito for pré-constituído e não houver controvérsia de fato, poderia ser por mandado de segurança coletivo.

Aqui continua a pergunta: "A impetração de mandado de segurança coletivo induziria litispendência em relação a todo e qualquer mandado de segurança individual impetrado, caso entenda-se que na abrangência estenda-se à tutela dos direitos/interesses difusos? Como conciliar esse problema na prática processual?"

Creio que o Juiz Oliveira Lima deu a solução: haveria conexão e o juiz que houver despachado o mandado de segurança coletivo decidirá; se houver uma pretensão um pouco maior do que a coletiva ele decidirá; senão estará prejudicado.

Coisa julgada

"A delegação do mandado de segurança não faria coisa julgada em relação àqueles abrangidos de forma difusa. Mas, e em relação aos membros de entidade, sindicato, ou partido político, em sede de mandado de segurança coletivo, *stricto sensu*, ou seja, em defesa de seus interesses coletivos, a denegação do *writ* não obstaria a impetração do mandado de segurança individual? Exemplificando: se o sindicato impetra mandado de segurança coletivo para que seus filiados recebam 'vale transporte' de seus empregadores, a denegação dessa ordem coletiva não prejudicaria a impetração da ordem individual, pelo trabalhador filiado ao sindicato?"

Realmente, por tudo o que se disse entendo que não, que o mandado de segurança individual poderia ser interposto, não mais o coletivo, a não ser que houvesse outros fundamentos. Não é a posição, como já assinalado, do Juiz Oliveira Lima. Esteei a minha posição nos argumentos da Profa. Ada Grinover, nos de Barbosa Moreira e mesmo nos de Vicente Grecco Filho. Realmente não vi ainda motivos para mudar, a não ser que tenhamos lei que disponha diferentemente e inclusive possibilite a exclusão *initio litis*.

PROF. GERALDO ATALIBA - Aqui há uma pergunta ligada. Então eu leria. É uma pergunta da Dra. Iliana Graber: ""Qual a relação ao direito de exclusão como utilizado no Direito Americano (exclusão expressa por aquele a quem não interessa o direito pleiteado) com o mandado de segurança coletivo? Deveria o não interessado no direito manifestar-e negativamente no feito?"

PROFA. LUCIA VALLE FIGUEIREDO - Não sou uma *expert* em Direito Americano. Apenas tenho lido alguma coisa. Andei procurando na Biblioteca do Tribunal e não encontrei um livro sobre "*Class Action*". Mas o que pude depreender é o seguinte: é que aquele pertencente a um sindicato ou a uma associação, que não deseje participar da lide - porque no Direito Americano é obrigatória a comunicação, mesmo para que as associações que estejam autorizadas, é uma legitimação considerada extraordinária também - mas há necessidade de que seja comunicado aos integrantes da classe que aquela ação está sendo postulada. Na medida que essa comunicação é feita - por um processo, é claro, que seja rápido -, aquele associado vai perante o juiz do feito e pede a sua exclusão. Quer dizer, o juiz apenas homologa essa exclusão. Então a sentença não se aplicará àquele associado, àquele integrante da classe ou àquele sindicalizado.

Seria isso. Mas realmente eu também estou estudando a matéria e não tenho ainda elementos maiores.

Difusão da notícia

PROF. GERALDO ATALIBA - Então, professora, no seu estudo eu peço que inclua a seguinte meditação: eu pertenço a diversas associações. Pertenço à Associação dos Advogados, pertenço à Ordem dos Advogados, à uma associação de estudos etc. Vamos supor que eles entrem com uma medida qualquer e eu não concorde com o fundamento, até porque eventualmente eu os considere insuficientes ou até errados. Mas eu não sei que eles propuseram a ação.

PROFA. LUCIA VALLE FIGUEIREDO - Por isso que haveria a necessidade da comunicação.

PROF. GERALDO ATALIBA - Se há a necessidade da comunicação, imagine a Associação dos Advogados de São Paulo, que tem 4O mil associados?

Eu não quero que se faça a coisa julgada ou que fique uma decisão judicial dizendo: tal pretensão não tem fundamento ou encontra este obstáculo constitucional ou legal. No entanto, se eu estudasse aquilo talvez eu achasse outro argumento. Então eu não queria ficar preso por essa decisão.

PROFA. LUCIA VALLE FIGUEIREDO - Exatamente por isso, professor, é que eu adotei a posição dos processualistas, que só vêem a coisa julgada material *in utilibus,* quer dizer, se procedente. Se procedente, pouco importa que os argumentos do professor sejam melhores do que os utilizados pela associação, mas o objetivo foi conseguido, foi alcançado. Por isso acho muito importante a concepção da coisa julgada material somente se a ação for julgada procedente.

Multiplicidade de fundamentos

PROF. GERALDO ATALIBA - Agora admita, professora, que se ofereçam dois fundamentos para um pedido: a associação oferece dois fundamentos. O juiz acata um fundamento e não acata o outro. Eu por outras razões sou interessado num dos fundamentos, exatamente aquele que foi rejeitado; aquele é muito importante para mim para outros fins. Eu então não quero que aquilo transite em julgado. Mas a associação se satisfaz. Ela diz: eu ganhei, eu não vou recorrer. Pergunto: eu que sou um dos 5O mil membros daquela associação, posso entrar com apelação para que seja rediscutido aquele fundamento?

Listisconsórcio

PROFA. LUCIA VALLE FIGUEIREDO - Tenho impressão que existiria a possibilidade de uma assistência litisconsorcial.

PROF. GERALDO ATALIBA - Colocar-se duas vezes no processo: uma como membro da associação e outra como assistente?

PROFA. LUCIA VALLE FIGUEIREDO - Professor, nós ainda estamos especulando, porque, na verdade como não existe legislação, às vezes tem de se aplicar princípios gerais. Quer dizer, nada impede que haja assistência litisconsorcial, que possa haver assistência litisconsorcial, a não ser que a assistência litisconsorcial venha a tumultuar o andamento do feito. Se todo o mundo resolver ser assistente, aí não é possível, claro. Mas, em situações concretas, quer dizer, provado o interesse, parece-me que não seria caso de indeferimento, mormente se, em lei expressa, houvesse a possibilidade.

Limitações

PROF. GERALDO ATALIBA - Muito obrigado.

Professor Oliveira Lima.

PROF. SEBASTIÃO DE OLIVEIRA LIMA - Eu gostaria apenas de pedir também à nossa mestra que incluísse na sua meditação o que aconteceria no caso em que o mandado de segurança coletivo fosse impetrado por um partido político. Se V.Exa. entende que ele não fica circunscrito apenas à matéria politica, mas a qualquer matéria de interesse público.

PROFA. LUCIA VALLE FIGUEIREDO - Qualquer não.

PROF. SEBASTIÃO DE OLIVEIRA LIMA - Então não entendi bem, queira me desculpar.

PROFA. LUCIA VALLE FIGUEIREDO - Poderia estar estribado nos direitos humanos fundamentais.

Exclusão processual

PROF. SEBASTIÃO DE OLIVEIRA LIMA - Direitos humanos fundamentais, como por exemplo a questão de sobrevivência. No caso dos aposentados (o famoso caso dos 147%) como ficaria a intimação de todos esses aposentados pelo partido político, para que viesse dizer que ele ia ser excluído do mandado de segurança coletivo.

PROFA. LUCIA VALLE FIGUEIREDO - Mas isso ainda não é feito. O que eu trouxe à colação foi o Direito Americano. Isso aqui não é feito. De que forma poderia ser feito não sei, mas poderia ser feito, por exemplo, por um edital ou uma publicação que dissesse: "Partido político está interpondo ação de número tal, está em tal vara etc. etc." e quem quisesse iria até lá e pediria sua exclusão. Agora, isto aqui não é feito. Não estou nem dizendo que os juízes federais aqui presentes ajam dessa forma, porque eu não quero que eles deixem atônitas nossas autoridades, que não estão acostumadas com decisões criativas.

PROF. SEBASTIÃO DE OLIVEIRA LIMA - O Dr. Abelardo Pinto de Lemos Neto pergunta também o seguinte: "Aplica-se o disposto no art. 151, inciso IV, do CTN, ao mandado de segurança coletivo? Como equacionar a questão dos depósitos judiciais para suspensão de exigibilidade do crédito tributário, se entender-se não ser aplicável o dispositivo supra-citado?"

Bem, eu acho que se aplica. O art. 151-IV é aquele que suspende a exigibilidade do crédito tributário pela concessão de medida liminar em mandado de segurança. O mandado de segurança coletivo é um mandado de segurança, e aí mais até do que no individual, deve ser bem examinada essa questão da medida liminar. Se o juiz conceder a medida liminar para suspender a exigibilidade do crédito tributário, que é o caso do inciso IV, *tollitur quaestio*. Agora, se eventualmente ele não conceder, aí é que o problema pega, porque nós temos entendimentos bastante opostos e os eminentes juízes que aqui me acompanham.

Eu entendo que mesmo no mandado de segurança, quando o juiz indeferir a medida liminar, a parte pode pedir o depósito do valor que está sendo questionado para efeito de ver suspensa a exigibilidade do crédito tributário que ela está ali discutindo. Por quê? Porque esse é outro inciso do art. 151 que permite essa suspensão. O inciso II que diz que o depósito do valor integral do débito discutido suspende a exigibilidade.

Agora pergunta-se: é um direito do contribuinte fazer esse depósito? A mim me parece que é. Está na lei complementar: "suspende-se a exigibilidade pelo depósito". Tem o direito de fazer esse depósito.

O nosso tribunal numa decisão que eu respeito mas com a qual não concordo diz que só cabe isso em medida cautelar. Não vejo o porquê. Não vejo a exigência de medida cautelar para que o contribuinte possa oferecer a depósito o valor questionado com efeito de suspensão do crédito tributário. Eu acho que isso pode ser feito em mandado de segurança em qualquer ação. Agora, não é o entendimento da maioria do meu tribunal, entendimento esse ao qual eu me subordino, mas com o qual eu, vênia devida, não concordo.

Aplicando-se então o inciso IV, a segunda parte da questão fica prejudicada.

PROFA. LUCIA VALLE FIGUEIREDO - Permitiria-me somente colocar um aparte. No mandado de segurança coletivo, por exemplo, a meu ver, seria absolutamente inviável esse depósito. Aí seria a própria natureza dos direitos coletivos.

Fiquei aqui pensando enquanto V.Exa. respondia: no mandado de segurança coletivo seria absolutamente inviável, porque como se fariam tais depósitos? Então, não estaríamos mais tratando dos direitos coletivos, mas de direito individual.

Suspensão da exigibilidade

PROF. SEBASTIÃO DE OLIVEIRA LIMA - Não, a pergunta diz o seguinte: "Aplica-se o disposto no Art. 151 inciso IV do CTN ao mandado de segurança coletivo?" Eu digo que se aplica.

PROFA. LUCIA VALLE FIGUEIREDO - O depósito?

PROF. SEBASTIÃO DE OLIVEIRA LIMA - Não, a possibilidade da suspensão da exigibilidade do crédito tributário pela concessão da medida liminar. A pergunta é: se entende não ser aplicável o dispositivo supra-citado.

PROF. GERALDO ATALIBA - Posso complicar um pouquinho? Se estou convencido de que tenho um direito líquido e certo, tenho a prova pré-constituída, peço uma liminar e o juiz não me dá. Entendo que tenho direito público subjetivo a essa liminar, o juiz é obrigado a me dar; mas ele não deu. Então, eu vou à instância superior. Mas isso pode demorar alguns dias e a minha situação pode ser de tal emergência que eu seja obrigado a recorrer a esse despropositado depósito. Esse seria o único jeito de suspender a exigibilidade. Pergunto: fazendo esse depósito, nessa situação de desespero, perco a legitimidade para pedir a liminar à instância superior?

PROFA. LUCIA VALLE FIGUEIREDO - Não.

PROF. SEBASTIÃO DE OLIVEIRA LIMA - Também penso que não.

PROF. GERALDO ATALIBA - Veja, a liminar é para suspender a exigibilidade. No instante em que eu fiz o depósito eu já obtive esse resultado. Fico contente de ouvir que não, mas tenho um medo doido dos processualistas.

Professora Lúcia, prossiga.

Segurança coletiva

PROFA. LUCIA VALLE FIGUEIREDO - A pergunta é de Carlos Alberto Correia Teixeira: "Possibilidade de segurança coletiva em Direito Tributário: 1) Associação de empresas teria legitimidade para impetrar segurança contra atos da fiscalização que desrespeitando o princípio da publicidade dos atos públicos (resolução etc.) atinge os seus associados gerando lançamentos indevidos?"

Aqui acho que tem. Quer dizer, se realmente trata-se de um ato, suponhamos até que haja uma resolução da fiscalização dizendo que será executada de tal ou qual maneira. Então, a meu ver, aqui seria caso de mandado de segurança coletivo de índole preventiva. Mesmo que a fiscalização não tenha ainda ocorrido, se há norma diretiva de que a fiscalização vai se executar de tal ou qual maneira, e se for contra os princípios da administração pública, a meu ver, já é possível impetrar o mandado de segurança coletivo.

"2) Na hipótese de possibilidade e provimento, essa decisão alcançaria processos decorrentes, estes na esfera penal por suposta sonegação de impostos?"

As instâncias aí não se comunicam. Na esfera penal o que ele pode é se prevalecer de uma sentença, juntar na esfera penal para ver o que o juiz penal vai decidir. E também isto aqui já é uma situação muito particular que não dá para responder genericamente, sob pena de se acabar errando.

Legitimação

PROF. SEBASTIÃO DE OLIVEIRA LIMA - O Dr. José A. Meira faz a seguinte pergunta: Pode o presidente ou diretor de qualquer das pessoas referidas no item b, LXX do art. 5º impetrar mandado de segurança coletivo em favor de seus associados sem a expressa autorização destes, manifestada, por exemplo, através de uma ata de assembléia? Observa-se que tal exigência a Constituição Federal não exige."

Eu aqui entendo o seguinte: que essa legitimação a Constituição deu à entidade, não ao seu presidente ou a qualquer dos seus diretores, mas só a entidade pode impetrar mandado de segurança coletivo. De modo que não vejo, a meu ver pelo menos eu entendo não ser possível o presidente ou diretor impetrar mandado de segurança, seja com autorização ou seja sem autorização. Mandado de segurança coletivo são só aquelas pessoas enumeradas ali taxativamente no inciso LXX do art. 5º da Constituição.

PROF. LUCIA VALLE FIGUEIREDO - A pergunta é da Dra. Ivone Prado: "Havendo liminar em mandado de segurança coletivo que suspende um determinado ato, existirá interesse de agir para um indivíduo impetrar mandado de segurança individual para atacar o ato suspenso pela liminar?"

Aí é claro que não. Se o ato já está suspenso, qual seria o efeito do mandado de segurança individual? Somente se houver algum *plus*, se na verdade o mandado de segurança individual for mais abrangente para aquele indivíduo do que o que está sendo postulado pelo coletivo. Senão não haveria nenhum interesse de agir.

Direito difuso

PROF. SEBASTIÃO DE OLIVEIRA LIMA - Pergunta do Dr. Iso Chaitz: "O objeto do mandado de segurança coletivo é a defesa de interesses difusos ou coletivos. É possível existir o direito em sua forma coletiva e não existir em sua forma individual? Como fica a legitimação concorrente?"

É meu entendimento de que o direito coletivo pode ser a somatória dos direitos individuais, com o que não concorda a eminente Juíza Lúcia Figueiredo. Eu acho que pode. E em sendo o direito coletivo a somatória do direito individual, não tem problema de legitimação concorrente.

Admitindo que o meu entendimento esteja correto, nós estaremos numa daquelas quatro situações a que eu me referi aqui. Se os beneficiários forem os mesmos e impetrado um mandado de segurança com a mesma causa de pedir, o mesmo pedido em favor das mesmas pessoas, sendo exercida uma dessas modalidades de impetração de mandado de segurança, o primeiro elimina o segundo; é o caso de litispendência. Agora, se houver uma maior abrangência do segundo, particularmente em questão de beneficiário, aí eu entendo que há o problema da conexão: se é mais abrangente é aquele caso de continência. Então nesse caso o juiz decide aquele pedido maior que é o continente e julga prejudicado aquele que é o conteúdo. Eu tenho a impressão que eu havia frisado isso na primeira parte da minha manifestação.

PROF. GERALDO ATALIBA - Sim.

Os senhores estão convocados para amanhã às 8h3O, quando prosseguiremos os nossos trabalhos.

Está encerrada a sessão.

CONCLUSÕES

PROF. GERALDO ATALIBA - Vamos dar prosseguimento aos nossos trabalhos, instalando esta sessão de encerramento que constará de um breve apanhado dos pontos que foram levantados durante as exposições e depois, com o pronunciamento de cada um dos debatedores.

Quero em nome do IDEPE e do próprio Tribunal agradecer à Juíza e Profa. Lúcia Vale Figueiredo, professora titular de Direito Administrativo da PUC e uma das publicistas mais acatadas, conceituadas e respeitadas deste país, pela imensa gentileza que fez em assumir de improviso esta tarefa delicada que, temos certeza antecipadamente, será levada a cabo da melhor maneira possível de modo excelente. Sabem os senhores que a Profa. Anna Maria Pimentel, professora e magistrada que estava encarregada dessa tarefa, foi obrigada a viajar em virtude do falecimento repentino da senhora sua mãe, fora de São Paulo. De modo que somos muito gratos à Profa. Lúcia Valle Figueiredo que, então, tem a palavra para fazer o apanhado previsto.

PROFA. LUCIA VALLE FIGUEIREDO - Tenho condição de fazer este apanhado a que se refere o Prof. Geraldo Ataliba, em face do denodado esforço da Juíza Anna Maria Pimentel que, ao longo desta semana, fez uma síntese de todas as palestras. Destarte isso me possibilitou, em curto prazo de tempo, procurar fazer uma síntese dos principais pontos abordados.

Isonomia processual

Passo então ao primeiro tópico que era o da IGUALDADE DAS PARTES. Neste tópico foram salientadas duas questões bastante importantes: a primeira: a partir do princípio da igualdade na Constituição de 88, determinados privilégios atribuídos às mulheres passaram a ser inconstitucionais. Quaisquer privilégios atribuídos, então, seriam inconstitucionais. Agora, calha para discussão o segundo tópico, que me parece de particular relevo, tal seja: os prazos maiores outorgados pela legislação ao poder público não seriam inconstitucionais? Segundo o que aqui foi dito não, pois estariam justificados pelo fato de o poder público aglutinar interesses de toda a coletividade. Justificar-se-iam, então, tais privilégios, inclusive o duplo grau de jurisdição.

Privilégios da Fazenda

Este é um tópico que reputo de particular importância, porque se há de considerar se à luz do "*due process of law*", formal e material, estabelecido por esta Constituição aos incisos LIII e LIV, ainda poderiam existir tais privilégios outorgados à Fazenda Pública. No meu entender existiriam. Existiriam pelas razões apontadas pelo conferencista na sua palestra. Realmente como as pessoas são desiguais, justificar-se-ia a desigualdade ainda da lei infra-constitucional.

Portanto, o Código de Processo Civil, a

meu ver, não entraria em testilha com a Constituição no que concerne à igualdade das partes. *Mas este é um ponto que reputo de cabal importância para discussão.*

Cautelar fiscal

Ainda em relação ao primeiro tópico, temos afirmado pelo ilustre conferencista que o versou, que a Lei nº 8397, de 1992, aquela que se refere à cautelar fiscal em favor do poder público, é inconstitucional. Nesse sentido também se pronuncia o ilustre segundo conferencista, Prof. Ignácio Botelho de Mesquita, quando fala das liminares e de seus limites constitucionais. O professor diz claramente que considera inconstitucional a cautelar fiscal, na medida em que, não havendo ainda uma inscrição de dívida mas apenas a constituição do crédito tributário, já se aplicam medidas constritivas contra o contribuinte.

Ainda, na segunda parte, LIMITES CONSTITUCIONAIS À DISCRICIONARIEDADE JUDICIAL, temos uma importante afirmação que é: a suspensão da exigibilidade da obrigação não se expõe à discricionariedade judicial.

Liminar

E outro tópico interessante também e importante: os juízes têm afirmado, pelo menos estou dando testemunho do Tribunal Regional da 3ª Região, que a liminar no mandado de segurança é uma cautelar, e por assim entenderem têm tratado a liminar como se cautelar fosse. E ainda não é posição majoritária do tribunal, pelo contrário, é minoritária a posição que entende que o depósito na liminar deve ser totalmente proscrito.

Mandado de segurança

O Prof. José Ignácio Botelho de Mesquita frisa *que a liminar no mandado de segurança não é uma cautelar, mas sim antes uma composição antecipada da lide.* Tenho exatamente o mesmo ponto de vista. Parece-me que mandado de segurança e processo cautelar são coisas diversas. No mandado de segurança para se preservar o bem de vida, que está em jogo, antecipa-se a providência que será concedida a final para que o bem de vida não pereça. Diferente é a cautelar que é outorgada nos processos cautelares.

Cautelar

Nos processos cautelares, como todos sabem, a cautelar é outorgada para a preservação do processo principal, para a preservação do bem de vida discutido no processo principal. Isto vai ter repercussões. Na medida em que eu considerar que a liminar no mandado de segurança não é a mesma que na cautelar, nunca poderei aplicar o artigo do Código de Processo que dispõe da possibilidade de contra-cautela, e quando pode ser exigida.

Como já assinalei, sobre a cautelar fiscal também houve, por parte do segundo conferencista, rejeição completa, dizendo que, no art. 1º, o legislador se satisfaz com a prova da constituição do crédito fiscal, e isto é diferente da prova literal da dívida. Também o prazo de 6O dias do art. 11 da cautelar fiscal seria inconstitucional uma vez que o prazo para a álea administrativa, porque o prazo de 6O dias seria contado quando a exigência tornasse irrecorrível na esfera administrativa. Então, nessa hipótese, estão quebrados os princípios do devido processo legal e do contraditório.

Portanto, o entendimento do segundo conferencista, corroborado antes já pelo primeiro, pelo Prof. Arruda Alvim, é da inconstitucionalidade da cautelar fiscal.

Confesso não ter examinado a cautelar fiscal com a aplicação que deveria ter feito, até porque não tive ainda qualquer ação *sub-judice*, mas, ao ler os pronunciamentos desses professores, convenci-me da sua inconstitucionalidade, pelo menos no que tange a estes dois artigos. Confesso não ter reflexão e meditação suficientes para discutir a lei no seu todo.

Discricionariedade judicial

Outro tópico que merece discussão, creio eu uma grande discussão, é o problema tormentoso, que continua se colocando e foi abordado pelo Prof. Celso Antônio Bandeira de Mello já em mais de uma oportunidade, a questão da existência ou não de discricionariedade judicial.

Foi salientado aqui que a discricionariedade está inserida na teoria geral do Direito e que a discricionariedade judicial seria um *nonsense*, seria absolutamente contraditório se afirmar que o juiz tem discricionariedade porque, se assim o tivesse, a decisão não seria revisível, porque a decisão colocar-se-ia no âmbito da conveniência e da oportunidade. *Portanto, não faria o juiz nenhum juízo de conveniência ou de oportunidade, mas sim o juízo de aplicação da lei ao caso concreto*.

Foi ressaltado aqui que o se afirmar uma atividade discricionária na liminar, implicaria em se dizer que a sentença também tem cunho de discricionariedade, ou que o acórdão tem cunho de discricionariedade, e não de aplicação da lei. Portanto, a conclusão a que se chegou é a de que não poderia de se cogitar de discricionariedade judicial.

Lembro aqui até um ponto já abordado pelo Ministro Eduardo Ribeiro, não aqui na conferência, mas em trabalho magnífico que se encontra numa coletânea sobre mandado de segurança, coordenado pelo Ministro Sálvio Figueiredo, em que o Ministro Eduardo Ribeiro afirma que só se encontra discricionariedade judicial nos processos de jurisdição voluntária.

Concordo inteiramente com essa posição de S.Exa., como também concordo inteiramente com a afirmação de que não existe discricionariedade judicial na aferição do cabimento ou não de uma medida liminar. Existe, sim, avaliação técnica do juiz que, se se encontrar diante dos pressupostos em que a liminar deve ser concedida, deverá concedê-la.

Liminar

Disse eu, ontem, que a liminar deverá ser concedida não apenas em atenção, em obséquio ao art. 7º, inciso II, da Lei 1533/51, que agora até seria prescindível para outorga de liminares, mas em obséquio ao art. 5º, inciso XXXV, da Constituição, na medida em que, naquele inciso, prevê-se amplo controle jurisdicional, desde que haja simplesmente *ameaça de lesão a direito*.

Portanto, este é um tópico que está a merecer reflexão dos debatedores e também dos ilustres componentes da platéia, uma vez que não existe ainda pacificação nos tribunais a respeito.

Cautelar satisfativa

Outro tópico a abordar, que me pareceu também de grande importância, foi a respeito do processo cautelar. Pode ele ser satisfativo ou não?

Foi dito que, em regra, as medidas cautelares não devem ser satisfativas. Porém, há exceções, e em determinados casos serão satisfativas pela própria natureza do bem de vida que há de ser pleiteado. Inclusive, em alguns casos, as liminares seriam um adiantamento da prestação final. Foi dado como exemplo as liminares em possessórias, as liminares em interditos proibitórios e a própria liminar no mandado de segurança, entendendo-se que *a liminar no mandado de segurança nada tem a ver com a liminar na cautelar,* porque seria realmente uma antecipação satisfativa do pedido final.

Cauções

Gostaria de lembrar também que, nesta parte das cautelares, peço escusas, mas realmente é sobretudo nessa palestra que tive alguma dificuldade de sintetizá-la. Aqui há uma afirmação, na palestra sobre cautelares, que me parece também de particular importância para discutir, *que é a questão das cauções, que as cauções podem ser em fiança bancária ou de certo bem,* e o art. 151 do CTN não teria esgotado as possibilidades. Não o fez, salientou o Ministro Eduardo Ribeiro, porque a partir de 73, quando o Código de Processo Civil veio a lume, já existia o art. 151 do Código Tributário e o Código de Processo Civil dava uma visão muito mais ampla do processo cautelar. Quer dizer, o processo cautelar começa a ser utilizado de uma maneira muito mais ampla. Isso faz com que tenha que se entender que o CTN não teria esgotado a possibilidade da caução ser realizada com outra coisa senão dinheiro.

Tratando do tópico também ficou salientado que, na liminar em mandado de segurança, não haveria qualquer justificativa em se pretender uma caução. Salientou até o conferencista que se pretender caução numa liminar de mandado de segurança, implicaria em dizer o seguinte: como você não tem direito à liminar, deposite porque assim seu crédito tributário ficará suspenso. *O entendimento, então, seria que o depósito é absolutamente desconectado da liminar do mandado de segurança.*

Depósito

Com relação ao depósito feito para suspender a exigibilidade do crédito tributário tive o prazer de poder ler ainda um trabalho inédito do Prof. Arruda Alvim, como também um estudo do Prof. Roque Carrazza sobre o problema da substituição do depósito: caso haja depósito em dinheiro, se esse depósito poderia ser substituído ou não.

A conclusão do Prof. Arruda Alvim é realmente muito importante. O que diz o Prof. Arruda Alvim é de uma coerência lógica a toda prova. Nesse trabalho, que é um parecer, diz o Prof. Arruda Alvim que seria da mais absoluta ilogicidade se inferir, que aquele que está sendo executado, nos termos da Lei 683O de 198O, poderia caucionar da forma em que está dito na lei, portanto daquelas várias maneiras - dinheiro, títulos - em que a lei prevê se aquele que sequer está sendo executado ainda não pudesse fazê-lo, apenas pudesse depositar em dinheiro. De conseqüente, haveria uma desigualdade de todo indesejada pela Constituição e até pela natureza lógica das coisas. Como se poderia dizer que quem está sendo executado, portanto, em posição pior porque já está sendo executado, poderia ter uma situação melhor, na questão do depósito, do que aquele que simplesmente tem sua dívida inscrita e deseja suspender a exigibilidade do crédito tributário, ou então tenha dívida ainda não inscrita mas já constituído o crédito tributário e pretende suspender essa exigibilidade do crédito tributário.

Destarte, este tópico realmente parece-me de muita importância, até porque está havendo um problema sério na Primeira Instância da Justiça Federal na medida em que, numa época em que o dinheiro é sobremodo curto como agora, numa época de recessão intensa como agora, é claro que o depósito em dinheiro descapitaliza; na medida em que descapitaliza as empresas, têm elas pedido a substituição, e a substituição vem sendo negada a pretexto de que o Código Tributário não prevê senão o depósito em dinheiro ou a liminar em mandado de segurança.

Contra-cautela

E, ainda, realmente a ênfase dada para a

inexistência de lugar para contra-cautela no mandado de segurança. Se o juiz outorgar a liminar, a que já me referi, mediante depósito, na verdade é o depósito que suspende a exigibilidade e não a liminar. Portanto, não haveria lugar para a contra-cautela.

Segurança coletiva

Com relação ao tema "mandado de segurança coletivo" ficaram para discussão duas questões que me parecem importantes.

Primeiro, o efeito da sentença no mandado de segurança coletivo: esse efeito seria *erga omnes*, mesmo que improcedente? Ou o efeito *erga omnes* só se daria se fosse em *in utilibus*, isto é, se a decisão fosse de procedência. Ou o efeito *erga omnes* só poderia existir se fosse dada oportunidade, como na *class action* americana, para aquele que não deseja ser atingido poder excluir-se. Esta foi uma questão que remanesceu no debate de ontem.

Partidos

Outra questão também bastante importante atinente ao problema do mandado de segurança coletivo foi a dos partidos políticos. Os tribunais têm entendido de forma acanhada a possibilidade de o partido político interpor mandado de segurança coletivo. As decisões dos tribunais têm sido no sentido de que os partidos políticos podem interpor mandado de segurança coletivo somente naquilo que diga respeito aos direitos políticos - e aí eu diria direitos políticos *stricto sensu* porque, na verdade, não se está usando o termo político com a sua conotação mais ampla: político no sentido utilizado, por exemplo, por Aristóteles. Afirmei ontem que, a meu ver, os partidos políticos podem propor o mandado de segurança coletivo em nível de abrangência muito maior, até pela própria lei que estrutura o partido político e dá a este o dever de defesa dos direitos fundamentais do homem. Assinalei também que a interpretação seria consentânea com uma interpretação sistemática da Constituição, na medida em que os partidos políticos podem propor também ação de inconstitucionalidade, como se verifica no art. 1O3-VIII, da Constituição da República como também os partidos políticos podem ir aos Tribunais de Contas para pedir que se apurem ilegalidades administrativas realizadas nas despesas públicas. Portanto, como se vê, ao partido político foi dada competência muito maior do que simplesmente o cuidar dos seus filiados políticos e daqueles assuntos diretamente ligados à parte eletiva, à parte representativa do partido político.

Então, creio, que estas são as questões que ficaram. Não sei se foram anotadas por todos ou compreendidas por todos. Coloco-me à disposição dos debatedores para qualquer esclarecimento da síntese que acabei de fazer.

Debates

PROF. GERALDO ATALIBA - Vamos ouvir agora os ilustres membros da Mesa Debatedora. Depois a palavra voltará à Profa. Lúcia como coordenadora dos trabalhos.

O Professor e Juiz Edgar Silveira Bueno tem a palavra.

Liminares

PROF. EDGAR SILVEIRA BUENO FILHO - A Dra. Lúcia, fez uma excelente síntese, fez um resumo bastante preciso das questões levantadas, pelo menos a essência do pensamento daqueles expositores. Entretanto eu gostaria de ouvir de V.Exa. um esclarecimento no que diz respeito às liminares. Vossa Excelência afirmou, com base na exposição feita pelos professores que aqui falaram, que há uma distinção entre a liminar que é concedida nas medidas cautelares e as liminares que são concedidas nos mandados de segurança, dizendo que, nas cautelares, o que se preserva é o bem de vida colocado no processo principal, enquanto que nas liminares concedidas no mandado de segurança o que se faz é uma antecipação daquela pretensão colocada no próprio mandado de segurança. Foi, durante a exposição, colocado algum limite para a concessão das liminares no mandado de segurança?

Liminar em cautelar

PROFA. LUCIA VALLE FIGUEIREDO - Tenho defendido essa posição no Tribunal: que a liminar no mandado de segurança realmente não pode ser equiparada à liminar no processo cautelar, na medida em que a liminar, no processo cautelar, acautela o processo principal. Não se julga, no processo cautelar, não se decide no processo cautelar sobre o bem de vida questionado no processo principal; decide-se, sim, se este bem de vida precisa ser acautelado liminarmente, para que o processo principal tenha desenvolvimento regular. No mandado de segurança isso não ocorre. A liminar vai preservar exatamente o bem de vida que se discute. Os limites estariam, na verdade, dentro de um conceito que será da teoria geral do Direito, ou seja, de interpretação do Direito. E é claro, assinalei, o Ministro Eduardo Ribeiro citou o Prof. Clóvis Beznos, que a liminar é de mão dupla. Eu também já assinalei em várias palestras que considero que a liminar é de mão dupla assim como a liminar é concedida, no momento em que ela é concedida, arca a parte, por sua conta, riscos e perigos, com o destino da lide no final.

Prudência na liminar

Esse tema realmente parece-me candente e importante. Assim como eu entendo que o juiz deve ter o extremo cuidado no negar a liminar, também na verdade entendo que o juiz deve ter extremo cuidado para dar a liminar. Quer dizer, realmente estar consciente do perigo da demora para a parte e, também, estar consciente que a liminar representará, em certos casos, enorme perigo para a pessoa pública, também. Então acho que isso deve ser ponderado, os valores do ordenamento jurídico.

Quando digo enorme perigo, não estou me referindo a tributos, que, por exemplo, não sejam pagos. Não é a isso que estou me referindo. Mas realmente há situações tais, em que deve ser ponderado pelo juiz, qual é o valor prestigiado pelo ordenamento constitucional. Nós vamos ter um jogo de valores, e esse jogo de valores terá de ser levado em conta e aferido pelo juiz.

Enfatizo aqui, já que me foi dada a oportunidade, Juiz Silveira Bueno, o que pode ser entendido por relevância do fundamento. Tenho entendido e tenho batalhado por isso no Tribunal Regional, no nosso tribunal, que a relevância do fundamento não está naquilo que o juiz entende que seja o Direito no caso concreto. Fico à vontade porque também já errei na Primeira Instância. Na Primeira Instância, quando resolvia uma questão de direito, achava que existia uma impossibilidade lógica de outorgar liminares em casos assemelhados, na medida em que para mim já não haveria o relevante fundamento.

Estive refletindo, remeditando no Tribunal Regional, e aí passei a entender que a relevância do fundamento tem caráter objetivo e não subjetivo. Quer dizer, a tese será relevante desde que trate, por exemplo, de direitos e de garantias fundamentais, não seja um arrazoado desarrazoado, mas, antes disso, seja um arrazoado de porte, a tese discutida tenha foros de viabilidade, ainda que eu não me convença dela, e isso acontece com muita freqüência. É muito normal que um juiz pense de uma maneira e outro juiz pense de outra, *mas isso não tira a relevância jurídica da tese*; na verdade, se eu, partindo dos meus *standards* pessoais, não outorgar aquela liminar, porque, para mim, subjetivamente, a tese não é relevante, estarei tirando a possibilidade da tese vir a ser examinada na Segunda Instância porque o bem de vida haveria perecido.

PROF. GERALDO ATALIBA - Obrigado, Profa. Lúcia.

PROF. GERALDO ATALIBA - Como homenagem à Profa. Anna Maria Pimentel vou ler as três páginas finais da sua exposição, até para contribuir com material para os trabalhos desta manhã. Na parte final da exposição que seria feita pela ilustre magistrada, ela tratava do problemática suscitada pela alegação de ausência de coação, para efeito de mandado de segurança.

Interesse de agir e segurança aparentemente normativa

Diz ela:

"Inexistindo ato de exigência do tributo a ser praticado pela administração é ilegal o provimento judicial que extingue o mandado de segurança preventivo à míngua de ato coator, pois a decisão que nele poderia ser tomada nada tem de normativa, dirigindo-se ao entendimento da efetivação do ato ilegítimo prestes a ocorrer. O interesse de agir na espécie emerge eloqüente.

"Quando as exações exigirem mês a mês, alguns dos eminentes juízes têm entendido que uma impetração deverá ser ajuizada a cada mês, pois só assim poder-se-ia apurar o justo receio."

Conceito de ameaça

"Efetivamente não. Imaginar-se que só no primeiro dia de cada mês ou no dia subseqüente à satisfação do último crédito mensal o impetrante ver-se-ia assaltado pelo justo receio de ter seu direito lesado diante da concretização da exigência inconstitucional, seria restringir o alcance do conceito de ameaça como está no texto maior.

"No que pertine à nobreza do mandado de segurança, tornando imprestável a tarefa de suspender a exigibilidade do crédito tributário, pondero que nobre é o remédio que salva, que impede o perecimento do direito, que resguarda o contribuinte da incidência da norma legal. Atuando o remédio constitucional do mandado de segurança estará cumprindo sua função estrita que é a de preservar direitos. Nesse passo, a decisão é ilegal por negativa de jurisdição.

"Finalmente surgem as decisões judiciais que negam a cautela, porque o crédito tributário ainda não foi constituído, inexistindo quantia certa a ser depositada. Melhor sorte não colhem tais provimentos. São ilegais. Oferecendo o contribuinte quantia a depósito, incumbe ao réu verificar se este é suficiente ou não, e é a sua vez de manifestar-se em homenagem ao princípio do contraditório, preservando-se a imparcialidade do julgador."

Com este acréscimo há mais material para os debates.

Limites da sentença

PROFA. LUCIA VALLE FIGUEIREDO - Pediria permissão ao Prof. Geraldo para colocar como um outro ponto de debate, algo que me parece também muito importante - tenho até já conversado com a Juíza Anna Maria Pimentel sobre isso -, a questão do limite da sentença do mandado de segurança, se ela pode colher prestações futuras ainda, exemplo típico não daqueles fatos geradores que são únicos, como por exemplo imposto de renda, mas sim dos outros como PIS, FINSOCIAL. É preciso uma impetração mensal?

Confesso que vinha entendendo assim,

na esteira da jurisprudência dos nossos tribunais. Fiz uma palestra há cerca de 1O dias dizendo que não via por que continuar com esta posição, que esta posição inclusive entraria em franca contradição, sobretudo para nós que somos de um Tribunal, com a declaração de inconstitucionalidade formulada pelo Tribunal. Se o Tribunal declara inconstitucional algo, o que ocorre? Vincula todas as turmas, todos os juízes àquela mesma postura.

Relação continuativa

Portanto, declarado inconstitucional um tributo, se o tributo é declarado inconstitucional, se dizer que numa relação continuativa, como diz o Juiz Britto Machado, ele faz essa distinção, não é para qualquer situação, mas uma relação continuativa com o fisco, essa relação continuativa a cada mês precisar de um provimento jurisdicional realmente é uma contradição, e inclusive uma contradição lógica, uma afronta aos princípios constitucionais.

Confesso que ainda não tenho todo o embasamento sólido para argumentação de maneira mais convincente com relação à possibilidade de estender, mas me causou espécie sobretudo a questão de imunidade, de isenção. Quer dizer, obrigar aquele que está isento ou imune a todo o mês postular, é algo absolutamente *nonsense*.

Isto é uma parte que eu pretendo até escrever a respeito e elaborar a respeito, uma vez que este meu pensamento é absolutamente novo, tem 15 dias e não houve tempo de maturação.

PROF. GERALDO ATALIBA - O Prof. Alcides Jorge Costa fará uso da palavra para sua intervenção.

Situações que se renovam

PROF. ALCIDES JORGE COSTA - As minhas observações não terão um caráter de técnica processualística, mas talvez pretendem encarar isso sobre outros ângulos. E começo com a última observação da Dra. Lúcia, com a qual concordo inteiramente.

Dizer que se deve apresentar um mandado de segurança a cada mês é utilizar um critério meramente gregoriano. Por que a cada mês? Isso realmente deveria ser a cada prestação. Ou é válido para todas as ... futuras - eu estou de acordo com as ponderações que ela fez -, ou apresenta-se a cada prestação devida, não a cada mês. Se as prestações são mensais é a cada prestação. Para sermos exatos diríamos "a cada prestação". Se alguém portanto tem imposto de fonte a recolher e há diversas prestações durante o mês, certamente deveria ter um plantão para distribuir mandados de segurança.

No meio de tudo isso uma pitada de bom senso não mata ninguém, porque para discutir a mesma coisa afinal estar-se-ia entupindo a Justiça Federal de mais processos além daqueles que ela já tem.

Depósito

O segundo problema que eu gostaria de colocar aqui diz respeito ao depósito em mandado de segurança, não só ao depósito em mandado de segurança, mas também a esta medida cautelar fiscal que foi recentemente instituída. Antes eu queria dar uma sensação que sempre sinto quando se pede um depósito como condição de concessão de medida liminar. Eu fico sempre pensando no caso de alguém que impetra um *habeas corpus* não para o trancamento do processo, mas para impedir uma prisão preventiva sem prejuízo da continuidade do processo; o juiz concede o *habeas corpus* com a condição de que o réu fique sentado na delegacia até o fim do processo. É mais ou menos a sensação que eu tenho quando se pede o depósito.

"Solve et repete"

Mas eu acho que isto tem um outro caráter. Com o depósito como condição de liminar, com essas medidas cautelares na verdade o que nós estamos discutindo sob um ponto de vista substancial é se vamos ou não aplicar o princípio do *solve et repete*, ou seja, primeiro pague e depois peça a devolução. E eu pergunto se o *solve et repete* é consentâneo com a Constituição.

Eu lembro que no passado, pelo menos em processos estaduais, o recurso ao Tribunal de Impostos e Taxas, por exemplo, exigia uma garantia de instância que seria em dinheiro, fiança. Isto era uma aplicação um pouco mitigada do *solve et repete* porque naturalmente não era necessário depósito para iniciar a discussão administrativa, só para recorrer. E agora isso reaparece. Além desses depósitos em mandado de segurança, reaparece nesta lei que institui a medida cautelar fiscal.

"Há vários casos em que a medida cautelar pode ser requerida: para quem não tem domicílio certo, para quem tem domicílio certo, ausenta-se ou tenta se ausentar ...", porque ausenta ou tenta ausentar-se também é uma coisa indefinida "... caindo em insolvência aliena ou tenta alienar bens que possui, contrai ou tenta contrair dívidas extraordinárias." O que eu acho extraordinário nessa lei é que alguém insolvente ainda consiga contrair novas dívidas (RISOS). Eu acho isso sensacional. Talvez seja alguma coisa subliminar da dívida externa. Mas finalmente aqui vem a pedra de toque: "Notificado pela Fazenda Pública para que proceda ao recolhimento do crédito fiscal vencido, deixa de pagá-lo no prazo legal, salvo se garantida a instância em processo administrativo ou judicial." Esse dispositivo dispensaria todos os outros, porque o contribuinte pode ter domicílio certo, pode não estar insolvente, pode isso, pode aquilo, pode não tentar alienar seus bens de raiz, mas, se notificado, não paga, pode o fisco pedir a tal cautelar fiscal.

Então na verdade isto é o princípio do *solve et repete* levado à exasperação, mesmo porque esta medida pode ser pedida - está aqui na lei - logo após, por exemplo, o início da exigência, logo após a lavratura do auto de infração.

Estes dois pontos me parecem no fundo manifestação de uma só coisa.

Uma última observação, depois gostaria muito de ouvir a Dra. Lúcia sobre isto que estou dizendo. Diz respeito ao Código Tributário Nacional quando exige o depósito para a suspensão do crédito tributário. Eu gostaria de ouvir a opinião da Dra. Lúcia sobre se isto é uma norma geral de direito tributário, então estaria no Código bem colocada, ou se é uma norma de caráter processual de garantia de instância, caso em que naturalmente o Código poderia ser revogado por qualquer lei ordinária.

São essas as observações que me ocorreram após ouvir o explêndido resumo da Dra. Lúcia.

PROF. GERALDO ATALIBA - Excelente, Prof. Alcides. Muito obrigado. Vamos agora ouvir o Prof.Américo Lacombe.

Igualdade processual

PROF. AMÉRICO LACOMBE - Eu gostaria de tecer com os senhores algumas considerações a respeito da igualdade processual. O princípio da igualdade foi o tema que me chamou mais a atenção, porque é o tema sobre o qual tenho meditado nas horas vagas, que não são muitas.

A primeira observação que eu gostaria de fazer é a seguinte: nós não podemos hoje em dia enfocar o princípio da igualdade com a mesma ótica com que o enfocávamos nas Constituições anteriores, na Constituição de 46, na Constituição de 67 e de 69.

Nós temos um vício, e isso decorre às

vezes da formação nossa, de querermos explicar as novas leis, as novas constituições, os novos princípios, com os esquemas mentais que tínhamos em face das Constituições anteriores. Ora, a Constituição mudou completamente o enfoque dado ao princípio da igualdade. Igualdade geral, primeiro. Vamos partir da igualdade geral para chegar à igualdade das partes.

Nas Constituições de 46, 47 e 69 não tínhamos, por exemplo, nada parecido ao art. 3º da atual Constituição, e o art. 3º já consagra o princípio da igualdade em inúmeros pontos. Quando diz, por exemplo, "constituem objetivos fundamentais da República Federativa do Brasil construir tal sociedade livre, justa e solidária", não podemos de forma alguma pensar em construir uma sociedade livre, justa e solidária sem estar inspirados pelo princípio da igualdade.

Por conseguinte o princípio da igualdade hoje é o princípio nuclear de todo o sistema constitucional. O art. 5º não tem mais a mesma redação que tinha o art. 141 da Constituição de 46, nem o art. 153 da Emenda 1 de 69. Por exemplo, ali naquela Emenda 1 dizia-se: "se garantirá o direito à vida, à liberdade, nos seguintes termos ..." e vinha o parág. 1º: "Todos são iguais perante a lei." Agora já não é assim, o art. 5º já começa com a enunciação: "Todos são iguais perante a lei ..." E logo no inciso I, vem uma afirmação específica: "Homens e mulheres são iguais em direitos e obrigações, nos termos desta Constituição."

Então o que nós devemos ter presentes? Primeiro: todos os itens como por exemplo o princípio da legalidade, que vem logo em seguida: "Ninguém será obrigado a fazer ou deixar de fazer alguma coisa senão em virtude de lei" existem para implementar o princípio da igualdade. Enquanto nas Constituições anteriores o princípio da igualdade era um dos meios em que o Constituinte elegeu para se garantir a vida, a propriedade, a liberdade, a segurança, hoje as garantias que se enumeram existem para garantir o princípio geral, da igualdade ou, melhor dizendo, o princípio da isonomia não é forma de implementar o direito à segurança, à propriedade, o direito à vida; ele é a causa. Por que o art. 5º enumera todas aquelas garantias? Por causa do princípio da igualdade. Então tudo está garantido em razão do princípio da igualdade. Este ponto é um ponto que nós temos de considerar.

Mas, já na vigência da Constituição de 46, quando o princípio da igualdade era uma das formas de se implementar o direito à segurança, à vida, à propriedade etc., Francisco Campos já fez um magistral trabalho sobre esse princípio dizendo que ele era o princípio fundamental, não era à toa que ele estava em primeiro lugar. E por que não era à toa? Porque ele estava presente em todos os itens.

Não podemos interpretar nenhum desses incisos do art. 5º sem considerar o princípio da igualdade. Quer dizer, ele está presente em todos esses itens e esses itens existem para implementá-lo. É um enfoque novo que esta Constituição deu ao princípio da igualdade. Não podemos mais ter os mesmos critérios e as mesmas bases para raciocinar sobre ele que tínhamos nas Constituições anteriores.

Daí decorre que estando ele presente em todos os incisos, temos que concluir pela igualdade absoluta das partes no processo. Aí dirão os senhores: mas há aquele velho dito de Aristóteles divulgado por Rui Barbosa, que a igualdade consiste em tratar desigualmente aos desiguais na medida em que se desigualam. Isso é verdade, mas será que sempre?

Vamos imaginar o seguinte: o item I do art. 5º já diz o seguinte: "Homens e mulheres são iguais em direitos e obrigações, nos termos desta Constituição". Será que o constituinte era tão idiota a ponto de não saber que dizendo no art. 5º que todos são iguais perante a lei, homens e mulheres seriam iguais em direitos e obrigações? É evidente que sim. Isto é, é evidente que sabia, não que fosse idiota. (RISOS)

É óbvio que se o art. 5º diz "todos são iguais perante a lei", a conclusão inevitável é que homens e mulheres seriam iguais em direitos e obrigações. Então por que o constituinte repetiu? Qual a razão dessa repetição? Por uma razão muito simples, é que nesse ponto não há desigualação possível, ainda que para respeitar a igualdade. Neste aspecto não pode haver o tratamento desigual na razão das suas desigualdades, porque o constituinte pressupôs que a igualdade aí fosse absoluta, senão não tinha razão nenhuma para esse inciso. E é por isso que caiu o foro privilegiado da mulher na ação de separação. Se não houvesse o inciso I poder-se-ia admitir o privilégio de foro, por se estar desigualando desiguais. Como há na sociedade uma superioridade econômica do homem, e isso realmente ainda existe, nós temos que tratar desigualmente, dando alguns privilégios às mulheres, porque elas são desiguais. Temos que tratá-las desigualmente para estabelecer a igualdade. Agora, tal desigualdade é impossível. Por quê? Porque a menção ao inciso I fez com que fosse vedado qualquer desigualação possível, ainda que a pretexto de se equiparar aqueles que são desiguais.

Igualdade processual e prazos

Ora, partindo daí nós vamos para o item LV, que diz que também aos litigantes em processo judicial ou administrativo e aos acusados em geral serão assegurados o contraditório, a ampla defesa e os meios de recursos a ela inerentes. Será que o constituinte também não sabia que consagrando princípios genéricos da igualdade estariam evidentemente aos litigantes garantindo todos esses direitos? Claro que sabia. Então por quê a menção? Porque não se admite mais a desigualação entre partes de maneira nenhuma.

Com isso penso eu - e sei que sou amplamente minoritário nesse ponto e acho que não vai ser fácil convencer a todos - que os prazos privilegiados da Fazenda foram revogados. Todos. O duplo grau de jurisdição poderá existir, desde que seja devolvido ao tribunal o conhecimento de toda a matéria tratada na primeira instância em igualdade de condições, ainda que o particular não tenha recorrido de alguma coisa que lhe tenha sido desfavorável.

Essas considerações eu quero trazer à meditação. Isso são considerações que me vieram à mente recentemente e penso - pelo menos se eu não disse muita sandice - que merecem ser meditadas, ainda que contrariadas, mas com argumentos sólidos. Eu tenho essa opinião, fundamentei-a, estou pronto a revê-la se realmente me convencerem ou alguém tiver alguma posição melhor.

É o que eu tinha a considerar.

PROF. GERALDO ATALIBA - Juiz Edgar Silveira Bueno.

Inconstitucionalidade por omissão

PROF. EDGAR SILVEIRA BUENO FILHO - Um dos primeiros mandados de injunção concedidos quase nos termos que a Constituição defere a nós seria exatamente matéria relativa ao direito do contribuinte. Daí, sentindo a falta desse tema aqui neste seminário, resolvi tratar dele ainda que ele não tenha sido suscitado neste debate.

Como sabem, o controle da constitucionalidade das leis surgiu de um fato concreto. Havia uma discussão nos Estados Unidos da América do Norte, poucos anos depois de implantada a Constituição Americana, 25 anos depois, a respeito do seguinte tema: o ex-Presidente Adams havia criado uma série de cortes federais e cargos para serem preenchidos nessas cortes; e havia inclusive nomeado os juízes. Mas em face do término do seu mandato ele não teve tempo para empossar esses membros. Diz aí que o Presidente seguinte, que era o grande Jefferson, encarregou o Ministro da Justiça de não dar cumprimento àquela lei que criava os tribunais. Surgiu daí uma grande discussão na Suprema Corte a respeito daquele descumprimento da lei, e defendeu-se o governo com a inconstitucionalidade daquela norma, o que acabou sendo reconhecido. A Suprema Corte Norte-americana, sem que houvesse qualquer dispositivo na Constituição lhe dando essa competência, assumiu esse papel e disse: "É nulo o ato legislativo que está desconforme com a Constituição". Daí nasceu o processo de controle da constitucionalidade, que foi sendo adotado na maioria dos estados modernos, deferindo-se esta tarefa sempre ao Judiciário.

No Brasil desde 1891 o controle existe. Mas o controle existiu até 1988? Somente para as ações inconstitucionais, sobre aquelas atividades positivas do poder que pudessem ser tidas como inconstitucionais. Mas a experiência mostrou que as inconstitucionalidades não ocorriam só por ação, mas também elas ocorriam por omissão. Daí que o constituinte, pretendendo prestigiar a Constituição em todos os seus termos, prestigiar as normas constitucionais de eficácia limitada, é que ela então entendeu de deferir ao cidadão a possibilidade de argüir a inconstitucionalidade por omissão, sanar a inconstitucionalidade por omissão.

O processo que hoje nós conhecemos divide-se em dois: há a possibilidade daquelas pessoas que tenham a titulariedade da ação direta de inconstitucionalidade argüirem isto perante o Supremo, mas também se deferiu aos particulares a possibilidade de ir ao Supremo ou ao STJ, dependendo do caso, para escoimar estas inconstitucionalidades que existem por falta da integração normativa, outorgando a alguém um direito, uma prerrogativa, uma liberdade.

A princípio o Supremo Tribunal Federal dava uma resposta àqueles que o procuraram no mandado de injunção dizendo: "Fica constituída a mora do Poder Legislativo que deixou de editar a lei, outorgando aquele direito ao cidadão", mas nada além disso. Cientifica-se o poder e ele deverá fazer isso. Se não fizer nenhuma conseqüência daí decorre e também nenhuma vantagem para o particular daí decorreria.

Progresso da jurisprudência

Recentemente o Supremo Tribunal Federal acolheu o mandado de injunção para deferir aquilo que em tese estava na Constituição, uma anistia às sociedades beneficentes com relação ao pagamento das contribuições previdenciárias. Entendeu a Suprema Corte do nosso país que não tendo o Poder Legislativo editado a lei referida no art. 195 da Constituição, que deferiria em certos casos essa anistia aos contribuintes, passado aquele prazo, constituído o Poder Legislativo *in mora* e ainda ultrapassado um prazo suplementar que ele acabou conferindo ao Legislativo, a pessoa, o contribuinte que ajuizara o mandado de injunção estava dispensado do recolhimento das contribuições previdenciárias.

Essa medida é uma medida importante também em defesa do contribuinte, e se ela num primeiro momento não conseguiu dar àqueles que dela se utilizaram a resposta adequada, agora a Suprema Corte está se conscientizando do seu papel para deferir esse tipo de direito aos contribuintes; ou a outras pessoas que se sintam agravadas em direitos, liberdades ou prerrogativas que deixaram de ser implementadas por falta de norma regulamentadora. Graças ao Veloso, como diz o Prof. Geraldo Ataliba.

E eu diria mais: o Poder Judiciário (e aqui nós ficamos muito à vontade para falar isso porque somos dele integrantes) ainda age com muita timidez no Brasil; aliás, todos nós aqui. Quando o Prof. Américo Lacombe falou que nós precisamos repensar a nossa doutrina em função da nova Constituição, ele disse isso com muita precisão e com muita autoridade. Realmente a cada nova Constituição que o Brasil teve nós fomos mudando a fisionomia do Estado Brasileiro. O Prof. Geraldo Ataliba cansou de ensinar isso para os alunos dele. O povo continuou o mesmo, o território continuou o mesmo, mas as relações entre as pessoas se alteraram, as relações entre as pessoas e o Estado se alteraram na medida em que as Constituições foram sendo renovadas. E essa renovação do texto precisa ocorrer também com a consciência jurídica dos advogados, dos juízes, daqueles que integram o Ministério Público. Isso lamentavelmente ainda não ocorreu.

Princípios básicos

Nós brasileiros somos coronelistas por herança. O norte-americano quando fez a Constituição em 1776 não incluiu uma pauta de garantia de direitos individuais. Pouco depois, na época da homologação da Constituição pelos Estados, quando se discutia isso, alguém disse: "Precisamos colocar aqui uma pauta de direitos que devem ser garantidos". A grande discussão que se travou foi se era necessário ou não, porque dizia-se lá o seguinte: "Aquilo que não está dito que o Estado pode fazer, ele não pode fazer. Se nós arrolarmos alguns direitos que são nossos, vai dar a entender que fora esses aqui o Estado pode fazer tudo." Vejam que ao contrário do que nós pensamos eles achavam o seguinte: o Estado não pode ir além daquilo que está estritamente determinado a ele na Constituição.

Só depois de muita discussão e de se convencerem os constituintes de que aquele rol era um rol apenas enumerativo de direitos individuais e não um rol exaustivo, é que se adotaram as emendas que asseguravam os direitos e garantias individuais para os norte-americanos.

Conosco aqui já há um vezo contrário: procura-se ver o Estado como aquele que pode tudo e o cidadão como aquele que tem de baixar a cabeça para o Estado. Isso que está impregnado na mente de todos nós também atinge o Judiciário. O Judiciário tem um pouco de receio de às vezes avançar, mesmo quando a Constituição lhe permite. E o Supremo pensou o seguinte: há uma tripartição das funções estatais que diz o seguinte: o Legislativo legisla, o Administrador cumpre a lei de ofício e o Judiciário compõe as lides segundo as regras estabelecidas na Constituição e nas leis. Mas o Judiciário não pode legislar. Como é que o Judiciário vai se substituir ao legislador omisso para conferir um direito a alguém? Isso não pode, isso contraria a teoria da tripartição, isso confere ao Judiciário um poder que ele não tem, aumenta as suas atribuições.

Juiz não legisla

Isso tudo de fato impediu, num determinado momento, que o Judiciário fizesse aquilo que deveria fazer. Hoje ele já compreendeu. O Ministro Moreira Alves, que é um dos mais arraigados conservadores e defensores de uma teoria rígida de separação de poderes, afirma sempre que o Judiciário não pode legislar. Entretanto, é interessante notar o seguinte: que nesse mandado de injunção que foi relatado e cujo voto condutor foi dele, ele fez o seguinte: ele observou que o legislador não havia respeitado o prazo constitucional para editar a lei regulamentando a anistia, tanto que reconheceu a mora do legislador. E o que ele fez em seguida? Em vez de simplesmente conferir aquilo que estava na Constituição, que era a anistia, ele deu um prazo maior para o legislador, a fim de que ele sanasse a mora. O que ele fez? Nada mais do que legislar; legislar aqui contra a Constituição, porque ele deu um prazo ao legislador maior do que aquele que tinha sido dado pela Constituição. Portanto, quando isto não favorece o particular, o Judiciário não tem tanto medo de conferir um direito, mas quando o direito favorece o contribuinte ou a pessoa jurídica de direito privado, aí sim ele tem um certo receio.

Isso é um defeito nosso, um defeito que eu estou apontando nele agora mas que eu reconheço que muitas vezes eu também decidi desse modo, como certamente os meus colegas que muito menos do que eu já o fizeram em outras ocasiões.

Caução

Finalmente, eu sei que avancei um pouco no tempo, queria retomar um ponto que foi citado pelo Prof. Alcides Jorge Costa e que já havia me chamado a atenção durante o que foi dito pela Profª. Lúcia Figueiredo.

O Código Tributário Nacional só permite a caução em dinheiro. Entretanto, outras formas de cautela são deferidas aos litigantes pelo Código de Processo Civil. Então surgiu na hora a pergunta: essa matéria é reservada pelo Constituinte para ser tratada por lei complementar ou pode ser tratada por lei ordinária?

A meu ver o que deve ser tratado por lei complementar é estritamente aquilo que diga respeito aos tributos, normas gerais de direito tributário que socorre o Prof. Geraldo Ataliba. O que é matéria processual, ainda que seja do processo tributário, pode ser tratado pela lei complementar, porque nós não poderíamos cuidar de algumas coisas que outras deixaram de lado. Mas evidentemente que numa análise, numa interpretação sistemática nós teremos que dizer: isto aqui está na lei complementar mas ela aqui deve ser lida como se fosse lei ordinária. Por quê? Porque a Constituição diz o seguinte: "A lei complementar só pode ser editada nas matérias que a Constituição reclama a sua edição". No resto ela não é matéria de lei complementar, a não ser que nós entendêssemos que a lei complementar aí foi inconstitucional, porque tratou daquilo que não deveria ter tratado.

Ora, em sendo assim, pensando desse modo, o Código de Processo Civil embora seja uma lei de natureza geral, é uma lei que veio regular procedimentos e estabelecer critérios para aplicação do Direito nos processos. E essa lei mais nova e mais moderna nesta hipótese, porque regula globalmente as relações no processo, ela deve ser aplicada, a despeito da anterior ser uma lei especial, até porque não se poderia admitir que houvesse aí um tratamento desigual das partes. Se as partes nos outros processos podem obter uma liminar, uma cautela prestando um tipo de caução menos gravosa, porque haveria ela de, numa relação com o Estado, estar obrigada a obter a cautela só mediante o pagamento em dinheiro?

Esses são os pontos que eu gostaria de abordar aqui na minha intervenção.

Segurança normativa

PROF. GERALDO ATALIBA - Muito obrigado ao Prof. Edgard Silveira Bueno.

O Prof. Alcides Jorge Costa levantou uma questão realmente muito interessante, a partir das provocações feitas pela Profa. Lúcia Valle Figueiredo, retomando inclusive um dos pontos expostos pela Profa. Anna Maria Pimentel. A circunstância de haver tributos que são recolhidos em parcelas, podem ser periódicas ou não, mas em parcelas, tem levado uma parte da jurisprudência a exigir um mandado de segurança para cada recolhimento. A Profa. Anna Maria Pimentel se insurge contra isso, depois nós vamos ouvir a Profa. Lúcia.

Gostaria de ponderar o seguinte: a palavra "prestação" aqui no caso me parece que é usada rigorosamente no seu sentido técnico-jurídico, ou seja, é o comportamento de adequar às exigências da lei ou da obrigação fundada na lei. Ou seja, presta - a palavra prestar em latim não quer dizer, como vulgarmente se entende o que se entende vulgarmente. Prestar em latim quer dizer ter o comportamento juridicamente exigido pela lei ou por uma relação obrigacional fundada na lei. Isto quer dizer *prestare*, tanto que prestar não é só entregar alguma coisa, prestar é também fazer alguma coisa. As prestações são devidas em matéria tributária em razão da existência de uma obrigação tributária.

Reiteração de prestações

Esta obrigação tributária pode ser liquidada ou comportar uma só prestação, e pode comportar diversas prestações. A obrigação tributária nasce do acontecimento de um fato que está exaustivamente descrito numa lei, numa hipótese de incidência tributária. Ora, se o juiz reconhece que aquela descrição legislativa de uma hipótese de incidência não atende às exigências constitucionais, e portanto que essa lei é inconstitucional, todas as prestações que decorram daquela lei são indevidas, são inexigíveis. Logo, as circunstâncias de diversos comportamentos corresponderem a uma hipótese de incidência, ou melhor, a um fato imponível, ou uma só prestação corresponder este fato, não altera aquela declaração prévia que o juiz fez de que confrontando a Constituição com a lei encontrou uma discrepância que prejudica a lei, porque essa discrepância sempre será resolvida em benefício da Constituição. Logo, nesses casos em que há prestações, podem ser sucessivas, podem ser periódicas, podem não ser periódicas, mas diversas prestações, sendo declarado pelo juiz inconstitucional a lei, todas as prestações terão a conseqüência de serem exigíveis.

Portanto, não vejo a menor lógica jurídica na exigibilidade de um mandado de segurança para cada prestação. O mandado de segurança vai voltar-se contra a lei e contra a prestação nascida daquela lei inconstitucional. Economia processual, da qual eu não entendo, mas até jornalista sabe que se puder resolver num processo uma coisa não há necessidade de afligir ninguém nem exigir que faça ..., mesmo porque distribuir uma ação é algo de trabalhoso e oneroso para a parte. Ela tem que pagar advogado, custas etc. etc.

Estado de direito e igualdade processual

Tentando completar a excelente intervenção do nosso Prof. Américo Lacombe, sobre a igualdade das partes em juízo, eu partiria de um outro preceito constitucional, que é o próprio art. 1º, que consagra o estado de direito. É comum ao juiz se dizer que estado de direito é o estado que obedece à lei. Não é errado dizer, mas é profundamente insuficiente, não basta o estado obedecer a lei para poder ser qualificado estado de direito. Aliás, no nazismo, no fascismo, no comunismo, todos esses extremismos ditatoriais obedeceram a lei, só que eles fizeram a lei arbitrariamente e depois comportaram-se em obediência às leis que fizeram. De modo que não é isso que caracteriza o estado de direito proclamado no art. 1º da nossa Constituição.

Recorro a uma excelente lição do Prof. Balladore Pallieri, da Universidade de Milão, Professor de Direito Constitucional: "Estado de direito é o estado que obedece à lei e à jurisdição." O estado que esteja submetido à lei e à jurisdição é estado de direito. Mas submeter-se à jurisdição não é uma palavra vazia, não é uma conceituação vaga, que seja satisfeita por qualquer forma. Não, é preciso que essa jurisdição seja constitucionalmente independente, dotada de condições objetivas e subjetivas de absoluta independência. E se os organismos que tiverem a jurisdição são independentes, são dotados dessas condições objetivas e subjetivas de pleno exercício de independência, então essa jurisdição será imparcial. Imparcial quer dizer: não tem compromisso com nenhuma parte.

O Prof. Oswaldo Aranha Bandeira de Mello, ilustre saudoso Desembargador e Professor de Direito Público Brasileiro dizia: é preciso que o jurista, o publicista distinga no estado o estado-sociedade do estado-poder. Estado-sociedade está na Constituição da mesma forma que o estado-poder. O estado-poder, entretanto, só exerce suas competências e seus poderes de acordo com o esquema constitucional. Para que haja estado de direito o esquema constitucional tem que consagrar a separação de poder. Dentro desse esquema que é o brasileiro o estado comparece perante a jurisdição, submete-se à jurisdição como parte. Em outras palavras, em qualquer litígio, conflito, dissídio, com quem quer que seja, mesmo com o mais humilde e destituído dos cidadãos, o estado se comparecer a juízo comparecerá como parte, em igualdade absoluta de condições com a outra parte, seja quem for essa outra parte.

Depósito em mandado de segurança

PROFA. LUCIA VALLE FIGUEIREDO - Bem, eu vou então responder à pergunta de Alessandra Nascimento Silva, Advogada e Procuradora do Município: "Impetrado o mandado de segurança com vistas à obtenção de liminar que suspenda a exigibilidade do crédito tributário, sendo a liminar negada e não permitindo Provimento do Conselho da Justiça Federal que o depósito se faça nos autos do mandado de segurança, como o contribuinte pode suspender a exigibilidade na pendência do 'writ', quando não concedida a liminar?"

Aqui realmente as opiniões são divergentes. Há quem entenda, como o ilustre Ministro Eduardo Ribeiro, ontem também o Dr. Sebastião de Oliveira Lima disse que mesmo não concedida a liminar em mandado de segurança o depósito poderia ser autorizado de qualquer forma pelo juiz.

Eu confesso que tenho uma certa dúvida a respeito, porque me parece que o mandado de segurança é um rito procedimental especial, então não haveria, segundo penso, compatibilidade entre o rito do mandado de segurança com o depósito. Mas até realmente deixo me levar pela jurisprudência que até agora vem sendo dominante no sentido das pessoas que estão assim entendendo, que são pessoas de muito vulto, de muito peso, o Ministro Carlos Mário entende também que nada impede que o depósito seja feito no mandado de segurança.

Vejam bem, eu entendi que esse depósito podia ser feito em mandado de segurança como um direito do contribuinte se assim o quisesse. Porém eu não entendi que se pudesse substituir a liminar pelo depósito. Eu acreditava o seguinte: que eu não daria liminar se eu entendesse que não era caso de liminar, e se eu entendesse que não era caso de liminar também não admitiria o depósito. Mas confesso que essa é uma posição que preciso rever. Mas muitos juízes estão admitindo o depósito quando não dão a liminar, mas na verdade eles suspendem a exigibilidade pelo depósito e não pela liminar.

Mandado de segurança coletivo

A segunda pergunta: No mandado de segurança coletivo, tramitada em julgado sentença de procedência, que pode fazer pessoa abrangida pela sentença que nunca desejou o resultado obtido pela decisão? Entenda-se 'abrangida' por 'beneficiada'.

Aqui foi o que eu assinalei ontem. A pessoa podia ter dito que não quer ser abrangida pela decisão ou então simplesmente renunciar aos efeitos da decisão. Isso seria possível a qualquer momento, quer dizer, ela não se beneficiar dos efeitos da decisão.

A questão de Nelson de Freitas Porfirio Junior, Procurador do Estado: "Os jornais têm noticiado a crescente preocupação do Governo Federal em cercear a autonomia do Poder Judiciário, mormente no que tange à concessão de liminares em matéria tributária. Pretende ver restaurado o poder de avocatória, sob pretexto de se evitarem decisões conflitantes em instâncias inferiores. Sabendo-se que tal medida, a ser instaurada por emenda constitucional, restringiria sobremaneira a proteção ao contribuinte, que é o tema desse seminário, indaga-se: não seria inviável a instituição de avocatória, nos termos do art. 6O, § 4º-IV, conjugado com o art. 5º-XXXV-XXXVII, que consagra o princípio do juiz natural? Em última análise, não se estaria diante de uma emenda constitucional "inconstitucional?"

A emenda constitucional "inconstitucional" não seria bem o caso; apenas não poderia haver emenda que visasse o cerne fixo da Constituição. Aqui não haveria o problema do § 4º, que diz a separação dos poderes, quer dizer, na avocatória não haveria contaminação de poderes, vamos dizer assim. Apenas entendo que a avocatória é de todo desaconselhada e além de desaconselhada acho que não vai com o espírito da Constituição e do juiz natural. Aí sim, o prestígio do juiz natural me parece super-importante. A avocatória foi concebida no regime anterior, em que a Constituição não tinha os princípios tão bem associados - sendo o da igualdade um deles e o principal, que é o vetor dos vetores, tão bem assinalado, como disse o Prof. Américo Lacombe. Na verdade a avocatória parece, dada máxima vênia dos que pensam em contrário, sobretudo os ilustres Ministros do Supremo Tribunal Federal, me parece realmente um auto-cerceamento à jurisdição, ao acesso fácil e rápido à jurisdição, e também daquele juiz natural, daquele juiz que está perto da parte, daquele juiz que é sensível aos anseios daquele momento. O Supremo é um órgão mais distanciado, mais de cúpula, e sua função precípua é uniformizar a jurisprudência, não fazê-la *ab initio*.

Agora, eu tenho medo que realmente essa avocatória passe.

Avocatória e índole do judiciário

PROF. GERALDO ATALIBA - É muito importante que nós juristas meditemos sobre o problema da avocatória. Eu li nos jornais ontem e anteontem que o governo está aflito porque há diversas questões muito grandes pendentes, por exemplo o Finsocial, são trilhões de cruzeiros. Então compreendo a aflição do Ministro da Saúde, do Ministro da Economia, compreendo. O que dizia o jornal é que algum deles disse: "É preciso que o Supremo já diga de uma vez, é ou não é e acabou, porque não podemos ficar nesta angústia".

Essa aflição, primeiro não foi o povo que criou essa aflição, não é verdade? Essa aflição decorre de certas circunstâncias em que a culpa do Estado é muito grande.

Não sei se leram um livro do Bob Woodward, jornalista americano famoso que investigou o caso Nixon, o caso Watergate etc.. Ele e um companheiro escreveram um livro sobre a Suprema Corte Americana, um livro imenso, grosso, mal escrito, chato, de quem não entende. Realmente ele mostra, como bom jornalista, que não entende nada de Direito. Mas é fiel, ele tem documentos etc., e conta coisas que a gente não sabia. Mostra como os juízes da Suprema Corte Americana, que é um tribunal de prestígio universal, de prestígio inexcedível, os juízes da Suprema Corte Americana trocam bilhetinhos antes de decidir. Quando estão estudando, um faz um bilhete e manda cópia para todos os outros juízes. Outro juiz manda cópia para todos os outros, respondendo àquele. Então cada caso eles estudam um, dois anos, e as coisas se revelam ali: primeiro, se o Congresso quiser discutir um assunto que está ligado a algo que está em pauta no tribunal o tribunal não julga, sustentando o seguinte: por que nós, numa questão momentosa, vamos assumir uma decisão política, quando o Congresso, que é eleito pelo povo, é que tem a responsabilidade de tomar decisão nisso? Então o Congresso que resolva, e daí nós veremos. Se algum tribunal do país estiver discutindo aquela questão, a Suprema Corte Americana não julga; espera, não tem pressa: o que precisa é julgar bem, não precisa julgar depressa. A Suprema Corte Americana é demoradíssima. Exatamente para, quando decidir, fazer uma coisa bem feita. E faz parte dessa "prudência" que eles tiveram ao longo de dois séculos, considerar o maior número de argumentos possíveis. Se qualquer dos juízes (são nove) achar que pode haver falta de argumentos, sabe o que se faz? Convocam-se os professores das principais faculdades de direito dos Estados Unidos para por escrito fazerem um estudo a respeito daquilo. Há casos em que a Suprema Corte pede que uma faculdade, por exemplo uma faculdade como esta aqui, faça um seminário para debater tal tema, para quando resolver, ser uma decisão que não é para voltar mais, é uma coisa sólida.

Ora, se não aconteceram fatos, não houver debate, não houver discussão, não houver casos; se a norma não foi nunca aplicada, como é possível tomar uma decisão definitiva? Depois que a Corte Constitucional Francesa disser: "Esta lei é constitucional", ninguém pode negar-se a cumpri-la. O juiz pode ver a mais flagrante inconstitucionalidade e não pode questionar aquilo, é obrigado a cumprir aquela lei.

Evidente que é outra cultura, a França é um país civilizado, funciona muito bem. Mas nós não podemos trazer isto para cá. Eu penso que nós temos que trazer é exatamente a prudência da justiça americana. Introduzir a avocatória é permitir que o Supremo Tribunal examine qualquer lei editada ontem pelo Congresso, ainda inaplicada, sem controvérsia concreta, sem debate, sem seminário, sem discussão, sem levantamento de argumentos. Não pode decidir: é ou não é, inibindo todo o Poder Judiciário do país.

Isso tem mil inconvenientes, mas vou mostrar um: se o Congresso aprova uma lei contrária à Constituição e no primeiro caso que surge mediante avocatória o Supremo Tribunal Federal em plenário diz: "Essa lei é constitucional", a Constituição foi modificada, já ninguém poderá dizer "essa Constituição é rígida". Ela será flexível, porque dizia "vá para o norte", a lei disse "vá para o sul" e, numa avocatória, o Supremo disse "vá para o sul". Então o Supremo mudou a Constituição. Então deixará de ser rígida e nós vamos perder um padrão básico que nos permite ainda aspirar a ser civilizados.

Segurança coletiva

PROFA. LUCIA VALLE FIGUEIREDO - Há uma pergunta de Sérgio Peffi, advogado: "De uma decisão favorável pode se beneficiar também aquela pessoa física ou jurídica não associada expressamente de sindicato ou associação de classe? Se pode, o que deve fazer para tanto?"

Eu ontem disse expressamente que quando o sindicato interpõe o mandado de segurança coletivo atinge toda a categoria, independentemente de ser associado ou não. Esse é o meu entendimento. Entretanto, aos associados de classes só atingirá aos associados, sem o que seria um disparate, até porque há várias associações. Em São Paulo nós temos o Instituto dos Advogados e temos a Associação dos Advogados. Então não teria cabimento que a Associação dos Advogados interpusesse mandado de segurança, e outros, os sócios do Instituto dos Advogados, por exemplo, se beneficiassem. Na verdade o universo é o da Associação, que no caso representa os associados.

Uma outra questão é sobre o problema aqui tão bem levantado pelo Prof. Alcides Jorge Costa e tão bem tratado pelo Prof. Geraldo Ataliba, que é a questão das prestações continuadas, daquilo a que eu me referi das relações continuativas, portanto, de tributos que seriam exigidos à medida que cada fato imponível ocorresse, mas também de previsível ocorrência, portanto já há ameaça.

Prestações sucessivas e futuras

Pergunta de Paulo Rogério Sehn: "Como vencer, em 1ª Instância, a resistência ao mandado de segurança que envolva prestações sucessivas e futuras? Quanto tempo estimam V.Exas., demandará para que a jurisprudência comece a se pacificar, aceitando tal espécie de mandados de segurança, em respeito ao conceito de "ameaça a direito" previsto na Constituição?" (que não restringe a ameaça conforme o pretendem certas decisões judiciais)."

Nós todos sabemos o seguinte: que a jurisprudência demora um certo tempo para consagrar determinadas teses que são debatidas e determinadas teses que são bem elaboradas doutrinariamente. Todavia, a impressão que eu tenho é que isso talvez não demore tanto tempo assim, mas cabe a todos aqueles que postulam em juízo fazer a tentativa. E é claro, cabe a todos os procuradores, a todos os juristas, enfim, a todos aqueles que lidam com o direito, no sentido daquilo que entendem como correto, como adequado e como constitucional.

PROF. GERALDO ATALIBA - Professor Américo Lacombe.

Depósito e liminar

PROF. AMÉRICO LACOMBE - A mim foi feita uma pergunta pelo advogado Abelardo Lemos, que diz o seguinte: "Haveria a concordância de V.Exa. para a tese suscitada pela Dra. Lúcia Figueiredo da desnecessidade do depósito judicial, uma vez concedida a medida liminar em mandado de segurança, já que tal ato afrontaria o inciso IV do art. 151 do CTN, bem como acarretaria um ônus para o impetrante, com o qual em alguns casos não poderia arcar, inviabilizando a prestação jurisdicional?"

Eu concordo plenamente com a tese da Juíza Lúcia Figueiredo, no sentido de que não há nenhuma necessidade de depósito para se garantir qualquer medida liminar concedida em mandado de segurança. A liminar ou é dada ou não, ou o juiz acha que está diante dos pressupostos do *periculum in mora* e do *fumus boni iuri* e concede a liminar, ou então simplesmente acha que não estão presentes os pressupostos e nega a liminar.

Lei de execuções fiscais

Condicionar a medida liminar a um depósito é o mesmo, como salientou o Prof. Alcides Jorge Costa, do *habeas corpus* concedido, e que o *habeas corpus* é pedido apenas para que a pessoa permaneça em liberdade, e continue o processo crime normalmente. Ele só quer a liberdade durante a fase em que ele está sendo acusado ou denunciado depois, e o juiz concede o *habeas corpus* dizendo "você vai ficar solto, mas vai ficar sentado na delegacia ou qualquer outro lugar para não fugir". Então eu não vejo nenhuma razão de ser no depósito.

O que pode acontecer é o juiz negar a liminar e o impetrante então para não sofrer ação executiva oferecer o depósito. Mas nunca condicionar a concessão da liminar ao depósito. Isso para mim me parece uma aberração, porque ou os pressupostos existem e o juiz deve conceder a liminar, ou os pressupostos não existem e ele então nega a liminar.

PROF. GERALDO ATALIBA - Caso haja aplicação da lei que prevê a medida cautelar fiscal, essa lei foi aqui muito falada, é a lei que prevê que havendo débito e sendo notificado o contribuinte para pagar, a Procuradoria pode pedir ao juiz o sequestro de bens ou o congelamento de bens, a indisponibilidade dos bens do devedor. Essa lei é flagrantemente inconstitucional, foi dito isso diversas vezes. Vamos só lembrar.

Há na lei de execuções fiscais, que é ditatorial, cheia de inconstitucionalidades, draconiana, fiscalista, vai contra o espírito da Constituição, mesmo essa lei tem um preceito que prevê o seguinte: depois de terminado o processo administrativo em que necessariamente tomou parte o contribuinte, o fisco chega à conclusão de que ele é devedor. Então, terminado o processo a repartição da receita é obrigada a encaminhar o processo para a Procuradoria da Fazenda. A Procuradoria da Fazenda é um corpo de advogados, é um corpo de juristas, de bacharéis em direito, que tem a obrigação de promover o interesse público primário acima do secundário. A finalidade da remessa à Procuradoria é para que ela examine os aspectos jurídicos daquele procedimento e afinal dê uma opinião jurídica. Portanto, não é opinião para agradar o Ministro nem o Presidente, nem ninguém; é uma opinião para dizer se aquele processo obedeceu formal e substancialmente as exigências da Constituição e da lei. Então a Procuradoria, que é um órgão técnico-jurídico, opina tecnicamente dizendo que está juridicamente este processo, logo esta dívida é correta do ponto de vista jurídico. Por isso a Procuradoria pratica um ato formal que é a inscrição daquela dívida num livro dos débitos contra a Fazenda.

Inscrição de dívida

Esta inscrição é um atestado jurídico-técnico, não político, não administrativo, não financeiro, de que aquilo obedeceu o direito, logo o Estado já pode apresentar-se perante o Poder Judiciário para fazer aquela cobrança. Então o Estado tira uma certidão da inscrição, inscrição que é um ato técnico, jurídico, e a lei erige este título em título executivo. É com este título que se apresenta ao indivíduo para fazer a cobrança.

Esse é o procedimento que até essa lei ditatorial, draconiana etc. etc. prevê e que é prevista em todos os países do mundo.

A finalidade da inscrição da dívida, que é um ato privativo dos procuradores da Fazenda, que tem de ter a dignidade de rejeitar, devolver e impugnar tudo o que esteja errado, porque senão ele se mostra dispensável. O Procurador da Fazenda que inscreve todas as dívidas que aparecem está dando um atestado de que ele não é jurista, de que ele não tem dignidade profissional, não tem ética, e de que ele é inútil, porque se for só para olhar um papel e carimbar, qualquer contínuo que ganha muito menos pode fazer. Por isso essa própria lei diz: "É o último ato de controle da legalidade dos atos da administração e do procedimento resultante desses atos."

Certidão de dívida inscrita

Muito bem, diante desse documento, da certidão, é que o juiz então aceita aquela execução. Se não houver o documento formal da certidão de inscrição da dívida, não. O que é isso? É uma garantia para os contribuintes, evidente, é uma garantia de que o Estado, na hora que vai se dirigir a mim, me coagindo a alguma coisa, ele antes ponderou muito bem o que ia fazer, principalmente sob o ponto de vista jurídico. Em segundo lugar, é uma garantia para a Fazenda. É um desastre o que tem acontecido, e os juízes aqui certamente serão testemunhas disso; a quantidade de coisas sem fundamento, mal feitas, atrapalhadas, equivocadas, erradas e injurídicas que se joga em juízo, dando um trabalhão para o Poder Judiciário, atormentando uma porção de contribuintes, para nada. É uma garantia também contra a Fazenda, até porque a Fazenda é responsável,vai responder pelos excessos que cometa. A Fazenda vai pagar honorários, custas de processos etc. etc. em todos os casos de injuridicidade.

De maneira que é uma função técnico-jurídica sagrada muito importante e que não pode ser desprezada nem desconhecida. E digo mais, é uma implicação das exigências constitucionais: ampla defesa, contraditório, *due process of law*. Estas exigências se aplicam não só ao processo judicial, mas também aos procedimentos administrativos que podem desembocar no processo judicial.

Cautelar fiscal

Ora, como é possível vir uma lei como esta 8397, da tal de cautelar fiscal, que antes de tudo, antes inclusive de que o processo seja submetido à Procuradoria da Fazenda - e eu estou falando Procuradoria da Fazenda nos planos federal, estadual e municipal, todos os planos - para esse exame jurídico de controle da legalidade interna, já comparece sei lá como a Fazenda em juízo, pedindo que se interdite os bens, que o juiz decrete a indisponibilidade de bens de uma pessoa, porque alguns funcionários que não são juristas, aplicando o regulamento, as portarias, as ordens de serviço etc., acham que o fulano é devedor.

Declarar indisponíveis bens por despacho judicial, isto é de gravidade extraordinária!

PROF. EDGAR SILVEIRA BUENO FILHO - Quando o Prof. Geraldo Ataliba fala da inscrição da dívida, a certidão de dívida e tudo o mais, ele está dizendo o seguinte: com esses documentos vai-se ao juiz, faz-se uma petição inicial com todos os requisitos do art. 282, e o juiz vai examinar se vai deferir a citação e a penhora.

PROF. GERALDO ATALIBA - A execução.

Liminar na cautelar fiscal

PROF. EDGAR SILVEIRA BUENO FILHO - A execução. E aqui o que diz a lei? Que o juiz concederá liminarmente a medida cautelar fiscal, dispensada a Fazenda Pública de justificação prévia e prestação de caução. Imagine que o juiz é um mero carimbador de papel. Pode ser substituído pelo contínuo, pelo computador, porque o que ele vai ter que fazer? Ele não vai ter que fazer esse controle para ver se formalmente aquela certidão está correta ou não. Como ele faz a execução ele deve dar um carimbo concedendo a indisponibilidade, o que é um arrematado absurdo, uma violação do poder que é dado ao juiz.

PROF. GERALDO ATALIBA - Então esta lei coloca a parte Fazenda numa posição de infinita superioridade. Ora, num caso de conflito as partes são iguais, portanto essa lei é flagrantemente inconstitucional.

Prazos da fazenda

PROFA. LUCIA VALLE FIGUEIREDO - Professor Geraldo, eu aproveito aqui o gancho da resposta de V.Exa. para falar um pouco sobre a igualdade que foi levantada pelo Prof. Américo Lacombe. Acho de extrema relevância o se dizer que o vetor maior da Constituição é a igualdade e que a Fazenda, quando estivesse em juízo, teria que ser tratada com isenção pelo Judiciário e com igualdade, exatamente na mesma proporção que a outra parte.

Agora, aqui eu vejo nitidamente uma distinção, aqui há um *discrimen* repudiado pela Constituição, a lei é flagrantemente inconstitucional. Mas não vejo realmente - isso eu já havia até dito ao Prof. Lacombe - que haja uma inconstitucionalidade nos prazos para a Fazenda Pública, que é uma discriminação que a Constituição não repudiaria, pelo fato das situações realmente não serem absolutamente iguais.

O Código de Processo Civil também dá prazo em dobro quando houver *litisconsórcio* e os advogados forem diferentes. Então há uma desigualdade das partes e essa desigualdade não agrediria no meu entender o princípio da isonomia. Como também eu acho que não agride o princípio da isonomia a obrigatoriedade da remessa oficial, portanto, da sentença só transitar em julgado se não houver recurso voluntário, após o exame da remessa oficial.

Então essa foi uma questão levantada pelo ilustre Juiz Américo Lacombe, de que eu aproveito para me manifestar: há necessidade de se verificar qual é a desigualdade para ver se essa desigualdade é repudiada ou não pelo texto constitucional. Pelos argumentos trazidos à colação pelo Prof. Geraldo Ataliba claro está que essa lei é inconstitucional, mas isso não vale dizer que todas as situações de discriminação possam ser inconstitucionais - e aqui uso o Prof. Celso Antônio - se houver um *discrimen* com a correlação lógica para a situação discriminada.

Continuo respondendo as questões.

Interesses em confronto

PROF. EDGAR SILVEIRA BUENO FILHO - Posso interromper?

Vossa Excelência afirma que quando se dá um prazo, quando se permite a remessa do título para o reexame necessário, não se está discriminando arbitrariamente a Fazenda Pública. Eu perguntaria: no que V.Exa. se fundamenta para afirmar isso?

PROFA. LUCIA VALLE FIGUEIREDO - Acho que na categoria do interesse que está envolvido. Na verdade nas causas da Fazenda está envolvido o interesse público de conseguir entre o interesse de toda a coletividade e não apenas de um indivíduo que é o postulante. A mesma coisa se dá, por exemplo, com o mandado de segurança: a sua execução é imediata, no entanto, se ele é concessivo ele é submetido desde logo ao duplo grau. Acho que isso é importante, porque na verdade pela via do mandado de segurança, quando se concede a segurança está se dizendo que um ato de autoridade que tem presunção de legitimidade, esse ato de autoridade foi ilegal. Se ilegal ou inconstitucional, aí não é importante. Se inverteu a presunção.

Então me parece absolutamente necessário que um outro órgão examine. Então não me parece que isto seja um privilégio desarrazoável à Fazenda. Seria naquela hipótese da Lei 8O76 de 199O, que previa que a sentença do mandado de segurança, cuja índole é a execução imediata, não fosse executada enquanto o órgão superior não se pronunciasse. Quanto a isso eu não tenho a menor dúvida. Só que essa discriminação não me parece imprópria.

Duplo grau

PROF. AMÉRICO LACOMBE - Eu pediria um aparte para colocar a seguinte questão: eu não falei aqui contra o duplo grau; pelo contrário, até aceitei que o duplo grau de jurisdição poderia continuar nas leis vigentes, desde que ao Tribunal de 2º grau fosse devolvida toda a matéria abordada em 1ª Instância, mesmo naquelas matérias que foram desfavoráveis à Fazenda e que não houve recurso da parte. O duplo grau devolve ao tribunal, o conhecimento de tudo aquilo que foi abordado em 1ª Instância, em igualdade de condições.

No tocante aos prazos, não vejo razão para a Fazenda ter prazos privilegiados. Quando existem vários *litisconsortes*, cada um com um advogado diferente, temos uma razão para isso, porque não se pode obrigar a todos os *litisconsortes* que tenham um mesmo advogado. Eles ocupam o mesmo pólo da relação processual, mas estão representados por dois, três, quatro advogados, é evidente que deve-se dar a cada um deles a mesma oportunidade de manifestação. Então aí obviamente nós temos um fundamento para discriminar.

Mas, no caso da Fazenda Pública representada pelo seu Procurador, qual o fundamento do prazo em dobro? Por que desse prazo em dobro? Porque eles estão mal equipados, porque não tem procuradores suficientes, porque a advocacia da União não foi constituída? Então nós teríamos de concluir que a Fazenda Pública estaria se beneficiando da sua própria incúria, porque se não existe advocacia da União, é porque até hoje o Executivo não mandou o projeto para o Congresso, ou então porque o Congresso não votou. O problema é do Poder Público, ele se quiser que se arrume! Ele tem tudo para isso ... As Procuradorias estão desequipadas? Estão. E o culpado disso é o contribuinte?

Então nós estaríamos dando à Fazenda o benefício de ter uma desigualação em razão de uma outra desigualação provocada por ela mesma.

Eu não vejo nenhum fundamento mais para nós termos esses prazos privilegiados, além do que em toda a legislação especial, como por exemplo a legislação do mandado de segurança, não tem prazo privilegiado nenhum. A Fazenda ali se submete aos prazos da lei especial. Então por que razão nas ações ordinárias ela vai ter um prazo especial? O prazo é suficientemente bom para qualquer das partes. Sinceramente isso me parece inconstitucional.

O duplo grau não, desde que, uma vez que nós temos também que zelar pelo interesse público, evidentemente aí há um interesse público em jogo e que deve ser apreciado pelo Tribunal Superior. Mas deve ser devolvida a ele toda a matéria.

Estamos debatendo isto ainda sem um grau de meditação mais profundo. Tais matérias serão abordadas por nós no futuro, no momento em que as partes levantarem essa questão, mas me parece que no momento o princípio da igualdade deve ser enfocado de uma maneira diferente.

Estado como parte

PROF. EDGAR SILVEIRA BUENO FILHO - Eu pedi para intervir nessa questão exatamente porque entendo como o Prof. Américo Lacombe, que a sociedade tem que ter privilégio e ela não tem. Os atos administrativos têm a supremacia comum a eles, são auto-executáveis.

Agora, quando o Estado abandona a sua posição de órgão dotado dessa capacidade de impor comportamento e vai para litigar com o cidadão em juízo, eu acho que ele desveste essa capa de autoridade. A não ser que nós tivéssemos, também como juízes, de sopesar entre os interesses do particular e do Estado. E aí nós sempre decidiríamos de modo favorável à Fazenda.

É evidente que se o Finsocial, embora inconstitucional, ele vai promover uma melhora das condições de vida do cidadão, nós temos que pensar: se é assim nós temos que decidir que embora inconstitucional ele deve ser recolhido. Por quê? Porque ele vai favorecer a toda a sociedade.

Precatórias

PROFA. LUCIA VALLE FIGUEIREDO - Eu estava aqui discutindo *a latere* com o Juiz Américo Lacombe, dizendo o seguinte: se nós fôssemos partir de que a igualdade tem de ser tão absoluta, nós diríamos o seguinte: o Poder Público paga por meio de precatórios, e estes precatórios têm todo um procedimento processual, inclusive na execução contra a Fazenda Pública há a possibilidade de se opor embargos. Se nós vamos partir de um princípio de igualdade absoluta tudo isso é inconstitucional, até ... quer dizer, o dispositivo da Constituição nós não podemos dizer que é inconstitucional, mas se a Constituição possibilitou o pagamento em precatório, parece-me que ...

PROF. EDGAR SILVEIRA BUENO FILHO - Excepcionalmente.

PROFA. LUCIA VALLE FIGUEIREDO - Excepcionalmente não; via de regra pagamento é em precatório, a exceção são os créditos alimentares. Assim sendo, me parece que outras conseqüências também tem que ser tiradas. Vossa Excelência sabe que eu não sou o que se pode dizer juíza fazendária, não sou uma procuradora fazendária, não sou uma juíza fazendária. Mas às vezes me parece que as discriminações realmente guardam pertinência lógica.

Eu conversava com o Juiz Américo Lacombe no início, que disse o seguinte: quando a Constituição diz que todos os homens e mulheres são iguais, naturalmente como o constituinte não é um desavisado e se já havia a igualdade no art. 1º, então ele quis dizer que nenhuma discriminação era possível. Eu contesto isso. É claro que há discriminações que são naturais, que são as discriminações que tem de ser feitas em função da própria condição biológica da mulher. Então eu pergunto: num edital de concurso que vede o ingresso de mulheres em determinadas atividades que não são próprias de mulheres, mas são próprias de homens, este edital seria viciado? A meu ver não. Veja o seguinte: um concurso para estivador de porto. Vão me dizer: algumas mulheres levantam peso, conseguem ser estivadoras. Mas isso não é a regra. A regra é que a mulher não pode. A regra é que a polícia feminina tem que ser polícia feminina e não homem. Também haveria uma discriminação, se eu quero uma mulher para fazer revista de mulheres. Veja, às vezes as discriminações não só são permitidas como são desejáveis para o cumprimento dos diversos valores também constitucionais.

Igualdade

PROF. AMÉRICO LACOMBE - Permite um aparte? (ASSENTIMENTO) É evidente que existem certas diferenças entre homens, graças a Deus! Existem muitas diferenças entre homens e mulheres que são até desejáveis que continuem existindo. Mas vamos imaginar o seguinte: num concurso para estivador do porto não se estaria discriminando entre homens e mulheres. Por exemplo, um homem paraplégico também, não poderia fazer concurso para estivador do cais do porto, não porque fosse homem, mas porque é paraplégico, tem uma incapacidade física de exercer essa profissão e evidentemente seria vetado o seu ingresso nesse concurso. Se uma mulher que provasse estar fisicamente apta a levantar peso, e existem muitas que estão, não poderia ser proibida a sua inscrição nesse concurso.

Existem certas distinções que evidentemente o homem não pode, no momento, se beneficiar, por exemplo, da licença maternidade. Por quê? Por que existe uma incapacidade física? Não. Porque a hipótese da norma não se realizaria nunca! Mas vamos admitir que por absurdo, num futuro os homens pudessem ficar grávidos, a ciência ia evoluir a tal ponto que permitisse a gravidez masculina. Evidentemente se isso ocorrer a hipótese da norma se realizaria e ao homem seria permitido que se beneficiasse da licença maternidade.

Então o que distingue aí não é o fato de ser homem ou ser mulher, é a capacidade física da pessoa de exercer determinadas funções.

Discriminações arbitrárias

PROF. EDGAR SILVEIRA BUENO FILHO - Ninguém é contra as discriminações. Nós somos todos contra as discriminações arbitrárias.

PROFA. LUCIA VALLE FIGUEIREDO - Isso eu também sou, não tem a menor dúvida.

Passo a responder mais três perguntas: "Com a crescente exacerbação das multas punitivas, principalmente no ICMS e IR, correspondendo, em muitos casos, a mais de cinco vezes o valor do imposto corrigido, sendo freqüentes os casos em que o valor reclamado pelo fisco é superior ao patrimônio e o limite de crédito para garantir a execução (penhora ou fiança), como dar, em tais hipóteses, efetividade ao princípio da igualdade, pois que o executado estará impedido (pelo menos pela via de embargos) de defender-se? Estaria derrogado, pela Constituição Federal, o dispositivo da Lei de Execuções Fiscais que exige a garantia?"

Igualdade

Volta aqui à baila o princípio da igualdade. Realmente não me parece que se houve um procedimento administrativo, como o Prof. Geraldo já descreveu, um ato de controle antes da inscrição da dívida, em que o contribuinte já pôde participar, então me parece que não existe empeço para exigência de uma garantia, porque a execução fiscal já será o último ato. O juiz examinará, fará a citação - como já disse o Juiz Silveira Bueno -, determinará a citação, e aí ele verificará se é o caso de determinar a penhora. Agora, não é possível não oferecer. Há um número grande de garantias. Porque então na verdade ninguém seria um contribuinte adimplente, a inadimplência seria um prêmio. Se na verdade eu vou poder discutir em juízo sem dar nenhuma garantia, na verdade nós teríamos também uma desigualdade para aqueles que são os adimplentes.

Eu aqui conversava com o Juiz Américo Lacombe sobre o problema dos contribuintes aqui no Brasil. Até para a declaração do imposto de renda o pobre do contribuinte que quer ser pontual, que quer fazer sua declaração a tempo e hora está absolutamente atormentado pelo fisco, como por exemplo o problema da atualização dos bens. Quer dizer, o fisco tem a coragem de dizer que o contribuinte contrate um perito para fazer essa atualização. E o contribuinte se acha diante desta alternativa: se valoriza demais os seus bens o que pode ocorrer? Pode vir o imposto das grandes fortunas e alcançá-lo; se não valoriza demais vai acontecer o lucro imobiliário; se declara o bem um pouquinho maior do que o valor venal do imóvel lançado pela Prefeitura, pode a Prefeitura se valer das informações dadas ao fisco para lançar mais esse imóvel. Quer dizer, realmente não tem solução. Essa é a situação do contribuinte adimplente brasileiro.

Pergunta: "É comum no recolhimento de tributos com fato gerador "único", que se permita o pagamento parcelado (exemplo: IR). Pode o contribuinte aproveitar-se de tal benefício para a efetivação de depósitos judiciais?"

Claro, isso sempre ocorreu na prática. Quando o tributo tinha pagamento parcelado, a cada mês o contribuinte fazia o depósito equivalente àquela parcela que ele deveria implementar.

"No caso de o recolhimento integral implicar descontos, o depósito do valor total poderia ser efetuado com esta vantagem?"

Sim, se já está previsto no lançamento que se pagar tudo de uma vez a parte teria um desconto, ela pode depositar tudo de uma vez no início, com o desconto dentro daquele prazo dado pelo fisco.

Depósito

Esta é a última pergunta, de Carlos Alberto Correia Teixeira: "O depósito preconizado no art. 151 do CTN, ao que me parece não inibe o exercício de uma medida cautelar, embora a dispense em sendo realizado. Optando o contribuinte por uma cautelar preparatória e uma anulatória, oferecendo em contra-cautela outras garantias que não dinheiro, a destacar a fiança bancária prestigiada pela nossa Lei de Execução Fiscal (art. 15), tudo rigorosamente dentro dos princípios do art. 196 e seguintes do nosso Código de Processo Civil, que fundamentos haveriam de ser invocados, como está ocorrendo, para exigir-se depósito em dinheiro? Qual a posição do Tribunal?"

Acho que essa questão já foi bastante discutida aqui. Qual a posição final do Tribunal eu não posso adiantar, até porque não sei qual vai ser. Agora, a questão já foi muito discutida, creio que já foi respondida antes da questão ser formulada.

Professor Geraldo, eu acabei as questões.

PROF. GERALDO ATALIBA - Eu pediria à Profa. Lúcia que fizesse um arrematado ligeiro para depois o Prof. Américo Lacombe, em nome do Tribunal e do IDEPE dizer as palavras de encerramento.

PROFA. LUCIA VALLE FIGUEIREDO - Eu acho que as questões já foram suficientemente discutidas. Só não foi ainda o que dissertou o Juiz Silveira Bueno, a questão do mandado de injunção, que seria também precioso como instrumento de defesa do contribuinte. E citou até o exemplo da anistia das sociedades beneficentes; que o Legislativo não havia ainda elaborado a lei a respeito. Pena, é claro, que o Supremo ainda esteja entendendo de modo acanhado o mandado de injunção, mas já houve um grande avanço.

Quer dizer, na verdade nós temos entendido - creio que essa é a opinião em uníssono desta mesa - que o mandado de injunção daria desde logo a possibilidade de que o Tribunal elaborasse a norma para o caso concreto. Isto não seria usurpação do poder, não haveria de forma nenhuma, seria apenas exercício da competência constitucional. Havendo omissão do Legislativo, não há que se declarar que o Legislativo está *in mora*; assim que se dá o provimento jurisdicional para assegurar, nos termos do § 1º do Art. 5º, que as garantias constitucionais desde logo sejam aplicadas.

Há aqui uma questão difícil que eu sei que vai ser polemizada, que foi levantada pelo Prof. Alcides Jorge Costa. A questão do depósito que está veiculado no CTN. Se eles teriam uma norma processual ou uma norma material.

Eu tenho um entendimento absolutamente igual ao do Prof. Alcides Jorge Costa. - o Prof. Geraldo Ataliba vai divergir - e ao do Prof. Eduardo Ribeiro, quando dizem que a norma do CTN aqui seria uma norma geral, portanto, ela foi recebida pela Constituição como lei complementar.

PROF. AMÉRICO LACOMBE - Para encerrar, quero agradecer a presença de todos que prestigiaram esta promoção do IDEPE e do Tribunal Regional Federal e salientar aos senhores que esse foi o último seminário promovido pelo Tribunal. De hoje em diante, esses seminários serão promovidos pela Escola da Magistratura do Tribunal Regional Federal que já está constituída. De modo que o Prof. Geraldo Ataliba de hoje em diante deve promover cursos, em colaboração com a Escola.

Agradeço a presença dos senhores e acho que foi positivo, como todos esses encontros são positivos. Não que saiamos daqui com soluções; saímos com problemas, e isso é que é o importante, que nós devamos meditar sobre esses problemas, para encontrar solução para eles. Breve, o mais breve possível, mas se não for possível, que pelo menos esses problemas sejam meditados, para que a sua solução seja adequada à realidade brasileira e ao sistema jurídico vigente.

Muito obrigado e está encerrado o seminário. (PALMAS)

AÇÃO CIVIL PÚBLICA*

- PROF. JOSÉ CARLOS BARBOSA MOREIRA -

SOLENIDADE DE ABERTURA DO SIMPÓSIO SOBRE A JUSTIÇA FEDERAL

O Sr. Ministro William Patterson (*Presidente*): Exmº Sr. Presidente do Egrégio Supremo Tribunal Federal, Min. Sidney Sanches, Srs. Ministros do Superior Tribunal de Justiça, Srs. Presidentes dos Tribunais Regionais Federais, Srs. Juízes, Srs. Advogados, Srs. Procuradores, Minhas Senhoras e Meus Senhores.

Impossibilitado de comparecer a esta solenidade, como seria de seu desejo, em razão de compromisso inadiável, o Presidente do Superior Tribunal de Justiça, Ministro Antônio Torreão Braz, incumbiu-me de substituí-lo na tarefa de conduzir os trabalhos desta reunião inaugural, o que faço com imenso prazer.

A modernização da Justiça Federal tem sido o tema central dos diversos encontros de Juízes Federais já realizados, seja em congressos ou fóruns de debates, demonstrando a urgência na adoção de medidas — ou pelo menos na busca de soluções — que tornem a prestação jurisdicional mais ágil, eficiente e eficaz, de forma a que se firme a confiança do povo no Poder Judiciário.

As profundas transformações sociais, políticas, econômicas, culturais e institucionais que estão a ocorrer no Brasil contemporâneo fizeram emergir uma sociedade civil consciente e reivindicante de seus direitos de cidadania.

A construção e consolidação de um espaço vivo e articulado, onde inclusive se pratica uma "justiça paralela" cada vez com maior freqüência, segundo revelam as estatísticas, por aqueles que se consideram excluídos do sistema, exigem do Magistrado, comprometido com a função social do seu mister, debruçar-se sobre os diversos temas jurídicos, a fim de propor alterações procedimentais que melhor atendam às demandas sociais.

Influir no processo de mudanças sociais, em qualquer nível, implica em uma intensa atividade crítica, que exige o conhecimento e a compreensão dos fatos, suas origens e tendências.

No intuito de estimular os magistrados a exercerem liderança intelectual nos avanços da sociedade brasileira, o Conselho da Justiça Federal, através do Centro de Estudos e Aperfeiçoamento dos Servidores da Justiça, órgão comprometido com a pesquisa dos elementos da ciência geral do Direito, vem abrindo espaço para a reflexão, apresentação e discussão de propostas que propiciem o aprimoramento do exercício da função jurisdicional, vale dizer, das Instituições da Justiça Federal.

* Conferência pronunciada em junho de 1992, no Tribunal Superior de Justiça, no "Simpósio sobre a Justiça Federal", promovido por aquela Corte.

Essa a razão do "Simpósio sobre a Justiça Federal", que contará com a participação de dois renomados juristas: Prof. José Carlos Barbosa Moreira, o Conferencista de hoje, e Dr. Geraldo Ataliba, que amanhã nos brindará com palestra sobre "Limitações Constitucionais ao Poder de Tributar".

Além das conferências magnas que serão proferidas sempre pela parte da manhã, foram reservados os períodos da tarde para a realização de painéis, onde os participantes terão a oportunidade de apresentar trabalhos sobre temas específicos, previamente inscritos e divulgados.

A conferência magna de hoje sobre o tema "Ação Civil Pública", definido a partir de consulta formulada aos Juízes Federais que compareceram ao Ciclo de Conferências promovido ao longo de 1991, será proferida pelo Eminente Desembargador, hoje aposentado, do Tribunal de Justiça do Estado do Rio de Janeiro, Dr. José Carlos Barbosa Moreira, Professor Titular de Direito Processual Civil da Faculdade de Direito da Universidade do Estado do Rio de Janeiro e autor de diversas obras publicadas, dentre as quais: *Direito Aplicado, A conexão de causas como pressuposto da reconvenção, Temas de Direito Processual, O novo Código de Processo Civil Brasileiro, Comentários ao Código de Processo Civil* e *Litisconsórcio unitário.*

A notoriedade da inteligência e da cultura jurídica do ilustre conferencista dispensa, de certo, apresentação mais longa.

Passo a palavra ao insigne conferencista.

CONFERÊNCIA

O Desembargador José Carlos Barbosa Moreira: Exmo. Sr. Ministro Sidney Sanches, Presidente do Egrégio Supremo Tribunal Federal, Exmo. Sr. Ministro William Patterson, Vice-Presidente do Egrégio Superior Tribunal de Justiça, Senhores Ministros, Senhores Magistrados; Minhas Senhoras e Meus Senhores.

INTERESSES DIFUSOS E COLETIVOS

A ação civil pública surgiu no Direito Brasileiro em conseqüência de um movimento doutrinário que se batia pela criação de instrumentos de tutela jurisdicional no campo dos chamados interesses difusos e coletivos. Expressões essas que durante muito tempo foram usadas, e não apenas no Brasil, em forma, por assim dizer, promíscua, isto é, sem a preocupação de uma distinção nítida entre os dois conceitos.

Temos hoje definições legais — como sabem — consagradas no art. 81 do Código de Defesa do Consumidor, e o próprio texto constitucional alude a interesses difusos e coletivos, chancelando, por assim dizer, essa diferença. É notório que há um traço de união, um denominador comum — a saber, o fato de tratar-se de interesses que não pertencem a um titular, ou a um número perfeitamente determinado de titulares, e sim a uma coletividade mais ou menos determinada. Mais determinada no caso dos chamados interesses coletivos, em relação aos quais a lei estabeleceu a característica da existência de uma relação jurídica básica entre os diferentes interessados, ou entre eles e outra pessoa-física ou jurídica. Seria o caso, por exemplo, do conjunto de consorciados, ou do conjunto de estudantes de determinada instituição universitária. Essa coletividade torna-se mais indeterminada quando se trata dos interesses chamados difusos, região em que não existe essa relação jurídica-base e sim, apenas, circunstâncias, de fato, comuns, como poderia ser a circunstância de habitarem, todas essas pessoas, uma determinada região, ou de ficarem todas elas sujeitas às conseqüências de determinada obra pública, ou, ainda, a de costumarem usar determinado produto, e assim por diante.

A distinção é, de certo modo, tênue; poderá haver casos que suscitem dúvida sobre a classificação do interesse como difuso ou como coletivo, mas, seja como for, ela hoje está *de lege lata* consagrada no Direito brasileiro.

Esse tema começou a suscitar a atenção da doutrina primeiro na Europa, sobretudo na década de 70, quando surgiram numerosos estudos, trabalhos a respeito do problema, porque quase todas as legislações apresentavam certa carência de instrumentos. O Processo Civil, na sua feição tradicional, não oferecia meios muito eficazes de proteção desse tipo de interesses. Os instrumentos tradicionais eram mais adequados a situações jurídicas puramente bilaterais — um credor e um devedor — ao passo que aqui se trata de fenômenos de massa, portanto, com características muito diversas, a exigir também um tratamento diverso, sobretudo no que tange a determinados problemas — poder-se-ia dizer que são os pontos sensíveis dessa problemática, como a legitimação para agir, a extensão subjetiva da sentença e da coisa julgada, e assim por diante.

A Ação Popular

É verdade que o Brasil já tinha um instrumento processual, até certo ponto utilizável, para a proteção, pelo menos, de alguns interesses difusos e coletivos: a *ação popular*, instituto constitucionalmente consagrado, como se sabe, desde há muito tempo.

Tive ocasião, em 1976, ou 1977, de escrever um pequeno ensaio destinado exatamente a mostrar isso: que a ação popular era um instrumento processual capaz de, em certa medida, desempenhar o papel de instrumento de proteção dos interesses difusos e coletivos. Esse trabalho foi publicado numa coletânea de estudos em homenagem ao Professor Enrico Túlio Liebman, e creio que despertou algum interesse no Brasil, porque, ao lado dessa indicação da ação popular como um instrumento, de certo modo, capaz de atender a tutela dos interesses difusos e coletivos, também se procurou mostrar que existiam deficiências graves — duas sobretudo: primeira, a questão da legitimidade ativa, que, como se sabe, na ação popular, era deferida, e ainda é, exclusivamente ao cidadão. Ora, muitas vezes acontece que um indivíduo isolado, para sustentar em juízo esse tipo de pleito, defronta-se com adversários de grande poder político e econômico. De sorte que a sua luta — para repetir uma imagem que tive oportunidade de usar em algum artigo — poderia assemelhar-se àquela que travaria contra Golias um Davi sem funda.

Era preciso, então, repensar o problema de legitimação. Em outras palavras, descobrir possibilidades que abrissem a outras pessoas, sobretudo a pessoas jurídicas ou a entidades públicas, a qualidade para litigar a respeito da matéria de que estamos tratando, porque, evidentemente, uma pessoa jurídica, principalmente quando se ocupa habitualmente de um determinado tema, de um determinado problema, dispõe das vantagens da organização, de seus arquivos de jurisprudência, em hipótese otimística, até informatizados, podendo, com isso, contratar advogados mais notáveis. Portanto, a luta torna-se menos desigual, e, no processo, devemos tender à igualdade das partes, não em sentido puramente formal, mas sobretudo, em sentido substancial.

Ampliação dos instrumentos processuais

Uma outra questão que também preocupava era o fato de que a ação popular só servia, e só serve, para pleitear a anulação ou a declaração de nulidade de um ato que fira, que lese algum desses interesses. Mas essas possibilidades de tutela não esgotam as necessidades da mesma. Muitas e muitas vezes o que se precisa obter é uma condenação a fazer, ou uma condenação a não fazer e, para isso, a via da ação popular não apresentava qualquer possibilidade de utilização.

No início da década de 80 foi editada a Lei 6.938, que dispôs sobre a política nacional do meio-ambiente que, no seu art. 14, § 1º, atribuiu ao Ministério Público, tanto ao Federal como ao Estadual, legitimidade para propor ação de responsabilidade civil e criminal por danos causados ao meio-ambiente. Isso foi como que a deixa para que diversas pessoas, que estavam preocupadas com o assunto, se pusessem em campo e surgiu, então, um anteprojeto de lei — elaborado por um grupo de professores de São Paulo, sob a liderança deste verdadeiro motor, o dínamo em forma de mulher, que é a nossa querida colega Ada Pellegrini Grinover — que foi encaminhado ao Congresso por intermédio do Deputado Flávio Bierrembach e, na verdade, extrapolando um pouco aquele limite que teria sido literalmente indicado no art. 14, § 1º, da Lei 6.938, uma vez que o anteprojeto não se limitava rigorosamente a regulamentar aquela ação do Ministério Público, e sim cuidar da matéria de forma um pouco mais ampla.

A Lei da Ação Civil Pública

Sobreveio, todavia, um projeto oriundo do Governo que se sobrepôs a esse em tramitação no Congresso Nacional, embora com muita coisa em comum, e o projeto governamental veio, afinal, a prevalecer e a transformar-se na Lei 7.347, de 24 de julho de 1985. Tudo isso resultou de um amplo debate, porque o anteprojeto foi submetido a entidades de classe, associações diversas; foi, também, discutido num congresso realizado em Porto Alegre, em 1983, no qual tive a honra de ser o Relator da matéria e até me permiti fazer algumas sugestões, que foram acolhidas.

A Lei 7.347 ao contrário de outros diplomas legislativos resultou, na verdade, de um amplo debate, e pode dizer-se que correspondeu a uma aspiração generalizada na sociedade brasileira.

Sobreveio a Constituição de 1988, que constitucionalizou a ação civil pública. Deu-lhe *status* constitucional, referindo-se a ela, como todos sabem, no art. 129, III, até ampliando um pouco, quem sabe, o seu contorno, e também no § 1º.

É evidente que não posso pretender num espaço de tempo razoável — porque não desejo retribuir a gentileza do convite com o abuso contra a paciência dos ouvintes — é impossível, repito, pretender esgotar aqui a análise da Lei 7.347, que, evidentemente, suscita um grande número de problemas. Limitar-me-ei, portanto, a recordar — é bem o termo — porque sei que muito do que vou dizer, senão tudo, já é do perfeito conhecimento dos ouvintes; mas permitam-me que, por vezes, disserte sobre o óbvio, apenas para ordenar a minha própria exposição.

Os tópicos principais da sistemática da Lei 7.347 poderiam ser, talvez, resumidos da seguinte maneira: o âmbito de aplicação da Lei; a questão da legitimidade ativa; a questão das modalidades de tutela dispensáveis através da utilização da lei e a questão da extensão subjetiva da coisa julgada. A essa rol teríamos, provavelmente, de acrescentar um tópico relacionado com a competência, que tem, ao que sei, suscitado certas dificuldades práticas.

Âmbito de aplicação da Lei

O âmbito de aplicação está definido no art. 1º que fala em responsabilidade por danos "ao meio ambiente, ao consumidor, a bens e direitos de valor artístico, estético, histórico, turístico e paisagístico", e, no inciso IV — que havia sido vetado, a princípio, mas que depois foi reintroduzido pelo Código de Defesa do Consumidor — "a qualquer outro interesse difuso ou coletivo".

Parece que num primeiro momento o Poder Executivo teve um certo receio da indeterminação desse conceito. Ficou, talvez, temendo que o âmbito fosse exageradamente vasto, mas depois verificou-se que isto nada tem de inconveniente, muito pelo contrário. Até penso que a Ação Civil Pública é uma instituição que, ao contrário de outras, está "pegando". Tenho a oportunidade de recordar alguns exemplos, aos quais cada um dos Senhores seria perfeitamente capaz, estou certo, de acrescentar muitos outros.

Preocupação preventiva

Quando se fala, no art. 1º, em responsabilidade por danos, poderia parecer à primeira vista que se trata aqui apenas de procurar o ressarcimento de algum dano já causado.

Mas não é disso só que se trata — e até diria que não é disso principalmente que se trata — porque estes interesses, entre outras características, tem a de que, as mais das vezes, precisam ser protegidos antes de consumada a lesão. Isto fica muito nítido no que tange ao meio ambiente. Os exemplos seriam até, de tão óbvios, indignos da platéia. Destruída a rocha que embelezava a paisagem, o dano é irreparável e não há como pretender substituir aquilo que deixou de existir por uma compensação pecuniária.

De modo que a tutela desse tipo de interesses tem de ser essencialmente, primariamente, de natureza preventiva.

Ela tem que acudir antes que a ameaça se converta em realidade e só secundariamente, subsidiariamente, quando não for possível isto, então sim vamos pensar em uma espécie da ficha de consolação, que é a condenação pecuniária.

Na verdade, o ideal é que se tutele preventivamente em todo este campo de interesses difusos e interesses coletivos. Isso foi levado em consideração pela lei. Apesar de ela falar em responsabilidade por danos, no art. 1º, contém, como ninguém ignora, várias disposições que consagram a possibilidade desta proteção anterior à consumação da lesão, seja em forma principal, seja em forma provisória, por meio de medidas liminares que estão expressamente previstas no texto da Lei 7.347.

Legitimidade ativa

O problema da ligitimidade ativa tem sido colocado, a respeito dos interesses difusos e coletivos, através de uma pluralidade de possibilidades legislativas. Tratando-se, como se trata, de uma série de interessados, de uma massa — se assim me possa expressar — de interessados poderia pensar-se, evidentemente, não num litisconsórcio necessário, que seria absolutamente inviável do ponto de vista prático, até porque, nem se pode muitas vezes saber, *a priori*, quais são todos os componentes do grupo interessado. Mas poderia pensar-se em uma solução consistente, em conferir a cada um deles de *per si* a qualidade para agir. E essa foi a solução adotada no caso da ação popular, a que se tem chamado de *legitimação concorrente e disjuntiva*, no sentido de que todos são concorrentemente legitimados e cada um pode agir isoladamente, separadamente dos outros.

Outra possibilidade é a atribuição da legitimidade *ad causam* a entidades, a pessoas jurídicas, notadamente a associações que se dediquem, nos termos de seus próprios atos constitutivos, a proteger e a batalhar, no sentido da proteção de determinados interesses. Pode-se, ainda, cogitar de atribuir a legitimação a órgãos públicos, a pessoas jurídicas de direito público ou ao Ministério Público. Qual foi a opção do legislador na Lei 7.347? Uma opção eclética. Descartou-se apenas a primeira possibilidade. Não se encontra no texto da Lei 7.347 nenhuma referência à possibilidade de que determinada pessoa, um indivíduo sozinho, possa propor esta ação. Não estou dizendo com isso, necessariamente, que não exista nenhuma possibilidade para o indivíduo isolado de pleitear em juízo a proteção de um interesse que não é só dele, mas que também pertence a uma coletividade da qual ele faz parte. Até simpatizo com a tese de que exista esta possibilidade, só que não será por este caminho específico da ação civil pública. A solução adotada, eclética, como disse, consistiu em atribuir a legitimidade ao Ministério Público, à União, aos Estados e Municípios — esqueceram-se do Distrito Federal — e a autarquias, empresas públicas, fundações e sociedades de economia mista.

Até aqui, estamos no campo do Direito Administrativo. Agora, acrescentou-se "ou por associação que esteja constituída há pelo menos um ano, nos termos da lei civil", que "inclua, entre suas finalidades institucionais, a proteção" a qualquer tipo desses interesses coletivos ou difusos.

A respeito desse requisito da pré-constituição — há pelo menos um ano — ele se destina, obviamente, a assegurar um mínimo de seriedade; evita-se que se forme uma associação *ad hoc,* com a finalidade exclusiva de mover determinado pleito, o que poderia, em tese, dar margem a certas manobras menos recomendáveis do ponto de vista ético.

Neste caso, também houve uma atenuante resultante do Código de Defesa do Consumidor. O § 4º do art. 5º reza, hoje, que o requisito da pré-constituição poderá ser dispensado pelo Juiz, quando haja manifesto interesse social, evidenciado pela dimensão ou característica do dano ou pela relevância do bem jurídico a ser protegido. De sorte que se concedeu ao Juiz uma boa margem de flexibilidade, para, se for o caso, e presentes estes pressupostos, dispensar o requisito da existência da associação há mais de um ano.

Marcante atuação do Ministério Público

A experiência tem mostrado a esse respeito que, na prática, pelo menos segundo os dados que pude obter no meu Estado e no Estado de São Paulo — acredito, salvo engano, esteja ocorrendo o mesmo fenômeno do resto do país — tem predominado, de maneira notável, a iniciativa do Ministério Público.

Mencionando alguns números: No Estado do Rio de Janeiro são 100 ações civis públicas promovidas pelo Ministério Público para pouco mais de dez ações promovidas por associações civis; em São Paulo, no campo dos Direitos do Consumidor são 95 ações do Ministério Público para 10 de associações; em matéria de ambiente, segundo uma pesquisa feita em 100 comarcas daquele Estado, das 444 ações propostas, apenas 4% o foram por associações civis. De sorte que é um fenômeno curioso que merece um estudo sociológico.

Na verdade, penso que a Lei tinha uma certa esperança de que as entidades civis se mobilizassem mais e até, acredito, tivesse certa esperança de que essa disciplina incentivasse o aparecimento, a criação de novas associações civis dedicadas à matéria. Isto parece não estar acontecendo. Até ocorre que, muitas vezes, a associação civil interessada, que poderia ir a Juízo diretamente e propor referida ação, prefere recorrer aos serviços do Ministério Público, para que este promova a ação, se falhar o inquérito civil, que tem dado algum resultado. Tenho notícia de que muitos casos, pelo menos no Rio de Janeiro, são resolvidos em sede administrativa, sem necessidade do ingresso em Juízo, por intermédio do inquérito civil, que a Lei, como se sabe, prevê e disciplina.

Competência

Em matéria de competência, o art. 2º da Lei 7.347, estabelece: "Artigo 2º — As ações previstas nesta lei serão propostas no foro do local onde ocorrer o dano, cujo juízo terá competência funcional para processar e julgar a causa".

Esta disposição, a meu ver, tem sido, com certa razão, criticada por sua redação um tanto defeituosa. O próprio emprego do adjetivo "funcional" é aqui de duvidosa propriedade, pois se trata de um termo equívoco. Quando se fala de competência funcional, pode se ter em vista duas coisas diferentes: primeiro, a divisão da competência ao longo de um mesmo processo — em razão da diversidade de funções que dois, ou três, ou quatro ou mais órgãos, se vejam convocados a desempenhar — com referência àquele litígio. O exemplo típico é o da competência recursal. Um órgão processa e julga a causa em Primeiro Grau, e outro incumbe-se de processá-la e de julgá-la em Segundo Grau. Mas também se usa o termo "funcional" noutro sentido: para indicar a competência, em razão do lugar, estabelecida, tendo em vista a maior facilidade ou conveniência de aquele determinado órgão judicial exercer as suas funções com relação a determinado litígio. Este seria o sentido do adjetivo "funcional" aqui.

Na verdade, pessoalmente, preferiria que esse termo não tivesse sido usado. Preferiria que se tivesse reservado a expressão "competência funcional" para aquele outro tipo de competência, isto é, a determinada pela diversidade de funções sucessivamente exercidas por diferentes órgãos ao longo de um mesmo processo. Do contrário, criamos uma zona cinzenta, pois quando se estabelece a competência de um órgão de determinado lugar — seja por qual razão for — o que se está, realmente, fixando é a competência territorial.

Rigor terminológico

Gostaria de ver esses dois conceitos mantidos na sua distinção. Entendo que, em Direito, a precisão terminológica e, sobretudo, o caráter unívoco das palavras, é um valor muito importante. É preciso que quando alguém pronuncie uma palavra técnica todos saibam do que se trata, e não se esteja a refletir se aquela expressão estará sendo usada neste ou naquele sentido. Trata-se de uma exigência científica, não de um formalismo de professor de processo. Em Geometria só podemos usar a palavra triângulo para o polígono de três lados. Não poderemos usá-la para o polígono de cinco lados, nem para o de dez lados, senão Tales, que formulou a Lei Angular, seria desrespeitado.

Parece-me que o propósito foi o de deixar claro que qualquer outro foro é incompetente de maneira absoluta, porque uma das características da chamada competência funcional é exatamente esta: quando um órgão tem competência funcional, nenhum outro órgão pode tornar-se competente, isto é, todos os outros órgãos são absolutamente incompetentes.

Competência territorial

Parece-me que a idéia foi esta: a de frisar, pôr em relevo que só o foro do lugar do dano pode ser competente.

É preciso fazer algumas ressalvas a essa afirmação. A primeira refere-se ao foro constitucionalmente previsto para as ações em que a União seja autora ou ré: os dispositivos constitucionais obviamente prevalecem sobre as disposições da lei ordinária, de sorte que o art. 109 da CF em nada é afetado pela disposição do art. 2º da Lei 7.347.

Todavia, pode acontecer que o dano se manifeste em mais de um lugar: este é um fenômeno bastante corriqueiro. Todos sabemos que quando um rio fica com suas águas poluídas provoca danos ao longo de todo seu curso, pode atravessar não apenas diferentes comarcas ou seções senão até diferentes Estados ou até diferentes países. O dano pode ocorrer em mais de um lugar e, freqüentemente, ocorre.

Neste caso, o que há é uma pluralidade de competências, há uma concorrência de competências; qualquer ação civil pública pode ser proposta em qualquer daquelas circunscrições territoriais, nas quais se tenha manifestado o dano. No caso de concorrência, como se sabe, pode ocorrer o fenômeno da prevenção, ou seja, se dois ou mais órgãos de competência territorial diferente tomam conhecimento de determinada matéria, a questão resolve-se, normalmente, em regra, pela prevenção, de acordo com as normas do Código de Processo Civil.

Competência da Justiça Federal

Há uma interrogação importante, sobretudo para aqueles que integram a Justiça Federal, como é o caso da maioria dos presentes: como fica delimitada a competência da Justiça Federal nesta matéria? A meu ver, fica delimitada pela Constituição, e não pode ser ampliada a outras hipóteses que não estejam previstas no texto constitucional.

Faço essa afirmação com certa ênfase, porque li, em mais de um trabalho, o acerto de que, quando o dano envolve mais de um estado da federação, *ipso facto*, a competência passaria a pertencer à Justiça Federal. Não vejo, sinceramente, como se possa sustentar essa conclusão à luz do texto constitucional — aliás, não há nada de anômalo, de extraordinário, de excêntrico, ou que seja capaz de nos escandalizar, pelo fato de que, eventualmente, uma lide seja resolvida numa determinada comarca ou seção, e os efeitos do julgamento, porventura, hajam de produzir-se noutra comarca ou noutra seção, ou até noutro Estado. O próprio Código de Processo Civil tem uma disposição expressa referente ao imóvel situado sobre a divisa entre dois Estados, e determina que, nessa hipótese, a competência firmada pela prevenção se estenda a toda a área do imóvel. De sorte que é perfeitamente possível que um juiz paulista profira uma sentença destinada a produzir efeitos, em parte, pelo menos, no Estado de Minas Gerais ou no Estado do Paraná — se o imóvel lindeiro aí estiver situado. Isso não nos deve assustar.

Conflito entre Estados

Quando é que a ação civil pública poderia, então, passar para a competência da Justiça Federal? No caso de um conflito entre Estados. Penso que a competência, neste caso, seria do Egrégio Supremo Tribunal Federal.

Se houver conflito entre Estados, o que pode perfeitamente acontecer, pois um Estado pode se julgar prejudicado em matéria de interesses difusos, coletivos, em matéria de ambiente etc., por qualquer providência tomada pelo Governo do Estado vizinho, ou até de outro; neste caso, então, haverá um conflito entre Estados. Se isso ocorrer, a competência passa a ser do Supremo Tribunal Federal (art. 102, I, "f" da CF)

Deslocação de competência para a Justiça Federal

Gostaria de frisar o ponto de que não é a simples circunstância de a matéria interessar a vários Estados que desloca a competência. Também não me parece exato que toda vez que há interesse de algum ente público federal, só isso, a matéria se desloque para a competência da Justiça Federal. Reparem que na Constituição esse interesse é qualificado. Diz o art. 109, I:

"Aos Juízes Federais compete processar e julgar: I — as causas em que a União, entidade autárquica ou empresa pública federal forem interessadas na condição de autoras, rés, assistentes ou opoentes..."

Não é *qualquer* interesse. Por vezes, a parte que deseja procrastinar o andamento do feito alega haver interesse da União. É muito comum em ações de usucapião. Ouve-se a União e se ela estiver em condições de assumir uma dessas posições processuais, então, realmente, a competência se desloca. Pode-se até admitir que caiba à própria Justiça Federal decidir se a União intervem ou não.

Mas o ponto que gostaria de sublinhar é o de que de modo algum basta a mera alegação de um interesse vago, indeterminado, não qualificado, para firmar a competência da Justiça Federal. O que estou a dizer não vale só para a ação civil pública, mas para qualquer ação.

Têm havido decisões interessantes em que se admite que, onde não haja Seção da Justiça Federal, mesmo em casos previstos na Constituição, a ação civil pública possa ser julgada pela Justiça Estadual. Essas decisões buscam apoio no disposto no art. 109, § 3º (parte final).

Tenho em mãos um acórdão do Egrégio Tribunal Regional Federal da Segunda Região em que se adotou essa tese, dizendo na ementa: "Competência. Ação civil pública". Segundo o art. 2º da Lei nº 7.347, "as ações civis públicas serão propostas no foro do local onde ocorrer o dano cujo juízo terá competência funcional para processar e julgar a causa". Tal dispositivo — acrescenta-se — foi recepcionado pelo § 3º do art. 109 da Constituição Federal.

É claro que só se pode aplicar na hipótese mencionada: da inexistência de Seção Federal naquele local, uma vez que o referido artigo tem a seguinte redação: "Serão processadas e julgadas na Justiça Estadual...", omito uma parte que não interessa e: "sempre que a Comarca não seja sede de Vara do Juízo Federal, a lei poderá permitir que outras causas sejam também processadas e julgadas pela Justiça Estadual". Parece-me perfeitamente razoável que se enquadre aqui o caso da Ação Civil Pública.

Modalidades de tutela

Passemos rapidamente às modalidades de tutela dispensáveis.

Já observei, e agora repito, que não se trata apenas de condenção pecuniária, cujo produto, aliás, reverte em proveito de um fundo específico destinado exatamente à proteção e à reconstituição dos bens porventura lesados. Trata-se, também, e diria quase que principalmente, de obter uma sentença que condene o réu — ou os réus — porque é claro que pode haver litisconsórcio passivo, a fazer alguma coisa ou a não fazê-lo. Por exemplo: colocar um filtro que diminua a emissão de fumaça, ou a não proceder a despejos de certos materiais num rio que passa pela região, e assim por diante. Até aqui temos um campo muito vasto para as obrigações de não fazer. Nesse setor, em certos casos, elas aparecem em grande relevo.

Tutela cautelar

Há também a tutela cautelar que está prevista no art. 4º, e não seria concebível que, neste tipo de processo, não houvesse a possibilidade de liminar, porque, evidentemente, como frisei de início, se fôssemos esperar o provimento definitivo correríamos o risco, muitas vezes, de, ao chegarmos lá, já se haver consumado o dano.

Multa de ofício

Existe também, prevista expressamente, a possibilidade de o Juiz impor multa independentemente de requerimento do autor. Esta é uma disposição que conta com todo meu apoio e gostaria de vê-la estendida a outros casos.

Estou aqui olhando, significativamente, para os eminentes Ministros e queridos amigos Athos Gusmão Carneiro e Sálvio de Figueiredo Teixeira que estão, como se sabe, trabalhando na reforma do Código de Processo Civil; teria muito prazer se visse isso estendido a outros casos. Estas multas não têm caráter de ressarcimento, não visam compensar pecuniariamente nenhum desfalque patrimonial sofrido pelo autor. De modo que, primeiro gostaria que elas pudessem ser impostas de ofício, sempre; segundo, gostaria também — perdoem-me se vou escandalizá-los — que elas revertessem aos cofres públicos, porque, na verdade, têm uma função absolutamente distinta da multa ressarcitória, têm uma função puramente coercitiva, visam assegurar o cumprimento da decisão judicial, seja liminar, seja definitiva, por parte daquele que foi considerado como devendo fazer ou deixar de fazer alguma coisa. Essas multas, e mais ainda, o valor delas deve ser variável.

O Juiz, no curso dos acontecimentos, deveria poder graduar de acordo com as circunstâncias. Se ele verificar que a multa imposta de início não é suficiente para intimidar, ele deve aumentá-la. Se ele verificar que a multa imposta de início foi exagerada, ele deveria poder diminuí-la.

Gostaria de ver este instrumento da multa coercitiva — isso tudo, como se sabe, vem da tradição francesa — manejada com maior liberdade pelo juiz, livre das peias tradicionais.

Extensão subjetiva da coisa julgada

A lei cuidou, também, como não poderia deixar de ser, do problema da extensão subjetiva da coisa julgada e deu-lhe uma solução, que já é nossa velha conhecida, que já vem da lei que regulou o processo da ação popular (Lei 4.717/65), e que foi inspirada pelo meu saudosíssimo e inesquecível mestre Machado Guimarães. Foi ele quem sugeriu, naquela época, a adoção dessa solução, que todos conhecem: a coisa julgada se produz *erga omnes*, ou na hipótese da procedência, ou na hipótese de improcedência, que não seja fundada em deficiência de prova. E nesta última hipótese não se faz coisa julgada para ninguém, de sorte que aquele mesmo legitimado, ou outro qualquer, pode voltar a juízo para tornar a formular o mesmo pedido com a mesma causa, evidentemente, valendo-se de novas provas. Essa solução é inteligente e evita perigos de colisão, porque um dos temores que se tinham, e se têm, nessa matéria é o de que alguém corra e proponha uma ação mal instruída e mal sustentada, para obter uma sentença favorável ao réu e, se isso fizesse sempre coisa julgada *erga omnes*, ficaria barrada qualquer possibilidade de nova tentativa. Então, adotou-se esta distinção, que é muito interessante.

Não insisto sobre este tópico porque ele é bastante conhecido, já foi estudado, amplamente, a respeito da ação popular e não há nada de muito novo a dizer.

Custeio do processo

Uma das preocupações que costumam emergir neste contexto é a do custeio do processo. Talvez até seja essa uma das razões pelas quais as associações civis estejam se mostrando tão tímidas na utilização desse remédio. Parece que os advogados especializados são poucos e caros, de modo que elas preferem provocar a atuação do Ministério Público. É uma hipótese. Não procedi a nenhuma pesquisa de campo, estou apenas transmitindo uma impressão, uma suposição, mas a lei até procura facilitar as coisas para o autor — não é verdade? — isentando-o do ônus do adiantamento das despesas e até, em matéria de condenações acessórias decorrentes da sucumbência, ela atenua o sistema do Código, porque a associação que porventura haja proposto a ação civil pública e se veja derrotada, nem sempre responderá por essas despesas; só responderá por elas no caso de comprovada a má-fé (art. 18 da Lei 7.347).

Casuística

Vou limitar-me, na última etapa, a recordar, muito rapidamente, algumas hipóteses concretas.

A ação civil pública não se pode dizer que tenha até agora correspondido de maneira plenamente satisfatória às necessidades da nossa sociedade nesse terreno. É que as necessidades são muito grandes! Não se poderia esperar que de uma hora para outra a criação desse instrumento pudesse operar prodígios. Mas creio que o juízo global sobre a sua atuação deve ser positivo.

Qualquer dos senhores será capaz, certamente, de acrescentar outros exemplos, quiçá mais importantes, mas limitar-me-ei ao meu Estado. Tenho maior familiaridade com o que ali se passa:

Tivemos ações civis públicas, propostas pelo Ministério Público, em casos da maior importância, como por exemplo o da venda de *leite em pó radioativamente contaminado* em virtude do acidente nuclear de Chernobil, e também para impedir o *funcionamento da Usina Angra I*, sem que, previamente, se houvessem tomado as necessárias medidas de segurança para a população, na eventualidade de algum acidente.

Tivemos ações propostas pela Defensoria Pública em matéria de *mensalidades escolares* indevidamente aumentadas, em matéria de *crédito educativo* e, também, uma ação proposta pelo Estado do Rio de Janeiro, por meio de sua Procuradoria Geral, a qual, em tempos idos, honrei-me em pertencer, antes de ingressar na magistratura, num caso de extrema gravidade: *o acidente do navio "Mineral Star"*, que ameaçava despejar no mar, em lugar próximo ao litoral, uma carga, entre outras coisas, de 1.400 toneladas de óleo, o que provocaria, certamente, um acidente ecológico de proporções catastróficas. A isto se pôde obstar com o uso da ação civil pública e, evidentemente, com o manejo da liminar necessária para que certas providências fossem tomadas pela empresa.

Programas de televisão

Terminarei com um lembrete: há um terreno em que, parece-me, ninguém se lembrou de usar a ação civil pública, mas gostaria que alguém se lembrasse; é em matéria dos *meios de comunicação social*. A programação das televisões, por exemplo, não é matéria que possa ficar a critério exclusivo das redes. O art. 220 da Constituição Federal, depois de dizer que a manifestação é livre, que não há censura, estabelece também que é preciso que existam meios legais que garantam à pessoa e à família a possibilidade de se defenderem de programas ou programações de rádio e televisão que contrariem o disposto no art. 221, que diz: "A produção e a programação das emissoras de rádio e televisão atenderão aos seguintes princípios: I — preferência a finalidades educativas, artísticas, culturais e informativas; II — promoção da cultura nacional e regional e estímulo à produção independente que objetive sua divulgação; III — regionalização da produção cultural, artística e jornalística, conforme percentuais estabelecidos em lei; IV — respeito aos valores éticos e sociais da pessoa e da família".

Se alguém aqui disser que o que costuma ver na telinha do seu aparelho, corresponde, ainda que remotamente, a estes preceitos constitucionais, eu me calarei; mas tenho certeza absoluta de que a resposta seria outra. E penso que é clara a existência de um interesse difuso, merecedor de proteção, porque condizente ou até decorrente de texto constitucional, em que as emissoras de rádio e televisão obedeçam a estes princípios.

Já que estou aposentado, posso dizer certas coisas que não podia dizer enquanto estava no exercício da magistratura. Imaginem se eu dissesse isso enquanto Juiz, ficaria logo suspeito ou impedido para toda e qualquer causa que versasse esta matéria. Como não tenho mais esse problema, declaro que me sentiria muito feliz — e já disse isso em dois artiguinhos publicados no *Jornal do Brasil* — se o Ministério Público, algum legitimado ou, então, como disse no artigo, alguma associação de telespectadores insatisfeitos, tomasse a iniciativa de propor uma ação popular em defesa desse importantíssimo interesse difuso.

Com isso, encerro a minha exposição.

Muito obrigado a todos! (Palmas.)

DEBATES

O Sr. Ministro William Patterson: Está aberto o espaço para os debates. Estamos esperando as perguntas.

Agradeço a presença do Ministro Sidney Sanches, que abrilhantou a nossa reunião.

O Sr. Deoclécio Dias Borges (Participante): Sou Presidente do Centro Acadêmico de Direito da AEUDF, Centro Acadêmico Professor Roberto Lira Filho, em segundo mandato, e gostaria de referir-me à parte de sua palestra em que o senhor toca na questão da legitimação para propor ação civil pública. O senhor revelou uma preocupação, em mais de uma oportunidade, em descobrir as causas sociológicas desse quadro estatístico em que o MP aparece com 90% das ações propostas e as associações civis apenas com 10%.

Gostaria de prestar um depoimento pessoal, dizendo que se o senhor for buscar as causas sociológicas, encontrará um fator psicológico atrás de tudo isso, que é o problema do medo.

Como pai de aluno de rede privada, participei recentemente de uma experiência dessas e, na verdade, percebi que o cidadão tem medo, porque realmente ele está desprotegido frente ao poder econômico. Articulamos uma associação de pais, pois os meus meninos estudam num colégio que só aqui em Brasília tem 5 mil alunos e a retaliação foi tremenda. Houve boicote às nossas assembléias, assembléias essas em que fazíamos as convocações verbalmente na porta dos estabelecimentos — ele tem três unidades aqui em Brasília — e o próprio colégio se encarregava de deslocar diretores, professores e funcionários para desconvocar a assembléia por telefone. Vejam bem que é intuitivo para qualquer cidadão, para qualquer pai, que se o grupo que está movimentando a associação não tem recurso para fazer a convocação por telefone, como é que ele iria desmobilizar pelo telefone? Até isso aconteceu. Mas conseguimos aos trancos e barrancos criar a associação. Houve um medo generalizado de se propor uma ação civil pública relativa a dois aspectos: um, com relação à lei que fixa os encargos educacionais, Lei 8.170; e a outra, com relação ao art. 24 do Decreto-lei 3.200, que concede a quem tem dois filhos na escola, 20% de desconto para o segundo; quem tem três filhos, 40% para o terceiro, mantendo os 20% do segundo; e quem tem mais de quatro, 60% de desconto.

Tentamos propor uma ação civil pública através do Ministério Público, porque não foi possível propô-la através da Associação de Professores. Encontramos uma barreira muito grande no Ministério Público: tivemos que fazer uma mobilização de parlamentares, para tentar remover uma Promotora, Curadora de Defesa dos Consumidores, que achava que o colégio estava agindo certo, que aquilo era correto.

Depois desse sacrifício todo, pois não tínhamos um recurso processual para argüir a suspeição da Promotora — e a Promotoria hoje, com suas prerrogativas é inamovível — conseguimos, com muita dificuldade, depois de fazer algumas representações, remover essa Promotora. O novo Promotor designado — que tem tido uma atuação conhecida, aqui, na comunidade de Brasília, Promotor Antônio Gomes — resolveu propor uma ação civil pública, com relação ao art. 24 do Decreto-lei 3.200. Tivemos uma surpresa desanimadora para todos os pais: foi indeferida a liminar, sob o argumento de que, na verdade, não havia o *periculum in mora*, porque os colégios estão aí, estabelecidos, com estrutura financeira para indenizar os pais se, num provimento definitivo, assim se entendesse que devessem indenizar.

Percebemos que, na verdade, o que há é uma falta de sensibilidade, tanto, às vezes, do Ministério Público como da Magistratura, para perceber que o *periculum in mora* existe quando o pai não pode pagar o valor que está sendo cobrado, pois muitos pais tiveram que tirar o filho do colégio, ou os filhos, quando têm três ou quatro, porque não têm condições de pagar o valor da mensalidade que está sendo cobrada.

Gostaria de dar este depoimento e dizer que a causa sociológica tem fundo psicológico e louvar esta atitude da Justiça Federal, de promover um evento desta ordem, contemplando a ação civil pública. Ao mesmo tempo, continuo na minha luta dentro do centro acadêmico, tentando sensibilizar a Ordem e a Direção da Escola, para dar uma formação mais humanística aos advogados, que serão futuros Promotores, Juízes e Advogados, no sentido de ter uma formação teórica, para captar toda essa problemática social, pois se não for através de uma formação acadêmica humanística, além da formação profissional, e da formação voltada para o aspecto prático da profissão, um instituto como este da ação civil pública vai ficar sempre como uma promessa, e nunca uma realidade.

O Sr. Des. José Carlos Barbosa Moreira: Não houve, propriamente, uma pergunta. Houve um depoimento muito interessante e valioso, com o qual solidarizo-me, embora não conheça, evidentemente, os pormenores do caso; mas pelo menos na qualidade de pai de quatro filhos, que conseguiu obter o desconto naquela época. O colégio atendeu à prescrição legal, no meu caso. Não seria necessária, portanto, ainda que já existisse, nenhuma ação civil pública. Fui mais feliz.

O Sr. Des. José Carlos Barbosa Moreira (lê pergunta): *"Com vistas à reforma do nosso Código de Processo Civil, não seria salutar que o Juiz, de ofício, pudesse dosar e aplicar a pena pecuniária, como prevista no art. 287 do CPC, nas hipóteses que envolvam execuções para obrigações de fazer ou não fazer, moralizando e agilizando a prestação jurisdicional, evitando-se, assim, as incursões pelas vias criminais, com prisões apressadas e quiçá arbitrárias?"*

Acho que já disse, mas vou repetir. Sou francamente favorável a um tratamento um pouco diferente dessas multas coercitivas, porque sou uma pessoa extremamente preocupada com o problema da efetividade da prestação jurisdicional. E o fato é que grande número de seres humanos — todos sabemos disso — se impressiona ou se deixa persuadir "mais por ameaças do que qualquer outra coisa", e até diria, mais por ameaças de ordem patrimonial.

Quando a coisa dói no bolso, em geral, as pessoas se decidem a cumprir a ordem. No Direito anglo-saxônico é tratado através do instituto do *Contempt of Court*. A pessoa descumpriu uma ordem, seja liminar, seja final, ela incide em *Contempt of Court* e, no caso, tem sanções severas, não só de ordem patrimonial como eventualmente até de ordem penal. Mas acho que há quem receie menos à prisão do que a uma providência que lhe atinja o bolso. A nossa Constituição limita os casos de prisão — também não estou querendo prender todo devedor — mas devo dizer — entre parênteses — que, em legislações de países democráticos, estados de direito acima de qualquer suspeita, como é o caso da República Federal da Alemanha, existe sim a possibilidade de prisão civil para outras hipóteses. Mas aqui a Constituição excluiu, portanto, está fora de cogitação. Agora, a multa é um instrumento que pode ser muito valioso; mas, para que seja valioso, tem de ser disciplinada de modo menos tímido do que está sendo feito até o momento, nos arts. 644, 645 e, antes, no 287. A multa tem que ser imponível *ex-officio*, como também a sanção pela litigância de má-fé, como, aliás, já figura no anteprojeto. E estou de pleno acordo, neste ponto, de que ela seja suscetível de imposição *ex-officio* pelo Juiz, porque também não tem caráter, a meu ver, de ressarcimento.

Perdoem-me, mas uma idéia puxa outra e, neste ponto, outra vez olho aqui para os meus queridos amigos Ministros Athos Gusmão Carneiro e Sálvio de Figueiredo Teixeira: aquele ato atentatório à dignidade da Justiça referente à execução, o devedor que frauda, o devedor que não indica onde estão os bens. Bem, o anteprojeto procura substituir a sanção atual, que é da imposição de silêncio, por uma sanção pecuniária, porque a imposição de silêncio é suspeita de inconstitucionalidade. Sobretudo, agora. Quer dizer, ela exclui o contraditório. O devedor não pode fazer nada. Não pode recorrer, não pode arrazoar. Realmente é de difícil compatibilização com o texto constitucional. Estou de pleno acordo que se substitua pela multa, não em favor do credor, mas em favor dos cofres públicos. O que o devedor está fazendo ali, está praticando um ato que a própria lei define como atentatório a quê? À dignidade da Justiça! Ele está desafiando o Juiz, e não o credor, ou seja, está desafiando primariamente o Juiz. Então, já veiculo aqui esta sugestão, porque me parece que, no caso, o que prima, o que sobreleva é o aspecto da desobediência ao Juiz. Ele está fraudando a execução. Quer dizer, está impedindo o funcionamento correto do mecanismo judicial. Está sabotando a Justiça. Penso que ele deve ser punido pecuniariamente sim, mas em proveito dos cofres públicos. Não se trata de ressarcimento ao credor, pois ele tem direito àquilo que o título lhe dá (desculpem a digressão). Então, penso ter respondido a pergunta.

(Lê): "*Com vistas ao que dispõe a parte final do § 2º do art. 109 da Constituição Federal, a ação civil pública proposta contra a União Federal poderá ser proposta no Distrito Federal?*"

Pode, a meu ver, e tive a oportunidade de observar as regras de competência quanto aos processos em que seja parte a União, ou autora, § 1º, ou ré, § 2º; essas regras, que são constitucionais, não podem, de forma alguma, ser afastadas por uma regra constante de lei ordinária. Aqui a hierarquia das normas funciona de maneira clara a meu ver.

(Lê): "*No que tange à legitimação ativa, o princípio da unidade do Ministério Público faculta a representante do mesmo ajuizar ação civil pública na Justiça Federal e vice-versa, ou prevalece o princípio do promotor natural?*"

Esta é uma questão interessante e que tem sido suscitada na prática.

Inclino-me pela solução que atribui a cada ramo do Ministério Público atuar dentro do seu âmbito próprio e normal, isto é, o Ministério Público da União atua junto à Justiça Federal; o Ministério Público Estadual, junto à Justiça Estadual. É o que parece mais consentâneo com a estrutura do próprio órgão, não obstante essa unidade, que não exclui a diversidade, a distinção. Então, a mim me parece que cada ramo do Ministério Público tem seu âmbito de atuação.

Outra pergunta: "*O Ministério Público tem legitimidade para demanda envolvendo direitos ou interesses individuais homogêneos?*"

Esta é uma pergunta extremamente interessante, e eu diria que a lei nos fornece indicações contraditórias. É muito difícil fazermos uma afirmação categórica. Tentarei explicar o porquê.

A Lei 7.347 sofreu diversas alterações introduzidas pelo Código de Defesa do Consumidor. Uma destas alterações está consubstanciada no atual art. 21, onde se lê: "Aplicam-se à defesa dos direitos e interesses difusos, coletivos e individuais, no que for cabível, os dispositivos do Título III da Lei que instituiu o Código de Defesa do Consumidor."

À vista deste texto, a primeira impressão que se tem é a de que o âmbito da ação civil pública foi efetivamente ampliado para abranger não apenas os interesses coletivos e os interesses difusos, senão também aqueles outros interesses chamados individuais homogêneos, de que trata o Código de Defesa do Consumidor, no seu art. 81, se não me engano.

Por outro lado, e isto é muito curioso, na mesma ocasião e em virtude do mesmo Código de Defesa do Consumidor, houve uma alteração que consistiu em introduzir o inciso IV do art. 1º com os seguintes termos: "a qualquer outro interesse difuso ou coletivo..."

Não se fez aí nenhuma alusão a interesses individuais homogêneos. É curioso porque, se se pretendesse estender o âmbito da ação pública à defesa dos interesses individuais homogêneos, seria muito mais simples e intuitivo, na hora em que se acrescentou o inciso IV, redigi-lo de tal maneira que abrangesse essa outra espécie de interesse. Acho pelo menos estranho que o inciso IV, repito, introduzido pela mesma Lei que fez aquela outra modificação, portanto concomitantemente, simultaneamente, falasse apenas em interesses difusos e coletivos.

Aliás, devo notar que a Constituição, em seu art. 129, inciso III, também quando se refere à ação civil pública, especialmente, só fala em interesses difusos e coletivos.

Desejaria que esses sistemas fossem homogeneizados. Aliás, penso que há uma clara tendência, no Direito brasileiro, porque, depois da Lei que instituiu a ação civil pública, vieram o Código de Defesa do Consumidor e também o Estatuto da Criança e do Adolescente, observando-se em todos eles um certo propósito de uniformizar, de tornar homogêneo o tratamento desse tipo de problema. Então, diria que, *de lege ferenda*, seria desejável que tudo isso obedecesse à mesma sistemática; mas, reconheço que *de lege lata*, é um pouco díficil afirmar peremptoriamente essa conclusão, embora saiba que notáveis estudiosos do assunto, como a Professora Ada Pelegrinni, minha querida amiga, sustentam que, em virtude do art. 21, o Ministério Público ficou legitimado para — e essa ressalva é importante — por meio da ação civil pública, também promover a defesa de interesses, não difusos nem coletivos, mas individuais homogêneos, o que suscitará certos problemas de compatibilização, porque toda a sistemática da Lei 7.347 é destinada, e foi pensada, para interesses difusos e coletivos, não para interesses individuais homogêneos.

Não houve também, há que se dizer, uma adaptação abrangente. A única coisa que aparece hoje nela é o art. 21, indicando esse caminho; mas o resto todo indica o caminho oposto.

Ainda outra pergunta: "*O Ministério Público tem legitimação qualificada em relação aos demais legitimados para a ação civil pública? O Estado, por exemplo, só estaria legitimado para a ação caso demonstrasse interesse para agir?*"

Bem; claro. Considero que sim. O Estado do Rio de Janeiro não tem por que propor ação civil pública em relação a um dano ambiental que se limita a Rondônia. Não vejo como seria isto possível. Penso até que seria desastroso, pelos problemas práticos que iria certamente gerar. Mas o Ministério Público não tem essas restrições. É claro que o MP de um Estado não vai propor uma ação civil pública com referência a acidente ecológico em outro Estado exclusivamente. Se for, porém, algo que interesse também, embora não unicamente, ao seu Estado, é claro que poderá agir.

Outra indagação: "*Em nome da autonomia do processo cautelar, este poderia ser cumulado com a própria ação civil? Ou a liminar do art. 12 somente pode ser deferida na cautelar referida no art. 4º?*"

Não. Tenho a impressão de que não há obstáculo intransponível a que a pretensão cautelar seja exercitada, como tantas vezes tem sido, no próprio bojo da ação principal. Isto é uma coisa que acontece a todo momento. Em vários casos a própria lei assim dispõe, e não vejo nenhum impedimento a que se exercite a pretensão cautelar juntamente com a principal.

Assim como acrescentaria, *a lattere*, que a legitimidade da associação civil, também, ao meu ver, limita-se, logicamente, àquela área coberta pelas suas próprias finalidades institucionais. Quer dizer: a Sociedade Protetora dos Animais não tem legitimidade para propor uma ação civil pública, referente a acidente nuclear. Tem que se cingir à matéria de que ela cuida, àquele âmbito próprio da sua atuação.

Os senhores todos sabem que houve uma época em que se invocava, no Brasil, a Lei de Proteção aos Animais, em favor de preso político. Invocou-se essa lei para proteger um determinado preso político de grande notoriedade. Mas essa época parece, queira Deus, definitivamente superada!

(Lê pergunta): "*O Ministério Público para estar legitimado, na ação civil pública, necessita ser acionado por algum órgão ou cidadão? Ou, de ofício, tomando conhecimento de alguma situação protegível por ação civil pública, ingressa com a mesma?*"

A resposta é que não precisa. O Ministério Público pode e até deve, toda vez que tome conhecimento. Porém pode ser provocado; mas a provocação não é pressuposto da sua iniciativa. E mais: os órgãos judiciais, quando tomarem conhecimento, no julgamento de qualquer causa, de fatos que possam enquadrar-se nesta matéria, devem oficiar ao Ministério Público, dando-lhe conhecimento desses fatos, à semelhança do que dispõe o art. 40 do Código de Processo Penal. Na Lei 7.347 existe um dispositivo — evidentemente, inspirou-se nesse artigo — dando aos Juízes essa atribuição de dirigir-se, de encaminhar-se ao Ministério Público. Não para ordenar-lhe, e sim para fornecer-lhe elementos, a fim de que o Ministério Público possa formar juízo sobre o assunto e decidir se é ou não caso de propor uma ação civil pública.

(Lê pergunta): "*Apesar de, como afirmado, a ação civil ser preferencialmente preventiva, na hipótese de fato já consumado, e se for fixada indenização pelo Juiz, como poderia ser fixada a mesma, com base em que valor e a quem seria paga, uma vez que se trata de dano ou violação do meio ambiente?*"

Para isso a Lei tem resposta. A destinação da condenação pecuniária está prevista expressamente no art. 13: "Havendo condenação em dinheiro, a indenização pelo dano causado reverterá a um fundo (...) sendo seus recursos destinados à reconstituição dos bens lesados".

Quando possível, porque no caso da paisagem, por exemplo, se um dia derrubassem o Pão-de-Açúcar, *quod Deus avertat*, como reconstituí-lo? Seria um pouco difícil. Mas, na medida do possível, e a Lei até acrescenta: "Enquanto o fundo não for regulamentado, o dinheiro ficará depositado em estabelecimento oficial de crédito, em conta, com correção monetária".

Portanto, a segunda parte da pergunta encontra resposta expressa na própria Lei. A primeira submete-se aos critérios normais.

Como estimar o valor? Pelos critérios normais, à luz dos quais se estima o valor em geral, quando não for perícia, evidentemente, quando não for possível aplicar critérios, digamos assim, puramente econômicos, porque o bem é imaterial, como acontece com tantos bens. Então, o Juiz fixará uma condenação pecuniária, à luz do bom senso e da eqüidade, suficientemente forte para desencorajar novas investidas. Há aqui algo semelhante que é o problema do dano moral; este, também, por vezes, não tem um critério aritmético de fixação. Cabe ao Juiz, usando o seu prudente arbítrio, fixá-lo, mas sempre com esta preocupação, porque é preciso que essa condenação tenha um valor intimidativo; é preciso que a sentença seja divulgada, para que a coletividade fique sabendo que essas coisas custam caro.

É o que posso responder.

Agradeço a presença da minha querida amiga, ex-aluna, que revejo depois de vários anos, com tanta alegria, Dra. Edilcéia. Muito prazer em revê-la.

O Sr. Ministro William Patterson (Presidente da Mesa): Mais alguma pergunta? Então, não havendo mais perguntas, agradeço a participação do Professor José Carlos Barbosa Moreira, neste primeiro Simpósio sobre a Justiça Federal, e o cumprimento pelo brilhantismo da sua exposição.

Lembro que à tarde haverá debates sobre questões relacionadas com o tema "Ação Civil Pública", tendo por base os trabalhos apresentados pelo Juiz Teori Albino Zavascki, do Tribunal Regional Federal da 4ª Região, e José Eduardo Carreira Alvim, da Seção Judiciária do Rio de Janeiro. Será Coordenadora do painel a Dra. Eliana Calmon Alves, Eminente Juíza do Tibunal Regional da 1ª Região.

Antes de encerrar, registro a presença no auditório do Professor Geraldo Ataliba. É nosso ilustre conferencista do dia de amanhã, quando abordará o tema "Limitações Constitucionais ao Poder de Tributar".

Muito obrigado a V. Exa.; obrigado a todos.

Dou por encerrada a sessão.

(Palmas)

DECLARAÇÃO DE INCONSTITUCIONALIDADE NO SUPREMO TRIBUNAL FEDERAL*

SÉRGIO FERRAZ
Ex-Presidente do Instituto dos Advogados Brasileiros
Ex-Professor Titular de Direito Administrativo da Universidade Católica do Rio de Janeiro

1 - Introdução. 2 - A tipologia da ação direta na Constituição de 1988 e na Carta de 67/69. As quatro ações diretas, da atual Constituição: a representação interventiva, a declaratória de inconstitucionalidade, a de inconstitucionalidade por omissão e a argüição de descumprimento de preceito fundamental decorrente da Constituição. Seus traços fundamentais. 3 - Regras processuais. Constituição e Regimento Interno do Supremo Tribunal Federal. 4 - Questões polêmicas da ação direta. Cumprimento de preceito reputado inconstitucional, mas assim ainda não declarado pelo Judiciário. Momento da consumação do juízo de inconstitucionalidade. Lei revogada supervenientemente ao ajuizamento da ação. Superveniência, ao ajuizamento, de novo texto constitucional. Inconstitucionalidade de lei ou ato normativo municipal. Os efeitos da declaração de inconstitucionalidade em tese.

1. A vastidão do tema que nos foi proposto torna obrigatório seu confinamento, pena de se consumir tempo acima do razoável, para eventos da natureza do presente.

Optamos, por isso, por duas pautas condutoras: a abordagem, tão apenas, da chamada argüição de inconstitucionalidade em tese, deduzida *principaliter*, na seqüência do chamado sistema *concentrado* (ou austríaco, mas também hoje adotado, por exemplo, na Alemanha, Itália e Espanha), em antítese ao *difuso* ou norte-americano; dentro da opção retro declarada, procedemos a confronto entre a Constituição de 88 e a de 67/69, com o propósito precípuo de destacar as inovações da vigente. E mesmo assim, estamos cientes, ainda extensa é a paisagem a ser percorrida, o que imporá seca objetividade, a fim de que tenhamos efetivamente uma panorâmica do assunto, eis que o projeto, aqui e agora, não é o de um ensaio exauriente.

2. Ao se proceder ao confronto entre a Carta de 67/69 e a Constituição de 1988, para identificação das tipologias da ação direta, numa e noutra, de plano se constata o enriquecimento substancial que o tema experimentou, na Lei Maior ora vigente.

2.1. Sob o pálio da Carta de 67/69 tínhamos, a rigor, *três* ações diretas, para todas elas legitimado ativamente, em caráter exclusivo, o Procurador-Geral da República. Assim é que:

a) no art. 11, § 1º, "c", previa-se a chamada *representação interventiva*. Como tal se

* Conferência proferida no curso "O panorama da inconstitucionalidade no direito brasileiro", promovido pela Associação dos Advogados de São Paulo.

denominava a ação direta por meio da qual o Procurador-Geral da República, invocando a violação por Estado-membro, de um dos chamados princípios constitucionais sensíveis (art. 10, V, VI e VII; art. 13; ambos da Constituição de 67/69), pedia o provimento, como pressuposto de intervenção da União na unidade federativa infratora;

b) no art. 119, I, "l", deparávamo-nos com a clássica representação para constatação da inconstitucionalidade de lei ou ato normativo federal ou estadual, em face da Constituição Federal;

c) no mesmo preceito sub "b" *supra,* consagrara-se, a partir da Emenda Constitucional n. 7, de 1977, a ação direta para fixação da interpretação de lei ou ato normativo federal ou estadual. Cabe observar que, independentemente da eventual utilidade ou valia do remédio, jamais foi ele utilizado, o que deve ter fortemente contribuído para sua supressão, na Constituição de 1988.

2.2. Em 1988, não obstante a supressão mais acima referida, a Constituição veio a consagrar *quatro* ações diretas de inconstitucionalidade, perante o Supremo Tribunal Federal. Importa elencá-las, bem como, em seqüência, destacar algumas das notas características de cada uma delas.

2.2.1. Conquanto nos demais três tipos se tenha aberto a legitimação ativa, no primeiro — a representação interventiva — manteve-se inalterado o panorama que já se detectava na Carta de 67/69. É o que se colhe do art. 36, III, da Constituição de 1988 com a observação única de que agora se fala não só de intervenção da União no Estado-membro, mas igualmente no Distrito Federal (evidentemente, tendo-se em vista o conteúdo político-jurídico atribuído ao Distrito Federal em 1988, profundamente diverso de todas as Constituições brasileiras anteriores, aproximando-o intensamente do Estado-membro). Por outra parte, refletindo o caráter descentralizador de poder, da atual Lei Magna, o elenco de princípios constitucionais sensíveis (art. 34, VII) é agora bem mais compacto que em 67/69.

Cabe observar que a representação interventiva, tanto em 67/69 quanto em 88, pode ter como fundamento não apenas atos normativos, mas também condutas concretas, sendo até muito mais plausível que essas infrinjam um princípio sensível, que aqueles.

2.2.2. Outro tipo de ação direta, que se repete em 1988, é a que tem por fim a constatação da inconstitucionalidade de lei ou ato normativo federal ou estadual (art. 102, I, "a"). Registra-se aqui, entretanto, uma grande e expressiva inovação: a legislação ativa não é mais monopólio do Procurador-Geral da República. Na conformidade do artigo 103, podem propô-la diretamente ao Supremo Tribunal Federal, além do chefe do "Parquet" federal, os chefes do Executivo (federal e estaduais), as Mesas das Casas Legislativas (federais e estaduais), as entidades sindicais (ou de classe) de âmbito nacional, o partido político (com representação no Congresso Nacional) e o Conselho Federal da Ordem dos Advogados do Brasil. O elastecimento da legitimação foi uma opção inteiramente coerente com o propósito, proclamado pelos constituintes, de formularem uma Carta que fizesse jus ao apodo "Constituição cidadã", ou "Constituição da cidadania". Para a tanto se chegar impunha-se a adoção de um tripé conceitual: a consagração constitucional de interesses e direitos difusos e coletivos, a disseminação de ações judiciais constitucionais que os tutelassem, e as legitimações extraordinárias (substitutivas ou diretas) que as deflagrassem. Daí o amplo espectro do prefalado art. 103 que, tal como redigido, faz com que a ação direta do art. 102, I, "a", cumpra um duplo papel: o de instrumento de controle da constitucionalidade e o de meio de controle (difuso) da atividade administrativa. Mais adiante focalizaremos algumas polêmicas que sempre gravitam em torno deste tipo de ação direta, que estão a merecer, conquanto impossível neste tipo de exposição dissecá-los em profundidade, alguma detença e meditação.

2.2.3. Uma terceira modalidade de ação direta é a que foi agora criada, no parágrafo 2º do art. 103: a ação declaratória de inconstitucionalidade por omissão de medida para tornar efetiva norma constitucional. Essa expressiva inovação, inspirada no moderno constitucionalismo europeu, ainda passa pela definição doutrinária e jurisprudencial de seu conteúdo e contornos. Trata-se, indiscutivelmente, de tema de notável riqueza, impassível de ser totalmente exposta numa palestra que deve abordar várias outras matérias. À vista dessa limitação, vamos restringir-nos à indicação de alguns de seus traços mais expressivos, relegando para outra oportunidade uma visão exaustiva de seus problemas.

2.2.3.1. A primeira observação a fazer-se tem que ver com a legitimação ativa. Parece-nos indiscutível, até mesmo por critérios de topografia constitucional, que a regra de legitimação, do *caput* do art. 103, se aplica à inconstitucionalidade por omissão, do parágrafo 2º do mesmo preceptivo. Até porque, cabe lembrar, apenas quanto à representação interventiva a Constituição estabelece um crivo de legitimação diverso.

2.2.3.2. Problema bem mais delicado é o que diz respeito à possibilidade de se aplicar à inconstitucionalidade por omissão a previsão de medida cautelar, estatuída no art. 102, I, "p". Numa perspectiva apenas gramatical, a dúvida poderia parecer descabida, eis que o preceito em tela fala em "ações diretas de inconstitucionalidade". Ocorre entretanto, que, por sua natureza de remédio voltado a coibir uma *omissão*, na ação do art. 103, § 2º a medida cautelar terá sempre efeito plenamente satisfativo, esvaziando de conteúdo a eventual sentença definitiva de procedência. Não rejeitamos a possibilidade, em tese, das liminares satisfativas. Mas temos sustentado que muito cautelosa há de ser, no particular, a atuação do Juiz, sob pena de se atropelar outra garantia constitucional, a do devido processo legal.

De toda sorte, em vista do valor superior do bem protegido nesta ação — a integridade, a eficácia e a higidez da Constituição —, não vemos como afastar o cabimento dos provimentos tutelares, ainda quando acabam por assumir feição plena e irrevogavelmente satisfativa (por idênticas razões, tais considerações também se aplicam, a nosso ver, à representação interventiva).

2.2.3.3. Assume ainda relevância fazer referência, mesmo que resumida, às conseqüências da decisão que declarar a inconstitucionalidade por omissão. No enfrentamento da questão, não pode ser olvidada a conexão entre essa ação e a garantia do § 1º, do art. 5º, da Constituição: as normas definidoras dos direitos e garantias fundamentais têm *aplicação* imediata. É por isso que a omissão da medida, destinada a tornar *efetiva* norma constitucional, constitui uma inconstitucionalidade, a ser sanada pela via processual ora sob exame.

Doutra parte, porém, cumpre não esquecer que o terreno da inconstitucionalidade por omissão tende a ser confundido, com freqüência, com o do mandado de injunção (CF, art. 5º, LXXI). Ora, uma e outra ação têm como inspiração geratriz o precitado § 1º do art. 5º, da Lei Magna. Porém, há duas notáveis marcas distintivas:

a) o fundamento da inconstitucionalidade por omissão reside não numa *simples* omissão, num mero *não-fazer*: mas sim uma *inação,* quando havia o *dever* de agir, ou seja, quando se estava obrigado a atuar. Já no mandado de injunção, a fonte deflagradora do remédio está no não-exercício de uma *competência* (a de regular, infraconstitucionalmente, determinado tema), com a conseqüência prática de esvaziar objetivamente uma garantia constitucional;

b) como conseqüência: 1) a procedência do mandado de injunção deve conter (não obstante a hesitação jurisprudencial — sobretudo do Supremo Tribunal Federal!) determinação (típica do caráter *man-*

damental do remédio) à entidade estatal em mora legislativa de prazo razoável para suprir sua abstenção, acoplada a um provimento que assegure a satisfação provisória do direito, ou do sucedâneo das perdas e danos, caso não atendida tempestivamente a supra mencionada determinação (ver, nesse sentido, os acórdãos do STF nos Mandados de Injunção: 232-I, Rel. Min. Moreira Alves, *DJU* 27.3.92, p. 3.800; 283-5, Rel. Min. Sepúlveda Pertence, *DJU* 14.11.91, p. 16.355/6); 2) a procedência da ação direta de inconstitucionalidade por omissão traduz-se numa determinação de imediata e concreta satisfação do direito assegurado na norma constitucional até então sem efetiva incidência.

2.2.4. A modalidade derradeira de ação direta, a ser invocada, configura novidade em nosso ordenamento: trata-se da argüição de descumprimento de preceito fundamental decorrente da Constituição, na fórmula estatuída pelo parágrafo único do art. 102. Ressalve-se que essa ação ainda não tem concreta existência, por isso que a própria Constituição a submeteu a futura disciplina, mediante lei. E, ao que se saiba, inexiste qualquer projeto ou anteprojeto pertinente. Objetivamente, portanto, corre essa ação risco idêntico ao em que incorria a ação direta para fixação de interpretação de lei ou ato normativo, prevista na Carta de 67/69, jamais regulamentada e, certamente por isso mesmo, afastada de nossa ordem constitucional, eis que presumidamente desnecessária.

Antes mesmo de qualquer eventual ensaio que se venha a fazer, de regulamentação do parágrafo único do prefalado art. 102, impõe-se a menção de que, tal como registrado relativamente à representação interventiva, aqui hão de ser contemplados não apenas atos normativos, mas sobretudo condutas concretas, eis que essas, mais que aqueles, se relevam capazes de veicular descumprimentos a preceitos constitucionais fundamentais.

3. No curso da exposição já fizemos comentários sobre algumas questões tipicamente processuais, atinentes às ações de inconstitucionalidade. Tal se deu, por exemplo:

a) quanto ao tema da legitimação — CF, arts. 36, III e 103, *caput;*

b) quanto ao tópico da tutela cautelar — CF, art. 102, I, "p".

Classicamente, a processualística das ações diretas, no Brasil, tem sido assentada na própria Constituição e, majoritariamente, no Regimento Interno do Supremo Tribunal Federal.

3.1. No que diz respeito à primeira, das fontes formais acima referidas, cabe mencionar, além dos mandamentos já citados, os §§ 1º e 3º, do art. 3º, segundo os quais, respectivamente:

a) o Procurador-Geral da República deverá manifestar-se, em todas elas, como "custos legis";

b) o Advogado-Geral da União (ou quem, por norma de delegação, fizer seu papel) deverá ser citado, para defender "o ato ou texto impugnado".

Especificamente quanto à tutela do "ato ou texto impugnado", há que se ter em consideração que, *por definição constitucional* (art. 131), o papel precípuo do Advogado-Geral é a defesa (além das tarefas de consultoria e assessoramento jurídico do Executivo) da União. Dessa sorte, sua *atribuição* de sustentação do ato ou texto impugnado só será exigível se, e quando, não se revelar conflitante com seu *dever-missão* de defesa da União. Trata-se, como se vê, de interpretar sistematicamente a Constituição.

3.2. Relativamente à segunda fonte formal — o Regimento Interno do Supremo Tribunal Federal —, imprescindível é ponderar que o constituinte de 1988 *não* reeditou a regra do art. 119, § 3º, "c" da Carta de 67/69, que conferia àquela Corte competência normativa plena para a regulação dos processos sujeitos (originária ou recursalmente) a seu exame. Como conseqüência, e à vista da teoria da recepção, tem-se que a regulamentação existente a respeito, no aludido Regimento Interno (art. 169 a 178), só se mantém naquilo que não conflitante com o novo ordenamento constitucional. Impende, pois, proceder ao exame de tais preceptivos.

Cabe, de plano, afastar qualquer preocupação quanto aos arts. 176 a 178, por isso que atinentes à declaração incidental ou prejudicial de inconstitucionalidade, matérias estranhas a nossa exposição.

O exame dos demais artigos revela sua total adequação à Constituição de 1988 exceção feita, unicamente, ao *caput* do art. 169, que só reconhecia legitimação ativa ao Procurador-Geral da República (assim derrogado pelo *caput* do art. 103 da Constituição vigente). Merecem ênfase, pelo que têm de peculiar, quando contrastadas com a disciplina processual comum:

a) a proibição de desistência da ação, absolutamente correta, eis que, em face da natureza e da majestade do bem a tutelar — a higidez da ordem jurídica e a integridade da Constituição —, aqui não há campo para a disponibilidade individual;

b) a vedação da assistência a qualquer das partes, infeliz inovação da Emenda Regimental n. 2 de 4.12.85: por considerações de limitação de trabalho cerceou-se a possibilidade de um mais amplo e mais rico debate sobre a fundamental questão da constitucionalidade em tese;

c) a necessidade de um mínimo de 6 votos (num *quorum* de oito Ministros), para a decretação da inconstitucionalidade; se a maioria, necessária à declaração de inconstitucionalidade, não for alcançada em razão de licenças ou ausências, em número que possa influir no julgamento, este será suspenso a fim de que se dê o comparecimento dos Ministros ausentes, até que se atinja o *quorum*;

d) a participação do Presidente do Tribunal, na votação;

e) a possibilidade de novo julgamento pelo Pleno, em grau de embargos, quando registrados, na decisão recorrida, ao menos quatro votos divergentes.

4. Em muitos pontos ainda lavra considerável polêmica, no tema das ações diretas de inconstitucionalidade. Cada um deles, por sua amplitude e profundidade, comportaria uma conferência específica. Por isso, teremos de limitar nossa reflexão a uma breve referência sobre esses tópicos, traçando alguns de seus aspectos mais sugestivos.

4.1. Indaga-se se o Executivo pode deixar de cumprir preceito que repute inconstitucional, mas que assim ainda não tenha sido declarado pelo Supremo.

É indiscutível que a querela da inconstitucionalidade não corporifica um debate exclusivamente jurídico. Envolve ela igualmente um conflito político, pondo em evidência prática e concreta o princípio da separação de poderes.

O que nos parece contudo fundamental, no enfrentamento dessa questão, é a consideração de que se bem seja o Judiciário (particularmente o Supremo Tribunal Federal) o tutor superior da Constituição, todos os Poderes são, igualmente, guardas da Lei Maior. E, por isso, todos eles devem obediência antes à Constituição, que à lei. Essa é, aliás, a consideração básica, a sustentar a histórica decisão de Marshall, no caso Marbury vs. Madison. Com essa colocação já antecipamos nossa opinião de que ao Executivo assiste o direito e cabe o dever de esquivar-se ao cumprimento de preceito que repute inconstitucional (desde que, é óbvio — o "logos del razonable" de Recaséns — não seja a suposição gratuita, infundada ou arbitrária), submetendo-se com isso, é claro (o Poder e o agente que assim decida e atue), aos riscos das conseqüências de eventual decisão judicial contrária a sua opinião.

Em nosso entendimento, a orientação, acima esposada, não sofre qualquer impacto seja pela introdução, em 1946, do controle em tese; seja pela criação, na Carta de 67/69, da medida cautelar na ação direta: não obstante tudo isso, o pronunciamento judicial pode retardar-se além do que tolerável, para vergar-se o Executivo à injunção de preceito que veja como afrontoso à ordem constitucional.

4.2. Quando se consuma o juízo de inconstitucionalidade?

Essa indagação tem sua resposta intensamente simplificada, desde que entendamos que a competência atribuída ao Senado Federal, no inciso X do art. 52 da Constituição (na verdade simples *competência administrativa,* em que pesem respeitáveis opiniões em contrário), se refere unicamente à declaração *incidental* de inconstitucionalidade pelo Supremo. Trata-se de uma solução articulada e sistemática da Constituição, para harmonizar a constatação, em concreto, da inconstitucionalidade de uma lei com o princípio da separação dos Poderes.

Na declaração em tese, entretanto, tal princípio não se põe em cheque, eis que a própria Constituição, que o proclama, também atribui ao Supremo poder e competência para, por via do controle difuso, *desconstituir diretamente* lei ou ato normativo (federal ou estadual). Por isso é que, coerentemente, o Regimento Interno do Supremo (art. 175) prevê, em casos que tais, a mera comunicação do julgamento à autoridade ou órgão responsável pela expedição do ato normativo impugnado.

4.3. Controverteu-se durante longo tempo, no Supremo, sobre o teor do julgamento da ação direta, na hipótese em que, supervenientemente ao ajuizamento, tivesse sido revogada a lei alvejada.

Presentemente a matéria se encontra pacificada na Corte: em casos que tais, tem-se o pedido por prejudicado, a não ser que o ato impugnado tenha gerado efeitos concretos. Ocorrida que seja essa eventualidade, o Supremo julga a ação, com o efeito da desconstituição dos atos concretos, se tiver por inconstitucional a norma em litígio.

4.4. Situação oposta à anterior pode, entretanto, verificar-se: enquanto se aguarda o julgamento, uma nova Constituição é promulgada (apanágio, é evidente, dos países de instituições políticas instáveis e pouco consistentes), ou a vigente é emendada, na parte que interessa ao litígio.

A início também divergiram os julgados, nesse ponto. Por vezes se dava por prejudicada a representação, eis que o padrão de confronto — a Constituição — era diverso do vigente à época da representação. Em outras ocasiões, procedia-se ao julgamento da ação, contrastando o ato normativo impugnado com a nova dicção da Lei Fundamental.

Presentemente o tema encontrou pacificação. O Supremo hoje dá o pedido por prejudicado, considerando que ou o ato impugnado se afeiçoa à nova fórmula constitucional (operando-se, então, o fenômeno da recepção), ou por ela é derrogado (se a ela afrontoso se revela).

4.5. O Tribunal não registra dissenso, mas a doutrina não se conforma: o Supremo univocamente proclama que não lhe compete julgar ação direta, quando em contraste ato normativo municipal e a Constituição Federal. A interpretação meramente gramatical da Lei Maior abona a solução jurisprudencial. Mas difícil é aceitá-la, quando se tem em mente o papel deferido ao Supremo, de guardião da Constituição Federal. Nem se diga que o ato normativo municipal não goza de majestade suficiente para arranhar a Lei Fundamental: goza sim, pois pode produzir efeitos práticos, por vezes até muito danosos, e mesmo socialmente perturbadores, ao arrepio da Constituição. Não se objete, doutra parte, com o controle difuso, incidental: não só ele é demorado, no seu desfecho, mas também despido de eficácia *erga omnes* (sem contar que, com os percalços regimentais em cuja criação o Supremo é vezeiro, muita vez o feito pode não atingir aquele relevantíssimo patamar). Cabe não esquecer que o próprio controle concentrado, nascido no famoso aresto Marbury vs. Madison, foi construído sem expressa previsão legal ou constitucional, pela só e fundamental consideração de que à Corte Suprema cabia a tutela da Constituição. Ora, identicamente, poderia assim construir doutrina o Supremo, dando destarte resposta positiva a um verdadeiro anseio da coletividade jurídica e da sociedade como um todo.

4.6. Derradeiro tópico, a ser examinado, é o referente aos efeitos da declaração de inconstitucionalidade em tese. Nesse enunciado abrigam-se, em verdade, duas questões que, ao contrário do que habitualmente se proclama, não estão fatalmente vincadas por uma relação suposta de causa e efeito.

A primeira questão é a pertinente à natureza da sentença de procedência, no que toca à carga de seu conteúdo (na forma da conhecida classificação de Pontes de Miranda). A nosso ver, a decisão de procedência, na ação direta, é fundamentalmente declaratória (por isso que proclama um estado) e constitutiva negativa — ou desconstitutiva (eis que, *por si só*, expurga da ordem jurídica a lei ou ato normativo tido por inconstitucional). Poderá ainda, minimamente, ser também condenatória, se imputar a qualquer dos litigantes os ônus dos encargos processuais.

Presentemente, o Supremo cerra fileiras em torno da natureza declaratória do julgado. Daí extrai, dentre outras conseqüências, a de que todos os efeitos, produzidos pela norma atingida, são desconstituídos, para tanto invocando, com freqüência, a lição de Marshall, no sentido de que lei inconstitucional é lei natimorta (o que retiraria, aos atos constituídos com base nela, o suporte jurídico de existência). Registre-se, todavia, que freqüentemente a Corte, ao dar pela procedência, ressalva os efeitos até então já consumados (sobretudo se produzidos de boa-fé, ou se a desconstituição radical se revelar sumamente injusta ou socialmente indesejável). A solução benévola do Supremo seria plenamente justificada, do ponto de vista do sistema jurídico, se reconhecida a natureza bivalente do julgado, a um tempo declaratório e constitutivo (realidades de modo algum antitéticas).

Ressalve-se que, em direito comparado, as soluções variam, ordenamentos havendo que, independentemente da carga da sentença, proclamam sua eficácia temporal *ex tunc*, *ex nunc* e até mesmo eclética (como é, afinal, em nosso entendimento, a inclinação do Supremo, tal qual acima exposta). No fundo de todas as hesitações e opções pendulares está sempre a questão dos efeitos produzidos de boa-fé ou cujo desfazimento se anuncia excessivamente oneroso, quando não socialmente indesejável. No próprio Supremo Tribunal Federal, bateu-se eruditamente pela feição constitutiva do julgado, com eficácia *ex nunc*, o eminente Ministro Leitão de Abreu, buscando fundamentação inclusive no direito romano.

CONFERÊNCIAS & DEBATES

PODER JUDICIÁRIO E SEGURANÇA JURÍDICA*

ANTONIO SOUZA PRUDENTE
Juiz Federal em Brasília

1 - Introdução. 2 - Poder Judiciário e seus Agentes Públicos. 3 - Função do Juiz na Administração da Justiça. 4. Crença no Judiciário. 5 - Crise do Judiciário e suas dimensões. 6 - Missão histórica do Judiciário. 7 - Poder Judiciário e garantia de direitos. 8 - "Avocatória" e repúdio da Carta de Canela. 9 - Independência do Judiciário. 10 - Garantia do due process of law pelo Judiciário. 11 - Direito de petição perante o Judiciário. 12 - Conceito moderno de Jurisdição. 13 - Coisa julgada e segurança jurídica. 14 - Lição de von Ihering e nossa conclusão.

1. No Estado Democrático de Direito, a atividade jurisdicional assume proeminência, apresentando-se como garantia maior dos cidadãos a "existência de órgãos jurisdicionais dotados de independência e imparcialidade, com capacidade de fato e de direito, para solucionar conflitos de interesses interindividuais, e especialmente os que se manifestem entre as pessoas e o Estado".[1]

A atividade de resolver conflitos e decidir controvérsias é um dos fins primários do Estado moderno, pois os indivíduos, a quem já não se permite fazer justiça pelas próprias mãos, investiram-se, na ordem jurídica, do direito de ação e de exigir do Estado o dever correlato da Jurisdição.

O direito público-subjetivo de ação, que identificou os estudos de Enrico Túlio Liebman e que aparece, nas lições de Eduardo Juan Couture, como a espécie mais expressiva do amplo direito de petição aos poderes públicos, apresentou-se, historicamente, desde a Carta Magna de 1215, como exercício de liberdade dos homens livres.

2. O Poder Judiciário, no Estado moderno, não se adstringe, tão-só, ao conjunto de autoridades, que se investem no poder de julgar, aos órgãos do Poder Público, a que se comete a atribuição de administrar a justiça, a uma corporação de juízes, com a missão precípua de aplicar as leis e declarar direitos, vigiando a execução dessas leis, para a reparação das relações jurídicas, que se tenham violado, mas, integram, também, o Poder Judiciário, em sentido lato, os representantes do Ministério Público e os membros legítimos da Advocacia, por serem indispensáveis à administração da Justiça, incumbindo-lhes a defesa da ordem jurídica, do regime democrático e dos interesses sociais, individuais, difusos ou coletivos.

O advogado, o defensor ou o Promotor Público apresentam-se perante o jurisdici-

* Aula Magna em 12.2.92, na Sede da Ordem dos Advogados do Brasil — Distrito Federal.

1. José Afonso da Silva, *Ação Popular Constitucional*, São Paulo, Ed. RT, p. 84.

onado como os primeiros juízes das causas, que lhes são entregues para soluções de justiça.

3. Na função do Juiz, traçada pelo Ministro José Néri da Silveira, do colendo Supremo Tribunal Federal, em palestra proferida na Escola Superior da Magistratura de Pernambuco, em 6.12.91, deverão perfilar-se advogados e defensores públicos guiados por estes dizeres: "O Direito, para servir à sociedade, não pode ficar na pura abstração, mas deve existir no conviver humano, ser companheiro da vida, assistindo e protegendo, promovendo o convívio harmônico e a segurança nas relações sociais. O Juiz, desse modo, há de estar atento aos fatos, ao tempo em que vive, não lhe bastando o conhecimento da técnica de Direito, para que se resolvam adequadamente os conflitos e se avance, de maneira segura e equilibrada, em direção ao que deve ser. Válido é, no particular, afirmar-se que, em princípio, o que se procura, no processo, é a vida, nas suas múltiplas manifestações. E o Juiz tem que penetrar na parte noturna do ser, nas suas manifestações de rebeldia, na sua variada manifestação: no crime, na fraude civil, no desamor, no ódio. Em princípio, em cada processo, há problemas humanos, e não apenas problemas de técnica jurídica. Não é possível, destarte, admitir-se que ao Juiz caiba, predominantemente, a tarefa de especulação abstrata ou a simples exegese do direito constituído. Se não lhe é possível a criação livre do direito, para o caso concreto, partindo o juiz, nas decisões, ou de meras ideologias ou concepções pessoais sobre a sociedade ou o homem, ou curvando-se ao império das emoções no subjetivismo de seus julgamentos, não lhe compete, também, perder-se em puras divagações doutrinárias alheias às realidades da vida. Desse modo, o conhecimento do mundo, de par com uma profunda seriedade moral, a presença do humano e do social, à luz de seu tempo, o amor ao saber e à verdade, a inflexibilidade na defesa do valor da Justiça, não podem estar ausentes da vida do Juiz. Cumpre-lhe, pois, pelo estudo e a reflexão, tecer suas construções, a partir da descoberta de elementos existentes na intimidade do ordenamento jurídico, com base nos quais encontra, dentro do possível e enquanto cabível, a prudente solução às transformações sociais necessárias e, por vezes, indiscutivelmente, desejadas. Nisso está uma das mais significativas atividades dos juízes na busca do bem comum, que não se compreende, nem se pode realizar, sem Justiça".[2]

Este perfil de magistratura há de incorporar-se em todos aqueles que, de alguma forma legítima, atuam na administração da Justiça.

Já não se concebe o Juiz como um Prometeu acorrentado ao cipoal de leis e códigos, que, por aí, proliferam, feito o espectro antevisto por Montesquieu, como a boca que pronuncia as palavras das leis, sem poder moderar-lhes a força e o rigor, ou, ainda, como aquele ser imaginado por Eliézer Rosa, frio, triste e só, sem nenhum poder criador, qual novo e estranho Adão, vagando fora do Éden, em cuja porta está um anjo armado, que o impede de por ela entrar e ver suas belezas, havendo de escolher a Barrabás e ignorar a Cristo, porque a multidão assim o quer, sem nada poder fazer contra a vontade simbólica do povo, refletida na lei positiva, que exprime a vontade coletiva e o sentimento nacional, a que temos de obedecer.

Na Administração da Justiça, já não se admite o advogado mercador de interesses, fazendo de sua profissão um meio egoístico de ganhar a vida, com malabarismo e audaciosas interpretações, "onde o cinismo triunfa da lógica, a mentira subjuga os fatos, as provas escondem a verdade, os documentos batem falso, as testemunhas perjuram e a sentença do Juiz é o produto dum estelionato intelectual, obtido através dum processo condu-

2. José Néri da Silveira, "A função do Juiz", in *Correio Brasiliense*, de 3.2.92 — "Direito & Justiça".

zido de má mente por advogados sem escrúpulos".[3]

4. Creio na Justiça feita por homens de sólida formação moral, que se nutrem de um sentimento comum de nacionalidade, de amor a seu povo e ao Direito, que sabem encontrar mesmo além do texto frio da lei, os caminhos da Paz.

Creio em um Poder Judiciário que edifica, em sua moralidade, sabedoria e independência de seus membros, na distribuição da Justiça.

Não creio em um Judiciário maçônico-sectarista, onde a aferição do merecimento daqueles que o integram prescindem dos critérios constitucionais da presteza, do aprimoramento e da segurança no exercício da Jurisdição (CF, art. 93, II, "c"), para guiar-se no plano fático, pelos sentimentos de grupos elitistas, pelas amizades grangeadas a "pratos de lentilhas", ou pelos inescondíveis laços do nepotismo, que garantem os apaniguados e obscurecem os portadores de reais méritos.

5. A crise do Poder Judiciário, de que tanto já se falou e ainda se fala, no momento, é uma crise ético-estrutural, que envolve todos os segmentos do Poder estatal e, com especificidade, aqueles que militam na função de administrar a Justiça.

Tem razão Ada Grinover, quando afirma que "a crise do Poder Judiciário é, antes de tudo, uma história de desafios. Importante, para o diagnóstico da crise, é extremar seus diversos aspectos: crise estrutural de um dos Poderes do Estado intervencionista e monopolizador, macrocéfalo e ineficiente; crise institucional, que surgiu e se agravou no delicado jogo do equilíbrio entre os Poderes, com a transformação do Judiciário em mediador de crises políticas e árbitro de conflitos sociais; crise de mentalidade, pela inadequação do recrutamento e da formação do Juiz, para lidar com os novos conflitos, sociais e políticos, que é chamado a dirimir; crise dos mecanismos de controle do exercício da função jurisdicional; crise dos cânones clássicos da responsabilidade do Juiz".[4]

Reconhece, porém, em tempo, a nobre jurista, que o novo Poder Judiciário não depende só da Constituição, nem só dos Juízes, mas depende de todos nós e, sobretudo, dos advogados, inseridos na realidade social, política, econômica e cultural de nosso país.

Com efeito, a nobre classe dos advogados, de há muito, vem enfrentando a crise de formação ética e profissional de seus novéis militantes, bem assim dos órgãos de controle censório-disciplinar do exercício da advocacia, os quais deveriam atuar, sempre, em prol do Judiciário, com independência, presteza e alto senso de responsabilidade, para seu prestígio e dignidade, permitindo, assim, uma melhor distribuição da Justiça.

Não se pode olvidar, portanto, que a crise do Judiciário, também, envolve o Ministério Público e a Advocacia, com raízes no crescente estado de insolvência do ensino jurídico no Brasil.

6. O Poder Judiciário, contudo, haverá de superar suas crises, a fim de assumir, em plenitude, sua missão histórica, de guardião e garantidor dos direitos da cidadania.

Neste propósito, afiguram-se-me oportunos, aqui, os comentários de João Barbalho sobre o Poder Judiciário, na primeira Constituição Republicana do Brasil, nestas letras:

"A magistratura que agora se instala no país, graças ao regime republicano, não é um instrumento cego ou mero intérprete na execução dos atos do Poder Legislativo. Antes de aplicar a lei, cabe-lhe o direi-

3. Eliézer Rosa, *Novo Dicionário de Processo Civil*, 1ª ed., Livraria Freitas Bastos, 1986, p. 44.

4. Ada Pellegrine Grinover, *A Crise do Poder Judiciário*.

to de exame, podendo dar-lhe ou recusar-lhe sanção, se ela lhe parecer conforme ou contrária à lei orgânica.

"O poder de interpretar as leis, disse o honesto e sábio juiz americano, envolve necessariamente o direito de verificar se elas são conformes ou não à Constituição, e neste último caso, cabe-lhe declarar que elas são nulas e sem efeito. Por esse engenhoso mecanismo, consegue-se evitar que o legislador, reservando-se a faculdade da interpretação, venha a colocar-se na absurda situação de juiz em sua própria causa.

"É a vontade absoluta das assembléias legislativas, que se extingue, nas sociedades modernas, como se hão extinguido as doutrinas do arbítrio soberano do poder executivo.

"A função do liberalismo, no passado, diz um eminente pensador inglês, foi opor um limite ao poder violento dos reis; o dever do liberalismo, na época atual, é opor um limite ao poder ilimitado dos parlamentos.

"Essa missão histórica incumbe, sem dúvida, ao poder judiciário, tal como o arquitetam poucos povos contemporâneos e se acha consagrado no presente decreto.

"Aí está posta a profunda diversidade de índole que existe entre o Poder Judiciário, tal como se achava instituído no regime decaído, e aquele que agora se inaugura, calcado sobre os moldes democráticos do sistema federal. De poder subordinado, qual era, transforma-se em poder soberano, apto, na elevada esfera de sua autoridade, para interpor a benéfica influência de seu critério decisivo, a fim de manter o equilíbrio, a regularidade e a própria independência dos outros poderes, assegurando ao mesmo tempo o livre exercício dos direitos do cidadão".[5]

7. Nenhum Estado moderno poderá ser democrático se não confiar, de direito e de fato, ao Poder Judiciário, a garantia dos direitos.

Observa o publicista Dalmo de Abreu Dallari, que "é por esse motivo que as Constituições modernas introduzem no seu texto uma declaração de direitos e, para que esses direitos sejam efetivados, incluem, também, remédios excepcionais, que são as garantias constitucionais de direitos. (...) Mas se é através de medidas judiciais, que se pretende garantir os direitos, é evidente que, antes de mais nada, deve ser garantido o pleno funcionamento do Poder Judiciário, tanto de sua organização direta quanto dos organismos indispensáveis à sua atuação".[6]

8. Nesse contexto, agrava a crise do Judiciário a tentativa de golpe à figura do Juiz natural, com a proposta de retorno da avocatória pelo Alto Pretório, visando-se implodir a independência dos magistrados brasileiros, perante a Constituição, que juraram cumprir.

A visão desse retrocesso histórico mereceu o firme repúdio dos Juízes Federais, que se reuniram em seu VII Encontro Nacional, no Estado do Rio Grande do Sul, e escreveram, por unanimidade, a *Carta de Canela*, nestes termos:

"Os Juízes Federais, reunidos no VII Encontro Nacional, manifestam-se contrários à reedição da 'AVOCATÓRIA', lembrando que esse instituto processual não se coaduna com o momento histórico em que vivemos. Várias instituições oficiais, com o restabelecimento das liberdades democráticas, foram conquistando o apoio e a confiança da população, sendo que, no caso do Judiciário, passou ele a ser o último reduto em que o povo deposita suas esperanças.

"A Constituição de 1988, absolutamente primorosa quanto a direitos e garantias

5. U.C. João Barbalho, *Comentários à Constituição Federal Brasileira*, 1902, p. 322.

6. Dalmo de Abreu Dallari, *O Renascer do Direito*, José Buschatsky Ed., p. 82.

fundamentais e coletivas, não comporta, emenda que, ainda por via transversa, vise a suprir a garantia do Juiz Natural, aquele a quem, de imediato, é entregue a causa e está mais próximo do jurisdicionado.

"Pelos mesmos motivos, manifestam os Juízes Federais do Brasil, o seu repúdio ao projeto de lei, que limita a concessão de medidas cautelares contra atos do Poder Público, por seu conteúdo contrário ao exercício da cidadania e seus direitos, como o livre acesso ao Judiciário, em flagrante inconstitucionalidade.

"Os Juízes Federais, preocupados com tais iniciativas, conclamam os parlamentares e a sociedade para a repulsa a essas pretensões, vez que entendem não haver mais espaço político para tais atentados à nossa vocação democrática, neste momento em que o projeto é construir uma sociedade justa, democrática e participativa" (Canela, Rio Grande do Sul, 14 a 17 de novembro de 1991).[7]

Essa é a voz de um Judiciário independente, confiante e confiável, na lúcida compreensão de seu compromisso constitucional de servir a Pátria, com destemor, no exercício diuturno de suas funções.

9. Vem de ser atual, aqui, a advertência de Pimenta Bueno, nos idos de 1857, nesta fala: "Tirai a independência ao Poder Judiciário e vós lhes tirareis sua grandeza, sua força moral, sua dignidade; não tereis mais magistrados, sim comissários, instrumentos ou escravos de um outro poder (...) Não é pois no amor, ou no interesse dos Juízes, que o princípio vital de sua independência deva ser observado como um dogma, e sim, por amor dos grandes interesses sociais".[8]

Noutra passagem de seus respeitáveis ensinamentos, acentua: "Desde que o poder judicial é independente, é conseqüente que as causas tenham seu curso regular e suas decisões definitivas sejam respeitadas, que firmem os direitos e não possam ser postas de novo em dúvida".[9]

10. O Judiciário assegura os direitos individuais e coletivos, sociais e políticos, através da garantia constitucional do *due process of law*.

Não há garantia jurídica fora do devido processo legal, sendo defeso ao Juiz inventar o processo que, no Estado de Direito, o povo lhe outorga, através de seus representantes, no Parlamento, como instrumento vinculante e cogente de realização de direitos.

Com efeito, observa Frederico Marques que "o direito ao processo só se realiza quando o Estado põe em movimento seu mecanismo judiciário, através do devido processo legal. Se fosse legítimo qualquer processo, aquele direito seria fórmula vã e iníqua, sem sentido e vazia".[10]

A nossa Constituição Federal de 1988, bastante rica em sua declaração de direitos, quando assegura a todos — brasileiros e estrangeiros residentes no País — a inviolabilidade do direito à vida, à liberdade, à segurança e à propriedade, estabelece, dentre outras garantias, as de que "ninguém será obrigado a fazer ou deixar de fazer alguma coisa senão em virtude de lei" (art. 5º, II); que "a lei não excluirá da apreciação do Poder Judiciário lesão ou ameaça a direito" (art. 5º, XXXV); que "a lei não prejudicará o direito adquirido, o ato jurídico perfeito e a coisa julgada" (art. 5º, XXXVI) e, ainda, que "ninguém será privado da liberdade ou de seus bens sem o devido processo legal" (art. 5º, LIV), garantindo, também, expressamente, "que

7. Sebastião de Oliveira Lima, *Revista AJUFE*, n. 31, dezembro/91, p. 6.7.

8. *Apud Direito Público Brasileiro e Análise da Constituição do Império*, Senado Federal, Ed. de 1978, p. 324.

9. Idem.

10. José Frederico Marques, *Instituições de Direito Processual Civil*, 3ª ed., Forense, 1966, vol. I, p. 36.

não haverá Juízo ou Tribunal de Exceção" (art. 5º, XXXVII), neste País.

Para efetivar essas garantias-direitos, a nossa Lei Fundamental assegura a todos "o direito de petição aos Poderes Públicos, em defesa de direitos ou contra ilegalidade ou abuso de poder" (art. 5º, XXXIV, "a"), instrumentalizando, de logo, em sua auto-aplicabilidade protetora (art. 5º, ^ 1º), os remédios salutares do *habeas-corpus*, do *habeas-data*, dos mandados de segurança individual e coletivo, do mandado de injunção, da ação popular, da ação civil pública e das ações coletivas, que visam a molecularização da tutela jurisdicional, evitando-se a pulverização dos litígios.

11. Na lição do renomado Eduardo Couture, esse direito de petição, quando é exercido perante o Poder Legislativo, tem perdido boa parte de sua eficácia, por força do sistema parlamentar-representativo, e tem debilitada sua importância, perante o executivo, em razão de não existir uma lei regulamentadora, que criasse um dever correlativo de apreciação por parte do poder administrador executivo. Sua significação, contudo, perante o Poder Judiciário, tem crescido consideravelmente, no curso do tempo.

Enquanto, perante os outros poderes, configura somente uma relação entre o particular e a autoridade, ante o Poder Judiciário, o *jus actionis* envolve um terceiro, que se vê, assim, ainda que contra sua vontade, vinculado à petição.

A existência de uma lei regulamentadora, como é a lei processual, de caráter instrumental e cogente, e o dever jurídico de decidir a controvérsia, que foi sempre o correlativo de parte do poder público, foram, durante longo tempo, as notas dominantes do ato jurisdicional. A existência dessa mesma lei regulamentadora e da sentença judicial, como ato de pronunciamento do poder público, foram, provavelmente, as razões decisivas, para que a ação civil tivesse, historicamente, uma força muito maior que a simples petição, perante os poderes legislativo e executivo.

Quando o princípio da divisão de poderes, arquitetado por Montesquieu e já preconizado por Aristóteles, na Grécia, começou a se desenvolver, o direito de petição se desdobra e assume características específicas, perante cada um desses poderes.

No processo moderno, o dever de pronunciamento, por parte do Juiz, é de tal forma rigoroso, ante o exercício do direito de ação, como espécie do direito constitucional de petição, que sua omissão configura causa de responsabilidade judicial.

12. O conceito de jurisdição, como poder, é insuficiente, porque a jurisdição há de ser sempre um *poder-dever*. Com a faculdade de julgar, o Juiz tem o dever de fazê-lo, não se eximindo de sentenciar ou despachar, sob a alegação de lacuna ou obscuridade da lei. No julgamento da lide, caber-lhe-á aplicar as normas legais e não as havendo, recorrerá à analogia, aos costumes e aos princípios gerais do direito (CPC, art. 126).

Jurisdição, sem dúvida, é função pública realizada por órgãos competentes do Estado, sob as formas da lei, em virtude da qual, por ato do Juiz, determina-se o direito das partes, resolvendo seus conflitos e controvérsias de relevância jurídica, mediante decisões com autoridade de coisa julgada, passível de execução.

13. O direito de petição, quando se instrumentaliza perante o Judiciário, sob a forma de ação, adquire maiores garantias a seu titular, mediante o instituto da *coisa julgada*, que, em sua configuração formal e material, nossa lei processual civil define, como sendo a eficácia, que torna imutável e indiscutível a sentença, não mais sujeita a recurso ordinário ou extraordinário (CPC, art. 467).

Goldschmidt, citando passagem da obra *Decadência do Ocidente*, de Oswald Spengler, assinala que "se os romanos criaram uma estática jurídica, nossa missão consiste em criar uma dinâmica jurídica" e acrescenta, com inegável saber, que "a incerteza é consubstancial às relações processuais, posto que a sentença judicial nunca poderá ser prevista com segurança",[11] no que arremata Ovídio Batista, que "realmente, só existe jurisdição, enquanto há incerteza para as partes a respeito do conteúdo da futura sentença, que haverá de dizer qual delas merece a proteção estatal, por ser titular do interesse protegido pela ordem jurídica, posto em causa. Toda sentença implica juízo e decisão, o que significa, sempre a possibilidade de que o julgador decida-se por desconhecer e negar a uma das partes o direito que a esta lhe parecia evidente e indiscutível. Perante o processo, não pode haver nada evidente e indiscutível, uma vez que a previsibilidade absoluta e matemática do futuro resultado contido na sentença, eliminaria, por si só, o próprio julgamento, que implica, quanto à pessoa do julgador, num *decidirse* entre duas alternativas possíveis".[12]

Com razão, pois, o notável Eduardo Couture, quando afirma que, entre a autoridade da coisa julgada e a efetiva vigência do direito, há uma relação de meio e fim. A coisa julgada se concebe como meio de desfazer a incerteza do direito e como forma de fazê-lo coativo, nos casos de resistência ou omissão de seu cumprimento.

A coisa julgada e sua eventual coercibilidade são inerentes à jurisdição. O caráter de irrevisibilidade que dá a autoridade da coisa julgada às decisões judiciais não aparece em nenhum dos outros modos de atuação do poder público.

A maior garantia do Estado Democrático de Direito reside no instituto da coisa julgada, que se reserva, tão-somente, ao Judiciário, para segurança jurídica de todos, no exercício da cidadania.

O objeto próprio da Jurisdição é a coisa julgada, que se realiza somente através da garantia fundamental do devido processo legal.

A idéia de jurisdição, como a de processo, é essencialmente teleológica, porque ambos só existem para lograr um fim, que é assegurar a efetividade do direito.[13]

Gustav Radbruch observa que "se Huizinga disse, em seu excelente livro *En las sombras del mañana*, que da necessidade de segurança brota tudo o que se chama direito, podemos nos valer desse pensamento, para afirmar que da necessidade de segurança jurídica surge tudo o que se chama direito positivo. (...) Bem comum, justiça e segurança jurídica exercem condomínio sobre o direito, não a partir de uma harmonia sem tensões, senão, ao contrário, em uma relação de tensão viva".[14]

14. Já na primavera de 1782, em célebre conferência proferida em Viena, Rudolf von Ihering, assim apregoava:

"O direito não é uma pura teoria, mas uma força viva.

"Por isso a Justiça sustenta numa das mãos a balança em que pesa o direito, e na outra a espada de que se serve para o defender.

"A espada sem a balança é a força brutal, a balança sem a espada é a impotência do direito.

"Uma não pode avançar sem a outra, nem haverá ordem jurídica perfeita sem que a energia com que a justiça aplica a espada seja igual à habilidade com que maneja a balança.

11. James Goldschimidt, *Derecho Procesal Civil*, trad. espanhola, 1936, p. 66.

12. Ovídio A. Batista da Silva, *Curso de Processo Civil*, vol. I, Porto Alegre, Sérgio Antônio Fabris Editora, 1987, p. 14/15.

13. Eduardo Juan Couture, *Fundamentos del Derecho Procesal Civil*, 3ª ed. (póstuma), Depalma, 1988, p. 40/44.

14. Gustav Radbruch, *El Hombre en el Derecho*, tradução de Aníbal Del Campo, Depalma, 1980, p. 119.

"O direito é um trabalho incessante não somente dos poderes públicos, mas ainda de uma nação inteira."[15]

A segurança, portanto, de que todos precisamos, há de ser buscada no Estado Democrático de Direito, através do devido processo legal. Só usaremos o direito da força, para garantir a força do Direito, indispensável ao exercício livre e responsável das atividades públicas e das cidadanias.

15. Rudolf von Ihering, *A luta pelo Direito*, Forense, 1972, p. 21/22.

JURISPRUDÊNCIA

Ementa: I. Mandado de injunção: ocorrência de legitimação "ad causam" e ausência de interesse processual.

1. Associação profissional detém legitimidade "ad causam" para impetrar mandado de injunção tendente à colmatação de lacuna da disciplina legislativa alegadamente necessária ao exercício da liberdade de converter-se em sindicato (CF, art. 8º).

2. Não há interesse processual necessário à impetração de mandado de injunção, se o exercício do direito, da liberdade ou da prerrogativa constitucional da requerente não está inviabilizado pela falta de norma infraconstitucional, dada a recepção de direito ordinário anterior.

II. Liberdade e unicidade sindical e competência para o registro de entidades sindicais (CF, art. 8º, I e II): recepção em termos, da competência do Ministério do Trabalho, sem prejuízo da possibilidade de a lei vir a criar regime diverso.

1. O que é inerente à nova concepção constitucional positiva de liberdade sindical é, não a inexistência de registro público — o qual é reclamado, no sistema brasileiro, para o aperfeiçoamento da constituição de toda e qualquer pessoa jurídica de direito privado —, mas, a teor do art. 8º, I, do texto fundamental, "que a lei não poderá exigir autorização do Estado para a fundação de sindicato": o decisivo, para que se resguardem as liberdades constitucionais de associação civil ou de associação sindical, é, pois, que se trate efetivamente de simples registro — ato vinculado, subordinado apenas à verificação de pressupostos legais —, e não de autorização ou de reconhecimento discricionários.

2. A diferença entre o novo sistema, de simples registro, em relação ao antigo, de outorga discricionária do reconhecimento sindical não resulta de caber o registro dos sindicatos ao Ministério do Trabalho ou a outro ofício de registro público.

3. Ao registro das entidades sindicais inere a função de garantia da imposição de unicidade — esta, sim, a mais importante das limitações constitucionais ao princípio da liberdade sindical.

4. A função de salvaguarda da unicidade sindical induz a sediar, "si et in quantum", a competência para o registro das entidades sindicais no Ministério do Trabalho, detentor do acervo das informações imprescindíveis ao seu desempenho.

5. O temor compreensível — subjacente à manifestação dos que se opõem à solução —, de que o hábito vicioso dos tempos passados tenda a persistir, na tentativa, consciente ou não, de fazer da competência para o ato formal e vinculado do registro, pretexto para a sobrevivência do controle ministerial asfixiante sobre a organização sindical, que a Constituição quer proscrever — enquanto não optar o legislador por disciplina nova do registro sindical —, há de ser obviado pelo controle jurisdicional da ilegalidade e do abuso de poder, incluída a omissão ou o retardamento indevidos da autoridade competente.

Mandado de Injunção Nº 144-8 São Paulo
Reqte.: Associação Profissional dos Bombeiros Civis
Reqdo.: Congresso Nacional
***DJU* de 28.5.93**
J: 3.8.92

ACÓRDÃO

Vistos, relatados e discutidos estes autos, acordam os Ministros do Supremo Tribunal Federal, em sessão plenária, na conformidade da ata do julgamento e das notas taquigráficas, por maioria de votos, em não conhecer da ação.

Brasília, 3 de agosto de 1992 — Sydney Sanches (Presidente) — Sepúlveda Pertence (Relator).

RELATÓRIO

O Senhor Ministro Sepúlveda Pertence — O parecer do Ministério Público Federal, que adoto para relatório, da lavra do il. Subprocurador-Geral Álvaro Ribeiro Costa, com aprovação do em. titular da Procuradoria-Geral, expõe e opina (fls.):

> "Cuida-se de mandado de injunção impetrado com argüido suporte no art. 5º, LXXI, da Constituição Federal, apontando o Congresso Nacional como autoridade impetrada.
>
> A impetrante afirma que, tendo pleiteado o seu "reconhecimento" como sindicato perante o Ministério do Trabalho, teve o pedido sobrestado — segundo informações ali obtidas — "até que fosse votada uma *norma* que *regulamentasse* a competência para o reconhecimento do *Sindicato* e que esta norma seria emanada do Congresso Nacional" (sic, v. fls.).
>
> Reportando-se aos incisos VI, XVI e XXIII, do art. 7º, bem como aos incisos III e VI do art. 8º, todos da vigente Lei Maior, a postulante assevera representar categoria de trabalhadores cujos direitos constitucionalmente assegurados estariam sendo desrespeitados, por falta de "norma regulamentadora que determine a competência para o reconhecimento do pedido de *Sindicato*, ..." (sic, v. fls.).
>
> Daí resulta a pretensão da impetrante, que pede lhe seja concedido mandado de injunção, "para que possa a categoria exercer seu *direito constitucional* até que o Congresso Nacional legisle sobre a *norma regulamentadora*, dando competência para reconhecer o *Sindicato*" (v. fls.).
>
> Às fls., estão lançadas as informações do Presidente da República, com base em parecer elaborado no âmbito do Ministério do Trabalho, onde se alega preliminarmente: a) que falta à impetrante "interesse" e "necessidade de agir"; b) que o registro de entidade sindical ou o seu reconhecimento, pela autoridade administrativa — tal como disciplinado na Consolidação das Leis do Trabalho (Título V — da Organização Sindical) e em regulamentos ministeriais —, não mais subsistem após o advento da nova Carta (art. 8º, I); c) que a impetrante não é parte legítima "para procurar como ente coletivo em nome de seus associados" (sic), sendo entidade não cogitada pelo inciso LXXI, da Constituição Federal.
>
> Quanto ao mérito, o aludido parecer sustenta — com afirmado arrimo em entendimentos administrativos, doutrinários e jurisprudenciais — que não compete ao Ministério do Trabalho o registro de entidade sindical com os efeitos previstos em normas anteriores à Constituição de 1988 (v. fls.); e, em arremate, proclama que as alegações enunciadas pela impetrante "são destituídas de qualquer razão, desde que, para a concretização de tal desiderato basta a requerente promover o seu registro no Cartório de Títulos e Documentos, *verbi gratia* de centenas de registros já realizados, com o reconhecimento expresso da mais Alta Corte da Justiça Trabalhista" (sic, v. fls.).
>
> Às fls., constam as informações prestadas pelo Senado Federal, que assinalam a "impertinência da viabilização" do pleito da impetrante, considerando-se a auto-aplicabilidade do disposto no art. 8º, I, da Constituição Federal; em síntese, em face da existência da "norma constitucional auto-exeqüível", não teria cabimento, no caso, o mandado de injunção.
>
> O Ministério Público, às fls., manifestou-se positivamente, em preliminar, quanto à auto-aplicabilidade do mandado de injunção.
>
> Impõe-se-nos, de logo, o exame das questões preliminares levantadas nas referidas informações.
>
> Não se afigura desprovida de interesse a associação impetrante, que almeja obter o registro como entidade sindical. Sendo assim, não se lhe pode negar, em princípio, legitimidade para impetrar

mandado de injunção em defesa do alegado direito próprio.

Falta à impetração, contudo, um pressuposto fundamental: a inexistência de norma regulamentadora do art. 8º, I, da vigente Carta Magna, no que tange à definição do órgão competente para o registro pretendido.

Merece lembrança, no particular, o magistério do Superior Tribunal de Justiça, assim resumido:

"A Constituição Federal erigiu como postulado a livre associação profissional e sindical, estabelecendo que a lei não pode exigir autorização do Estado para a fundação do sindicato, ressalvado o registro no órgão competente, vedadas ao Poder Público a interferência e a intervenção na organização sindical. Persistência, no campo da legislação de regência, das regras anteriores que não discrepam da nova realidade constitucional, antes dão-lhe embasamento e operatividade. Atribuição residual do Ministério do Trabalho para promover o registro sindical, enquanto a lei ordinária não vier dispor de outra forma" (v. MS nº 190-DF, 1ª Seção, Rel. Min. Miguel Ferrante, in *DJ* 11/12/89, pág. 18.127).

Melhor esclarecendo a questão originadora dessa ementa, o voto do Min. Carlos M. Velloso assinalou:

"A Constituição de 1988 consagra que a associação profissional e sindical é livre (art. 8º, *caput*). Estabelece, mais, que não pode a Lei exigir autorização do Estado para a fundação de sindicato (art. 8º, I), ressalvado, todavia, está no mesmo inciso I do artigo 8º, o registro no órgão competente, que verificará se não ocorre a vedação inscrita no art. 8º, II, da Constituição. Este órgão existe, está previsto na lei, a Consolidação das Leis do Trabalho, e é o Ministério do Trabalho. Desse modo, no ponto, a disposição inscrita na Consolidação das Leis do Trabalho foi acolhida pela Constituição. Diversos dispositivos que estão na CLT, a partir do artigo 511, que cuidam da intervenção do Estado na vida sindical, simplesmente não foram recebidos na Constituição, pelo que estão definitivamente revogados. Entretanto, o dispositivo que estabelece o órgão para o registro, registro que é expressamente exigido na Constituição, foi recebido por essa mesma Constituição, porque com esta se harmoniza" (v. *DJ* de 13/02/90, pág. 1.804).

Por outro lado, em hipótese similar à destes autos, já ficou assentado que não constitui causa de pedir mandado de injunção a recusa do reconhecimento de sindicato. Assim decidiu o Min. Néri da Silveira, tratando-se de recusa por parte de autoridade administrativa (v. MI nº 143-0-SP, *DJ* de 03/08/89, págs. 12.527/12.528).

Adotou-se, naquele caso, o princípio segundo o qual não se mostra juridicamente possível, por meio de mandado de injunção, "resguardar situações jurídico-processuais tuteláveis — ao menos em tese — mediante adequada utilização de outros *writs* constitucionais" (v. MI nº 169-3-Roraima, Rel. Min. Celso de Mello, despacho no *DJ* de 31/10/89, pág. 16.542).

A situação noticiada nos presentes autos traduz mera recusa, por parte de autoridade administrativa, com relação à prática de ato de sua competência; sendo assim, não é caso de mandado de injunção, devendo ser resolvido por meio do mandado de segurança, na linha preconizada no aludido despacho proferido no MI nº 143-0-SP (v. *DJ* de 03/08/89, págs. 12.527/12.528).

Em face do exposto, somos pelo indeferimento liminar do pedido."

É o relatório.

VOTO

O Senhor Ministro Sepúlveda Pertence (Relator) — Segundo a orientação do Tribunal sobre a natureza do mandado de injunção (MI 107, questão de ordem, 23.11.89, Moreira Alves), não se presta o remédio processual utilizado, como pretende a requerente, "*para que possa a categoria exercer seu direito constitucional até que o Congresso Nacional legisle a norma regulamentadora*" (fl.).

2. Não obstante, qual se decidiu no MI 161, de 21.3.90, de que fui relator, no pedido formulado, de atendimento impossível, está contido o pedido, em tese admissível, de declaração da omissão inconstitucional do legislador com a conseqüente notificação para que a supra.

II

3. Com o parecer da Procuradoria-Geral, repilo a preliminar de ilegitimidade *ad causam* da impetrante.

4. Nem será preciso verificar aqui a admissibilidade do mandado de injunção coletivo.

5. Embora retoricamente aluda à defesa de direitos trabalhistas da categoria, dependente de sua constituição em sindicato, o que, na verdade, resulta do contexto da petição inicial é que a impetrante, uma associação profissional, pretende remover o alegado obstáculo — falta de disciplina legal do reconhecimento ou do registro competente — para converter-se em sindicato representativo da categoria dos seus associados.

6. Independentemente de saber se persiste ou não, na ordem constitucional vigente, a preexistência necessária à constituição do sindicato da respectiva associação profissional (sobre o que divergem os doutos), o certo é que não se pode negar que a requerente postula direito próprio, o qual, em tese, lhe é assegurado pelo princípio constitucional da liberdade de formação de sindicatos.

7. Esse reconhecimento de poder ser, a impetrante — suposta a veracidade de suas afirmações de fato —, titular do direito, liberdade ou prerrogativa constitucional invocado vale pela declaração de sua legitimação *ad causam* para o mandado de injunção (MI 188, 11.6.90, Pertence).

III

8. Resta indagar, contudo, acerca do interesse processual. E não existirá interesse se o exercício do direito, da liberdade ou da prerrogativa constitucional não está inviabilizado pela falta de norma infraconstitucional, que o discipline: nesse caso, o provimento jurisdicional postulado não será necessário para que o impetrante — se tiver razão — tenha satisfeita a sua pretensão material.

9. Ora, nessa necessidade de agir em juízo, à busca da declaração e da remoção do obstáculo posto pela omissão normativa à viabilização do exercício de um direito constitucional, é que se traduz especificamente o interesse processual no mandado de injunção.

IV

10. No caso concreto, a questão do interesse de agir está, portanto, em saber — dada a notória inexistência de lei posterior à Constituição de 1988, que disponha sobre o registro das entidades sindicais —, se o preceito constitucional que o exige é, por si só, de "*eficácia plena e aplicabilidade imediata*" (José Afonso da Silva) ou, não o sendo, se existem, na legislação pré-constitucional, normas compatíveis com a nova ordem fundamental que, recebidas por esta, viabilizem o exercício do direito postulado à investidura sindical: respostas negativas afirmariam o interesse de agir; a resposta positiva induzirá à carência de ação.

V

11. No plano administrativo, vigente a nova Constituição, já no dia seguinte, a Portaria 3.820, de 6.10.88, do Ministro do Trabalho, cometeu à Secretaria de Relações do Trabalho o registro das entidades sindicais. O requerimento, acompanhado de "*cópia autêntica do estatuto social e da ata da assembléia-geral que decidir pela organização da entidade sindical*" deveria ser instruído, em 72 horas improrrogáveis, pela Delegacia Regional do Trabalho e decidido, em 8 dias, igualmente improrrogáveis, pela Secretaria competente.

12. Esse ato normativo veio, no entanto, a ser revogado pela Portaria 3.301, de 11.1.88, da Sra. ex-Ministra do Trabalho.

13. Neste processo, explica S. Exa. a posição assumida. Entende-se, em síntese, que, vedada ao Estado a autorização prévia ou qualquer tipo de interferência na organização sindical, só ao Registro Civil das Pessoas Jurídicas, não mais ao Ministério do Trabalho, é que poderia tocar o registro dos sindicatos, previsto no art. 8º, I, do texto constitucional.

14. Da vacilação administrativa — que reflete a discussão doutrinária a respeito — resultou a divergência entre colendos tribunais superiores, na identificação do órgão competente para o registro dos sindicatos e, conseqüentemente, da sua natureza e do procedimento a observar.

15. Dá conta o parecer do Ministério Público Federal da posição do Superior Tribunal de Justiça, pela competência do Ministro do Trabalho, observadas, *mutatis mutandis*,

as normas da CLT que subsistiram compatíveis com a Constituição (MS 29 e MS 190, de 14.11.89, il. Ministro Miguel Ferrante, *DJ* 18.12.89 e 11.12.89).

16. Invocam as informações, em sentido contrário, acórdão do Tribunal Superior do Trabalho — DC 07/89, 4.5.89, il. Ministro Orlando Teixeira da Costa — que assentou:

"É certo que o artigo 8º, item I, da Constituição da República, de 5 de outubro de 1988, expressa a necessidade da efetuação do registro do sindicato no órgão competente, sem, entretanto, esclarecer qual seria esse órgão. Todavia, a coerência com ampliação do direito à liberdade sindical, de que vem imbuído o artigo 8º, indica que a personalidade jurídica dos sindicatos é adquirida do mesmo modo que a das demais associações civis, isto é, pelo registro civil, o que já foi satisfeito pelo Suscitante, segundo se pode verificar às fls. dos autos, conforme demos notícia através do relatório. Desatrelada que foi a organização sindical das rédeas do Estado, pela nova Carta Magna, não mais subsiste a imposição de registro no Ministério do Trabalho, para efeito de conferir personalidade jurídica ao sindicato, pois, conforme leciona Júlio Cesar do Prado Leite em seus "Comentários à Constituição Federal", elaborados de parceria com Eugênio Haddock Lobo, "a valia do registro na administração do trabalho é, apenas, para se conferir a anterioridade, pedra angular do princípio da unidade sindical" (ob. cit., página 274). Essa ilação resulta clara no item I, do artigo 8º, em razão dos dois importantes aspectos que firma, quais sejam, a vedação à interferência estatal e o silêncio a respeito do órgão competente. Unindo-se esses dois elementos, surge clara a conclusão de que o sindicato, que teve largamente ampliada a sua autonomia pelo novo texto constitucional, não mais poderia sujeitar-se a um tipo de registro, que, ao lado de conferir-lhe a personalidade jurídica, tinha, também, a função de restringir a liberdade da sua instituição, já que a exigência desse registro especial o colocava numa situação de controle em relação às demais associações civis".

17. Consignem-se ainda os respeitáveis votos vencidos no STJ, segundo os quais receber, sob a nova ordem fundamental, a competência do Ministério do Trabalho para o registro questionado, seria admitir interferência do Estado na fundação do sindicato, vedada na Constituição. Expressivo, nessa linha, o voto do il. Ministro Luiz Vicente Cernicchiaro, no MS 29: "*O sindicato é criado atualmente, como qualquer pessoa jurídica. Observada a lei, é certo. Afastado, porém, o Ministro do Trabalho porque o Ministério do Trabalho é órgão do Estado*".

18. Ambas as posições referidas, como dito, têm obtido amplo e ponderável respaldo doutrinário. A título exemplificativo: repelindo a competência do Ministério do Trabalho, José Washington Coelho, *Sistema Sindical Constitucional Interpretado*, Ed. Res. Tributária, SP, 1989, p. 33, *et passim*; aceitando a recepção da competência ministerial, os pareceres, a respeito do MS 29 (STJ), de Xavier de Albuquerque ("Liberdade Sindical — Registro Sindical — Enquadramento Sindical", *LTr* 53-11/1273) e de Arnaldo Sussekind e Délio Maranhão; aceitando-a, mas lhe negando eficácia constitutiva da personalidade jurídica do sindicato, Octávio Bueno Magano, ("A Organização Sindical na Nova Constituição", *LTr* 53-1/38, 42; e Haddock Lobo e Prado Leite, *Comentários à Constituição Federal*, coord. Calheiros Bonfim, Ed. Trabalhistas, 1º/273), ou, ainda, *"unicamente para fins cadastrais"*, Amauri Mascaro Nascimento ("Organização Sindical na Perspectiva da Constituição", *LTr* 52-1/5, 12), cujo trabalho, porém, se funda em texto de projeto constitucional onde ainda não se inserira a previsão do "*registro no órgão competente*".

19. De qualquer sorte, é de assinalar que nenhuma das correntes formadas reputa essencial à efetivação do registro ou, de qualquer sorte, à constituição do sindicato, o futuro advento de lei regulamentar: de um modo ou de outro, todos constroem solução imediata, com os dados normativos da própria Constituição e do direito pré-constitucional.

20. Ao Tribunal, porém, para extrair daí a carência da ação, não basta, ao que penso, afirmar abstratamente a desnecessidade da norma infraconstitucional reclamada, dei-

xando ao impetrante o enigma de encontrar a solução vigente: cumpre-lhe declará-la, ainda que incidentemente, para afirmar não existir o interesse processual.

VI

21. É indispensável precatar-se o intérprete constitucional, mormente quando se cuida de textos novos, contra a tentação de ver na Constituição o que nela se deseja ver, independentemente de que efetivamente esteja ou não esteja na letra ou no sistema dela.

22. Creio que, no tema de que cuidamos, muitos se têm deixado seduzir a emprestar o seu próprio conceito ideal de liberdade sindical à investigação objetiva do que efetivamente tenha sido acolhido pela Constituição.

23. Nela, uma vez desmitificada, o que, na verdade, se pôs foi uma sistema de liberdade sindical mais que relativo, onde o caminho da aproximação aos parâmetros internacionais da Convenção 87, da OIT, se viu significativamente obstruído pela força cinqüentenária da resistência do modelo corporativo do Estado.

24. Pessimista, o notável Evaristo de Moraes Filho ("A Organização Sindical perante o Estado", *LTr* 52-11/1.302, 1.305) entende que o art. 8º da Constituição, "*Quis tudo prever e prevenir, mas, em realidade, pouco se adiantou ou progrediu em relação aos textos anteriores. Em alguns pontos retroagiu até...*"

25. "*A história narrada por quem viu*" — testemunha, aliás, José Washington Coelho (*Sistema Sindical*, cit., p. 29), com a graça de seu estilo —, "*pode afirmar que o art. 8º da Carta Magna é soma algébrica composta pela necessidade de alcançar equilíbrio de forças antagônicas. Correntes vigorosas em choque dramático, pedindo demais e cedendo de menos, lutaram palavra por palavra, no declarado anseio de impor sua solução. O constituinte, pressionado e espremido, compôs heterogêneo, muito próximo da técnica 'uma no cravo, outra na ferradura'*".

26. Certo, mais otimista, o autor proclama que, consagrada no *caput* do art. 8º, "*A regra dominante e dominadora é a liberdade sindical*". De acordo. Mas, ainda com as suas palavras, "*como a liberdade livre, sem fronteiras, além de qualquer limitação, não passa de platonismo sonhador, os incisos traçam o quadro que, simultaneamente, reduzem-na como formação e abrem-lhe caminho para operacionalizar-se a realidade. Cortam as asas, mas, em compensação, ampliam e consolidam os pés*" (ob. cit., p. 30).

27. "*A primeira limitação à liberdade*" — concede o mesmo José Washington Coelho (ob. cit., p. 31) — "é o registro". Não obstante, conclui, em seguida, que "*o registro do sindicato não é obrigatório e caso a lei ordinária venha a impor sua obrigatoriedade, o órgão incumbido de realizá-lo, não deve ser público*" (ob. cit., p. 33): há de fazer-se "*em órgão privado, instituído e mantido pelo próprio sindicalismo*".

28. *De lege ferenda*, não estaria longe de subscrever a proposta, que se operaria mediante delegação por lei a organismos de cada sistema confederativo de organizações sindicais, da competência para o registro.

29. O que não consigo é me convencer de que esse sistema de autogestão do registro sindical não só se possa extrair diretamente da Constituição, mas também que dela decorra necessariamente como opção exclusiva.

30. Também não me convenço, *data venia*, do entendimento já referido de que, sendo um órgão do Estado, o Ministério do Trabalho não possa, por isso mesmo, reputar-se competente para o registro sindical, que só poderia caber ao registro comum das pessoas jurídicas em geral.

31. O raciocínio, de logo, prova demais. O registro das pessoas jurídicas, não apenas o que se atribua ao Ministério do Trabalho, mas também o que se faça, conforme a lei pertinente, na Ordem dos Advogados ou no Registro do Comércio, por exemplo, assim, como, também nos casos comuns, aquele a que se proceda nos ofícios do Registro Civil, é sempre um ato estatal, de caráter administrativo.

32. Nem, aliás, lhe desnatura esse caráter estatal, ínsito a todo registro público, a esdrúxula inovação do art. 236 CF/88, a teor do qual os serviços de registro são "*exercidos em caráter privado*", porém, diz o preceito, "*por delegação do Poder Público*".

33. Mas — aqui, o ponto essencial —, depender a aquisição da personalidade jurídica de um sindicato de um registro público, ou seja, estatal, nem traduz exigência de autorização do Estado para a sua fundação, nem afronta, por si só, de qualquer modo, a liberdade de associação sindical, assim como jamais se entendeu que afetasse a liberdade de associação civil, também assegurada pela Constituição.

34. No que toca aos sindicatos, o que é inerente à nova concepção constitucional positiva de liberdade sindical é, não a inexistência de registro público — o qual é reclamado, no sistema brasileiro, para o aperfeiçoamento da constituição de toda e qualquer pessoa jurídica de direito privado —, mas, a teor do art. 8º, I, do texto fundamental, "*que a lei não poderá exigir **autorização** do Estado para a fundação de sindicato*".

35. Autorização e registro são institutos inconfundíveis. O decisivo, para que se resguardem as liberdades constitucionais de associação civil ou de associação sindical, é, pois, que se trate efetivamente de simples registro-ato vinculado, subordinado apenas à verificação de pressupostos legais —, e não de autorização ou de reconhecimento discricionários.

36. Aí é que verdadeiramente se situa a inovação substancial e libertadora do novo sistema, de simples registro, em relação ao antigo, de outorga discricionária do reconhecimento, instrumentalizado na carta sindical: essa diferença, contudo, não resulta de caber ao Ministério do Trabalho ou ao registro civil a competência para registrar sindicatos.

37. Certo, ao passo que o registro das associações civis sujeita-se apenas à verificação da regularidade formal dos atos constitutivos e da licitude do objeto social ou da destinação dissimulada da entidade (LRP, L. 6.015/73, art. 115), estou em que o registro da constituição do sindicato há de subordinar-se a uma indagação a mais, relativa à inexistência, na base territorial, de outra entidade sindical representativa da mesma categoria profissional ou econômica: no que, entretanto, a mim me parece iniludível, à luz da Constituição, pouco importa competisse o registro, indiferentemente, ao cartório de pessoas jurídicas, ao Ministério do Trabalho ou mesmo, mediante delegação legal, às confederações sindicais.

38. É que esse pressuposto do registro dos sindicatos ou entidades sindicais superiores é corolário inafastável da regra da unicidade sindical compulsória, esta sim, como acentuam Sussekind e Maranhão (parecer cit.), a mais importante das limitações constitucionais ao princípio da liberdade sindical, com o qual, recordam, a OIT o considera incompatível (verbete 224 da *Recopilación de Decisiones e Principios del Comité de Libertad Sindical*, OIT, Genebra, 1985). Na mesma linha, a generalidade dos especialistas (Evaristo, ob. cit., *LTr* 52-11/1.307; Magano, ob. cit., *LTr* 53-1/40; Mascaro, ob. cit., *LTr* 52-1/9; Oscar Ermida Uriarte, "Liberdade Sindical: normas internacionais, regulação estatal e autonomia", em *Relações Coletivas de Trabalho*, homenagem a A. Sussekind, ed. LTr, 1989, p. 249, 255; Xavier de Albuquerque, parecer cit., *LTr* 53-11/1.277).

39. É evidente, com efeito, que a unicidade sindical, dada a conhecida classificação de Ermida Uriarte (ob. cit., p. 259 ss.), sobre os modelos nacionais de regulação jurídica de liberdade sindical, já implica a inadmissibilidade do modelo abstencionista ou de autonomia coletiva pura e impõe o modelo intervencionista ou regulamentar: e, neste, se não se confere à autoridade estatal — como já não admite que se confira, a Constituição de 88 — o poder de outorgar discricionariamente o monopólio de representação sindical da categoria a uma dada associação, ao menos se lhe há de entregar, ou a terceiros, mediante delegação do Estado, poderes para assegurar, em cada base territorial, a observância da regra da unicidade.

40. Sugerem alguns estudiosos que a solução compatível com a liberdade sindical seria liberar-se o registro cartorário dos sindicatos, com a conseqüente aquisição de personalidade jurídica, reservando-se às entidades anteriormente constituídas ou a eventuais terceiros interessados propor-lhes a dissolução por afronta ao princípio da unicidade.

41. Além de conduzir a conseqüências anárquicas, bem evidenciadas no parecer de Xavier de Albuquerque (ob. cit., *LTr* 53-11/1.280 ss.), o alvitre agride o texto inequívoco

do art. 8º, III, onde o que se proíbe é a própria criação de sindicato ou organização sindical de uma mesma categoria com base territorial idêntica.

42. Proibida a criação, o registro — dado que, atributivo da personalidade jurídica, é o ato culminante do processo de constituição da entidade —, há de ser, por imperativo lógico, o momento adequado à verificação desse pressuposto negativo da aquisição mesma da personalidade jurídica da entidade sindical.

43. Essa função de garantia da unicidade sindical que, a meu ver, inere à competência para o registro da constituição das entidades sindicais, é que induz a sediar essa última, *si et in quantum*, no Ministério do Trabalho e não, no Registro Civil comum.

44. É patente, com efeito, que a incumbência de garante da unicidade sindical supera, prática e juridicamente, as forças do ofício do registro civil de pessoas jurídicas: se a lei futura decidir cometer-lhe a tarefa, a fim de exorcizar a lembrança dos tempos de manipulação do movimento sindical pelo Ministério do Trabalho, não bastará transferir-lhe nominalmente a competência, mas será necessário dotá-lo, não apenas de instrumental de informações sobre o quadro sindical preexistente, mas também de poderes para solver, em sede administrativa, eventuais conflitos, dos quais, hoje, não o municia a Lei de Registros Públicos.

45. Daí se extrai a meu ver a opção, nos quadros da ordem pré-constitucional, pela recepção, sob a Constituição nova, da competência legal do Ministério do Trabalho para o registro de entidades sindicais.

46. Detentor do cadastro geral das organizações sindicais já constituídas, o Ministério do Trabalho dispõe, assim, do instrumental de informações imprescindível ao registro, que pressupõe, como visto, a salvaguarda do princípio da unicidade.

47. Citando a conhecida passagem de Kelsen, a respeito da estrita exigência de fonte normativa da competência dos órgãos do Estado, redargúem as informações que a abstenção questionada do Ministério do Trabalho se deve à "*falta de disposição legal que lhe autorizasse a feitura do registro*".

48. Para contestar-lhe a objeção, parte Xavier de Albuquerque, em seu parecer, da existência de texto legal expresso, art. 558 CLT, que atribui competência ao Ministério do Trabalho para o registro da associação profissional que, ao ver do jurista eminente, continua a ser o antecedente necessário da fundação de todo sindicato (parecer cit., *LTr* 53-11/1.282). Tenho profundas dúvidas a respeito da assertiva, que, de qualquer sorte, não é necessária, no ponto, à minha convicção.

49. O que me parece indiscutível é que — ao contrário do que sucede com o ofício do registro civil, que efetivamente não tem competência legal para o registro dos sindicatos, dada a sua peculiaridade, e com as próprias confederações ou qualquer outro organismo do sistema sindical, que careceriam de delegação para proceder a um registro público —, em relação ao Ministério do Trabalho o que se pode dizer é que a legislação pré-constitucional lhe confere, no processo de constituição do sindicato, mais poderes que os admitidos pela nova Constituição.

50. Estou, porém, em que, dessa esfera maior de poderes do Ministério do Trabalho, na ordem precedente, sobram, depois de cortado tudo quanto se mostra incompatível com o novo sistema constitucional, poderes menores, mais que suficientes, no entanto, à operação do registro dos atos constitutivos dos sindicatos e demais organizações sindicais.

51. Não importa que, para que se tornem aplicáveis sob a nova ordem fundamental, os preceitos da CLT, pertinentes ao registro sindical, hajam de sofrer, além da eventual ablação dos textos com ela incompatíveis, reinterpretação adequadora à Constituição (Xavier de Albuquerque, ob. cit., *LTr* 53-11/1.275). O direito ordinário pré-constitucional, como observa Jorge Miranda (*Manual de Direito Constitucional*, 1983, II/243), é "*recriado ou novado*" pela superveniência de uma nova Constituição, que tem "*de o penetrar, de o impregnar dos seus valores, de o modular e, se necessário, de o transformar*". A reinterpretação adequadora à nova Constituição é condição necessária da recepção de todo o direito ordinário pré-constitucional, que com ela se possa compatibilizar, a qual, de sua vez, é um imperativo da conti-

nuidade da ordem jurídica, malgrado as mutações constitucionais.

52. Compreende-se o temor — subjacente à manifestação dos que se opõem à solução preconizada — de que o hábito vicioso dos tempos passados tenda a persistir, na tentativa, consciente ou não, de fazer da competência para o ato formal e vinculado do registro, pretexto para a sobrevivência do controle ministerial asfixiante sobre a organização sindical, que a Constituição quer proscrever.

53. "*Mais de meio milênio de prática de escandaloso paternalismo estatal*" — adverte José Washington Coelho (ob. cit., p. 21) —, "*é 'hábito' suficiente para fazer 'monge' o mais anticlerical dos homens. É o drama da cabeça feita por lavagem cerebral na banheira do tempo*".

54. Citando o testemunho de autor panamenho, Murgas, de que "*na prática, os sistemas de registro na América Latina converteram-se em instrumentos para postergar indefinidamente a constituição dos sindicatos*", adverte Ermida Uriarte que a vedação (Convenção 87) da exigência de autorização prévia para a sua fundação — proibição agora acolhida por nossa Lei Fundamental — "*coloca sobre a mesa um dos problemas mais importantes que (...) prejudicam a liberdade sindical: o funcionamento do registro sindical como uma verdadeira autorização para a constituição ou o funcionamento dos sindicatos ou como limitador do direito dos sindicatos ao reconhecimento de sua personalidade jurídica*".

55. O caminho, no entanto, para remediar a ilegalidade e o abuso de poder, incluída a omissão ou o retardamento indevidos da autoridade competente para o registro, pelo menos, neste período de transição, como acentuou, ainda no STJ, o em. Ministro Carlos Velloso, estará no controle jurisdicional pelos tribunais.

56. Claro, com o entender subsistente a competência do Ministério do Trabalho para o registro dos sindicatos, porque a considero, quando reduzida ao ato vinculado do registro, compatível com o sistema constitucional vigente, não a pretendo impor como a única via constitucional aberta ao legislador.

57. O problema de identificar o "*órgão competente*" para o registro dos sindicatos, não é de hierarquia constitucional: se hoje estou em que se há de recorrer ao direito preexistente, é porque não há lei sindical posterior à Constituição e quiçá de melhor inspiração.

58. Penso mesmo que a lei futura, com proveito para a democratização e a autonomia do sistema sindical, pode e deve avançar no sentido de confiar à autogestão das entidades que o compõem, tudo quanto for possível delegar-lhes no registro, no controle da unicidade e na solução de eventuais conflitos.

59. São passos, no entanto, que só o legislador pode dar. Até que os dê, a recepção do direito pré-constitucional, adequável e adequado à ordem nova, é a solução jurídica, no ordenamento jurídico vigente, que viabiliza o exercício da liberdade sindical.

60. Assim, julgo a autora carecedora da ação, à falta de interesse processual, e, por isso, não conheço do pedido: é o meu voto.

EXTRATO DA ATA

MI 144-8 — SP

Rel.: Min. Sepúlveda Pertence. Reqte.: Associação Profissional dos Bombeiros Civis (Adv.: Manoel de Oliveira Filho). Reqdo.: Congresso Nacional.

Decisão: Apresentado o feito em Mesa o julgamento foi adiado em virtude do adiantado da hora. Ausente, justificadamente, o Sr. Ministro Moreira Alves. Plenário, 29.06.90.

Decisão: Após o voto do Sr. Ministro-Relator que não conhecia do mandado de injunção, por considerar a autora carecedora da ação por falta de legítimo interesse processual, o julgamento foi adiado em virtude do pedido de vista do Sr. Ministro Marco Aurélio. Plenário, 09.08.90.

Presidência do Senhor Ministro Néri da Silveira. Presentes os Senhores Ministros Moreira Alves, Aldir Passarinho, Sydney Sanches, Octavio Gallotti, Sepúlveda Pertence, Celso de Mello, Carlos Velloso e Marco Aurélio.

Ausentes, justificadamente, os Senhores Ministros Célio Borja e Paulo Brossard.

Procurador-Geral da República, o Dr. Affonso Henriques Prates Correia, substituto.

VOTO (VISTA)

O Senhor Ministro Marco Aurélio — 1. Quanto à legitimidade, entendo que a apreciação respectiva deve ocorrer apenas após o exame de outra condição da ação, que é o interesse de agir — instrumental —, examinado sem que se leve em conta a titularidade do direito substancial. Assentado o aludido interesse de agir — necessidade e utilidade em tese da manifestação jurisdicional — é que, então, cabe dizer da titularidade, ou seja, se o Autor tem, ou não, a qualidade para atuar.

Destarte, examino em primeiro lugar a condição da ação que é o interesse de agir, como analisaria com preferência, se fosse o caso, a possibilidade jurídica que exsurge, aqui, como incontroversa.

2. Antes da Carta de 1988, o surgimento da vida jurídica de qualquer entidade sindical ocorria mediante "carta de reconhecimento" assinada pelo titular do Ministério do Trabalho, incumbindo a este regular o processo respectivo e delimitar a base territorial do sindicato. Ao Ministério do Trabalho era assegurada a intervenção no Sindicato, com a possibilidade de afastamento dos dirigentes. Enfim, atuava o citado Órgão de forma abrangente, quer no tocante à criação da entidade, quer fiscalizando-a e aplicando penalidades — confira-se com os dispositivos do Título V, Capítulo I, Seções I a IX da Consolidação das Leis do Trabalho.

A Lei Básica em vigor consagrou o princípio da livre associação profissional ou sindical, consignando a impossibilidade de a lei exigir "autorização do Estado para a fundação de sindicato, ressalvado o registro no órgão competente, vedadas ao Poder Público a interferência e a intervenção na organização sindical".

Realmente, no caso dos autos não se faz presente o interesse de agir — secundário e, portanto, processual. É que a eficácia do artigo 8º da Constituição Federal não depende de norma regulamentadora. Os preceitos estão lançados de forma suficientemente definida. A norma do inciso I encerra mero obstáculo ao legislador ordinário, no que proíbe a exigência de autorização do Estado para a fundação de sindicato. Por outro lado, informa a ausência de recepção, pela Carta, dos preceitos da Consolidação das Leis do Trabalho que versam sobre a atuação alargada que, até então, incumbia ao Ministério do Trabalho. Longe está de constituir-se em dispositivo constitucional assegurador de direito que, para ser exercido, demande a edição de lei. Assim, afasto o enfoque sobre a necessidade de agir via mandado de injunção.

Acresce, também, que o valioso remédio constitucional não pode servir como instrumento de consulta, muito menos assentando a Corte a inexistência do indispensável interesse de agir. Não é meio hábil a que se alcance provimento judicial indicativo do momento em que a entidade sindical ganha personalidade jurídica como pessoa de direito privado que iniludivelmente o é. A simples conclusão sobre a ausência de interesse de agir obstaculiza procedimento que implique resposta às dúvidas que assaltam o espírito do Impetrante, mesmo porque o desiderato legal é a extinção do processo sem julgamento do mérito.

A persistir o enfoque até aqui prevalente e do qual com a devida vênia divergimos, a peça a ser lavrada, muito embora noticiando algo revelador de obstáculo maior ao acolhimento da pretensão, servirá como verdadeiro itinerário a ser percorrido por aqueles que buscam definição para simples dúvidas. Impossível é, a um só tempo, dizer da carência quanto à demanda ajuizada e elucidar o órgão competente para o registro do Sindicato, transmudando-se a própria natureza do mandado de injunção e transformando a Corte em Órgão consultivo.

VOTO

O Senhor Ministro Celso de Mello — A liberdade sindical, enquanto projeção específica das liberdades reais ou concretas proclamadas pela Constituição Federal de 1988, reveste-se, hoje, no sistema de direito positivo brasileiro, e no plano de nossa experiência constitucional, de incomparável relevo jurídico.

Esse direito de ação coletiva, que para alguns constitui o próprio fundamento do direito sindical, traz, em seu conteúdo, a carga da pluralidade temática, pois abrange, nas múltiplas dimensões em que se projeta, os diversos aspectos e manifestações em que se traduz a sua própria noção conceitual.

Para Amauri Mascaro Nascimento (*Direito Sindical*, p. 115, 1989, Saraiva), o sentido polissêmico da liberdade sindical — que constitui *princípio básico* consagrado no novo ordenamento constitucional brasileiro — permite analisá-la em planos diversos que a identificam *(1)* com a liberdade de associação, *(2)* com a liberdade de organização, *(3)* com a liberdade de administração, *(4)* com a liberdade de exercício das funções e, finalmente, *(5)* com a liberdade de filiação sindical.

O tema suscitado no presente mandado de injunção prende-se à questão da liberdade sindical, discutida na perspectiva do direito dos organismos sindicais à livre organização.

Essa questão assumiu importância político-jurídica com a opção consciente feita pelo legislador constituinte de assegurar às entidades sindicais independência plena em face do Estado.

Por isso mesmo, *a nova Carta Federal* — após acentuar o princípio da liberdade de associação profissional ou sindical — prescreve que "*a lei não poderá exigir autorização do Estado para a fundação de sindicato, ressalvado o registro no órgão competente, vedadas ao Poder Público a interferência e a intervenção na organização sindical*" (art. 8º, nº I).

Essa regra constitucional nada mais fez senão reproduzir a *essência* de um texto internacional — a Convenção nº 87, subscrita mas não ratificada pelo Brasil, que dispõe sobre a liberdade sindical e a proteção do direito sindical, celebrada em 1948 na esfera da Organização Internacional do Trabalho (Octavio Bueno Magano, *Organização Sindical Brasileira*, p. 54, 1982, RT).

Conforme acentua Arnaldo Sussekind (*Direito Internacional do Trabalho*, p. 251, 1983, LTr/SP), *verbis*:

"A Convenção nº 87, de 1948, concernente à liberdade sindical e ao direito de sindicalização, é considerada o mais importante tratado multilateral adotado pela Conferência Internacional do Trabalho. Ela foi completada pela Convenção nº 98, de 1949, referente ao direito de sindicalização e de negociação coletiva.

A primeira objetiva garantir a liberdade sindical em relação aos poderes públicos: a segunda tem por finalidade proteger os direitos sindicais dos trabalhadores frente aos empregadores e suas organizações (...). A Convenção nº 87 assegura aos trabalhadores e empregadores, sem nenhuma distinção e sem prévia autorização, o direito de constituir as organizações sindicais que estimem convenientes (...)."

Inobstante possa o Sindicato constituir-se *independentemente* de prévia autorização governamental — posto que é plena a sua autonomia jurídico-institucional em face do Estado —, impõe-se advertir que a Constituição *não vedou* a interferência estatal no procedimento administrativo de outorga do registro sindical, desde que o Poder Público, *desenvolvendo atividade plenamente vinculada*, limite-se a verificar se a entidade interessada satisfez, ou não, os requisitos de ordem legal e de natureza constitucional, necessários à aquisição, por ela, de sua capacidade jurídico-sindical. Irrecusável, portanto, a estatalidade do ato registral previsto no próprio texto constitucional.

O eminente Ministro Xavier de Albuquerque, em magnífico estudo sobre essa especial questão jurídica, após resenhar as várias posições assumidas pela doutrina — *uma*, sustentando a suficiência do registro da entidade sindical no Registro Civil das Pessoas Jurídicas; *outra*, considerando imprescindível o registro personificador no Ministério do Trabalho *e a última*, exigindo *duplo registro*: no Registro Civil das Pessoas Jurídicas, para efeito de aquisição da personalidade meramente civil, e no Ministério do Trabalho, para obtenção da personalidade sindical — expendeu magistério definitivo a propósito do tema, enfatizando que a necessidade do registro sindical não se expõe à vedação constitucional que proíbe qualquer autorização do Estado para fundar sindicato ("Parecer", in *LTr*, vol. 53/11, págs. 1.273/85), *verbis*:

"Vimos oportunamente que a Constituição, ao mesmo tempo em que proíbe à lei o exigir autorização do Estado para a fundação de sindicato, reduz o alcance da proibição para dele excluir o registro no órgão competente (art. 8º, I). A primeira indagação, que o texto sugere, é a de qual registro teve ele em vista. E a primeira resposta, que sua interpretação impõe, é a de se tratar do registro de direito sindical — ou, por abreviação ditada pela comodidade, do registro sindical —, e não, do registro de direito civil.

....

Parece indiscutível, portanto, que, relativamente às associações profissionais e sindicais, foi ao registro sindical, e não ao registro civil, que se reportou a Constituição. Desse modo, não se mostram merecedoras de endosso as opiniões segundo as quais as entidades sindicais registram-se, agora, apenas no Registro Civil de Pessoas Jurídicas, sendo este o 'órgão competente' a que alude o texto maior.

Na melhor hipótese, essas opiniões poderiam ser aceitáveis, se, sem prejuízo do registro civil e cumulativamente com ele, também advogassem o registro sindical, aquele, para atribuir à entidade a personalidade civil, este para lhe deferir a personalidade sindical. Esta solução, que não é a propugnada por tais opinantes — embora prestigiada por Júlio Cesar do Prado Leite (ob. cit., págs. 273/274 e 281) — aproximaria o regime das entidades sindicais, do regime dos partidos políticos, que, segundo a Constituição (art. 17, § 2º), adquirem personalidade civil pelo registro de direito comum, e personalidade político-eleitoral, pelo registro no Tribunal Superior Eleitoral.

....

Em sentido diferente — não propriamente oposto —, ganha corpo o elenco dos que *corretamente* identificam na Carta a alusão ao registro sindical e, por imperativo de coerência, afetam-no ao mesmo órgão competente, inserido na estrutura do Ministério do Trabalho, que o vem efetivando há várias décadas.

....

As razões, que embasam esta segunda corrente e lhe garantem maior acerto, são mais do que óbvias. Posto não se lhe filie, Ubiracy Torres Cuóco ("A Realidade Sindical e a Nova Constituição", Revista *LTr*, 52-11/1.376-1.383, 1.377) assim as resenha: 'Alguns entendem que este órgão é o Ministério do Trabalho, pois que: a) é o órgão que está habilitado a fazer, de imediato, o registro; b) é o órgão que pode definir se, na localidade, já existe, ou não, o sindicato representativo da categoria, negando ou concedendo o registro, conforme o caso; c) a palavra 'ressalvado', utilizada no texto constitucional parece conduzir à ilação de que se trata de órgão do Poder Público, mais precisamente, o Ministério do Trabalho'.

Dessas razões, a segunda tem certamente maior peso. Ao enfatizá-la, sustenta Eduardo Gabriel Saad que a autoridade competente para o registro 'deve ser o Ministério do Trabalho porque só ele é possuidor de informações sobre a existência, ou não, na mesma área territorial, de sindicato representativo da mesma categoria' (ob. e lug. cit.).

....

É de dizer-se, portanto, que o registro civil de entidades sindicais, porque não vedado pela Constituição, pode preceder ao registro sindical; o que não pode, à evidência, é substituí-lo ou dispensá-lo. A investidura sindical é idéia imanente que continua a marcar presença no sistema brasileiro, e nada tem de incompatível com a nova ordem constitucional que, de resto, no plano da inovação — posto ruidosamente celebrada por alguns —, mostra-se discreta.

....

Não há, pois, como fugir a algumas conclusões. Ontem, como hoje, para se criar sindicato, é preciso preexistir associação profissional que nele se transforma. Para existir associação suscetível de se converter em sindicado, é necessário que obtenha registro do Ministério do Trabalho. Para que a associação obtenha o registro indispensável, impõe-se que a administração do Trabalho cumpra o dever que lhe incumbe, ao invés de se abster ou se omitir.

Autorização legal expressa (...) dá-lhe, para o registro, o art. 558 da CLT, perfeitamente ajustável, salvo uma que outra aresta de pormenor e de fácil remoção, à nova ordem constitucional. Para esse ajustamento, isto é, para a regulação intraministerial, em termos renovados e adequados, dos procedimentos de registro, também lhe dá, excelentemente, a própria Constituição, cujo art. 87, parágrafo único, inciso II, defere ao Ministro de Estado o poder-dever de expedir instruções para a execução das leis, decretos e regulamentos.

....

Mesmo preservando a organização sindical de interferência e intervenção do Poder Público, a Constituição não lhe subtraiu, a este, a prerrogativa que lhe é inata, porque irradiada da própria soberania, de, por via legislativa, dispor a respeito dela.

....

Ora, se a lei pode vir a reger, obedecidos os princípios constitucionais em sua real significação, a organização sindical, lei anterior à Constituição, que já o faça, pode ser por ela recebida e continuar eficaz."

Sem o registro no órgão estatal competente — que ainda continua a ser o Ministério do Trabalho, circunstância esta que confere maior efetividade ao princípio da unicidade sindical, posto que permite a um órgão estatal tecnicamente aparelhado a possiblidade de realizar fiscalização mais intensa sobre a integridade desse postulado fundamental da organização sindical — *torna-se inviável a aquisição, pelo ente interessado, da personalidade jurídica de natureza sindical*.

Sem a integral realização desse procedimento — que não se confunde com a vedada e proscrita tutela estatal para efeito de fundação de Sindicato — *a entidade*, ainda que registrada no Registro Civil das Pessoas Jurídicas, *não terá caráter sindical*, desvestindo-se de qualquer validade, para esse específico efeito de direito, a concretização do registro meramente civil.

É importante salientar, ainda — *ao menos para efeito da presente causa* — que o Superior Tribunal de Justiça entendeu persistir, no tema, a legislação consolidada, que, segundo o pronunciamento daquela elevada Corte Judiciária, foi integralmente recebida, *no que concerne ao registro sindical*, pela nova Constituição do Brasil: "(...) Persistência, no campo da legislação de regência, das regras legais anteriores que não discrepam da nova realidade constitucional, antes dão-lhe embasamento e operatividade. Atribuição residual do Ministério do Trabalho para promover o registro sindical, enquanto lei ordinária não vier dispor de outra forma (...)" (STJ, MS nº 29, rel. Min. Miguel Ferrante).

Constata-se, pois, qualquer que seja a posição doutrinária que se assuma na matéria, que *inocorre*, no caso, a situação de *lacuna técnica*, cuja configuração poderia legitimar o ajuizamento, na espécie, da ação de mandado de injunção.

Na análise da estrutura constitucional do mandado de injunção, constata-se, desde logo — *e é o elemento que interessa ao caso presente* —, como um dos pressupostos essenciais de sua admissibilidade, "a falta de norma regulamentadora".

Essa situação de *lacuna técnica*, "ou seja, da ausência de uma norma imprescindível para que outra produza efeitos jurídicos" (Maria Helena Diniz, *Norma Constitucional e seus Efeitos*, p. 38, 1989, Saraiva; Hans Kelsen, *Teoria Pura do Direito*, vol. 2/111-112, 1962, Coimbra) —, embora pressuposto necessário da impetrabilidade do mandado de injunção, não é, por si só, requisito suficiente, pois a regra institutiva desse *writ* impõe, ainda, a existência de um nexo causal entre o *vacuum juris* e a impossibilidade de exercício dos direitos e liberdades constitucionais e das prerrogativas inerentes à nacionalidade, à soberania e à cidadania (Irineu Strenger, *Mandado de Injunção*, p. 6 e 15, 1988).

O magistéio do eminente constitucionalista Pinto Ferreira (*Comentários à Constituição Brasileira*, vol. 1º/207, 1989, Saraiva) é categórico nesse sentido: "O mandado de injunção será concedido sempre que a falta e inexistência de norma regulamentadora torne inviável o exercício de direitos e liberdades constitucionais e das prerrogativas inerentes à nacionalidade, à soberania e à cidadania".

Foi precisamente essa a razão pela qual o Supremo Tribunal Federal *não conheceu*, unanimemente, de mandado de injunção impetrado perante esta Corte: "Destina-se o mandado de injunção a viabilizar o exercício de direitos e liberdades constitucionais e prerrogativas inerentes à nacionalidade, à soberania, e à cidadania, sempre que *a falta de norma regulamentadora o impeça...*" (MI nº 24-7-DF-Medida Liminar, rel. Min. Célio Borja, Plenário, *DJ* de 02.12.88, pág. 31.891).

Ocorre, porém, tal como acentuei em passagem anterior de meu voto, que *há norma legal* — aquela consubstanciada no art. 558 da CLT — que, recebida pela nova ordem constitucional, autoriza a efetivação, *no âmbito do Ministério do Trabalho*, do competente registro sindical, inexistindo, assim, situação de lacuna técnica que pudesse legitimar a impetração do presente mandado de injunção.

Assim, *e com estas considerações*, acompanho o magnífico voto do eminente Relator.

É o meu voto.

EXTRATO DE ATA

Mandado de Injunção n. 144
Origem: São Paulo
Relator: Min. Sepúlveda Pertence
Reqte.: Associação Profissional dos Bombeiros Civis
Adv.: Manoel de Oliveira Filho
Reqdo.: Congresso Nacional

Decisão: Apresentado o feito em mesa, o julgamento foi adiado em virtude do adiantado da hora. Ausente, justificadamente, o Ministro Moreira Alves. Plenário, 29.6.90.

Decisão: Após o voto do Ministro-Relator que não conhecia do mandado de injunção, por considerar a autora carecedora da ação por falta de legítimo interesse processual, o julgamento foi adiado em virtude do pedido de vista do Ministro Marco Aurélio. Ausentes, justificadamente, os Ministros Célio Borja e Paulo Brossard. Plenário, 9.8.90.

Decisão: Apresentado o feito em mesa, o julgamento foi adiado em virtude do adiantado da hora. Ausente, justificadamene, o Ministo Célio Borja. Plenário, 5.9.90.

Decisão: Apresentado o feito em mesa, o julgamento foi adiado em virtude do adiantado da hora. Plenário, 19.12.90.

Decisão: Apresentado o feito em mesa, o julgamento foi adiado em virtude do adiantado da hora. Plenário, 1.7.91.

Decisão: Apresentado o feito em mesa, o julgamento foi adiado em virtude do adiantado da hora. Ausentes, ocasionalmente, os Ministros Célio Borja e Paulo Brossard. Plenário, 19.12.91.

Decisão: Por maioria de votos, o Tribunal não conheceu da ação, vencido o Ministro Marco Aurélio, que, com os mesmos fundamentos, concluía pela carência. Votou o Presidente. Não votaram os Ministros Francisco Rezek e Ilmar Galvão, pois à época do início do julgamento não integravam a Corte. Plenário, 3.8.92.

Presidência do Senhor Ministro Sydney Sanches. Presentes à sessão os Senhores Ministros Moreira Alves, Néri da Silveira, Octavio Gallotti, Sepúlveda Pertence, Celso de Mello, Carlos Velloso, Marco Aurélio, Ilmar Galvão e Francisco Rezek. Ausente, justificadamente, o Senhor Ministro Paulo Brossard.

Procurador-Geral da República, Dr. Aristides Junqueira Alvarenga.

Luiz Tomimatsu — Secretário.

JURISPRUDÊNCIA

Ementa: Reclamação — Garantia da autoridade de decisão proferida pelo Supremo Tribunal Federal em ação direta de inconstitucionalidade — Excepcionalidade do seu cabimento — Ausência de legitimidade ativa — Pedido não conhecido.

— O ajuizamento de ação direta de inconstitucionalidade, perante o Supremo Tribunal Federal, faz instaurar processo objetivo, sem partes, no qual inexiste litígio referente a situações concretas ou individuais.

A natureza eminentemente objetiva do controle normativo abstrato afasta o cabimento do instituto da reclamação por inobservância de decisão proferida em ação direta (Rcl 354, Rel. Min. Celso de Mello). Coloca-se, contudo, a questão da conveniência de que se atenue o rigor dessa vedação jurisprudencial, notadamente em face da notória insubmissão de alguns Tribunais judiciários às teses jurídicas consagradas nas decisões proferidas pelo Supremo Tribunal Federal em ações diretas de inconstitucionalidade.

— A expressão "parte interessada", constante da Lei nº 8.038/90, embora assuma conteúdo amplo no âmbito do processo subjetivo, abrangendo, inclusive, os terceiros juridicamente interessados, deverá, no *processo objetivo de fiscalização normativa* ***abstrata, limitar-se apenas aos órgãos ativa ou passivamente legitimados à sua instauração (CF, art. 103).***

Reclamação que não é de ser conhecida, eis que formulada por magistrados, *estranhos* ***ao rol taxativo do art. 103 da Constituição.***

Reclamação Nº 397-3 Rio de Janeiro
(Questão de Ordem — Medida Liminar)
Relator: O Senhor Ministro Celso de Mello
Reclamantes: Luiz Carlos Salles Guimarães e Outros
Reclamado: Conselho da Magistratura do Tribunal de Justiça do Estado do Rio de Janeiro
J: 25.11.91 — DJU de 21.5.93

ACÓRDÃO

Vistos, relatados e discutidos estes autos, acordam os Ministros do Supremo Tribunal Federal, em Sessão Plenária, na conformidade da ata de julgamentos e das notas taquigráficas, por unanimidade de votos, resolvendo questão de ordem, em não conhecer da reclamação, em face da ilegitimidade ativa dos reclamantes e, conseqüentemente, julgar prejudicado o pedido de medida liminar.

Brasília, 25 de novembro de 1992 — Sydney Sanches (Presidente) — Celso de Mello (Relator).

RELATÓRIO

O Senhor Ministro Celso de Mello — Juízes do Tribunal de Alçada do Rio de Janeiro formulam *reclamação* contra o Conselho da Magistratura do Tribunal de Justiça do Estado para garantir a autoridade da decisão proferida por esta Corte nos autos da ADIn nº 189-RJ, que proclamou que se revela "*ininvocável, em face do que preceitua o art. 93, nº III, da Carta Política, a regra, meramente transitória* — e de eficácia e aplicabilidade já exauridas —, inscrita no art. 142 da LOMAN (Lei Complementar nº 35/79)".

Argumentam os reclamantes que a lista de antigüidade para promoção ao cargo de desembargador, inicialmente elaborada nos moldes do art. 93, III, da Constituição Federal, foi alterada por deliberação do Conselho da Magistratura, que determinou a observância, nela, precisamente da regra inscrita no art. 142 da LOMAN.

Requerem, por fim, a concessão de medida liminar, com "*avocação dos processos em curso no Tribunal de Justiça do Estado do*

Rio de Janeiro, para que, conhecida e acolhida a presente reclamação, se possa (...) proceder às necessárias promoções dos Juízes de Carreira, normalizando-se o funcionamento do Poder Judiciário local".

Antes, porém, de proceder a apreciação da medida cautelar, impõe-se decidir sobre o cabimento da reclamação e, também, sobre a legitimidade ativa *ad causam* dos ilustres magistrados estaduais ora reclamantes.

Para esse fim, submeto o feito, em questão de ordem, ao Plenário da Corte.

É o relatório.

VOTO

O Senhor Ministro Celso de Mello (Relator) — O Procurador-Geral da República ajuizou perante esta Corte a Ação Direta de Inconstitucionalidade nº 189, impugnando a Resolução nº 3/90, do Tribunal de Justiça do Estado do Rio de Janeiro, que disciplinou, no âmbito do Estado, a promoção dos juízes togados.

Dentre as normas impugnadas, encontra-se aquela consubstanciada no art. 6º da Resolução, que dispõe que, no concurso de promoção de juízes de carreira para o Tribunal de Justiça, somente poderão inscrever-se os juízes integrantes de Tribunal de Alçada.

Essa regra foi questionada em face do princípio constitucional assecuratório da incolumidade do direito adquirido, por inobservância da norma inscrita no art. 142 da LOMAN, que prescreve, *verbis*: "Art. 142. No Estado do Rio de Janeiro a aplicação do disposto no par. 3º do art. 100 não poderá afetar a antigüidade que tiverem, na data da entrada em vigor desta lei, os juízes que atualmente compõem a entrância especial, entre os quais se incluem os juízes que integram os Tribunais de Alçada".

Ao rejeitar, no ponto, a argüição de inconstitucionalidade, o Supremo Tribunal Federal decidiu que:

"A inoponibilidade de situações jurídicas consolidadas a quanto prescrevem normas constitucionais supervenientes deriva da supremacia, formal e material, de que se revestem os preceitos de uma Constituição.

Sendo assim, revela-se ininvocável, em face do que preceitua o art. 93, nº III, da Carta Política, a regra, *meramente transitória* — e de eficácia e aplicabilidade já exauridas —, inscrita no art. 142 da LOMAN (Lei Complementar nº 35/79)."

Não obstante esse pronunciamento do Supremo Tribunal Federal, o Eg. Conselho da Magistratura do Tribunal de Justiça do Estado do Rio de Janeiro, ao prover reclamações deduzidas na esfera administrativa por ilustres magistrados locais, salientou, em clara desconformidade com o ato decisório desta Corte na Ação Direta de Inconstitucionalidade referida, que se impunha observar, a partir do fenômeno histórico e jurídico representado pela fusão dos Estados da Guanabara e do Rio de Janeiro, as razões que levaram "... *o legislador federal, quando da elaboração da Lei Complementar nº 35, de 14.3.1979, a fazer inserir o art. 142, tal no escopo, que perdura, de preservar situações pessoais alcançadas pelos juízes da denominada 'entrância especial*'".

Daí a presente reclamação, onde os requerentes, buscando demonstrar sua legitimidade ativa, sustentam que (fls.):

"... os postulantes são todos Juízes de Direito integrantes do Tribunal de Alçada Cível do Estado do Rio de Janeiro, e que também integram, nessa qualidade, a lista para promoção ao cargo de Desembargador do respectivo Tribunal de Justiça.

Portanto, o interesse jurídico de verem respeitada a hierarquia do Pretório Excelso no julgamento da ação direta de inconstitucionalidade, que concluiu pela constitucionalidade da Resolução nº 3/89 do Tribunal de Justiça do Estado do Rio de Janeiro, especialmente no que concerne à elaboração da lista de antigüidade, dispensa maiores considerações.

A dicção da norma regimental revela a legitimação dos Requerentes, que, como se disse, são interessados juridicamente na causa, sem embargo de não haverem figurado na relação processual onde se proferiu a decisão testilhante."

Todos sabemos que o instrumento da reclamação, previsto nas hipóteses de usurpação da competência do Supremo Tribunal Federal ou de descumprimento de sua decisões (CF, art. 102, I, "l"), é deferido, nos termos do art. 13 da Lei 8.038/90 — que reproduz, em essência, a norma contida no art. 156 do RISTF —, *à parte interessada* e ao Ministério Público.

A natureza eminentemente objetiva do processo de controle concentrado de constitucionalidade, contudo, não autoriza a utilização do instituto da reclamação por parte de terceiros que se proclamem interessados.

Com efeito, a fiscalização normativa abstrata faz instaurar processo objetivo, sem partes, no qual inexiste litígio referente a situações concretas ou individuais.

Daí a jurisprudência desta Corte haver sempre recusado o cabimento da reclamação para tutelar interesses de terceiros alegadamente prejudicados pelo eventual descumprimento de decisão tomada em sede de controle abstrato de constitucionalidade (Rcl 208, Rel. Min. Oscar Corrêa; Rcl 224, Rel. Min. Célio Borja; Rcl 354, Rel. Min. Celso de Mello).

Cumpre registrar, porém, que esse entendimento, que já se consolidara no âmbito desta Corte, veio a ser excepcionado nos autos da Rcl 173, Rel. Min. Oscar Corrêa, ocasião em que o Supremo Tribunal Federal admitiu — ainda que por maioria de votos — o cabimento de reclamação que visava, precisamente, a garantir a autoridade de decisão proferida em processo de representação de inconstitucionalidade. Tratava-se de pedido formulado pelo Procurador-Geral da República, único órgão ativamente legitimado para argüir a inconstitucionalidade de lei em tese, no regime constitucional anterior.

Esse precedente específico, cuja excepcionalidade foi devidamente ressaltada, não chegou a comprometer a antiga orientação da Corte, reafirmada em julgamentos posteriores, que enfatizaram a peremptória recusa da via da reclamação como instrumento adequado à garantia da autoridade das decisões proferidas em sede de controle normativo abstrato.

Sob esse ângulo, portanto, não seria de admitir o cabimento da presente reclamação.

Contudo, recentes deliberações de Tribunais inferiores, em sede administrativa, que se revelaram flagrantemente hostis a pronunciamentos desta Corte em processo de ação direta de inconstitucionalidade, vêm ensejando maior reflexão sobre a conveniência de atenuar o rigor do caráter absoluto dessa vedação estabelecida pela jurisprudência do Supremo Tribunal Federal.

Essa preocupação restou evidenciada quando do julgamento da Rcl 385-MA, de que fui Relator, e, inobstante ainda não se tenha cristalizado uma nova orientação jurisprudencial, o certo é que esta Corte, em decisões singulares, tem dado trânsito a reclamações deduzidas em face do alegado descumprimento de acórdãos prolatados em processos de ação direta de inconstitucionalidade, concedendo, inclusive, provimentos cautelares (Rcl 389-PR, Rel. Min. Paulo Brossard; Rcl 390-RS, rel. Min. Moreira Alves).

Em cada um desses precedentes, verifica-se que o pedido reclamatório foi deduzido pelo Chefe do Ministério Público Federal, que, além de legitimado ativamente para a própria ação direta de inconstitucionalidade (CF, art. 103, VI), figura como um dos titulares do direito de acionar a via reclamatória (Lei 8.038/90, art. 13).

No caso presente, contudo, o pedido é formulado por Juízes de Tribunal de Alçada, que alegam a condição de juridicamente interessados no cumprimento da decisão proferida nos autos da ADIn 189-RJ, para assim demonstrarem a sua legitimidade ao ajuizamento da presente reclamação.

Penso, no entanto, que, ainda que a jurisprudência desta Corte venha a evoluir no sentido de legitimar, embora excepcionalmente, o cabimento da reclamação para garantir a autoridade de decisão proferida em sede de ação direta de inconstitucionalidade, não deverá ela adquirir tal elasticidade de forma a ampliar as hipóteses de legitimação ativa, qualificando, para o exercício da via reclamatória, todo aquele que revelar, de algum modo, interesse na causa.

É preciso acentuar que, não obstante a legislação outorgue titularidade ativa *ad causam* ao Procurador-Geral da República ou à parte interessada para a formalização do pedido reclamatório, cumpre identificar, para esse efeito, a natureza, objetiva ou subjetiva, do processo em que proferida a decisão do Supremo Tribunal Federal.

A singularidade do processo de controle normativo abstrato — cuja única finalidade consiste em viabilizar o julgamento em tese da validade dos atos estatais, contestados em face da Constituição Federal — deriva, como já ressaltado, do caráter objetivo que assume, na medida em que, sendo um processo sem partes, nele não se aprecia uma relação jurídica concreta.

Essa natureza jurídica do processo de tutela abstrata do ordenamento constitucional *tem sido ressaltada pela doutrina* (Gilmar Ferreira Mendes, *Controle de Constitucionalidade — Aspectos jurídicos e políticos*, p. 250, 1990, Saraiva) *e pela própria jurisprudência deste Tribunal* (*RTJ* 96/999), que enfatizam, precisamente em função desse aspecto peculiar, as relevantes conseqüências de ordem jurídico-processual que daí emergem, uma das quais consistente no descabimento da própria reclamação.

Sem excluir, peremptoriamente, a possibilidade de acesso à via reclamatória, em especial naqueles casos em que os atos reclamados conflitem frontalmente com o conteúdo da decisão proferida em sede jurisdicional concentrada — tendência esboçada quando do julgamento da Rcl 385-MA, de que fui Relator —, penso ser necessário, não obstante, um tratamento restritivo da matéria, de modo a não descaracterizar a natureza da reclamação, convertendo-a num substitutivo não autorizado de outros remédios judiciais.

Com efeito, admitir o ajuizamento da reclamação por terceiros que se revelarem afetados pelo descumprimento de decisão proferida em ação direta equivaleria, em última análise, a converter esse instrumento jurídico-constitucional em sucedâneo dos meios processuais, ordinários ou especiais, vocacionados — estes, sim — a tutelar situações individuais, emergentes de relações concretas.

A expressão "parte interessada", constante da Lei nº 8.038/90, embora assuma conteúdo amplo no âmbito do processo subjetivo, abrangendo, inclusive, os terceiros juridicamente interessados, deverá limitar-se, na ação direta de inconstitucionalidade, a qualquer dos órgãos que nela possam, ativa ou passivamente, atuar. Cumpre ressaltar, contudo, que o acesso à via da reclamação ficará restrito, nesta hipótese, à dimensão subjetiva daqueles que efetivamente figuraram — ou poderiam, em tese, ter figurado — na relação processual objetiva de que emanou a decisão afrontada.

Isto, porque a situação de terceiro interveniente, notadamente a que se refere ao instituto da assistência — trate-se de intervenção adesiva simples (CPC, art. 50), trate-se de assistência litisconsorcial qualificada (CPC, art. 54) —, não é compatível com o caráter objetivo do processo de ação direta de inconstitucionalidade, tanto que este Tribunal, quer por sua jurisprudência (*RDA* 155/155 - 157/266), quer por disposição de seu Regimento Interno (art. 169, par. 2º), tem repelido, nesse procedimento, a possibilidade de intervenção assistencial ou *ad coadjuvandum*.

No caso concreto, contudo, ainda que fosse admitido o uso do instrumento reclamatório por parte daqueles que possuem legitimidade para o processo de controle normativo abstrato, nem assim à sua instauração qualificar-se-iam os ora reclamantes, que, enquanto magistrados, são estranhos — tanto quanto qualquer outro particular — às relações processuais objetivas que se formam a partir do ajuizamento da ação direta de inconstitucionalidade.

Isto posto, e em face da absoluta ilegitimidade ativa *ad causam* dos requerentes, não conheço da presente reclamação.

É o meu voto.

VOTO

O Senhor Ministro Marco Aurélio — Senhor Presidente, tal como o Relator, examino caso-a-caso a legitimação para a reclamação, tendo em vista até mesmo os parâmetros da ação direta de inconstitucionalidade.

Com esta ressalva quanto à posição que poderei adotar, ou deixar de adotar, em caso futuro, acompanho o Relator.

EXTRATO DE ATA

Rcl 397-3 — RJ — questão de ordem — medida liminar

Rel.: Min. Celso de Mello. Rcltes.: Luiz Carlos Salles Guimarães e outros (Advs.: Affonso Pernet e outros). Rcldo.: Conselho da Magistratura do Tribunal de Justiça do Estado do Rio de Janeiro.

Decisão: Após os votos dos Ministros Relator, Francisco Rezek, Ilmar Galvão e Marco Aurélio, não conhecendo da reclamação, por ilegitimidade ativa da reclamante, o julgamento foi adiado em virtude do pedido de vista do Ministro Carlos Velloso. Plenário, 3.6.92.

Presidência do Senhor Ministro Octavio Gallotti, Vice-Presidente. Presentes à sessão os Senhores Ministros Moreira Alves, Néri da Silveira, Paulo Brossard, Sepúlveda Pertence, Celso de Mello, Carlos Velloso, Marco Aurélio, Ilmar Galvão e Francisco Rezek. Ausente, justificadamente, o Senhor Ministro Sydney Sanches, Presidente.

Procurador-Geral da República, Dr. Aristides Junqueira Alvarenga.

VOTO (VISTA — MEDIDA LIMINAR)

Ementa: Constitucional. Reclamação. Controle concentrado de constitucionalidade.

A jurisprudência do Supremo Tribunal Federal não admite a reclamação requerida por terceiros que se dizem interessados na decisão proferida na ação direta de inconstitucionalidade, e que alegam estar sendo descumprida referida decisão.

O Sr. Ministro Carlos Velloso — O eminente Ministro Celso de Mello, Relator, assim sumariou a espécie:

"Juízes do Tribunal de Alçada do Rio de Janeiro formulam *reclamação* contra o Conselho da Magistratura do Tribunal de Justiça do Estado para garantir a autoridade da decisão proferida por esta Corte nos autos da ADIn nº 189-RJ, que proclamou que se revela "*ininvocável, em face do que preceitua o art. 93, nº III, da Carta Política, a regra, meramente transitória — e de eficácia e aplicabilidade já exauridas —, inscrita no art. 142 da LOMAN (Lei Complementar nº 35/79)*".

Argumentam os reclamantes que a lista de antigüidade para promoção ao cargo de desembargador, inicialmente elaborada nos moldes do art. 93, III, da Constituição Federal, foi alterada por deliberação do Conselho da Magistratura, que determinou a observância, nela, precisamente da regra inscrita no art. 142 da LOMAN.

Requerem, por fim, a concessão de medida liminar, com "*avocação dos processos em curso no Tribunal de Justiça do Estado do Rio de Janeiro, para que, conhecida e acolhida a presente reclamação, se possa (...) proceder às necessárias promoções dos Juízes de Carreira, normalizando-se o funcionamento do Poder Judiciário local*".

Antes, porém, de proceder a apreciação da medida cautelar, impõe-se decidir sobre o cabimento da reclamação e, também, sobre a legitimidade ativa *ad causam* dos ilustres magistrados estaduais ora reclamantes.

Para esse fim, submeto o feito, em questão de ordem, ao Plenário da Corte."

S. Exa. proferiu, em seguida, minucioso voto a respeito do tema, afirmando que a jurisprudência do Supremo Tribunal Federal sempre recusou o cabimento de reclamação para tutelar interesses de terceiros alegadamente prejudicados pelo eventual descumprimento de decisão tomada em sede de controle abstrato de constitucionalidade (Rcl 208, Rel. Min. Oscar Corrêa; Rcl 224, Rel. Min. Célio Borja; Rcl 354, Rel. Min. Celso de Mello). Lembrou S. Exa. que esse entendimento foi excepcionado na Reclamação 173, Rel. Min. Oscar Corrêa. Esclareceu o Sr. Ministro Celso de Mello:

"Cumpre registrar, porém, que esse entendimento, que já se consolidara no âmbito desta Corte, veio a ser excepcionado nos autos da Rcl 173, Rel. Min. Oscar Corrêa, ocasião em que o Supremo Tribunal Federal admitiu — ainda que por maioria de votos — o cabimento de reclamação que visava, precisamente, a garantir a autoridade de decisão proferida em processo de representação de inconstitucionalidade. Tratava-se de pedido formulado pelo Procurador-Geral da República, único órgão ativamente legitimado para argüir a inconstitucionalidade de lei em tese, no regime constitucional anterior.

Esse precedente específico, cuja excepcionalidade foi devidamente ressaltada, não chegou a comprometer a antiga orientação da Corte, reafirmada em julgamentos posteriores, que enfatizaram a peremptória recusa da via da reclamação como instrumento adequado à garantia da autoridade das decisões proferidas em sede de controle normativo abstrato."

S. Exa. chega a admitir a possibilidade de a reclamação ser acolhida, no caso de esta ter sido ajuizada pelo Procurador-Geral da República, "que, além de legitimado ativamente para a própria ação direta de inconstitucionalidade (CF, art. 103, VI), figura como um dos titulares do direito de acionar a via reclamatória (Lei 8.038/90, art. 13)".

No caso, entretanto, acrescentou S. Exa., "o pedido é formulado por Juízes do Tribunal de Alçada, que alegam a condição de juridicamente interessados no cumprimento da decisão proferida nos autos da ADIn 189-RJ, para assim demonstrarem a sua legitimidade ao ajuizamento da presente reclamação".

Escreveu o Sr. Ministro Celso de Mello:

"Penso, no entanto, que, ainda que a jurisprudência desta Corte venha a evoluir no sentido de legitimar, embora excepcionalmente, o cabimento da reclamação para garantir a autoridade de decisão proferida em sede de ação direta de inconstitucionalidade, não deverá ela adquirir tal elasticidade de forma a ampliar as hipóteses de legitimação ativa, qualificando, para o exercício da via reclamatória, todo aquele que revelar, de algum modo, interesse na causa.

É preciso acentuar que, não obstante a legislação outorgue titularidade ativa *ad causam* ao Procurador-Geral da República ou à parte interessada para a formalização do pedido reclamatório, cumpre identificar, para esse efeito, a natureza, objetiva ou sujetiva, do processo em que proferida a decisão do Supremo Tribunal Federal.

A singularidade do processo de controle normativo abstrato — cuja única finalidade consiste em viabilizar o julgamento em tese da validade dos atos estatais, contestados em face da Constituição Federal — deriva, como já ressaltado, do caráter objetivo que assume, na medida em que, sendo um processo sem partes, nele não se aprecia uma relação jurídica concreta."

E concluiu, depois de expender outras considerações a respeito do tema:

"No caso concreto, contudo, ainda que fosse admitido o uso do instrumento reclamatório por parte daqueles que possuem legitimidade para figurarem no processo de controle normativo abstrato perante esta Corte, nem assim à sua instauração qualificar-se-iam os ora reclamantes, que, enquanto magistrados, são estranhos — tanto quanto qualquer outro particular — às relações processuais objetivas que se formam a partir do ajuizamento da ação direta de inconstitucionalidade.

Isto posto, e em face da absoluta ilegitimidade ativa *ad causam* dos requerentes, não conheço da presente reclamação."

O Sr. Ministro Marco Aurélio acompanhou o voto do Sr. Ministro Relator.

Pedi vista dos autos e os trago, a fim de retormarmos o julgamento da questão.

Passo a votar.

O instituto da reclamação, que tem por finalidade preservar a competência da Corte e garantir a autoridade de suas decisões (CF, art. 102, I, "l"), está disciplinado no Regimento Interno do Supremo Tribunal, artigos 156 a 162, e na Lei 8.038, de 28.05.90, artigos 13 a 18. O art. 156 do Regimento Interno dispõe: "Art. 156. Caberá reclamação do Procurador-Geral da República, ou do interessado na causa, para preservar a competência do Tribunal ou garantir a autoridade das suas decisões".

O art. 13, da Lei 8.038, de 1990, estabelece, a seu turno: "Art. 13. Para preservar a competência do Tribunal ou garantir a autoridade das suas decisões, caberá reclamação da parte interessada ou do Ministério Público".

Parte legítima, pois, para a reclamação, é o Procurador-Geral da República, chefe do Ministério Público da União, ou o interessado na causa.

A ação direta de inconstitucionalidade, que realiza o controle concentrado, desenvolve-se num processo objetivo, sem partes, com vistas à proteção da ordem jurídica, no qual não há litígio que diga respeito a direitos individuais. Por isso, bem registrou o eminente Ministro Celso de Mello, a jurisprudência da Corte não admite reclamação requerida por terceiros, que se dizem interessados na decisão proferida na ação direta, e que alegam estar sendo descumprida referida decisão. Assim decidiu o Supremo Tribunal Federal na Rcl 224-AL, Relator o Sr. Ministro Célio Borja:

"Reclamação. Regimental. Representação de inconstitucionalidade. Ilegitimidade ativa *ad causam.*

Não sendo os reclamantes diretamente interessados na representação de inconstitucionalidade de lei em tese, carecem de legitimação ativa para ajuizarem reclamação, medida específica prevista no art. 156 do RISTF para preservar a "competência do Tribunal ou garantir a autoridade de suas decisões". Precedentes do STF. Rcl não conhecida" (*RTJ* 124/411).

No seu voto, o eminente Ministro Célio Borja acentua que, tratando-se de controle concentrado, inexistem interesses subjetivos de terceiros a resguardar. Registrou que, "ainda que fossem os peticionários assistentes na representação de inconstitucionalidade, quando tal era possível, a questão poderia suscitar algum debate na Corte (ver, a propósito, a Rcl 136-9-GO, Rel. p/ o acórdão o Sr. Ministro Oscar Corrêa, *DJ* de 1º.11.82). Hoje, com a evolução jurisprudencial deste Pretório, inadmite-se a assistência, em expressa vedação regimental (§ 2º, art. 169). Exsurge, também por este ângulo, flagrante, a inadequação da via eleita pelos requerentes para o propósito pretendido. À sua disposição, para resguardar direitos individuais alegadamente ofendidos, há remédios processuais específicos" (*RTJ* 124/415).

Na Rcl nº 354-0-(AgRg)-DF, Relator o Sr. Ministro Celso de Mello, a Corte reafirmou o seu entendimento:

"Ementa: Agravo regimental — Reclamação que busca garantir a autoridade de decisão tomada em processo de controle concentrado de constitucionalidade — Inadmissibilidade — Recurso improvido.

A jurisprudência do Supremo Tribunal Federal firmou-se no sentido de não cabimento de reclamação na hipótese de descumprimento de decisão tomada em sede de controle concentrado de constitucionalidade, dada a natureza eminentemente objetiva do processo de ação direta. Precedentes da Corte" (Julg. de 16.05.91, *DJ* 28.06.91).

É certo que o Supremo Tribunal Federal, na Rcl nº 173-DF, Relator o Sr. Ministro Oscar Corrêa, admitiu reclamação para garantia da autoridade de decisão proferida em ação direta de inconstitucionalidade. Trata-se, entretanto, de reclamação proposta pelo Procurador-Geral da República, único legitimado, à época, para argüir a inconstitucionalidade, em abstrato, da lei. A questão, entretanto, era peculiar: o Supremo Tribunal, apreciando a Rep 1.129, julgou-a procedente, declarando a inconstitucionalidade da Resolução Administrativa nº 104, de 11.11.81, do Tribunal Superior do Trabalho. Não obstante, o TRT da 1ª Região concedeu mandado de segurança a servidores, para deferir-lhes vantagens constantes da resolução administrativa declarada inconstitucional, tendo o Tribunal Superior do Trabalho confirmado a decisão do TRT (*RTJ* 131/11).

O entendimento sufragado pela Corte, na citada Rcl 173-DF, por seis votos a cinco, não fez escola. Esclarece o Ministro Celso de Mello, no voto que proferiu na Rcl 354-0-(AgRg)-DF, que, "já no julgamento da Rcl 208, Rel. Min. Oscar Corrêa, o Tribunal reafirmava a orientação, como se depreende do voto do Min. Moreira Alves, Presidente e Relator para o acórdão:

"O caso anterior, relativo ao Tribunal Superior do Trabalho, era diverso, porque era o próprio Procurador-Geral da República que reclamava contra o representado, o Tribunal Superior do Trabalho, e, por isso mesmo, esta Corte, por seis votos a cinco, se inclinou no sentido de que, naquele caso específico, que era aberrante, admitiria reclamação.

Agora, não. Estamos diante de caso que vai eternizar-se, porque, toda vez que houver representação encaminhada pelo Procurador-Geral da República, qualquer terceiro interessado — no caso, o Estado de São Paulo — poderá apresentar reclamação, sob a alegação de que o ato normativo foi declarado inconstitucional, e, apesar disso, um Tribunal o aplicou, ou o Presidente da República nomeou alguém com base nele. Portanto, se qualquer Tribunal no País aplicar lei declarada inconstitucional em representação, parte prejudicada poderá reclamar ao Supremo como terceiro interessado; ainda depois de escoado o prazo da ação rescisória, certo como é que a reclamação não tem, sequer, prazo para ser proposta."

Em suma: a jurisprudência do Supremo Tribunal Federal é no sentido de não admitir a reclamação requerida por terceiros que se dizem interessados na decisão proferida na ação direta, e que alegam estar sendo descumprida referida decisão.

Do exposto, adiro ao voto do Sr. Ministro Relator, pelo que não conheço da reclamação.

EXTRATO DE ATA

Reclamação Nº 397-3 (Questão de Ordem — Medida Liminar)
Origem: Rio de Jeneiro
Relator: Min. Celso de Mello
Recltes.: Luiz Carlos Salles Guimarães e Outros
Advs.: Affonso Pernet e Outros
Recldo.: Conselho da Magistratura do Tribunal de Justiça do Estado do Rio de Janeiro

Decisão: Apresentado o feito em mesa, o julgamento foi adiado em virtude do adiantado da hora. Ausente, justificadamente, o Ministro Ilmar Galvão. Plenário, 22.5.92.

Decisão: Apresentado o feito em mesa, o julgamento foi adiado em virtude do adiantado da hora. Plenário, 28.5.92.

Decisão: Após os votos dos Ministros Relator, Francisco Rezek, Ilmar Galvão e Marco Aurélio, não conhecendo da Reclamação, por ilegitimidade ativa dos reclamantes, o julgamento foi adiado em virtude de pedido de vista dos autos, formulado pelo Ministro Carlos Velloso. Ausente, justificadamente, o Ministro Sydney Sanches, Presidente. Presidiu o julgamento o Ministro Octavio Gallotti, Vice-Presidente. Procurador-Geral da República, Dr. Aristides Junqueira Alvarenga. Plenário, 3.6.92.

Decisão: Por votação unânime, o Tribunal, resolvendo questão de ordem, não conheceu da reclamação, em face da ilegitimidade ativa dos reclamantes e, em conseqüência, julgou prejudicado o pedido de medida liminar. Votou o Presidente. Plenário, 25.11.92.

Presidência do Senhor Ministro Sydney Sanches. Presentes à sessão os Senhores Ministros Moreira Alves, Néri da Silveira, Octavio Gallotti, Paulo Brossard, Sepúlveda Pertence, Celso de Mello, Carlos Velloso, Marco Aurélio, Ilmar Galvão e Francisco Rezek.

Procurador-Geral da República, Dr. Aristides Junqueira Alvarenga.

Luiz Tomimatsu — Secretário.

JURISPRUDÊNCIA RESUMIDA

Ementa: I. Mandado de segurança: legitimação ativa do Procurador-Geral da República para impugnar atos do Presidente da República que entende praticados com usurpação de sua própria competência constitucional e ofensivos da autonomia do Ministério Público: análise doutrinária e reafirmação da jurisprudência.

1. A letigimidade** ad causam **no mandado de segurança pressupõe que o impetrante se afirme titular de um direito subjetivo próprio, violado ou ameaçado por ato de autoridade; no entanto, segundo assentado pela doutrina mais autorizada (cf. Jellinek, Malberg, Duguit, Dabin, Santi Romano), entre os direitos públicos subjetivos, incluem-se os chamados direitos-função, que têm por objeto a posse e o exercício da função pública pelo titular que a detenha, em toda a extensão das competências e prerrogativas que a substantivem: incensurável, pois, a jurisprudência brasileira, quando reconhece a legitimação do titular de uma função pública para requerer segurança contra ato do detentor de outra, tendente a obstar ou usurpar o exercício da integralidade de seus poderes ou competências: a solução negativa importaria em "subtrair da apreciação do Poder Judiciário lesão ou ameaça de direito".

2. A jurisprudência — com amplo respaldo doutrinário (v.g., Victor Nunes, Meirelles, Buzaid) — tem reconhecido a capacidade ou "personalidade judiciária" de órgãos coletivos não personalizados e a propriedade do mandado de segurança para a defesa do exercício de suas competências e do gozo de suas prerrogativas.

3. Não obstante despido de personalidade jurídica, porque é órgão ou complexo de órgãos estatais, a capacidade ou personalidade judiciária do Ministério lhe é inerente — porque instrumento essencial de sua atuação — e não se pode dissolver na personalidade jurídica do Estado, tanto que a ele freqüentemente se contrapõe em juízo; se, para a defesa de suas atribuições finalísticas, os Tribunais têm assentado o cabimento do mandado de segurança, este igualmente deve ser posto a serviço da salvaguarda dos predicados da autonomia e da independência do Ministério Público, que constituem, na Constituição, meios necessários ao bom desempenho de suas funções institucionais.

4. Letigimação do Procurador-Geral da República e admissibilidade do mandado de segurança reconhecidas, no caso, por unanimidade de votos.

II. Ministério Público da União: nulidade da nomeação, em comissão, pelo Presidente da República, de Procurador-Geral da Justiça do Trabalho.

***5. A unidade do Ministério Público da União, sob a chefia do Procurador-Geral da República, permite pôr em dúvida a subsistência mesma do próprio cargo de Procurador-Geral da Justiça do Trabalho, por isso negada expressamente por quatro dentre os oito votos vencedores, para os quais, "compete (...), ao Procurador-Geral da República, exercer, de modo autônomo e em caráter indisponível e irrenunciável, o poder monocrático de direção, administração e representação do Ministério Público do Trabalho, cuja prática se revela incompartilhável com qualquer outro membro da Instituição, ressalvada a possibilidade de delegação administrativa"** (do voto do Ministro Celso de Mello).*

6. Ainda, porém, que se admita — a exemplo do que se dispôs na Constituição quanto ao Procurador-Geral da Justiça do Distrito Federal —, a subsistência dos cargos de Procurador-Geral da Justiça do Trabalho e da Justiça Militar —, como titulares da chefia imediata dos ramos correspondentes do Ministério Público da União, sob a direção geral do Procurador-Geral da República, o certo é que daí igualmente se-

ria inadmissível extrair a recepção, pela ordem constitucional vigente, da regra anterior do seu provimento em comissão, pelo Presidente da República.

7. Do regime constitucional do Ministério Público, é de inferir, como princípio basilar, a rejeição de toda e qualquer investidura precária em funções institucionais do organismo, seja, no plano externo, pela proscrição da livre exoneração do Procurador-Geral da República, seja, no plano interno, pela vedação da amovibilidade dos titulares de seus escalões inferiores.

8. Do art. 84, XXVI, e parágrafo único — postos em cotejo com o art. 127, § 2º, da Constituição —, não resulta imperativamente a competência do Presidente da República para prover os cargos do Ministério Público, a qual,se admissível, em princípio, teria de decorrer de lei e fazer-se na forma nela prescrita: inadmissível, à luz da Constituição, o provimento em comissão pelo Presidente da República do cargo — se ainda existente — de Procurador-Geral da Justiça do Trabalho, é impossível receber o art. 64 da L. 1.341/51, que lhe outorgava o poder de livre nomeação e demissão do titular do cargo, para manter-lhe a atribuição do provimento, alterando-lhe, porém, o regime legal a que subordinada.

9. Pela mesma razão de nulidade da nomeação do litisconsorte passivo do MS 21.239 e impetrante do MS 21.243, também é de reputar-se nula a nomeação do seu antecessor, no cargo, o litisconsorte ativo, no MS 21.239 e passivo, no MS 21.243, donde a impossibilidade de deferir a primeira impetração, no ponto em que se insurge contra o ato que o exonerou.

10. Deferimento parcial do MS 21.239, impetrado pelo Procurador-Geral da República, para declarar nula a nomeação do litisconsorte passivo, julgando-se prejudicado, em conseqüência, o MS 21.243, requerido pelo último.

Mandado de Segurança Nº 21.239-0-DF
Impetrante: Procurador-Geral da República
Impetrado: Presidente da República
Lit. Ativo: Hegler José Horta Barbosa
Lit. Passivo: Antônio Carlos Roboredo
J: 5.6.91 - *DJU*: 23.4.93

ACÓRDÃO

Decidem, por maioria, tornar sem efeito a nomeação do litisconsorte passivo, sem restaurar a nomeação do litisconsorte ativo. Brasília, 5 de junho de 1991 — Sydney Sanches (Presidente); Sepúlveda Pertence (Relator)

RELATÓRIO

O Senhor Ministro Sepúlveda Pertence: Relato em conjunto os dois casos apregoados.

2. Em 5.11.90, "*o Procurador-Geral da República, como Chefe do Ministério Público da União e em defesa de sua competência constitucional e, conseqüentemente, em defesa da ordem jurídica*", impetrou mandado de segurança — MS 21.239 — contra dois decretos do Senhor Presidente da República: o primeiro, que exonerara o Dr. Hegler José Horta Barbosa, do cargo de Procurador-Geral da Justiça do Trabalho, e o segundo, que nomeara, em comissão, o Dr. Antônio Carlos Roboredo, para o mesmo cargo. (...)

4. A petição indica os dois atos presidenciais impugnados e prossegue (f.): (...)

Quanto ao artigo 64 da Lei nº 1.341 ("O Procurador-Geral será nomeado, em comissão, dentre bacharéis em Direito, com dez anos, pelo menos, de prática forense"), não há nele previsão da competência do Presidente da República, já que se limita a definir a natureza do cargo, de provimento em comissão, e a apontar quem pode exercê-lo.

Trata-se, ademais, de dispositivo que, em parte, não mais se coaduna com a nova ordem constitucional, uma vez que, embora de provimento em comissão, o cargo só poderá ser exercido por alguém da carreira do Ministério Público do Trabalho, em virtude do disposto no artigo 129, § 2º, da Constituição da República. (...)

Em face do sistema e dos princípios adotados pela Constituição, quanto ao Ministério Público, dando-lhe autonomia, não é possível a prevalência da norma do artigo 84, XXV, cujo caráter genérico não se compatibiliza com aqueles.

Vale dizer, a administração do Ministério Público da União não se confunde com a administração federal. São distintas suas chefias, cujos atos não podem extrapolar os respectivos limites. (...)

8. As informações presidenciais foram recebidas em 23 de novembro último.

9. Citado, a requerimento do Procurador-Geral da República, impetrante, Dr. Hegler José Horta Barbosa, em 27.11.90, ingressou nos autos como litisconsorte ativo. Transcrevo os pontos básicos de sua impugnação à validade do ato que o exonerou:

"(...)

Os Constituintes de 1988 ao inserirem o Ministério Público em Capítulo autônomo, certamente o fizeram com o intuito de apartá-lo por completo de Poder Executivo e dos outros Poderes, destacando sua natureza especial de órgão autônomo e independente libertando-o da dependência tanto do Executivo como dos demais poderes, como bem se depreende dos debates que deram ensejo à redação contida nos parágrafos 1º e 2º do art. 127 da Carta. (...)

Negar ao órgão, independente e autônomo, como é o caso do Ministério Público, a legitimidade para influir e concorrer para exoneração de um dos seus membros ocupantes de cargo de direção de um dos seus ramos (no caso concreto o Procurador-Geral da Justiça do Trabalho), constitui nem mais nem menos que recusar a unidade, indivisibilidade, independência funcional e autonomia administrativa que lhe são atribuídos pela própria Carta Magna. (...)

Em suma, a incidência do art. 84, inciso XXV da Constituição Federal encontra limites na independência e autonomia do Ministério Público. (...)

A impossibilidade de o Presidente da República exonerar, sem motivação, o Procurador-Geral da Justiça do Trabalho (Chefe de um dos ramos do Ministério Público da União) resulta tanto da independência da instituição, como da garantia de inamovibilidade do membro do MP no exercício de suas funções.

10. Demorou-se o litisconsorte ativo na réplica aos argumentos das informações da Consultoria Geral da República e termina secundando o pedido do impetrante de concessão da ordem para a anulação dos atos questionados.

11. Segue-se o parecer do Ministério Público Federal pelo deferimento da segurança.

12. Como dito, o Dr. Antônio Carlos Roboredo, cuja nomeação é objeto do MS 21.239, até aqui relatado, e requerido pelo Senhor Procurador-Geral da República, de seu turno, em 12.11.90, impetrou segurança contra o mesmo Chefe do Ministério Público da União, que, instado, se vinha recusando a dar-lhe posse (MS 21.243, fls.). (...)

15. Passa a segunda impetração à defesa da validade da nomeação do impetrante.

18. E conclui requerendo a segurança para confirmar a liminar pedida para ordenar sua posse imediata no cargo para o qual foi nomeado (f. 10).

19. Concedi parcialmente a liminar, nos seguintes termos (MS 21.243, fls.):

"Defiro em parte a liminar, apenas para suspender o curso do prazo legal para a posse reivindicada.

No mais, dadas as particularidades do caso, objeto de dois pedidos contraditórios, pendentes no Tribunal, tudo aconselha à manutenção do *status quo* ao invés da antecipada satisfação, ainda que a título provisório, de uma das duas pretensões em choque.

Aliás, já o tenho acentuado, a vocação normal dos provimentos cautelares é a salvaguarda do status quo ante contra o risco de danos irreparáveis na pendência da lide, não, a sua alteração compulsória, antes que se acerte definitivamente a sua licitude. Essa vocação se acentua no âmbito do controle jurisdicional da administração, na área delicada da interferência de poderes: por isso, literalmente, o artigo 7º, II, Lei 1.533/51 autoriza a concessão liminar do mandado de segurança para suspender o ato impugnado, não para suprir a omissão administrativa questionada: para que, não obstante, no uso do poder cautelar geral, inerente à jurisdição, a tanto deva chegar o juiz, é de exigir-se que a excepcionalidade das circunstâncias o reclame. Não é este o caso.

Ainda menos se recomenda a determinação liminar da própria posse questionada, quando é certo que tanto o ora impetrante como o Senhor Procurador-Geral da República trazem à discussão a validade, não apenas da nomeação do primeiro, mas também da exoneração determinante da vaga, envolvendo, assim, a posição jurídica de terceiro." (...)

21. O Senhor Procurador-Geral da República, notificado, prestou informações (MS 21.243, f. 106/115).

22. Começa S. Exa. por dizer sobre os argumentos contidos na inicial, que, diz, "não foram considerados por minha decisão, por não serem revestidos de força jurídica". (...)

"Ressalto que, à toda evidência, não é o Decreto 96.945/88 instrumento de interpretação da Constituição Federal. (...)"

23. Sustenta, em seguida, que, embora seja a única norma legal a dispor sobre o provimento do cargo de Procurador-Geral da Justiça Trabalhista, o art. 64 da L. 21.341/51 não foi objeto de recepção pela nova ordem constitucional, que já não admite o provimento em comissão de cargos do Ministério Público (MS 21.243, f. 109):

"... é característica, dentre outras, dos cargos em comissão, a demissibilidade "ad nutum" dos seus ocupantes, razão por que, data venia, não se pode admitir como compatível com a Constituição de 1988, a sua existência no Ministério Público, quando o cargo corresponde a funções institucionais.

A impossibilidade do cargo em comissão no Ministério Público, tal como na Magistratura ou no Tribunal de Contas, decorre da garantia constitucional da inamovibilidade e da necessidade de ser preservada a independência funcional de seus membros, princípio expressamente previsto na Constituição Federal.

A garantia constitucional da inamovibilidade, que impede o afastamento de magistrados, de membros do Tribunal de Contas e de membros do Ministério Público, das funções que exercem, somente admite a exceção do interesse público, reconhecido por dois terços dos membros do colegiado competente e assegurada ampla defesa. (...)

24. Aduz que, "não sendo possível o provimento do cargo, em comissão, e não havendo norma legal que estabeleça a ocupação por prazo certo, resta apenas o exercício por prazo indeterminado, até que a lei complementar estabeleça a forma de provimento óbvia, ou seja, por prazo certo. Assim, inexistindo lei compatível com a Constituição de 1988, o Procurador-Geral da Justiça do Trabalho somente poderá ser afastado de suas funções por motivo de interesse público, a juízo do Procurador-Geral da República, que, à falta do órgão colegiado competente, tem o poder para remoção, como Chefe do Ministério Público da União" (MS 21.243, f. 110).

25. Mas, prosseguem as informações (MS 21.243, fls.):

"... mesmo que fosse viável a existência de cargo em comissão no Ministério Público, o que se admite apenas para efeito de raciocínio, jamais seria possível esta hipótese se o poder de demissão fosse do Presidente da República. É que seria absolutamente incongruente com a autonomia funcional do Ministério Público (...).

26. A exoneração pelo Presidente da República do Procurador-Geral da Justiça do Trabalho, ademais, sustenta-se, "*viola a atribuição do Ministério Público de prover os seus próprios cargos*", que constitui exceção ao poder presidencial de provimento dos cargos federais.

"... em relação ao Ministério Público da União, foi concedido à instituição o poder de prover os seus próprios cargos e os de seus serviços auxiliares, mantida com o Presidente da República a atribuição de prover, somente, os cargos de Procurador-Geral da República e de Procurador-Geral do Distrito Federal e Territórios (...).

Não contempla a Constituição Federal outras hipóteses de provimento de cargos, no Ministério Público da União, pelo Presidente da República, sendo absurda a tese, aventada pela inicial, que os Procuradores Gerais da Justiça do Trabalho e da Justiça Militar, seriam de provimento, em comissão, pelo Chefe do Poder Executivo. É evidente que, se assim o fosse, estes cargos seriam expressamente referidos na Constituição Federal, como ocorreu em relação ao Procurador-Geral da República e ao Procurador-Geral do Distrito Federal e Territórios.

Ao contrário, não há qualquer evidência de que estes cargos tenham sido mantidos e, muito menos, sob provimento em comissão, para serem livremente escolhidos e passíveis de demissão "ad nutum", pelo Presidente da República, o que entraria em conflito com todos os princípios e garantias estabelecidos para o Ministério Público, na Constituição Federal (...)

28. Citado, o Dr. Hegler José Horta Barbosa, aqui litisconsorte passivo, contestou o MS 21.243 (fls.), reeditando os argumentos expendidos na sua intervenção no MS 21.239, requerido pelo Procurador-Geral da República.

29. Em seu parecer sobre o MS 21.243 (fls.), no impedimento do titular, o il. Vice-Procurador-Geral da República, Affonso Henriques Prates Correa, para opinar pelo seu indeferimento, reproduziu o parecer pela concessão do MS 21.239 (fls.), do qual transcrevo as partes mais relevantes (fls.): (...)

O que se pretende ressaltar, é que da forma como foi feito, é flagrantemente inconstitucional o afastamento, por violar não apenas normas de direito formal, mas porque ficaram caracterizadas, de maneira plena, uma intervenção indevida no funcionamento da instituição, pelo Presidente da República, e a quebra de garantias constitucionais asseguradas aos membros do Ministério Público. (...)

É preciso ficar claro que os membros do Ministério Público, como os Magistrados e membros do Tribunal de Contas, gozam da garantia da inamovibilidade, para que possam exercer com independência suas funções. Não importa, nesse caso, que o Ministério Público não seja um Poder, como Judiciário, até porque a garantia é de seus membros e não da instituição, admitindo como única exceção o interesse público, em procedimento em que seja assegurada ampla defesa e mediante decisão de dois terços do colegiado competente.

Desta forma, os membros do Ministério Público, como os Magistrados e membros dos Tribunais de Contas, exercerão suas funções em cargos vitalícios ou de provimento por período certo de tempo, sendo inviável o afastamento por outra forma que não a prevista na Constituição. (...)

Em conseqüência, não recepcionado o provimento em comissão, o titular do cargo o exerce por prazo indeterminado, o que prevalecerá até que a lei complementar estabeleça outra forma de provimento, sendo viável somente, como alternativa, o provimento por prazo certo. (...)

A autonomia funcional, assegurada ao Ministério Público pela Constituição Federal, em seu artigo 127, § 2º, tem como única razão de ser, impedir que o Poder Executivo possa dar a direção que desejar às ações ou manifestações dos membros da instituição, sendo instrumentos dessa autonomia funcional, a autonomia administrativa, a autonomia financeira, a iniciativa do processo legislativo e o provimento de seus próprios cargos.

31. Conclui, portanto, o Ministério Público Federal, no sentido de que é do Procurador-Geral da República "a competência constitucional para prover os cargos do Ministério Público da União e, conseqüentemente, para desprovê-los.

É o relatório.

VOTO (PRELIMINAR)

O Senhor Min. Sepúlveda Pertence —

Ainda que despida de maiores conseqüências práticas, à vista da impetração pelo nomeado, Dr. Antônio Carlos Roboredo, do MS 21.243, o primeiro caso em julgamento,

MS 21.239 — requerido pelo Senhor Procurador-Geral da República, "*como chefe do Ministério Público e em defesa de sua competência constitucional*" — impõe necessariamente o deslinde da questão preliminar da legitimação ativa do impetrante.

2. Lembrou-a a própria petição inicial, que sustenta a resposta afirmativa.

3. Invocou-se, a propósito, a lição de Hely Lopes Meirelles (*Mandado de Segurança, Ação popular* (...), RT, 13ª, 1989, p. 3), que assevera: "Quanto aos órgãos públicos despersonalizados mas com prerrogativas próprias (Mesas de Câmaras Legislativas, presidências de Tribunais, chefias de Executivos e de Ministério Público, Presidências de Comissões autônomas, etc.,) a jurisprudência é uniforme no reconhecimento de sua legitimidade ativa e passiva para mandado de segurança (não para ações comuns), restrito à sua atuação funcional e em defesa de suas atribuições institucionais" (STF, *RDA* 45/319, *RTJ* 69/475; TJRS, *RDA* 15/46, 56/269; TJPR, *RT* 301/590, 321/529; TJRJ, *RT* 478/181; TASP, *RDA* 54/166, *RDA* 72/267, 73/287, *RT* 357/373, 339/370; TJSP, *RDA* 98/202, 108/308, *RT* 371/120).

4. Logo em seguida, documenta ainda o saudoso jurista que (ob. cit. p. 6): "Quanto aos agentes políticos que detenham prerrogativas funcionais específicas do cargo ou do mandato (Governador, Prefeitos, Magistrados, Parlamentares, Membros do Ministério Público e dos Tribunais de Contas, Ministros e Secretários de Estado e outros) também podem impetrar mandado de segurança contra ato de autoridade que tolher o desempenho de suas atribuições ou afrontar suas prerrogativas, sendo freqüentes as impetrações de membros de corporações contra a atuação de dirigentes que venham a cercear a sua atividade individual no colegido, ou mesmo a extinguir ou cassar o seu mandato" (TJMT, *RT* 517/172, TJPR, *RDA* 111/313; *RT* 442/193; TASP, *RT* 320/479; TJSP, *RDA* 28/239, *RT* 247/282)."

5. O em. Alfredo Buzaid (Do Mandado de Segurança, Saraiva, 1989, p. 173) alinha entre as hipóteses em que os julgados têm reconhecido legitimação ativa para a impetração da ordem, e entre outras, a do "Prefeito em defesa de suas prerrogativas e funções legais (...) contra ato da Câmara de Vereadores, que é órgão da mesma pessoa jurídica" e, "por identidade de razão, a Câmara Municipal (...) contra Prefeito", e, além delas, do membro do Ministério Público, "para acompanhar atos investigatórios junto aos organismos policiais".

6. De minha parte, ao opinar, como Procurador-Geral da República, no MS 20.499, requerido a este Tribunal por Deputado Federal contra a prática do "voto de liderança", afirmei (Pareceres do Procurador-Geral da República — 1985/1987, MPF, 1988, p. 59, 60):

"... A legitimação do impetrante parece induvidosa.

Trata-se de deputado, a pedir ordem judicial que lhe assegure participação pessoal nas votações plenárias da Câmara que integra, afirmando-a uma das atribuições compreendidas no âmbito material do mandato eletivo, de que é detentor.

O titular de qualquer função pública, inclusive o mandatário político, tem direito subjetivo, oponível erga omnes, à plenitude do seu exercício (Jellinek, Sistema dei Dirritti Publici Subbiettivi, 1921, 159; Dabin, Droit Subjectif, 1952, p. 230).

Donde, a sua legitimação para vindicá-lo em juízo, contra quem quer, não apenas que o usurpe, mas também que oponha restrições à sua efetivação.

A matéria não é nova na jurisprudência pátria. São numerosas, por exemplo, as decisões de Tribunais paulistas, que afirmaram a legitimação de Prefeitos para postular em juízo contra deliberações de Câmaras Municipais, que pretendam invasoras da sua competência (v.g., RDA 49/199; 54/166; 56/268; 63/142 e 220; 81/309; 108/308; 142/72 etc.).

O eg. Supremo Tribunal Federal, em hipótese similar — RE 62.691, Plen., 28.5.69, rel. o saudoso Min. Amaral Santos, RTJ 50/696 — julgou procedente ação anulatória movida por Prefeito contra julgamento de recurso de ato seu pela Câmara de Vereadores, inquinando de inconstitucional. A *legitimatio ad causam*, embora não questionada expressamente, ficou implicitamente reconhecida.

Mais recentemente, a Alta Corte não conheceu, por ilegitimidade ativa, do mandado de segurança impetrado pelo Estado do Rio de Janeiro contra nomeação de prefeito *pro tempore* pelo Presidente da República — MS 20.429, Plen., 27.6.84, rel. em. Min. Néri da Silveira. Considerou-se, então, que, para defender a sua própria competência para o ato, só o Governador estaria legitimado para a causa".

7. É verdade que, faz algum tempo, o Tribunal não tem tido oportunidade de afirmar explicitamente a legitimação ativa, em casos similares.

8. O problema foi longamente discutido pelas partes no mandado de segurança impetrado pelo Presidente do Senado Federal, Auro de Moura Andrade, em defesa do exercício da função — que entendia sua, e não do Vice-Presidente da República, sob a Constituição de 1967 — de presidir as sessões conjuntas do Congresso Nacional: não obstante enfrentada pelo saudoso Relator, Ministro Amaral Santos, a preliminar de ilegitimidade ativa, aventada pelo litisconsorte passivo — com ênfase particular na circunstância de aquele texto constitucional ter restringido ao direito individual o objeto do mandado de segurança — acabou não decidida pela Corte, que julgou prejudicado o pedido, porque, cessada a investidura do impetrante na presidência do Senado (MS 18.293, 3.4.68, Amaral Santos, RTJ 50/270).

9. Também no referido caso do "*voto de liderança*" — depois do pronunciamento do relator, em. Ministro Aldir Passarinho, que deferia a segurança — o pedido ficou prejudicado porque, enquanto o julgamento pendia de voto-vista, expirara o mandato do Deputado impetrante.

10. Impus-me, por isso, nova reflexão sobre o tema, ao cabo da qual, no entanto, saiu fortalecida a minha convicção inicial no sentido de afirmar a legitimação questionada.

11. A legitimidade *ad causam* no mandado de segurança individual pressupõe que o impetrante se afirme titular de um direito subjetivo próprio, violado ou ameaçado de lesão por autoridade ou por quem exerça poder público (CF, art. 5º, LXIX). E, é certo, a competência de um órgão público demarca as dimensões de um poder jurídico, não de um direito subjetivo do órgão.

12. Não obstante, autores do maior tomo incluem, entre os direitos subjetivos públicos, especificamente, entre os direitos políticos, o que muitos chamam direito-função (v.g., Jean Dabin, *Le Droit Subjectif*, Paris, 1952, p. 217 ss.; *Teoria Gen. del Derecho*, trad. Madrid, 1955, p. 127), que — à parte, sutilezas de sabor acadêmico com que se deliciam os teóricos (v.g., Carré de Malberg, *Teoria Gen. del Estado*, trad., México, 1948, p. 1129 ss.) — tem por objeto precisamente a posse e o exercício da função pública pelo titular que a detenha, em toda a extensão das competências e prerrogativas que a substantivem.

13. A lição vem dos clássicos, seja no trato da *vexata quaestio* da natureza do sufrágio ativo, seja no da teoria dos órgãos e funções estatais em geral.

14. Assim Duguit (*Tr. Dr. Constitucional*, 1911, I, 319) sustentou ser o eleitorado, a um tempo, uma função e um direito — "*l'electeur est à la fois titulaire d'un droit e investi d'un fonction ...*".

15. De sua vez, Jellinek, no clássico *Sistema dei Diritti Publici Subiettivi* (trad. V.E. Orlando, Milano, 1912, p. 158) já admitira que, "*in quanto all'individuo é data la potestà di potere exercere senza impedimanto la sua attività di organo, questa potestá, sebbene stabilita anch'essa, nell'interesse generale, rientra tuttovia fra le pretese individuale...*"

16. Posteriormente, o grande publicista germânico (*Teoria General del Estado*, trad., Bs. As., s.d, p. 424) — cuidando, em geral, da situação jurídica dos órgãos do Estado — parte de ser "indispensável distinguir radicalmente entre o órgão e a pessoa titular do mesmo". É que, "o órgão, como tal, não possui personalidade alguma diante do Estado" e, até por isso, "não tem direito algum e sim, apenas, competência política". Diversamente, contudo, "Estado e titular de órgão são (...) duas personalidades distintas, entre as quais é possível e necessária uma pluralidade

de relações jurídicas": segue-se que, ao contrário do próprio órgão, seu titular, o indivíduo investido no órgão, "pode ter seu direito a ocupar o lugar de órgão, ou seja, ao reconhecimento como órgão e a que seja admitido a exercer as funções dele".

17. As dissenções de Carré de Malberg (*Teoria Gen.*, cit., p. 1129 ss.), em relação a Duguit e a Jellinek, não incidem sobre o fundamental: o claro reconhecimento de que "*o indivíduo órgão tem um direito pessoal, que não se reduz à qualidade de órgão, mas que se estende aos atos da função*".

18. Mais recentemente, Santi Romano dedicou-se com ênfase a refutar qualquer tentativa de identificação entre poderes — incluído o dos órgãos estatais — e direito subjetivo (verb. Poteri. Potestà, nos *Frammenti di un Dizionario Giuridico*, 1947, p. 172). Contudo, nos Princípios de Direito Constitucional Geral (trad., RT, 1977) — cuja edição original é anterior à dos *Frammenti* —, não obstante presente a clara distinção entre poderes e direitos subjetivos (ob. cit., p. 138), o autor inclui, entre os direitos públicos (ob. cit., p. 148), a categoria dos "direitos de função ou funcionais", que "pertencem aos sujeitos investidos de funções públicas, enquanto tem o direito de ser delas investidos (*ius ad officium*) ou de manter tal investidura (*ius in officium*)": "pode-se" — esclarecera Santi Romano, pouco antes (ob. cit., p. 141) — "ter direito a um poder, isto é, uma pretensão, em relação a outros sujeitos, de ser reconhecido como titular deste e de exercê-lo".

19. Finalmente, como já referido, Jean Dabin (*Le Droit Subjetif*, Paris, 1952, p. 231) — tendo libertado o conceito de direito subjetivo da sua vinculação com o interesse, pode desenvolver, sem os empecilhos que dela advinham, a teoria dos direitos-função, tanto no direito privado quanto no direito público e concluir que "*La personne indiquée par le droit objetif peut réclamer, comme un droit erga omnes, d'être mise, de se mettre ou de se maintenir en possession du titre e de la réalité de la fonction*".

20. Reconhecido, assim, um direito subjetivo ao exercício, pelo titular da função, da integralidade de seus poderes ou competências, irretocável é a jurisprudência brasileira que lhe declara a qualidade para impetrar mandado de segurança contra ato de qualquer autoridade tendente a obstar-lhes ou usurpar-lhes o desempenho: a solução negativa da legitimação importaria "*subtrair da apreciação do Poder Judiciário lesão ou ameaça a direito*", com afronta a garantia constitucional que o impede (CF, art. § 5º, XXV).

21. De outro lado, fundamenta-se também o pedido do Procurador-Geral em que os atos presidenciais impugnados teriam violado, não apenas competência individual do impetrante, mas também predicados da autonomia constitucional do Ministério Público.

22. Também sob esse prisma, como visto, a jurisprudência pátria tem sido receptiva ao cabimento do mandado de segurança: recordem-se os casos em que se tem afirmado a legitimação para impetrá-lo às Câmaras Municipais e aos Tribunais de Contas.

23. Reconheço que, a rigor, cuidando-se de órgãos coletivos, mais tormentosa do que na hipótese de órgãos de suporte individual seria a identificação da pertinência subjetiva de um direito ao exercício das competências ou prerrogativas que lhe sejam conferidas.

24. Não obstante, para viabilizar-lhes o acesso à jurisdição, não recuou Victor Nunes Leal ("Personalidade Judiciária das Câmaras Municipais", *RDA* 15/46 e *Problemas de Direito Público*, 425, 430) de sustentar, em relação às Câmaras Municipais, que, "sendo um órgão independente do Prefeito no nosso regime de divisão de poderes (...) sua competência privativa envolve necessariamente direitos, que não pertencem individualmente aos vereadores, mas a toda a corporação de que fazem parte". É que, generalizou o saudoso mestre (ob. loc. cit., p. 431), "a competência envolve sempre direitos, que não são, na hipótese, direitos patrimoniais ou individuais, mas direitos inerentes ao exercício da função pública".

25. Daí, à vista da falta de personalidade jurídica do colegiado ou coletividade inorgânica que é titular da competência e, pois do "*direito*" ao exercício dela, a construção da personalidade judiciária dos órgãos não personalizados então sustentada por Victor Nunes. Não desconhecia ele, é certo, as dificul-

dades da solução preconizada, que, como outras semelhantes, "criam muitos embaraços aos juristas que pairam no plano da lógica, quando o direito, conforme aventou o Prof. Carlos Campos, é uma técnica de proteção de interesses humanos. Quando esses interesses se desenvolvem fora das regras do jogo e o direito lhes acompanha os passos" — acentuava, porém, pragmático —, "ficam atrapalhados os juristas, mas acabam construindo novos esquemas, ainda que desajeitados, porque a sua função é servir à vida e não às fórmulas".

26. A verdade é que, tanto o reconhecimento da existência de um direito ao exercício da competência e ao gozo das prerrogativas dos órgãos coletivos não personalizados, quanto a admissão de sua personalidade judiciária para defendê-los contra a ação de outros órgãos estatais, são teses que se incorporaram hoje à prática jurisprudencial do mandado de segurança, como antes se lembrou, com o testemunho de Meirelles e Buzaid: será decerto porque responderam elas às necessidades do que Victor Nunes chamou o nosso "*clima constitucional tão acentuadamente judiciarista*", que reclama a viabilização da solução jurisdicional de tais conflitos.

27. É orientação integrada pela jurisprudência ao nosso sistema jurídico, da qual não vejo razão para que se desvie o Tribunal.

28. Preservada a jurisprudência, não há como negar-lhe pertinência, à defesa da autonomia do Ministério Público.

29. De um lado, não obstante despido de personalidade jurídica, porque é órgão ou complexo de órgãos estatais, a capacidade ou *personalidade judiciária* do Ministério Público lhe é inerente — porque constitui o instrumento essencial de sua atuação — e não se pode dissolver na personalidade jurídica do Estado, tanto que a ele freqüentemente se contrapõe em juízo.

30. De outro lado, se, para a defesa de suas atribuições finalísticas, os julgados antes referidos já têm assentado o cabimento do mandado de segurança, estou em que o remédio processual deve ser posto igualmente a serviço da salvaguarda da autonomia e da independência do Ministério Público: é que os seus predicados constituem, na lógica da Constituição, instrumentos necessários ao bom desempenho de suas funções institucionais.

31. Finalmente, reconhecidas para esse fim a personalidade judiciária e a legitimação do Ministério Público, do eventual conflito com o titular de um poder do Estado, qual o Presidente da República, é patente que o órgão com capacidade processual de sua representação em juízo é o chefe da instituição.

32. Por isso, sob ambos os prismas considerados, preliminarmente, conheço do MS 21.239, impetrado pelo Senhor Procurador-Geral da República.

VOTO (MÉRITO)

I

O Senhor Ministro Sepúlveda Pertence (Relator): Permita-me o Tribunal algumas considerações introdutórias.

2. Esmeraram-se as partes no esgrimir, cada uma, as normas e princípios constitucionais que mais lhe aproveitassem, na busca de encontrar a solução da lide mediante subsunção do caso a preceitos explícitos da Lei Fundamental.

3. Debalde, porém. A dificuldade do caso está precisamente em que a espécie não comporta deslinde judicial mediante simples subsunção a preceitos constitucionais, ainda que precedida conforme a difundida terminologia de Canotilho (*Direito Constitucional*, Coimbra, 4ª ed., 1986, p. 144) — do esforço de *concretização*, mediante *densificação*, do conteúdo normativo aberto das normas explícitas da Constituição.

4. É que o tema da causa — o regime de provimento e desprovimento da chefia imediata do Ministério Público do Trabalho — como adiante se demonstrará, embora necessariamente condicionado, negativa e positivamente, por normas e princípios constitucionais, teve a sua definição postergada pela Constituição mesma, que a confiou, em parte substancial, à liberdade de conformação do legislador infraconstitucional, no particular, mediante a lei complementar de organização do Ministério Público da União, ainda não editada (CF, art. 128, § 5º).

5. Não se cuida de lacuna técnica, imputável à deficiente explicitação do estatuto constitucional do Ministério Público, mas, sim — na expressão de Jorge Miranda (*Manual de Direito Constitucional*, Coimbra 2ª ed., 1983, p. 234) — de uma das "*chamadas lacunas absolutas — correspondentes, no âmbito constitucional, a situações deixadas à decisão política ou à discricionariedade do legislador ordinário*", aqui, do legislador complementar.

6. Certo, é da observação comum dos doutores o caráter fragmentário do conteúdo normativo das Constituições.

7. A Constituição — mostrou-o Konrad Hesse ("*Concepto y qualidade de la Constitución*" em *Escritos de Der. Constitucional*, Madrid, 1983, p. 1, 18) — "*não é ordenação da totalidade da cooperação social-territorial (...), a qual não se reduz, em absoluto, a mera execução constitucional.*"

8. Esse "*caráter incompleto da Constituição*" não é casual: "*pode dever-se a que não seja necessária uma norma constitucional*" — explica o mestre de Freiburg — porque "*a Constituição não codifica, mas unicamente regula — e, muitas vezes, só de forma pontual e a grandes traços — o que parece importante e necessita de determinação*" (...): "*de antemão a Constituição não pretende carecer de lacunas, nem ser também um sistema fechado*". De outro lado — prossegue — pode haver interesse "*em não submeter a normas jurídicas um âmbito vital determinado ou em fazê-lo sob alguns aspectos (...) com o propósito de reservar espaço livre à discussão, decisão e configuração*". Finalmente, conclui Hesse, "*a Constituição deve permanecer incompleta e inacabada, por ser vida histórica a vida que pretende regrar (...) se a Constituição quer fazer possível a resolução de muitas situações críticas historicamente cambiantes, seu conteúdo terá necessariamente de permanecer 'aberto ao tempo'*".

9. Não obstante, tratando-se fundamentalmente de um problema de divisão de competência entre órgãos constitucionais imediatos, o caso concreto é raro.

10. A temática da dimensão fragmentária da disciplina normativa constitucional tem seu campo de eleição na "*constituição social*" e não, no âmbito da "*constituição orgânica*" do Estado.

11. Esta, a "*constituição orgânica*", diz com a separação dos poderes. E, sabidamente, na separação dos poderes — dado o papel instrumental de garantia da limitação do Estado, como técnica de garantia das liberdades formais, que lhe atribuiu, o constitucionalismo liberal clássico identificou um dos dois capítulos da matéria essencialmente constitucional: é recordar o célebre art. 16 da Declaração dos Direitos do Homem e do Cidadão (cfr. Victor Nunes Leal, "*A divisão dos poderes no quadro político da burguesia*", em *Três Ensaios de Administração*, DASP, 1958, p. 31).

12. O constitucionalismo social-democrático contemporâneo — nascido da ruptura da distinção entre Estado e sociedade (v.g., Hesse, ob. cit., p. 12) —, acrescentou, no conteúdo típico das Constituições do século, a ordenação básica da ordem sócio-econômica.

13. Entretanto, ao passo que esta última — a constituição sócio-econômica — é, sempre, em grande parte, um projeto de sociedade futura, necessariamente fragmentário, porque aberto às variáveis históricas do seu âmbito normativo —, a "*constituição orgânica*" do Estado manteve a pretensão de estruturar um sistema cerrado de demarcação das áreas de competências privativas e de interferências funcionais entre os Poderes.

II

14. A preocupação de trato exaustivo na Lei Fundamental do ordenamento das competências primárias é, pois, um dado freqüente no direito comparado. É notório, porém, que atinge dimensões pouco comuns no constitucionalismo brasileiro, tanta é a minudência, no ponto, de nossos sucessivos textos constitucionais: é exemplo marcante a minúcia da disciplina constitucional da estrutura judiciária.

15. Sem embargo, o caso convence de que, no capítulo dedicado ao Ministério Público, espaços significativos foram deixados à complementação infraconstitucional, particularmente — e de especial relevo para a causa —, no tocante à demarcação de fron-

teiras entre as esferas de autonomia e autogoverno da instituição e a das interferências remanescentes do Poder Executivo.

16. Não é que a Constituição de 1988 — a exemplo das anteriores —, tenha relegado o Ministério Público a um segundo plano: ao contrário, as imprecisões e lacunas intencionais de sua ordenação constitucional hão de explicar-se pela tensão dialética entre o manifesto propósito constituinte de convocá-lo ao proscênio dos órgãos constitucionais de primeira linha e a resistência do *status quo ante* de marcada dependência em relação à chefia do Governo.

17. Testemunho eloqüente desse esforço de composição entre o futuro projetado e o passado renitente, é a esdrúxula concorrência de iniciativa entre o Procurador-Geral e o Presidente da República para a lei complementar de organização do Ministério Público da União (CF, arts. 128, § 5º, e 61, § 1º, II, d).

III

18. Acresce que, à colmatação das lacunas do texto constitucional, não oferecem subsídios relevantes nem o direito comparado, nem a história constitucional brasileira. (...)

IV

26. A seção dedicada ao *Ministério Público* insere-se, na Constituição de 1988, ao final do título IV — *Da Organização dos Poderes*, no seu capítulo III — *Das Funções Essenciais à Justiça*.

28. A colocação tópica e o conteúdo normativo da Seção desvelam a renúncia, por parte do constituinte, de definir explicitamente a posição do Ministério Público entre os Poderes do Estado.

29. Inicia-se a disciplina constitucional do Ministério Público por conceituá-lo (art. 127) "*O Ministério Público é instituição permanente, essencial à função jurisdicional do Estado, incumbindo-lhe a defesa da ordem jurídica, do regime democrático e dos interesses sociais e individuais indisponíveis*"; seguem-se os princípios institucionais básicos (art. 127, § 1º): — a unidade, a indivisibilidade e a independência funcional; a garantia de autonomia funcional e administrativa, da qual se explicitam logo os predicados relativos à iniciativa das leis e à administração do seu pessoal (art. 127, § 2º): "*podendo, observado o disposto no art. 169, propor ao Poder Legislativo, a criação e extinção dos seus cargos e serviços auxiliares, provendo-os por concurso público de provas e de provas e títulos*" —, além de elaborar sua proposta orçamentária.

30. Ocupam-se o art. 128 e seus parágrafos com o bosquejo da estrutura orgânica nacional da instituição, que abrange o Ministério Público da União e os dos Estados (art. 128, I e II), compreendidos, no primeiro, o da União — que "*tem por chefe o Procurador-Geral da República*" (art. 128, § 1º) — quatro ramos, correspondentes, com exceção do Eleitoral, aos dos diversos organismos da Justiça da União: o Ministério Público Federal, o do Trabalho, o Militar, o do Distrito Federal e Territórios (art. 128, I).

VOTO (*INCIDÊNCIA ORAL*)

Faço um parêntese para um tópico que causou a estupefação do ilustre advogado do segundo impetrante: a inclusão, no Ministério Público da União, do Ministério Público do Distrito Federal.

Trata-se, porém, de algo que tem simplesmente a tradição da República. O Ministério Público do Distrito Federal, a Justiça do Distrito Federal, assim como, até 1965, a polícia do Distrito Federal, constituíram sempre o que Castro Nunes, em trabalho primoroso sobre esta forma atípica na estrutura federativa, que é o Distrito Federal, chamava de serviços nele reservados à União. Mostrava o grande jurista que, ao contrário dos Estados, a competência do Distrito Federal, verdadeira autarquia territorial da União, era a que lhe dava a lei federal, reservando-se à União, por exclusão das confiadas à entidade local, determinadas funções estatais, entre elas, desde 1891, o Ministério Público e o Poder Judiciário.

É verdade que o problema técnico se inverte com a Constituição de 1988, que quase equipara o Distrito Federal aos Estados-membros, e lhe dá explicitamente, no art. 32, § 1º, a competência legislativa conferida aos Estados. Mas, então, como a sua competência já não é mais, como era antes, provinda da lei, mas da própria Constituição, é a própria Constituição que se encarregou de excetuar da área de autonomia do Distrito Federal aquilo que Castro Nunes chamava os serviços reservados à União.

Está, por isso, no art. 21: "Art. 21 - Compete à União (...): XIII — organizar e manter o Poder Judiciário, o Ministério Público e a Defensoria Pública do Distrito Federal e dos Territórios.

Nada de espantar assim que, servindo perante uma Justiça do Distrito Federal — o seu Ministério Público, também reservado à União, agora, pela própria Constituição, viesse a constituir um ramo, atípico, é claro, pelo âmbito da sua atribuição, mas um ramo inequívoco do Ministério Público da União.

VOTO-MÉRITO (CONT.)

31. Os quatro primeiros parágrafos do art. 128 estabelecem, de forma inédita, o regime de provimento de três categorias de Procuradores Gerais: o Procurador-Geral da República, mediante nomeação a termo ("*mandato de dois anos, permitida a recondução*") por escolha do Presidente da República "*dentre integrantes da carreira*", submetida à aprovação do Senado Federal, por maioria absoluta, à qual tocará ainda a autorização prévia para a destituição, por iniciativa presidencial, no curso do biênio (art. 128, §§ 1º e 2º); de sua vez, os chefes do Ministério Público nos Estados e no Distrito Federal e Territórios serão igualmente nomeados a termo — "*para mandato de dois anos, permitida uma recondução*" — pelo Executivo, circunscrita, porém, a escolha, à lista tríplice organizada pela própria instituição, e sujeita também, a destituição, à autorização do Legislativo competente (art. 128, §§ 3º e 4º).

32. O art. 128, § 5º, prevê leis complementares, federal e estaduais, para o estatuto de cada Ministério Público — facultando-lhes a iniciativa aos respectivos Procuradores-Gerais, em concorrência, porém, com o Chefe do Executivo (art. 61, § 1º, II, d), e sujeitando as leis orgânicas estaduais às normas gerais de uma lei complementar federal (art. 61, § 1º, II, d, parte final); nos incisos do mesmo § 5º, antecipa-se à Constituição na enunciação das garantias dos membros do Ministério Público (vitaliciedade, inamovibilidade e irredutibilidade de vencimentos) e das vedações a eles impostas.

33. A forma de ingresso na carreira — *concurso público de provas e títulos, com participação da OAB, observada, nas nomeações, a ordem de classificação* —, assim como os regimes de promoção e aposentadoria —, que deveriam estar no art. 128 — acabaram agasalhados nos parágrafos finais do artigo seguinte.

34. Neste, porém, o art. 129, o tema principal é o rol das funções institucionais do Ministério Público, aberto ao futuro, no inciso IX ("*exercer outras funções que lhe forem conferidas*"), entre as quais, no entanto, se vedou retorno ao exercício cumulativo das atribuições de representação judicial e consultoria jurídica das entidades públicas, que terminantemente se reputaram incompatíveis com a promoção independente da defesa da ordem jurídica, pedra de toque do perfil constitucional do organismo.

35. O que se tem, pois, efetivamente, no ordenamento fundamental em vigor, é um tratamento constitucional do Ministério Público de riqueza inédita, em termos de abrangência e densidade normativa, no Brasil e alhures, seja sob o prisma da organização e da autonomia e independência da instituição em relação aos Poderes do Estado, seja sob o do estatuto básico das garantias e das atribuições de seus órgãos de atuação.

36. A nova reflexão sobre o tema, a que a causa me impeliu, reforça-me a convicção, manifestada em palestra de setembro de 1988, às vésperas de promulgar-se a nova Constituição, de que, nela, nenhuma instituição do Estado saíra tão fortalecida e prestigiada como o Ministério Público, em relação aos nossos textos constitucionais anteriores (cfr. *O Ministério Público*, em *A Constituição Brasileira de 1988: interpretações*, Forense Universitária, 1988, p. 258).

V

37. Da abrangência temática ou da pretensão sistemática da vigente seção constitucional do Ministério Público, contudo, não é dado extrair a ilusão da completeza de um estatuto normativo cerrado, do qual se pu-

desse extrair, por mera subsunção lógica, a solução, pelo menos, de todas as questões fundamentais da sua organização, independentemente da mediação, que ela própria cometeu à instância da decisão política do legislador complementar.

38. O que se tem na Constituição é um esboço do Ministério Público. Esboço, repita-se, de extensão e densidade normativa e pretensões sistemáticas inéditas. Mas, é um esquema: não um código, um contexto de regulação completa da instituição.

39. Reafirmo aqui o que disse, ainda Procurador-Geral, na mensagem pela qual submeti ao Congresso Nacional o projeto de lei complementar do Ministério Público da União, em trecho que o segundo impetrante, do MS 21.243, me honrou de transcrever:

> "O Ministério Público da União, em particular, desvinculado do seu compromisso original com a defesa judicial do Erário e a defesa dos atos governamentais, que o prendiam necessariamente aos laços de confiança do Executivo, está agora cercado de contrafortes de independência e autonomia, que o credenciam ao efetivo desempenho de uma magistratura ativa de defesa impessoal da ordem jurídica democrática, dos direitos coletivos e dos direitos da cidadania.
>
> "Mas uma Constituição apenas promulgada, sobretudo nos pontos em que traduz inovações substanciais, é menos que um projeto, é pouco mais que um esboço, cujas linhas só ganharão realidade e nitidez no curso das sucessivas etapas necessárias a plasmar a efetividade da nova ordem".

40. "*A elaboração de lei complementar tem, assim*" — prosseguia naquela mensagem — "*o sabor de um desafio*".

41. Deixaram-se, realmente, ao legislador, espaços significativos de livre conformação complementar do esquema constitucional do Ministério Público, ainda que, como adverte Canotilho (*Constituição Dirigente e Vinculação do Legislador*, Coimbra, 1982, p. 247), não se cuide de liberdade absoluta: "*a 'liberdade', presente no momento de concretização, embora pressuponha uma 'autônoma' ponderação do agente encarregado da decisão não se concebe como liberdade de motivos ou de determinação, completamente alheia às determinantes materiais constituídas em normas hierarquicamente superiores*".

42. Acontece que a jurisdição não espera. Ao juiz é vedado o *non liquet*, enquanto o legislador não edita a disciplina normativa que lhe compete: "*quando a lei for omissa*" — dita o art. 4º da Introdução ao Código Civil — "*o juiz decidirá o caso de acordo com a analogia, o costume e os princípios gerais do direito*". Cuidando-se de problemas de matriz constitucional, de solução dependente, porém, de disciplina legal complementar inexistente, os princípios a atender serão os que se logre inferir dos princípios de normas da Constituição mesma, que vinculam o legislador — e, na mora dele, o juiz — não só negativamente, enquanto limites, mas também positivamente enquanto determinantes, posto que incompletas, da decisão concretizadora (Canotilho, ob. ult., cit., p. 246 ss.).

43. No tocante mesmo ao Ministério Público, a contingência de ter de decidir a causa, à luz da aplicação direta da normativa constitucional ainda não complementada, não é inédita para o Tribunal: ainda estamos a braços — no caso do chamado Promotor Natural —, com a necessidade de construir os limites dos poderes de avocação, designação e substituição, do Procurador-Geral, na falta de disciplina complementar que compatibilize os princípios constitucionais da unidade e indivisibilidade da instituição — que postulam estrutura e comando hierarquizados —, com o da independência funcional e a garantia da inamovibilidade funcional dos agentes do Ministério Público.

44. O caso concreto — repito meu convencimento — cai também num vazio normativo, que, na inexistência de lei complementar, teremos de preencher mediante derivação concretizadora dos princípios extraídos da própria Constituição, com espaço incontornável de integração criativa.

VI

45. De fato, a análise crítica dos arrazoados das partes deixa claro, a meu ver, que só assim a Constituição permitirá resolver a

controvérsia, na medida em que ela não encontra parâmetros concludentes de solução nas disposições constitucionais explícitas por elas invocadas.

46. Pretende a d. Consultoria Geral da República, nas informações, e, no seu rastro, o segundo impetrante, que, em síntese, tudo se resolveria com o art. 84, XXV, da Constituição, que outorga ao Presidente da República a competência para "*prover e extinguir os cargos públicos federais, na forma da lei*".

47. E, à guisa de comprovação de que, sendo uma "*instituição funcionalmente independente, mas vinculado ao executivo*", o Ministério Público não se subtrai do âmbito dessa competência presidencial. Aduzem as informações que, tanto ela pertence ao Presidente da República, que a atribuição do art. 84, XXV, nos quadros daquela instituição, pode por ele ser delegada ao Procurador-Geral da República (CF, art. 84, parágrafo único).

48. *Data venia*, o argumento está longe de ser definitivo.

49. De logo, o raciocínio prova demais.

50. O inciso invocado confere ao Presidente da República não só o poder de prover, mas também de extinguir os cargos públicos federais. Ora, a iniciativa da criação por lei de cargos no Ministério Público é predicado explícito da sua autonomia (CF, art. 127, § 2º) e, por isso, iniludivelmente privativa dos seus próprios órgãos diretivos, em particular, do seu chefe.

51. Raiaria, porém, pela mais grotesca das ilogicidades que a Constituição desse, ao Ministério Público, com uma das mãos, a prerrogativa de propor a criação dos seus cargos e, com a outra, lhe reduzisse a nada o poder concedido, entregando ao Presidente da República o de extinguir os mesmos cargos, tão logo criados...

52. De sua vez, a *trouvaille* do parágrafo único do art. 84 CF só impressiona à primeira vista.

53. Nele se estatui que "O Presidente da Repúlica poderá delegar as atribuições mencionadas nos incisos VI, VII e XXV, primeira parte, aos Ministros de Estado, ao Procurador-Geral da República ou ao Advogado-Geral da União, que observarão os limites traçados nas respectivas delegações".

54. Objeto de delegação presidencial, portanto, podem ser, não apenas a atribuição de provimento dos cargos públicos, mas também a de "*dispor sobre a organização e o funcionamento da administração federal, na forma da lei*" (CF, art. 84, VI) e a de "*conceder indulto e comultar penas*" (CF, art. 84, XII).

55. Desse modo, a ilação que se pretende extrair do referido parágrafo só seria concludente, se todas as hipóteses previstas de delegação pudessem ter por delegatárias as três categorias de autoridades de governo nele mencionadas — os Ministros de Estado, o Advogado-Geral da União e o Procurador-Geral da República.

56. Mas, a essa interpretação literal se oporia o mais elementar reclamo de razoabilidade, pressuposto de toda a hermenêutica jurídica, em particular, da constitucional.

57. Por isso, ninguém imaginaria, por exemplo, que o exercício do direito de graça — prerrogativa multi-secular da chefia do Estado —, fosse delegado, não a um Ministro, auxiliar da imediata confiança do Presidente, mas ao Procurador-Geral da República, chefe independente de uma instituição autônoma, votada primacialmente a promover a aplicação da lei penal e não a dispensar-lhe a execução.

58. Ao contrário, adequada e pertinente à autonomia administrativa, que a Lei Fundamental conferiu ao Ministério Público, será a delegação ao Procurador-Geral da regulamentação de sua organização administrativa (CF, art. 84, VI).

59. Segue-se que o parágrafo único do art. 84 há de ser interpretado *cum grano salis*: cada uma das hipóteses de delegação há de reduzir-se, segundo parâmetros de pertinência e adequação da atribuição delegada à função institucional do delegatário.

60. Desse modo, se seria excessivo afastar inteiramente todo e qualquer papel, no caso, ao dispositivo — e o parecer do em. Vice-Procurador-Geral recorda a propósito o caso do Procurador-Geral da Justiça do Dis-

trito Federal —, o certo é que ele não tem o alcance definitivo, que lhe pretenderam conferir as informações do Senhor Consultor-Geral e a segunda impetração.

61. Nem, de resto, poderia tê-lo, sob pena de fazer-se indevida abstração de outra norma constitucional, de atinência e importância específicas no problema que se enfrenta.

62. De fato. Dispensa demonstração que a delegação não pode ter por objeto atribuição constitucional originária no próprio delegatário.

63. Ora, tem-se, na Seção do Ministério Público, regra constitucional explícita, que lhe dá o poder de "*propor ao Poder Legislativo a criação e extinção de seus cargos e serviços auxiliares, provendo-os por concurso público de provas e de provas e títulos*" (CF, art. 127, § 2º).

64. Parece óbvio, desde logo, que também esse preceito há de ter sua inteligência submetida à prova de razoabilidade.

65. Dela resultará manifesto que o poder ali conferido à autonomia do Ministério Público não se limita aos provimentos mediante concurso público, que é forma de aplicação restrita ao provimento originário de caráter efetivo (CF, art. 37, II); ela há de estender-se, pelo menos, aos provimentos derivados em cargos de carreira e ainda, certamente, aos cargos em comissão dos seus serviços auxiliares.

66. Com efeito, o provimento desses últimos pela chefia do próprio Ministério Público é pressuposto *sine qua* da autonomia administrativa, que enfaticamente lhe propiciou a Constituição. Ou se pretenderia sustentar a sério competir ao Presidente da República a nomeação do Chefe de Gabinete do Procurador-Geral?

67. De outro lado, é igualmente de repelir que se tenha circunscrito o poder ali estatuído, como marco da autonomia do Ministério Público, ao provimento dos cargos de seus serviços auxiliares.

68. A tanto bastaria opor um argumento de ordem sintática: a exegese marota que o pretendesse deixaria sem explicação a antecipação, na oração inicial, *de cargos a serviços auxiliares*, quando, *supostamente* ao primeiro termo — *cargos* — é que unicamente se referisse a oração seguinte — "*provendo-os por concurso público...*".

69. Acresce que, para exprimir a idéia que se pretendesse contrabandear para a dicção inconfundível do art. 127, § 2º, os textos constitucionais anteriores forjaram, a propósito do auto-governo dos Tribunais, forma de expressão de sentido inequívoco — "*organizar seus serviços auxiliares, propondo-lhes os cargos, na forma da lei*" (CF 69, cf. EC 7/77, art. 115, II; CF 69, red. original, art. 115, II; CF 67, art. 110, II; CF 46, art. 97, II).

70. Ao raciocínio de sabor gramatical, sobreleva, contudo, no mesmo sentido, a consideração substancial de que a exegese restritiva desnatura a autonomia do Ministério Público, a pretexto de assegurá-la: organismo cujas funções institucionais são confiadas privativamente aos seus membros (CF, art. 129, § 2º), não faz sentido supor que o provimento dos cargos respectivos seguissem sob a interferência externa do Governo, à qual apenas se subtraísse a gestão do pessoal dos serviços auxiliares, de significação ancilar na atuação finalística, da instituição, à salvaguarda de cuja independência é que se hão de supor endereçados os instrumentos da sua autonomia constitucional.

71. É patente, desse modo, que, pelo menos até onde for a autonomia do Ministério Público no provimento dos seus próprios cargos, por força da regra especial do art. 127, § 2º, estará excluída a incidência da regra geral que atribui ao Presidente da República o provimento dos cargos públicos federais.

72. Finalmente, não empresto relevo maior na solução da controvérsia à *vexata quaestio* de onde situar-se o Ministério Público na tripartição dos Poderes do Estado, quando nele, na trilha de Alfredo Valadão (*Ministério Público*, RT 225/33), não se identificar um *quarto* poder. O problema ainda sói empolgar trabalhos doutrinários de valor (v.g., na Itália, G. Sabatini, *Il Pubblico Ministero nel Dir. Proc. Penale*, 1948; Biagio Petrocelli, *O Ministério Público, Órgão de Justiça*, Giustitia, 61/173; Spagna Musso, *Problemas constitucionais do Ministério Público*, RT 388/7; no Brasil, Marco Antônio Inacarato. *O Ministério Público na Ordem*

Jurídico-Constitucional, Justitia, 66/81; Leopoldo Braga, Ministério Público, Rev. MPGb. 3/67; Paulo Salvador Frontini, Ministério Público, Estado e Constituição, Justitia, 90/247 etc).

73. De minha parte, porém, estou em que a questão tem muito mais de fascinação teórica que de conseqüências dogmático-jurídicas.

74. Continuo convencido — com Pontes de Miranda (*Comentários à Constituição de 1946*, 1953, III/192) de que, substancialmente, as funções do Ministério Público são administrativas: "*Se bem que ligado ao ordenamento judiciário, não faz parte da Justiça — não é órgão jurisdicional, mas administrativo. É um dos ramos do Poder Executivo*". Explica-se a função do Ministério Público pela inércia da função jurisdicional: por isso mesmo essencialmente ativo, não exerce jurisdição. Embora, como bem definido na Constituição, desempenhe função essencial à Justiça: "*é o órgão, ou conjunto de órgãos*" — disse Pontes de Miranda (ob. loc. cits.), com felicidade — "*pelo qual se exerce o interesse público em que a justiça funcione*".

75. Em conferência de 1985, na Escola Superior de Guerra, sobre o *Ministério Público na Organização Constitucional Brasileira*, depois de criticar a tese do quarto poder — mais retórica do que real — e a construção de Sabattini — Ministério Público, órgão judiciário, mas não jurisdicional, estreitamente ligada ao ordenamento positivo italiano, que inseriu no mesmo corpo a magistratura judicante e a magistratura requerente — externava a opinião, que ainda mantenho.

76. A razão subjacente à crítica contemporânea da integração do Ministério Público no Poder Executivo — acentuava, então — está, na verdade, na postulação da independência, da independência política e funcional do Ministério Público, pressuposto da objetividade e da imparcialidade de sua atuação na suas funções sintetizadas na proteção da ordem jurídica. Dizia uma das inteligências mais lúcidas da magistratura brasileira dos últimos tempos, o Ministro Rodrigues Alckmin — continuei —, e, ao meu ver, com razão, que a questão da colocação constitucional do Ministério Público entre os Poderes é uma "*questão de somenos*", pois o verdadeiro problema é o da sua independência. O mal é que partimos de um preconceito de unipessoalidade e verticalidade hierárquica do Poder Executivo, que o Estado moderno não conhece mais e que está desmentido pelos fatos, de que o direito comparado dá exemplos significativos. Recordava a propósito os da Justiça Administrativa da França que — integrada, embora, organicamente, no Poder Executivo —, é um organismo cuja independência propiciou o florescimento de algumas das construções mais preciosas do Direito Administrativo moderno; as autarquias universitárias, quando se lhes assegura verdadeira autonomia e, no Brasil, o das autarquias profissionais, a partir do exemplo marcante da OAB, da qual ninguém contestará que exerce funções administrativas, e que, no entanto, ganhou o reconhecimento de um *status* de completa independência em relação ao Governo. Hoje, seria imperativa a inclusão, na mesma chave, do caso dos bancos centrais, cuja plena autonomia se reivindica, aqui e alhures, sem pôr em dúvida, não obstante, que exerce funções típicas de administração, na implementação da política monetária, assim como no exercício do poder de polícia sobre o sistema financeiro.

77. Garantida efetivamente a sua independência — conclui naquela palestra —, a colocação constitucional do Ministério Público é secundária, de interesse quase meramente teórico.

78. A essa visão do problema, buscou atender, e atendeu em grande parte, a Constituição vigente: deixou à especulação doutrinária a ponderação sobre a natureza material das suas funções institucionais, mas se esforçou de dotar a instituição de garantias inéditas de autonomia administrativa e de independência funcional, seja a do organismo, globalmente considerado, seja a dos seus membros, individualmente.

79. Nesse contexto constitucional situar o Ministério Público, a partir de suas funções, como componente do Poder Executivo — como é a minha opinião pessoal —, é conclusão que muito pouco tem a ver com o reconhecimento de poderes administrativos do Presidente da República sobre a instituição.

80. De logo, é conclusão teórica que sequer é necessária à explicação sistemática da atribuição constitucional explícita ao Presidente da República, na órbita da União, para nomear o Procurador-Geral da República (CF, arts. 84, XIV, e 128, § 1º) e o Procurador-Geral do Distrito Federal (art. 128, § 3º), e aos Governadores, no âmbito dos Estados, para nomear os respectivos Procuradores-Gerais da Justiça (CF, art. 128, § 3º): cuida-se de órgãos independentes, na nomeação dos quais a participação do Chefe do Executivo se compreenderia — ainda que não se tratasse de órgão administrativo — do mesmo modo que se compreende o seu papel no provimento de cargos da magistratura judiciária.

81. Certo, daí não se queira extrair que, por força de lei complementar, não se possa cometer também ao Presidente da República a nomeação do Procurador-Geral da Justiça do Trabalho: o que se nega é que a atribuição decorra necessariamente da Constituição.

VII

82. O que ocorre é que a Constituição não definiu a competência para prover as funções de chefia imediata do Ministério Público do Trabalho e do Ministério Público Militar pela simples razão de que não definiu também o estatuto jurídico delas, nem sua relação com a chefia do Ministério Público da União, confiada ao Procurador-Geral da República.

83. De fato, já se acentuou, no esquema constitucional do Ministério Público — não obstante, sua extensão e sua densidade inéditas —, deixaram-se espaços significativos à disciplina complementar infraconstitucional: deles, um dos mais importantes e delicados, é precisamente o decorrente da inserção num organismo complexo, o Ministério Público da União, sob a chefia do Procurador-Geral da República, de três ramos parciais da instituição, o Federal, o do Trabalho e o Militar (CF, art. 128, I, e § 1º).

84. Certo, vige, há quatro décadas, uma lei orgânica do Ministério Público da União (L. 1.341, 30.1.51). Nela, porém, *Ministério Público da União* não denomina uma organização, mas *três organizações paralelas* — os Ministérios Públicos da União, sob a chefia de outros tantos Procuradores-Gerais, que a exerciam, cada qual, isoladamente. De início, nem lhes era comum a tutela ministerial: o Procurador-Geral da República tomava posse perante o Ministro da Justiça; o do Trabalho, perante o do Ministro do Trabalho e o Militar, perante o Ministro da Guerra (L. 1.341/51, art. 10), e a cada um desses Ministros de Estado competia decidir recursos administrativos contra atos do Procurador-Geral respectivo (L. 1.341/51, arts. 8º, parág. único, e 19, parág. único). A referência legal ao Ministério Público da União não tinha, assim, outro papel que o de um conceito útil na enunciação das normas gerais abrangentes dos três ramos (L. 1.341/51, arts.) cujas atividades administrativas e institucionais, contudo, reciprocamente se ignoravam — "*independentes entre si, no tocante às respectivas funções*", dizia a lei (art. 1º, parág. único).

85. Na Constituição vigente, entretanto, o Ministério Público da União deixa inequivocamente de ser um mero conceito abrangente dos vários ministérios públicos da União, para constituir um organismo complexo, mas integrado, pela chefia do Procurador-Geral da República.

86. Além do Procurador-Geral da República, só previu a Constituição o Procurador-Geral do Distrito Federal, ao qual se deu regime similar ao dos chefes dos Ministérios Públicos dos Estados (CF, art. 128, § 3º).

87. Daí extraiu um ilustre e denodado monografista da instituição — Hugo Nigri Mazzilli (*O Ministério Público na Constituição de 1988*, Saraiva, 1989, p. 63) — a conclusão de que, com relação aos demais ramos que compõem o Ministério Público da União, "*a ausência de previsão de procuradores-gerais para eles (...) significa a inexistência de procuradores-gerais respectivos (...); no caso, poderá haver subprocuradores-gerais, verdadeiros substitutos do procurador-geral, sem prejuízo, porém, da chefia única do Procurador-Geral da República*".

88. Essa, com efeito, teria sido, ao que me recordo, a solução preconizada pelo il. Prof. Alcino Salazar, quando, Procurador-Geral da República, preconizou reforma que desse consistência real ao Ministério Público

da União (veja-se a crítica à desagregação da Lei Orgânica de 1951, no seu *Poder Judiciário — Bases para Reorganização*, Forense, 1975, p. 265).

89. A ser adotada a solução defendida por Mazzili, agora, como resultante compulsória da Constituição, é evidente que a chefia administrativa dos diversos ramos do Ministério Público da União se reduziria a ofícios da estrutura interna da organização única chefiada pelo Procurador-Geral da República e, então, efetivamente, qualquer intervenção do Presidente da República na designação dos seus titulares seria sistematicamente repelida pela autonomia administrativa da instituição. (...)

VIII

93. Tenho, pois, como assentado que, embora não as imponha, a Constituição admite que, mediante lei complementar, se adote, para o Ministério Público do Trabalho, modelo semelhante ao que nela diretamente se estabeleceu para o Ministério Público do Distrito Federal. Imitação possível que, decidida, compreenderia, de logo, a existência de um Procurador-Geral — posto que submetido à chefia superior do Procurador-Geral da República, nos limites do que determinar a lei —, e a competência do Presidente da República para nomeá-lo.

94. O problema é que, sendo essa, não a solução imperativa da Constituição, mas apenas uma, dentre outras também constitucionalmente admissíveis, a decisão foi remetida à legislação complementar, ainda não editada.

95. Pretendem o segundo impetrante e as informações presidenciais, a uma voz, que, da inexistência da lei complementar, e enquanto não suprida a omissão legislativa, ainda vigore, recebido pela nova ordem constitucional, o direito ordinário anterior. *Est modus in rebus.*

96. Ser a questão, sob a ordem caduca, objeto de lei ordinária e, hoje, matéria de lei complementar, não é obstáculo definitivo à recepção: em princípio, dado o axioma *tempus regit actum*, a inconstitucionalidade formal tem como parâmetro o sistema de competências e o processo legislativo constitucionais vigentes no momento da edição da lei questionada. Não há, pois, de regra, inconstitucionalidade formal superveniente.

97. No caso, o preceito que se afirma recebido, da L. 1.341/51, é do seguinte teor: "Art. 64. O Procurador-Geral (da Justiça do Trabalho) será nomeado, em comissão, dentre bacharéis em Direito, com dez anos, pelo menos, de prática forense".

98. Concedem os que defendem a sua subsistência, que a recepção só poderia ter sido parcial: estatuindo o art. 129, § 2º, da Constituição, que "*as funções do Ministério Público só podem ser exercidas por integrantes da carreira*", admitem, desde logo, que já não seria possível a livre escolha presidencial entre bacharéis, mas, apenas, dentre os Procuradores do Trabalho. É evidente, mas, *data venia*, é pouco.

99. Curial, a recepção do direito ordinário pré-constitucional reclama a conformidade da norma a receber com a Constituição superveniente: compatibilidade, já se notou que se apura não apenas negativamente — respeito às vedações constitucionais explícitas — mas também, positivamente — fidelidade às diretivas constitucionais, explícitas ou implícitas, ditadas ao conteúdo da legislação infraconstitucional.

100. Aceite-se, se necessário, que da L. 1.341/51 se infira a competência presidencial para o provimento do cargo.

101. Mas, na letra mesma do art. 84, XXV, da Lei Fundamental, está que o provimento dos cargos pelo Presidente da República há de fazer-se na forma da lei. Lei conforme à Constituição, é escusado dizê-lo.

102. Trata-se, no caso, de provimento de cargo do Ministério Público, que, em princípio, por força da norma especial do art. 127, § 2º, CF, cabe à própria instituição, como derivação explícita da sua autonomia.

103. Se, não obstante, e na ausência da lei, se pode ter como legítima a competência do Presidente da República para nomear o Procurador-Geral da Justiça do Trabalho, o fundamento constitucional imediato desse poder não estará na regra geral do art. 84, XXV, para o provimento dos cargos públicos federais — cuja incidência, repita-se, a

regra especial referida afasta: mas, sim, porque, cuidando-se do Procurador-Geral de um dos ramos do Ministério Público da União, a Constituição transigiu com a interferência presidencial no ato, no único caso em que cuidou da chefia de outro ramo da mesma instituição complexa, o Ministério Público do Distrito Federal.

104. De fato. O parâmetro da solução analógica, que se possa constituir para o caso, não é o Procurador-Geral da República — chefe de todo o Ministério Público da União — mas o do Distrito Federal, que, como o da Justiça do Trabalho, é chefe imediato de um dos ramos da instituição e, pois, autoridade de segunda linha na sua estrutura, que a Constituição quis hierarquizada.

105. Ora, com relação a esse exclusivo padrão constitucional do tema, a Lei Fundamental, é certo, deslocou, da autonomia do Ministério Público da União para a autoridade política suprema do Presidente da República, a nomeação do chefe de um dos seus ramos.

106. Ao contrário, no entanto, do que se dispôs exclusivamente com relação ao Procurador-Geral da República — decerto, em atenção à alta dimensão política do cargo —, no tocante à nomeação do Procurador-Geral do Distrito Federal, não se facultou ao Presidente a livre escolha dentre os integrantes da carreira: deu-se aí espaço maior à autonomia da instituição, limitando a intromissão do poder político externo à opção dentre componentes de lista tríplice, de formação interna (CF, art. 128, § 3º).

107. Se foi essa a decisão constituinte, no caso de que cuidou expressamente, já se torna extremamente duvidoso que mesmo a lei complementar possa vir, na hipótese similar da chefia de outro ramo da instituição, a optar por maior liberdade de escolha do Presidente da República.

108. Na ausência de lei, entretanto, essa solução é manifestamente de repelir, seja porque não tem por si a analogia, seja porque privilegia a exceção — que é a interferência do Chefe do Executivo no Ministério Público —, em detrimento do princípio constitucional, que é a autonomia da instituição.

109. Há mais, porém. A recepção postulada da lei antiga, não contente com a amplitude da escolha presidencial, implicaria ainda que o provimento do cargo de Procurador-Geral da Justiça do Trabalho se fizesse em comissão, vale dizer, com a cláusula de livre exoneração.

110. Aqui, porém, *data venia*, o que se propugna raia por um desconchavo institucional, que não é de presumir num texto constitucional, ao qual, ao reverso, se há de supor, ao menos por necessidade hermenêutica, um mínimo de coerência.

111. Mais que as limitações da clientela de escolha, o que marca, no ponto, o novo regime constitucional do Ministério Público, como penhor de sua independência funcional e de sua autonomia administrativa, é a superação da exonerabilidade *ad nutum*, pela nomeação a termo — dita "*para mandato de dois anos*" — de todos os Procuradores-Gerais. Aí, é de sublinhar, *sem exceção alguma*, a começar do Procurador-Geral da República.

112. Este, o Procurador-Geral da República — posto na chefia do Ministério Público da União, que compreende o Ministério Público do Trabalho —, se liberou assim, mercê do termo certo da investidura, do vínculo institucional de confiança, a que o sujeitava a exonerabilidade *ad libitum*, em relação ao Chefe do Executivo: antes do termo pré-fixado, só o Senado Federal, por maioria absoluta, lhe pode autorizar a destituição.

113. Por outro lado, a esse inédito mecanismo de salvaguarda da independência externa do Ministério Público, em face dos Poderes do Estado, mediante a segurança no cargo do seu chefe, primou a Constituição por aditar — e, de certo modo, contrapor —, a garantia da independência funcional dos seus membros, perante a própria chefia, dotando-os da inamovibilidade, que, salvo exceções legais, assegura a cada um deles a plenitude do exercício das atribuições do seu ofício.

114. Desse modo, estou em que, do regime constitucional do Ministério Público, é dado inferir, como princípio, a rejeição de toda e qualquer investidura precária em funções institucionais do organismo, seja, no plano externo, pela proscrição da livre exoneração do

Procurador-Geral da República, seja, no plano interno, pela vedação da amovibilidade dos titulares de seus escalões inferiores.

115. Não obstante, nesse contexto constitucional, entre o órgão de cúpula — protegido pela nomeação a termo —, e os órgãos de base — garantidos pela inamovibilidade defronte da própria chefia da instituição —, é que se intrometeria a cunha demolidora de todo o sistema, mediante a investidura em comissão nas chefias intermediárias, cujos titulares, e só eles, seriam exoneráveis ao nuto do Presidente da República.

116. E o título de legitimação, que se propõe, para essa dinamitação dos princípios hauridos de normas expressas da Constituição, é a lei orgânica de 1951, que não tem, nem podia ter compromisso com eles.

117. De fato, ao tempo da lei que se quer ressuscitar, tudo era diferente. A edificação do Ministério Público se sustentava sobre pilares diversos.

118. Demissível *ad nutum* o Procurador-Geral da República, que tinha *status* constitucional, não surpreende que também o fossem os Procuradores-Gerais dos outros Ministérios Públicos da União, instituídos por lei ordinária.

119. De qualquer sorte, inexistia à época da L. 1.341/51, a ascendência hierárquica do Procurador-Geral da República sobre os Procuradores-Gerais dos ramos especializados, que aquele e estes se nivelavam todos sob a tutela dos respectivos Ministros de Estado, de sua vez, agentes de confiança do Presidente da República: por isso, o regime comum da investidura em comissão não traduzia, como hoje, a esdrúxula intromissão da autoridade externa — que não pode tocar na cúpula —, nos escalões intermediários da instituição autônoma por imperativo constitucional.

120. Nem se diga que a nomeação a termo é categoria de exceção, que a Constituição só toleraria nos casos que taxativamente estabelece.

121. No âmbito de uma instituição autônoma por força da Constituição, e integrada por membros inamovíveis, o excepcional — e inadmissível sem previsão constitucional expressa —, seria admitir nomeação em comissão para cargo de atribuições institucionais, com exoneração *ad nutum* por autoridade estranha à organização.

122. Ao contrário, a afirmação da validade e da eficácia da nomeação a termo para cargos de direção de entidades de autonomia derivada da Constituição não é novidade no direito brasileiro, mas jurisprudência consolidada desta Casa, na "Súmula 47 — Reitor de Universidade não é livremente demissível pelo Presidente da República durante o prazo de sua investidura".

123. Ao tempo, vale recordar, já se firmara na Casa o entendimento enunciado na "Súmula 25. A nomeação a termo não impede a livre demissão, pelo Presidente da República, de ocupante de cargo dirigente de autarquia".

124. Não obstante, por decisão unânime, o Plenário excetuou do assento majoritário em torno das autarquias em geral, a hipótese das autarquias universitárias.

125. O *distinquo* há de atribuir-se à fonte constitucional da autonomia das universidades: confirma-o o *leading case* da Súmula 47.

126. O acórdão tem a simplicidade da evidência. Relator, o saudoso Ministro Victor Nunes começa por recordar a posição vencida que assumira — "*na ilustrada companhia dos eminentes Ministros Gonçalves de Oliveira, Villas Boas e Luiz Gallotti*" (cfr. MS 8.963, 17.11.61, Ribeiro da Costa, *RTJ* 25/55), contra a tese da Súm. 25, relativa às autarquias de autonomia legal. Fundara-se, então, a maioria vencedora, no art. 87, V, da Constituição de 1946, do qual extraíra, dado o poder expresso de nomear, o poder implícito de exonerar, que, considerou-se, a lei não poderia inibir.

127. No caso das universidades, porém, prosseguiu Victor Nunes Leal (*RTJ* 27/15): "Acresce (...) que a investidura a prazo certo do Reitor integra o sistema da autonomia didática, administrativa, financeira e disciplinar das Universidades, solenizado pelo art. 80 da Lei de Diretrizes e Bases da Educação Nacional, e que é considerado uma das garantias fundamentais da liberdade de cátedra expressamente protegida pela Constituição (art. 168, VII)".

128. Estou em que a pertinência do entendimento então firmado pelo Tribunal ao caso dos Procuradores-Gerais do Ministério Público é indisputável.

129. A Constituição vigente não traz obstáculo ao transplante para a espécie da doutrina que, sob a de 1946, se assentou a respeito das Universidades.

130. Pelo contrário. Hoje, em relação ao Ministério Público, mais que a validade, a imperatividade da nomeação a termo dos seus cargos de chefia não carece de fundar-se apenas em derivação do princípio da autonomia, abstratamente enunciado. Além dela, conspira na mesma solução, para o caso omisso da Procuradoria-Geral da Justiça do Trabalho, a analogia irrecusável com todas as hipóteses de provimento de Procurador-Geral, versados explicitamente pela Constituição.

131. De tudo resulta a inadmissibilidade do provimento em comissão do cargo para o qual foi nomeado o segundo impetrante: a nomeação — aceite, embora, a competência do Presidente da República e suposta, para argumentar, a legitimidade da livre escolha entre os Procuradores do Trabalho —, teria, de qualquer sorte de fazer-se a termo, para mandato de dois anos.

132. Caso em que, de duas, uma. Ou também aqui se aplicaria, por analogia, o regime constitucional comum às Procuradorias-Gerais reguladas, e a exoneração deveria ser precedida de autorização legislativa (CF, art. 128, § 4º) ou — se se entendem exclusivas as hipóteses constitucionais de interferência parlamentar na destituição de Procuradorias-Gerais —, pelo reconhecimento de que os demais entre eles, o da Justiça do Trabalho, porque membros dos Ministérios Públicos, gozam, pelo menos, da garantia da inamovibilidade na função, conferida a todos eles, nos termos do art. 128, § 5º, II, b, da Constituição.

133. Finalmente, não colheria melhores frutos a objeção de que o problema da validade do provimento em comissão não tem a ver com a nomeação questionada, porque só se tornaria relevante, se e quando fosse exonerado o segundo impetrante.

134. Dá-se, de um lado, que também a validez da exoneração do antecedente titular do caso está posta diretamente em causa, como objeto do pedido do mandado de segurança requerido pelo Procurador-Geral da República; de qualquer modo porque a validade do ato de exoneração, determinante da vaga, é pressuposto da do seu provimento; tanto assim que, visando à eficácia deste, a segunda impetração, do Procurador nomeado, chamou para integrar a lide o exonerado, como litisconsorte passivo necessário da autoridade coatora.

IX

135. Em conclusão, Sr. Presidente, pelos fundamentos expostos — e com escusas pela desmesurada extensão deles —

a) defiro o MS 21.239, impetrado pelo Procurador-Geral da República — para declarar nulos e sem efeito os atos de exoneração e de nomeação impugnados e

b) em conseqüência, julgo prejudicado o MS 21.243, requerido pelo Dr. Antônio Carlos Roboredo.

É o meu voto.

VOTO

O Senhor Ministro Aldir Passarinho (Presidente): Discute-se nos mandados de segurança ora trazidos à deliberação plenária, se a exoneração e a nomeação para o cargo de Procurador-Geral da Justiça do Trabalho são da competência privativa do Presidente da República, na conformidade da regra geral ao art. 54, XXV, da Constituição Federal, ou a prática de tais atos, em face da nova Constituição Federal, cabe ao Procurador-Geral da República, tendo em vista os princípios institucionais nela assegurados ao Ministério Público, pelo seu art. 127, § 1º; a autonomia funcional e administrativa igualmente previstas no § 2º do mesmo art. 127; e a garantia da inamovibilidade, assegurada aos membros da instituição, na conformidade da letra "b" do art. 128 da mesma Carta. (...)

Quanto às Universidades, no que diz com a nomeação dos respectivos Reitores — que são nomeados por período certo — a diferença "data venia", é flagrante, pois se é verdade que o Procurador-Geral da República é também nomeado para prazo pré-estabelecido, como diz o art. 128, § 1º, da CF, o mesmo não ocorre com relação aos ocupantes do cargo em comissão de Procurador-Geral da Justiça do Trabalho, e nada autoriza se diga encontrar-se ele colocado em situação idêntica ao Procurador-Geral da República.

Assim, o meu voto é contrário, "data venia", ao do Sr. Ministro Relator, pelo que, em face disso, denego a segurança com relação ao Mandado de Segurança, impetrado pelo Sr. Procurador-Geral da República e, julgo prejudicado, pela solução dada, o Mandado de Segurança nº 21.243, isto é, o requerido por Antonio Carlos Roboredo.

Aliás, desejo fazer uma retificação: no Mandado de Segurança nº 21.243, pede o impetrante possa tomar posse no cargo e, assim, o caso é de deferir tal "writ", e não julgá-lo prejudicado.

Com relação ao MS 21.239, mantenho seu indeferimento.

É o meu voto.

CONFIRMAÇÃO DE VOTO

O Senhor Ministro Sepúlveda Pertence (Relator) — Senhor Presidente, apenas em atenção ao voto de V. Exa., permita-me três palavras sobre os pontos em que, respeitosamente, mantenho a minha posição, lamentando ficar em divergência com a sua.

Data venia, a diferença entre a inamovibilidade, que chamei de inamovibilidade relativa dos membros do MP, para não dizer menos, segundo as Constituições anteriores, e a inamovibilidade da Constituição de 88, não é um mero reforço, na Constituição atual, do que existia nas precedentes. O que existia nas Constituições anteriores, o que se chamava de inamovibilidade dos membros do Minisério Público, era algo que se vencia com a representação de um funcionário demissível *ad nutum* ao Poder que o havia nomeado; dependia de uma representação do Procurador-Geral da República atendida pelo Presidente da República. E tanto se chegou na redução prática dessa "*inamovibilidade*", que houve tempo em que o Presidente da República delegou ao Procurador-Geral da República a remoção, de tal modo que a inamovibilidade dos membros do Ministério Público se resolvia *kafkanianamente*, por uma representação do Procurador-Geral a si próprio. Ainda, porém, que se abstraia desse período teratológico, era relativíssima a inamovibilidade: a remoção dependia apenas da representação de um alto funcionário demissível *ad nutum* a quem o tinha nomeado e podia exonerá-lo, de tal modo que tudo se resolvia numa relação de confiança a manter-se entre o Procurador-Geral e o Presidente da República.

Em segundo lugar, o poder presidencial do art. 84, XXV, com todas as vênias, a utilizá-lo, seria preciso levá-lo a todas as conseqüências. Pretende-se transformá-lo no mais absoluto dos preceitos quanto ao poder presidencial de provimento, esquecendo-se de que, no mesmo inciso, se diz que é também da competência do Presidente da República extinguir os cargos públicos federais. A levar a letra da Constituição ao absolutismo que se pretende, ter-se-ia o que, com todas as vênias, chamei no meu voto de ilogicidade: deu-se ao Procurador-Geral da República, como um dos predicados da autonomia da instituição, o poder de propor ao Legislativo a criação e a extinção de cargos no Ministério Público, mas, se teria dado ao Presidente da República, não apenas o poder de prover esses cargos, salvo os de provimento originário por concurso, como também o de extinguir os cargos criados por iniciativa do Ministério Público...

De outro lado, *data venia*, a resposta ao argumento extraído da jurisprudência da Casa, em relação às universidades, parte de algo que era preciso demonstrar: que fosse compatível com a Constituição atual a importação do art. 64 da Lei 1341, único texto que define como de provimento em comissão essa chefia intermediária de um Ministério Público agora coberto, acima, pela nomeação a termo e, abaixo, pela inamovibilidade, de amplas garantias de independência.

São breves considerações para deixar claro que, no meu voto, procurei analisar, também, os aspectos enfrentados agora no voto de V. Exa.

VOTO DE VISTA

O Senhor Ministro Marco Aurélio — Recebi os autos dos mandados de segurança em julgamento em 18 do corrente mês, liberando-os em 20 último. (...)

A Carta da República define a abrangência do Ministério Público revelando-a alcançar dois campos distintos: o da União e o dos Estados-membros. No primeiro, tem-se elucidado que o Ministério Público da União, face à organicidade indispensável à racionalização da atividade que lhe está afeta, compreende não só o Ministério Público Federal, como também o do Trabalho, o Militar e o do Distrito Federal e Territórios. Nela está disciplinada a escolha e nomeação do Chefe do Ministério Público da União, como também dos Procuradores-Gerais dos Estados e do Distrito Federal e Territórios, havendo silêncio quanto aos dois outros segmentos, ou seja, em relação ao Procurador-Geral do Ministério Público do Trabalho e do Militar.

Exsurge o primeiro tema a ser analisado e que se reveste da maior importância, tanto para o deslinde da controvérsia como para as instituições envolvidas. Diz respeito à própria existência dos cargos de Procurador-Geral do Trabalho e Militar.

É inegável que o tratamento emprestado pelo legislador constituinte consagra a existência de peculiaridades diversas. Consideradas as áreas de atuação, apontaram-se verdadeiros ramos do Ministério Público da União, sem que nisto se possa vislumbrar a quebra da unidade. Dispôs-se sobre a escolha e destituição dos Procuradores-Gerais dos Estados e do Distrito Federal e admitiu-se a existência da figura do Procurador-Geral da República — parágrafo único do artigo 84, alínea "b" do inciso I do artigo 102, inciso VI do artigo 103 e § 1º do artigo 128.

A esta altura, cabe indagar: o silêncio verificado é conducente a afirmar-se a inexistência quer do cargo de Procurador-Geral do Trabalho, quer do Militar? Concluo de forma negativa, na esteira dos votos até aqui proferidos. Na verdade, o que se tem é que não havia causa suficiente para discipliná-los com empréstimo de estatura constitucional. A uma, porque simplesmente integram a estrutura de ramos do Ministério Público da União, explicando-se a referência expressa ao Procurador-Geral do Distrito Federal pelo fato deste — o Distrito Federal — haver sido alçado, com a Constituição de 1988, ao patamar próprio aos Estados. Mesmo assim, é dado notar que a nomeação pelo Chefe do Poder Executivo — para mim, do Distrito Federal, não é precedida, como acontece em relação à do Procurador-Geral da República, por aprovação do nome pelo Legislativo, o mesmo ocorrendo quanto aos Procuradores-Gerais dos Estados. A duas, porquanto o § 1º do artigo 128, ao cogitar da chefia do Ministério Público da União, aponta-a como cabendo a Procurador-Geral ligado ao Ministério Público Federal — o da República, em inequívoca distinção, considerada não apenas a Procuradoria-Geral do Distrito Federal, que tem campo de atuação balizado pelos interesses de uma pessoa jurídica de direito público equiparada aos Estados, mas também as Procuradorias, de idêntica estatura, do Ministério Público do Trabalho e Militar. Assim, tendo em vista os quatro ramos do Ministério Público da União — Federal (estrito senso), o do Trabalho, o Militar e o do Distrito Federal e Territórios, buscou-se, na figura do Chefe de um deles, aquele que hoje tem posição hierárquica superior em relação a todos. A três, de vez que o simples fato de o Ministério Público da União contar com Chefe — o Procurador-Geral da República não exclui, por si só, a existência de outras Procuradorias-Gerais, já que o próprio texto constitucional coloca sob o mesmo teto a da República e a do Distrito Federal e Territórios. A quatro, porque é sabido que a promulgação de uma Carta não implica vazio legislativo. A legislação com ela harmônica continua em pleno vigor na disciplina que lhe é própria. (...)

Srs. Ministros, o silêncio da Carta não gera o conflito autorizador de se ter a legislação comum como não recepcionada. Conduz, isto sim, à convicção de que somente ao Procurador-Geral da República e aos Procuradores-Gerais dos Estados, inclusive o Distrito Federal e Territórios, cabe a investidura em mandato. Lamento divergir do nobre Relator no tocante a tal matéria. Ainda que entenda salutar o sistema de investidura balizada no tempo, não posso introduzir restrição onde a lei não restringe, muito menos a ponto de transmudar ato singular em complexo, como ocorre quando se olvida a diretriz no sentido da escolha e nomeação por autoridade única para jungi-la à dupla participação, quer se considere a confecção de lista tríplice ou a aprovação pelo Legislativo. Hão de ser preservadas as prerrogativas, mormente as de cunho constitucional. Excluo, por completo, a possibilidade de assentar que tanto a exoneração quanto a nomeação do Procurador-Geral do Trabalho e do Militar dependam da aquiescência de outro Poder. É certo que o Projeto da Lei Orgânica do Ministério Público da União, de iniciativa deste último, prevê que o Procurador-Geral do Trabalho e o Militar são nomeados pelo Presidente da República, comunicado o ato previamente ao Procurador-Geral da República, após a aprovação do nome pelo Senado Federal, para mandato de 2 anos, permitida a recondução, que será precedida de nova aprovação, podendo os referidos Procuradores serem exonerados, de ofício, pelo Presidente da República, mediante prévia autorização do Senado, comunicado o fato ao Procurador-Geral da República — artigos 91, 92 e parágrafos, 125, 126 e parágrafos do Projeto de Lei da Câmara nº 11, de 1991. Contudo, projeto, enquanto projeto, não consubstancia ato normativo, conforme, aliás, esta Corte teve oportunidade de dizer, pedagogicamente, em brilhante voto do Ministro Celso de Mello, em uma das últimas Sessões, ao apreciar a demanda direta de inconstitucionalidade ajuizada com o fito de fulminar o projeto alusivo ao plebiscito sobre a pena de morte.

Destarte, se na Carta não se alude às formalidades ventiladas, sendo estas estranhas também ao campo da legislação ordinária, ao menos por enquanto, não cabe a observância respectiva.

A esta altura, tenho como inafastáveis as seguintes premissas:

a) a Constituição Federal, embora contendo menção apenas às Procuradorias-Gerais da República e dos Estados, não exclui a valia da legislação ordinária, no que prevê as Procuradorias-Gerais do Trabalho e Militar. Ao contrário, alberga-as ao admitir que compreendem o Ministério Público da União, o Ministério Público do Trabalho e o Militar, indicando como Chefe daquele o Procurador-Geral da República, isto em distinção, considerados os demais Procuradores-Gerais;

b) o sistema de escolha do Procurador-Geral mediante ato complexo tem pertinência apenas quanto ao Ministério Público Federal e ao dos Estados, compreendidos entre estes o do Distrito Federal e Territórios;

c) o sistema de mandato, em vista da ordem jurídica em vigor, única passível de ser levada em consideração e, portanto, colocado em plano secundário o que se contém no projeto de lei complementar do Ministério Público, não é extensível aos Procuradores-Gerais do Trabalho e Militar que, por sinal, não têm a legitimidade para as demandas diretas de inconstitucionalidade.

Cumpre, agora, adentrar ao exame dos pedidos mediatos de ambos os mandados de segurança e dizer a quem socorre a primeira condição do remédio heróico, que é o direito líquido e certo.

Assentada a existência dos cargos — de Procurador-Geral do Trabalho e de Procurador-Geral Militar — e o próprio Litisconsorte Hegler Barbosa ocupou o primeiro por nomeação do Presidente da República, com posse implementada pelo Impetrante, o Procurador-Geral da República, graças à crença em tal fenômeno, forçoso é reconhecer que a movimentação se faz à luz não de legislação imaginária que cada qual eleja como a melhor, mas, sim, da existente.

O Litisconsorte não foi guindado ao honroso cargo mediante ato do Procurador-Geral da República, mas por nomeação do Presidente da República. É de sabença geral que, de regra, se é que pode haver exceção, a exoneração cabe a quem nomeou. Há nítida coincidência quanto aos autores dos respectivos atos. O Litisconsorte sempre soube presente a possibilidade de vir a ser exonerado a qualquer momento, porque o cargo não é de provimento efetivo, pois estranho à carreira. A ele não se ascende por antiguidade. Aliás, mostra-se paradoxal admitir que o Chefe do Ministério Público da União, que é o Procurador-Geral da República, possa ser exonerado por conveniência e oportunidade a serem definidas, pelo Presidente da República e pelo Senado Federal, e o Procurador-Geral do Trabalho, como o Militar, não o sejam, passando ao gozo de *status* superior, ao menos até que venha a legislação própria, cujo projeto cogita da investidura em mandato, sem, no entanto, descartar a exoneração de ofício, desde que haja prévia autorização do Senado e seja comunicado o fato ao Procurador-Geral da República — artigo 92 do projeto em tramitação. Por outro lado, a inexistência de mandato afasta a tomada de empréstimo do verbete 47 que integra a Súmula da jurisprudência predominante da Corte e que, editado sob a égide da Carta de 1946 — artigos 87, inciso V, e 168, inciso VII, diz respeito a detentor de mandato, ou seja, a Reitor de Universidade.

Também não calha cogitar da inamovibilidade. A entender-se a aplicação do instituto aos dois Procuradores-Gerais, do Trabalho e Militar, ocupantes de cargos que não estão na carreira, passariam eles a ter garantia estranha até mesmo ao Chefe do Ministério Público da União e somente poderiam ser afastados não por este, mas pelo Órgão colegiado previsto na alínea "b" do inciso I do § 5º do artigo 128 em comento.

Portanto, no particular, o mandado de segurança, ao contemplar como objeto mediato a cassação do Decreto de exoneração, não prospera. Inexiste preceito de lei que, interpretado e aplicado, autorize conclusão sobre a impossibilidade de exoneração do Litisconsorte, muito menos a ponto de mostrar-se como translúcido, claro e preciso, qualidades próprias a revelar o concurso de direito líquido e certo. Frise-se, por oportuno e mais uma vez, que a exoneração ocorreu considerado cargo que não está na carreira, voltando o exonerado ao exercício do efetivo de Subprocurador-Geral do Trabalho, no qual certamente prestará relevantes serviços, conforme vinha fazendo no de Procurador-Geral do Trabalho. O ato atacado, da autoria do Excelentíssimo Senhor Presidente da República, foi praticado à luz da legislação em vigor, tendo como respaldo maior a competência privativa, embora delegável por exceção aberta pela própria Lei Básica, de que cogita o artigo 84 desta última.

Quanto à nomeação que se lhe seguiu, a coerência determina idêntico raciocínio. O que previsto no § 2º do artigo 127 da Constituição Federal deve ter alcance perquirido levando-se em conta a inserção de um grande todo. A regra segundo a qual ao Ministério Público é assegurada autonomia funcional e administrativa, podendo, e não a ele cabendo com exclusividade, face à competência concorrente do Presidente da República — artigo 61, inciso II, alínea "d", propor ao Legislativo a criação e extinção de seus cargos e serviços auxiliares, provendo-os por concurso público de prova e de provas e títulos, há de ter alcance estabelecido tendo em vista o temperamento que decorre da natureza do cargo e dos parágrafos 1º e 3º do artigo 128 e do inciso XXV do artigo 84. É sugestivo o fato de, em verdadeira explicitação do disposto no referido inciso, o parágrafo único do artigo 84 cogitar de delegação do Presidente da República ao Procurador-Geral da República. Impossível é emprestar a dispositivo legal contornos que impliquem a redundância, o inócuo e este está revelado, *data venia*, na ótica segundo a qual, consideradas as autoridades passíveis de receberem a delegação e a exaustiva referência às atribuições que podem se revelar como objeto, a alusiva ao inciso XXV somente está ligada aos Ministros de Estado e à Advocacia-Geral da União, correndo à conta do Procurador-Geral da República as dos incisos VI e XII, ou seja, de dispor sobre a organização e o funcionamento da administração federal, na forma da lei, e de conceder indulto e comutar penas, com audiência, se necessário, dos Órgãos instituídos em lei, prática tradicionalmente reservada ao Chefe do Poder Executivo, que a pode delegar, assim, ao Ministro de Estado da Justiça, sendo extravagante, isto sim, fazê-lo ao Procurador-Geral da República.

Acresce, ainda, que se a tão festejada autonomia funcional e administrativa de que cogita o § 2º do artigo 127 tem feição absoluta, o que somente admito para argumentar, a delegação autorizada pelo citado parágrafo único exsurge sem razão de ser, restando contrariada a máxima segundo a qual não se pode atribuir ao legislador, muito menos o constitucional, a inserção de palavras inúteis em diplomas legais, o que se dirá de preceitos. Há 2.500 anos os primeiros filósofos materialistas gregos assentaram que "nada nasce sem causa, mas tudo surge por alguma razão e em virtude de uma necessidade". A delegação admitida tem como móvel o disposto no inciso XXV do artigo 84, ou seja, o provimento dos cargos na forma da lei, revelando, portanto, o campo de atuação da regra do artigo 127, § 2º, como quê em homenagem ao sistema tão caro de freios e contrapesos, o que tem como resultado final o obstáculo ao surgimento de superórgãos. Por tudo, Sr. Presidente, peço vênia ao nobre Ministro relator, a quem muito prezo, para denegar a segurança pleiteada no *mandamus* nº 21.239

e conceder a do nº 21.243, a fim de que seja dada posse ao respectivo Impetrante, muito embora exsurja a certeza de que, diante do insucesso do primeiro, esta última seja automática. Ainda que totalmente desnecessário, registro que o desfecho a que chego em nada diminui o prestígio do Ministério Público da União, cujas funções constitucionais são do maior relevo.

É o meu voto.

CONFIRMAÇÃO DE VOTO

O Senhor Ministro Sepúlveda Pertence (Relator) — Senhor Presidente, na sessão de ontem, dado o adiantado da hora e ante o anúncio de que o caso teria o seu julgamento retomado hoje, abstive-me das breves considerações que, a meu ver, merece o douto voto ontem proferido pelo eminente Ministro Marco Aurélio.

Partiu S. Exa. da observação do excessivo comprimento do voto que proferi. Fixou-se como se fora ponto essencial dele, na invocação da Súmula 47, relativa à impossibilidade da exoneração das nomeações a termo dos reitores de universidades.

É certo, Senhor Presidente, que o voto que proferi como Relator, mais que simplesmente comprido, pode até ser tachado de prolixo, quiçá, de enxundioso. Mas, Senhor Presidente, se assim foi e assim é o voto, não foi por pretensão de deitar falação sabichona. Pelo contrário, a explicação da extensão incomum do voto, pela qual de novo me escuso perante o Tribunal, é uma humilde confissão de ignorância, ao menos sob as perspectivas, que respeito, dos dois votos que lograram, com exemplar simplicidade, subsumir o caso em texto expresso da Constituição. A mim, no entanto, me restou uma convicção contrária, que expressei e tentei explicar: a de que, ao inverso, o problema é sério e difícil, porque cai num vácuo constitucional, vácuo que assinalei, valendo-me da terminologia de Jorge Miranda, a meu ver, não é uma lacuna técnica, uma deficiência da Constituição, mas uma lacuna absoluta, isto é, um espaço propositadamente deixado à livre conformação do legislador complementar.

Dá-se, Senhor Presidente, que a vida não pára à espera das leis e o caso surgiu e tem de ser decidido por este Tribunal. Daí todo o esforço que me custou o ensaio de uma construção constitucional para decidir o feito, nesse perído de vácuo constitucional em que o tema ainda vive. Construção delicada, tendo de cuidar de aspectos absolutamente novos da instituição do Ministério Público na Constituição vigente, delicadeza a que, obviamente, se somaram as debilidades do Relator.

Entretanto, Senhor Presidente, o importante é que, se não vislumbrei no meu voto o que a Constituição quis — mas, ao contrário, me convenci de que ela deixou espaços abertos à complementação — mais que vislumbrar, com os meus olhos de ver, enxerguei com muita nitidez o que a Constituição não quis.

E, neste ponto, *data venia*, é que se situa o cerne do meu voto. A Constituição, a meu ver, — e isto se me afigurou, mais do que de clareza meridiana, para lembrar o saudoso Ministro Luiz Gallotti, de clareza mediterrânea — não quis nomeações em comissão para cargos de funções institucionais do Ministério Público. E não quis porque não se pode decidir este caso sem ter em conta o dado fundamental: a transformação radical da visão do Ministério Público na Constituição de 88 em relação às Constituições anteriores. Naquelas, como ocorre na maioria dos ordenamentos jurídicos, ao contrário, o Procurador-Geral, o chefe da instituição, dado seu provimento e sua livre demissibilidade por ato do Governo, é um instrumento declarado de interferência política na atuação do Ministério Público. É respeitável essa perspectiva, que é a da tradição, mas o certo é que a Constituição de 88 se encaminhou para uma perspectiva totalmente diversa. E por isso criou, com dois ou três exemplos menos eloqüentes, do Direito Comparado, uma situação inteiramente nova no Brasil: a de um Procurador-Geral dotado de um espectro de garantias de estabilidade no cargo quase inédito, submetida que foi a sua exoneração antes do termo da nomeação, a uma autorização expressa do Senado Federal, provocada pelo Presidente da República, por *quorum* qualificado. De outro lado, a esse Procurador-Geral, mesmo assim, se negaram poderes que, também no direito comparado, costumam caracterizar a figura do Procurador-

Geral, na medida em que se deram garantias, também inéditas, aos membros do Ministério Público em geral.

O cerne do meu voto, Senhor Presidente, e nele é que insisto, foi que, nessa estrutura em que se deu garantia na cúpula e em que se dá garantia na base, não posso conceber que, se existem as chefias intermediárias dos ramos especializados do Ministério Público da União e, se essas chefias especializadas terão o *status* de Procuradores-Gerais, fossem os seus titulares nomeados em comissão; que penetrasse entre os dois planos, ambos cercados de garantia — o plano do Procurador-Geral, que se erigiu em Chefe do Ministério Público da União, e o plano dos membros do Ministério Público, cercados de todo um instrumental de garantias —, o que chamei, no meu voto, da cunha demolidora da livre nomeação e demissão dos auxiliares imediatos da ação do Procurador-Geral sobre os ramos especializados: o Procurador-Geral da Justiça do Trabalho e o da Justiça Militar.

A invocação da Súmula 147 é importante, mas não é o centro. O ponto é que, a meu ver, a estrutura do Ministério Público, todo o seu perfil subjacente às normas constitucionais, repele o cargo em comissão para suas funções institucionais. Apenas para solucionar, no vácuo da espera da Lei Orgânica, o caso concreto, é que lembrei que, na Constituição de 1946, onde também existia a competência genérica do Presidente da República para prover os cargos públicos federais, extraiu o Supremo Tribunal, embora dividido, que a lei não poderia cortar o poder implícito de exonerar, que a competência presidencial continha, mediante fixação de nomeações a termo; mas, do alcance desse entendimento, excetuou um caso em que, a partir da liberdade de cátedra, expressa na Constituição, se extraiu a autonomia universitária e, desta, a inadmissibilidade da livre exoneração dos Reitores, antes de findo o período para que nomeado.

Ora, a autonomia do Ministério Público, Senhor Presidente, na estrutura do Poder Executivo, não precisa de construção alguma, ela é declarada, é enfatizada, no texto explícito da Constituição e, com mais razão, tal como a da Universidade, também há de reputar-se incompatível com a livre exoneração dos Procuradores Gerais e, pois, com a sua nomeação em comissão.

Apenas com essas breves considerações, em homenagem ao voto do Ministro Marco Aurélio, mantenho o meu, à espera dos ensinamentos que se hão se seguir.

VOTO (VISTA)

O Sr. Ministro Carlos Velloso: — Senhor Presidente, o cargo objeto da causa — Procurador-Geral da Justiça do Trabalho — foi criado pela Lei nº 1.341, de 30.1.51, que é a Lei Orgânica do Ministério Público da União, com muitas de suas normas ainda em vigor. (...)

Ainda no sistema da CF/67, com a EC nº 1/69, sustentei a tese no sentido de que apenas o Procurador-Geral da República seria demissível *ad nutum*, porque a Constituição autorizava essa demissão. Os demais membros do Ministério Público, entretanto, não poderiam ser demitidos a não ser na forma prevista no § 1º do art. 95 da Constituição de 1.967. Assim votei no antigo Tribunal Federal de Recursos, em 12.12.82, por ocasião do julgamento da argüição de inconstitucionalidade no MS nº 95.973-DF, tendo ficado, entretanto, vencido. ("DJ" de 14.4.83).

Assim o voto que então proferi:

"Senhor Presidente, dispõe a Constituição Federal, no § 1º do art. 95: a) que os membros do Ministério Público da União, do Distrito Federal e dos Territórios ingressarão nos cargos iniciais de carreira, mediante concurso público de provas e títulos; b) após dois anos de exercício, os membros do Ministério Público não poderão ser demitidos, senão por sentença judiciária ou em virtude de processo administrativo em que se lhes faculte ampla defesa; c) nem removidos, a não ser mediante representação do Procurador-Geral, com fundamento em conveniência do serviço.

Da leitura do texto acima mencionado — § 1º do art. 95 — verifica-se que a Constituição conferiu ao membro do Ministério Público a garantia da estabilidade, observado o conceito desse instituto, que se extrai do art. 105, II, da Lei

Maior, e uma quase inamovibilidade.

O Subprocurador-Geral da República é membro do Ministério Público, e, se não o fosse, não poderia participar dos julgamentos deste Tribunal, e do Supremo Tribunal Federal, como não poderia participar das sessões do Superior Tribunal Militar o Subprocurador-Geral da Justiça Militar, nem das sessões do Tribunal Superior Eleitoral o Subprocurador-Geral Eleitoral, ou, do Tribunal Superior do Trabalho, o Subprocurador-Geral da Justiça do Trabalho.

E tanto é ele membro do Ministério Público, que oferece parecer, oficia nos autos, aprova pareceres formulados por Procuradores, assim procedendo como agente do Ministério Público.

Ora, se o Subprocuador-Geral é membro do Ministério Público, como de fato o é, não pode ele ser demitido "ad nutum" da Administração, não pode ele ser demitido da sua importantíssima função pela só vontade ou arbítrio das autoridades do Poder Executivo.

Em conseqüência, a Constituição não admite que um membro do Ministério Público possa ocupar cargo em comissão.

Quando a Constituição quis que um membro do Ministério Público fosse nomeado em comissão, foi expressa (C.F., art. 95, "caput").

Este — o Procurador-Geral, o chefe do Ministério Público — pode ser nomeado em comissão. Não deixa de ser uma anomalia. Mas, em termos de "lege lata", temos que aceitar. O Procurador-Geral da República, o chefe do Ministério Público Federal pode ser demitido pela só vontade ou arbítrio do Executivo. Essa excrescência, que diminui a instituição do Ministério Público, lembro-me, levou o saudoso Ministro Adauto Lúcio Cardoso a dizer, em conferência pronunciada em Belo Horizonte, que a crise por que passa o Judiciário é muito menos deste e muito mais do Ministério Público. Noutras palavras, repetia isso o eminente Ministro Paulo Távora, neste Tribunal, quando dizia que o erro do juiz o Tribunal corrige, mas o erro do Ministério Público quem corrigirá? Há pouco, mencionou-se o nome de ilustre Subprocurador-Geral que, sem mais nem menos, foi demitido do cargo.

Retorno ao douto voto do eminente Ministro Sebastião Reis, cujas opiniões tenho o costume de respeitar.

Divirjo, "data venia", de S. Exª, quando S. Exª afirma, com base em constitucionalistas americanos, que a inconstitucionalidade de uma lei só deve ser declarada quando ela se apresenta de forma escancarada, ou quando não padece de dúvida. Assim, em verdade, é a doutrina americana.

E porque a nossa Constituição se assemelha à Constituição americana, porque a Constituição brasileira teve como figurino a Constituição dos Estados Unidos, é ela rígida, como rígida é a Constituição americana, talvez por tudo isso seria aplicável ao constitucionalismo brasileiro, em termos de controle de constitucionalidade, a doutrina americana.

Assim, todavia, não deve ser entendido, de forma radical.

É que, tendo o controle jurisdicional de constitucionalidade sido instituído nos Estados Unidos, sob o pálio de uma Constituição que não autorizava, expressamente, o Poder Judiciário a declarar a inconstitucionalidade de uma lei, pois o controle jurisdicional de constitucionalidade foi criado por Marshall através de uma construção judicial, é natural que fosse o instituto encarado com reserva, com cautela. Mas a constituição brasileira...

O Exmº Sr. Ministro Bueno de Souza: V. Exª me permite?

O Exmº Sr. Ministro Carlos Velloso: — Com muito prazer.

O Exmº Sr. Ministro Bueno de Souza: — E Marshall o criou, prevalecendo-se com grande senso de oportunidade histórica, política (no bom sentido) e jurídica de um momento de fraqueza e vacilação do Presidente.

O Exmº Sr. Ministro Carlos Velloso: — E com que dificuldade Marshall enunciou os fundamentos da doutrina do controle jurisdicional de constitucionalidade, numa Constituição que não o permitia, expressamente, num Tribunal então desconhecido, sem qualquer prestígio, cujo endereço, em Washington, ninguém sabia. Mas porque Marshall soube pugnar pelo controle, firmando-o, a Corte Suprema dos Estados Unidos é, inegavelmente, hoje, o Tribunal mais prestigiado do mundo e inúmeros países adotam o sistema de controle judicial da constitucionalidade.

Mas, dizia eu, a Constituição brasileira prevê, expressamente, o controle jurisdicional da constitucionalidade dos atos normativos. Ora, sob uma Constituição que admite, expressamente, o controle judicial da constitucionalidade dos atos normativos, a doutrina americana de que a inconstitucionalidade só deve ser declarada quando estiver acima de qualquer dúvida — "beyond all reasonable doubt" — há de ser encarada com cautela e reserva.

Assim, peço vênia para divergir do meu eminente e douto Colega, Ministro Sebastião Reis, quando S. Exª sustenta que a inconstitucionalidade só deve ser declarada quando ela for manifesta, escancarada, flagrante.

O Exmº Sr. Ministro Sebastião Alves dos Reis: — Inicialmente, no meu voto ressalvei perfeitamente que não sou preso a apriorismos nesse campo.

Mesmo no constitucionalismo americano, apesar dessa idéia central, dessa premissa central, nós registramos inúmeros casos de decretação de inconstitucionalidade, principalmente no campo relacionado com a estruturação e relacionamento dos Poderes e com o resguardo dos direitos individuais. E, passando ao Direito Brasileiro, apesar da autorização expressa da Constituição, apenas refleti o pensamento dominante. E, como já disse, em obra atualizadíssima, o Professor José Alfredo de Oliveira Baracho transcreve esses ensinamentos, isto é, admite-se que a lei tenha sido devidamente discutida na sua legitimidade pelo Legislativo.

De forma que essa reserva de cautela parece inerente à própria competência do Legislador, e é uma homenagem do Judiciário ao Legislativo, quando a observa.

Como já disse, não afirmei que, para decretar a inconstitucionalidade, é preciso que ela se mostre às escâncaras; absolutamente, não sustento essa tese; a minha idéia básica é até a de que não há apriorismos nesse campo. Agora, no caso concreto, não vi realmente suporte, porque me parece, data venia, que está sendo feita uma construção em torno de um texto, quando a matéria talvez comporte apenas interpretação, e não construção. Mesmo no constitucionalismo americano a construção só se dá no domínio dos altos princípios da Constituição: é no relacionamento de Poder para Poder, é no relacionamento da União com os Estados-Membros, ou, então, no resguardo aos direitos individuais, e não num campo mais confinado como esse, que é de estruturação de carreira. Quer dizer, isto está mais próximo do Direito Administrativo que do Direito Constitucional. Em outras palavras, não me parece que seja uma matéria ontologicamente, intrinsecamente constitucional.

O Exmº Sr. Ministro Carlos Velloso: — Veja V. Exª que as nossas colocações não são coincidentes.

Acho que um Ministério Público bem estruturado, como quer a Constituição, é garantia dos direitos individuais, da mesma forma que um Ministério Público controlado, sem garantias de independência, pode transformar-se em instrumento de perseguição dos que divergem da situação dominante ou instrumento de realização do protecionismo prevaricador, o que não se coaduna com o Estado de Direito, com o Estado democrático, com o Estado Constitucional. A matéria, pois, é muito mais de Direito Constitucional e menos de Direito Administrativo, em sentido estrito.

O Exmº Sr. Ministro Sebastião Alves dos Reis: — Ministro Carlos Mário Velloso, a Constituição poderia até ter erigido o Ministério Público num 4º poder, mas não o faz.

O Exmº Sr. Ministro Carlos Velloso: — Eminente Ministro, mas o pouco que a Constituição deu V. Exª não quer reconhecer...

O Exmº Sr. Ministro Sebastião Alves dos Reis: — Não, não quero substituir...

O Exmº Sr. Ministro Carlos Velloso: — Veja V. Exª, a Constituição diz: "Os membros do Ministério Público, após dois anos de exercício, não poderão ser demitidos senão por sentença judiciária ou em virtude de processo administrativo, em que se lhes faculte ampla defesa."

Então, o Subprocurador-Geral não é membro do Ministério Público?

O Exmº Sr. Ministro Sebastião Alves dos Reis: — mas nada impede...

O Exmº Sr. Ministro Carlos Velloso: — O que caracteriza o membro do Ministério Público, é a sua condição de fiscal da lei.

O Exmº Sr. Ministro Sebastião Alves dos Reis: — Com esse argumento o Procurador-Geral da República não poderia...

O Exmº Sr. Ministro Carlos Velloso: — Quanto ao Procurador-Geral, a Constituição permitiu. Já disse eu que a Constituição ressalvou o Procurador-Geral, no "caput" do art. 95. Em termos "de lege ferenda", propugno para que esta excrescência não esteja aqui; em termos "de lege lata", todavia, ela está, respeito, mas, com relação aos demais membros, não. O que a Constituição diz é: "Os membros do Ministério Público, após dois anos de exercício, não poderão ser demitidos, senão por sentença judiciária". E o Subprocurador-Geral é membro do Ministério Público e pode ser demitido, porque ocupa um cargo em comissão. A Constituição, em verdade, quer que o Ministério Público seja o guardião dos Tribunais, o guardião do Poder judiciário, o guardião dos Juízes, o guardião das garantias dos direitos individuais. Veja V. Exª que a posição do Ministério Público é muito importante; ela tem, realmente, eminência, e a Constituição quis preservar essa eminência, assegurando-lhe certas garantias de independência, e a principal delas é que os membros do Ministério Público exercem os seus cargos sem poderem ser demitidos ou afastados deles a não ser na forma prevista na Constituição (§ 1º do art. 95).

Senhor Presidente, devo encerrar este voto. Tenho como inconstitucional o dispositivo de lei ordinária que estabelece forma de provimento em comissão do cargo de Subprocurador-Geral. Membro do Ministério Público não ocupa cargo em comissão, pois o único que pode ocupar cargo de confiança é o Procurador-Geral (Constituição, art. 95, "caput"). Deixo claro que não julgo inconstitucional o dispositivo de lei que cria os cargos de Subprocurador-Geral; o que tenho como inconstitucional é a forma de provimento de tais cargos, em comissão, o que não se coaduna com o preceito constitucional (§ 1º do art. 95 da Constituição).

Destarte, com a vênia devida ao eminente Sr. Ministro Sebastião Reis, adiro ao voto do não menos eminente Ministro Costa Lima."

A CONSTITUIÇÃO DE 1.988.

A Constituição de 1.988 alterou de modo significativo o sistema anterior. Considerado instituição essencial à função jurisdicional, o Ministério Público ganhou autonomia (artigos 127 e seguintes). Em voto que proferi a respeito do tema, quando examinamos a questão do *promotor natural*, no HC nº 67.759-2-RJ, dissertei a respeito dessa autonomia e das novas garantias que a Constituição de 1.988 instituiu em favor dos membros do Ministério Público. No RE nº 127.246-DF, voltei ao tema.

No sistema da Constituição de 1988, o Ministério Público se constitui de dois grandes ramos, o Ministério Público da União e o Ministério Público dos Estados (CF, art. 128). O Ministério Público da União, por sua vez, compreende: a) o Ministério Público Federal; b) o Ministério Público do Trabalho; c) o Ministério Público Militar; d) o Ministério Público do Distrito Federal e Territórios (art. 128, I, alíneas "a", "b", "c", "d"). E, no sistema da Constituição de 1988, o Procurador-Geral da República, que não mais exerce cargo em comissão, é o chefe do Ministério Público da União e não apenas do

Ministério Público Federal, como anteriormente. É ele, Procurador-Geral da República, nomeado pelo Presidente da República dentre integrantes da carreira, maiores de trinta e cinco anos, após aprovação de seu nome pela maioria absoluta dos membros do Senado Federal, para mandato de dois anos, permitida a recondução (CF, art. 128, § 1º), podendo ser destituído, pelo Presidente da República, desde que autorizada essa destituição pelo voto da maioria absoluta do Senado Federal (art. 128, § 2º).

A Constituição, estabeleceu, depois, nos §§ 3º e 4º do art. 128:

"§ 3º — Os Ministérios Públicos dos Estados e o do Distrito Federal e Territórios formarão lista tríplice dentre integrantes da carreira, na forma da lei respectiva, para escolha de seu Procurador-Geral, que será nomeado pelo Chefe do Poder Executivo, para mandato de dois anos, permitida uma recondução.

§ 4º — Os Procuradores-Gerais nos Estados e no Distrito Federal e Territórios poderão ser destituídos por deliberação da maioria absoluta do Poder Legislativo, na forma da lei complementar respectiva."

Disciplinou a Constituição, está-se a ver, a forma de escolha do Procurador-Geral do Ministério Público dos Estados e de um dos ramos do Ministério Público da União, ou seja, do Ministério Público do Distrito Federal e Territórios, nada dispondo, a respeito, em relação aos Ministérios Públicos do Trabalho e Militar.

Posta a questão no sistema da Constituição de 1.988, indaga-se: teriam as disposições da Lei nº 1.341, de 1.951, que instituem o cargo de Procurador-Geral do Ministério Público do Trabalho e estabelece a forma de seu provimento, sido recepcionadas pela Constituição de 1.998?

Essas disposições estão inscritas nos artigos 61, I, e 64 da citada Lei 1.341/51:

"Art. 61 — são órgãos do Ministério Público da Justiça do Trabalho:

I — o Procurador-Geral da Justiça do Trabalho;

.....

Art. 64 — O Procurador-Geral será nomeado, em comissão, dentre bacharéis em Direito, com dez anos, pelo menos, de prática forense."

A questão, repete-se, está em dar resposta à indagação acima.

O eminente Ministro Pertence, Relator, em longo, minucioso e judicioso voto, entende que aquelas normas foram recepcionadas apenas em parte, vale dizer, apenas no ponto em que a Lei 1.341/51 cria o referido cargo; as referidas normas não foram recepcionadas, entretanto, a) quando estabelecem que o Procurador-Geral poderia ser escolhido livremente dentre bacharéis em Direito não integrantes da carreira, e b) quando estabelecem forma de provimento, em comissão, do cargo de Procurador-Geral.

Não tenho dúvida de que tais normas não foram recepcionadas pela Constituição de 1.988. A uma, porque a Constituição põe ênfase na carreira. Ora, se o Procurador-Geral da República, chefe do Ministério Público da União, é escolhido dentre membros da carreira, não seria possível que um dos ramos desse Ministério Público pudesse ter um Procurador-Geral escolhido fora da carreira. Reforça esse raciocínio o fato de a Constituição ter estabelecido que o Procurador-Geral dos Estados e o Procurador-Geral do Distrito Federal e dos Territórios, este último um dos ramos do Ministério Público da União, serem escolhidos, da mesma forma, dentre integrantes da carreira (art. 128, § 3º). A outra, porque a forma de provimento do cargo, em comissão, demissível *ad nutum*, é absolutamente incompatível com o sistema consagrado pela Constituição, em que o Ministério Público goza de autonomia funcional e administrativa (art. 127, § 2º) e os seus membros, de garantias próprias da magistratura, com destaque para a garantia da inamovibilidade (art. 128, § 5º, I, "b"). Ademais, confere a Constituição aos chefes dos seus ramos maiores — Procurador-Geral da República e Procuradores-Gerais nos Estados — e ao chefe de um dos ramos do M.P. da União — Procurador-Geral do M.P. do D.F. e Territórios — mandato. Ora, não seria admissível que apenas o chefe de um dos ramos do M.P. da União, o M.P. do D.F. e Territórios, tivesse mandato, assim estivesse garantido no seu cargo, e os chefes dos demais ramos do Ministério Público da União não tivessem garantia nenhuma, porque de investidura precária, demissíveis *ad nutum*.

Então, parece-me curial a conclusão no sentido de que essa forma de investidura, mediante provimento em comissão, do cargo de Procurador-Geral do Ministério Público do Trabalho, não foi recepcionada pela Constituição.

E teria o cargo de Procurador-Geral da Justiça do Trabalho sido abolido pela Constituição de 1.988, porque não recepcionado por esta?

É razoável, na verdade, o entendimento no sentido da resposta afirmativa.

É que, instituindo a Constituição o cargo de Procurador-Geral do Ministério Público do Distrito Federal e Territórios, um dos ramos do Ministério Público da União, e tendo disciplinado a forma de sua investidura, e não o tendo feito em relação aos demais ramos — Militar e do Trabalho — é razoável o entendimento no sentido de que não desejaria a Constituição esse cargo, cargo criado pela Lei 1.341/51, num sistema em que os ramos do Ministério Público da União eram autônomos entre si, em que o Procurador-Geral da República não era o chefe daqueles ramos do M.P. da União, mas chefe apenas do M.P. Federal. O fato de a Constituição ter instituído, para o M.P. do Distrito Federal e Territórios, o cargo de Procurador-Geral, teria explicação: é justificável que o M.P. do Distrito Federal e Territórios tenha um Procurador-Geral, ainda que subordinado ao Procurador-Geral da República, porque o Distrito Federal, no sistema da Carta de 1988, é quase um Estado-membro, com Poder Judiciário próprio, posto que organizado e mantido pela União (C.F., art. 21, XIII).

Argumentos outros, entretanto, demonstrariam, a meu ver, que o melhor entendimento é no sentido de que o cargo de Procurador-Geral do M.P. do Trabalho, puro e simples (Lei 1.341/51, art. 61, I), foi recepcionado pela Constituição.

Acentue-se, por primeiro, que as funções do Procurador-Geral do M.P. do Trabalho, inscritas na Lei 1.341/51, artigo 65, e em leis subseqüentes, não são incompatíveis com a Constituição. Elas foram, portanto, recepcionadas por esta. De outro lado, tendo a Constituição instituído o cargo de Procurador-Geral do M.P. do Distrito Federal e Territórios, que é um dos ramos do M.P. da União, isto significa que, no sistema da Constituição, não seria incompatível a existência de Procuradores-Gerais dos demais ramos do M.P. da União. A lei orgânica do Ministério Público da União (C.F., art. 128, § 5º) poderá, pois, dispor a respeito. Ademais, quando a Administração racionaliza-se, buscando orientar-se em termos de técnica, certo que a descentralização administrativa é a tônica dessa racionalização, não seria admissível que o Procurador-Geral da República exercesse, ele próprio, as funções do chefe imediato do M.P. do Trabalho, ou que o M.P. do Trabalho não contasse com um órgão de chefia imediato, sempre com observância, evidentemente, do comando inscrito no art. 128, § 1º, da Constituição: o Procurador-Geral da República é o chefe maior, porque o chefe do M.P. da União.

Tenho, pois, que a Constituição de 1.988 recepcionou a Lei nº 1.341, de 1.951, no ponto em que esta lei institui, no art. 61, I, pura e simplesmente, o cargo de Procurador-Geral do M.P. do Trabalho.

Sendo assim, e porque não seria admissível a forma precária do provimento desse cargo, vale dizer, não seria admissível o provimento do cargo em comissão, assim demissível *ad nutum*, conforme vimos de ver, linhas atrás, parece-me razoável o entendimento no sentido de que a sua forma de provimento deve ser a mesma que a Constituição escolheu para o cargo de Procurador-Geral do Ministério Público do Distrito Federal e Territórios. Empresta-se, destarte, tratamento isonômico aos ramos do M.P. da União, porque o mesmo critério seria aplicável ao M.P. Militar.

Informa, aliás, o eminente Ministro Marco Aurélio, no seu voto, que o projeto da Lei Orgânica do Ministério Público da União, de iniciativa deste, prevê que o Procurador-Geral do Trabalho e o Militar serão nomeados pelo Presidente da República, comunicado o ato previamente ao Procurador-Geral da República, após a aprovação do nome pelo Senado Federal, para mandato de dois anos, permitida a recondução, que será precedida de nova aprovação, podendo os referidos

Procuradores ser exonerados, de ofício, pelo Presidente da República, mediante prévia autorização do Senado, comunicado o ato ao Procurador-Geral da República.

Posta a questão nestes termos, segue-se que a investidura do Dr. Hegler José Horta Barbosa, no cargo de Procurador-Geral do M.P. do Trabalho, deu-se de forma irregular, porque ao arrepio da Constituição de 1.988. Irregular a investidura, assim nula, porque não baseada em lista tríplice nem precedida de aprovação pelo Senado, poderia ser desfeita, como o foi, por ato da autoridade que a praticou. Na mesma linha de argumentação, é nula a nomeação do Dr. Antônio Carlos Roboredo.

Concluo, então, Senhor Presidente.

No *MS nº 21.239-0-DF*, em que é impetrante o Sr. Procurador-Geral da República, é pedida a anulação dos decretos de exoneração do Dr. Hegler José Horta Barbosa do cargo de Procurador-Geral do M.P. do Trabalho e de nomeação do Dr. Antônio Carlos Roboredo, para o mesmo cargo. No que toca ao primeiro pedido — anulação do decreto de exoneração do Dr. Hegler José Horta Barbosa — indefiro o *writ*; todavia, relativamente ao segundo pedido — anulação do decreto de nomeação do Dr. Antônio Carlos Roboredo para o cargo de Procurador-Geral do M.P. do Trabalho — defiro a segurança.

No *MS nº 21.243-8-DF*, impetrado pelo Dr. Antônio Carlos Roboredo, o pedido é para que, declarada a validade do ato que o nomeou para o cargo de Procurador-Geral do M.P. do Trabalho, lhe seja assegurada a posse no referido cargo. Tendo em vista o decidido no MS nº 21.239-0-DF, acima indicado, está prejudicado o referido MS nº 21.243-8-DF, impetrado pelo Dr. Antônio Carlos Roboredo.

Em resumo, defiro, em parte, o MS 21.239-0-DF, impetrado pelo Sr. Procurador-Geral da República, para o fim de declarar nulo o ato de nomeação do Dr. Antônio Carlos Roboredo para o cargo de Procurador-Geral do M.P. do Trabalho; em conseqüência, julgo prejudicado o MS nº 21.243-8-DF, impetrado por este último.

É como voto.

VOTO

O Senhor Ministro Celso de Mello — Foi a Constituição Federal de 1988, inegavelmente, o instrumento de consolidação jurídico-institucional do Ministério Público. Ao dispensar-lhe singular tratamento normativo, a Carta Política redesenhou-lhe o perfil constitucional, outorgou-lhe atribuições inderrogáveis, explicitou-lhe a destinação político-institucional, ampliou-lhe as funções jurídicas e deferiu, de maneira muito expressiva, garantias inéditas à própria Instituição e aos membros que a integram.

Foram, assim, plenas de significação as conquistas institucionais obtidas pelo Ministério Público ao longo do processo constituinte de que resultou a promulgação da nova Constituição do Brasil. Com a reconstrução da ordem constitucional, emergiu o Ministério Público sob o signo da legitimidade democrática. Ampliaram-se-lhe as atribuições; dilatou-se-lhe a competência; reformulou-se-lhe a fisionomia institucional; conferiram-se-lhe os meios necessários à consecução de sua destinação constitucional; atendeu-se, finalmente, a antiga reivindicação da própria sociedade civil.

Posto que o Ministério Público não constitui órgão ancilar do Governo, instituiu o legislador constituinte um sistema de garantias destinado a proteger o membro da instituição e a própria Instituição, cuja atuação autônoma configura a confiança de respeito aos direitos, individuais e coletivos, e a certeza de submissão dos Poderes à lei.

É indisputável que o Ministério Público ostenta, em face do ordenamento constitucional vigente, peculiar e especial situação na estrutura do Poder. A independência institucional constitui uma de suas mais expressivas prerrogativas. Garante-lhe o livre desempenho, em toda a sua plenitude, das atribuições que lhe foram deferidas.

O tratamento dispensado ao Ministério Público pela nova Constituição confere-lhe, no plano da organização estatal, uma posição de inegável eminência, na medida em que se lhe atribuíram funções institucionais de magnitude irrecusável, dentre as quais avulta a de "zelar pelo efetivo respeito dos Poderes

Públicos e dos serviços de relevância pública aos direitos assegurados nesta Constituição, promovendo as medidas necessárias a sua garantia" (v. CF/88, artigo 129, inciso II).

O Ministério Público, em face dessa regra, tornou-se, por destinação constitucional, o defensor do Povo.

Dentre as garantias objetivas, ou de índole institucional, asseguradas pela nova Constituição ao Ministério Público, está aquela que consagra o princípio do autogoverno dessa Instituição, cuja realidade, em nosso sistema de direito positivo, deriva, essencialmente, da alta missão institucional que vincula o "Parquet", de modo absolutamente incondicional, à tutela da ordem jurídica, à defesa do regime democrático e à proteção dos interesses sociais e individuais indisponíveis.

Por isso mesmo, observa, em magistério definitivo, o saudoso Hely Lopes Meirelles (*Temas Institucionais*, p. 10, 1982, publicação da Associação Paulista do Ministério Público, São Paulo): "O que todos os autores acentuam e não divergem, é na dupla função do Ministério Público como órgão tutelar do interesse da sociedade e de fiscal da lei. Para isso seus membros são investidos de prerrogativas próprias e exclusivas, e a instituição é mantida no mais alto nível constitucional, como órgão independente, sem subordinação a qualquer dos Poderes de Estado."

A autonomia do Ministério Público, que agora possui extração constitucional, persegue um só objetivo: conferir-lhe, em grau necessário, a possibilidade de livre atuação orgânico-administrativa e funcional, desvinculando-o, no quadro dos Poderes do Estado, de qualquer posição de subordinação, especialmente em face dos Poderes Judiciário e Executivo. Daí a advertência de Wilson Accioli (*Instituições de Direito Constitucional*, p. 455, 1978, Rio), que cumpre rememorar: "Não deve estar subordinado ao Poder Judiciário, pois decresceria na sua independência perante o mecanismo da Justiça, nem deve estar ligado substancialmente ao Poder Executivo, pois sua independência desde logo se anularia diante das imposições governamentais."

Tenho, por isso mesmo, como plenamente extensíveis ao Ministério Público, a partir de sua própria e inovadora disciplina plasmada na Carta Política de 1988, as lições de Castro Nunes (*Teoria e Prática do Poder Judiciário*, p. 111/112, 1943, Forense), de João Barbalho (*Comentários à Constituição Federal Brasileira* — art. 58) e de Carlos Maximiliano (*Comentários à Constituição Brasileira* — art. 58 (1891), 3ª ed.), que, embora referindo-se à autonomia administrativa dos Tribunais — e à sua competência para prover os cargos dos seus serviços auxiliares — acentuavam, em magistério de irrecusável atualidade no que concerne, hoje, ao "Parquet", que a *razão de ser* dessa prerrogativa (que muito mais constitui uma poderosa garantia contra os governantes e as interferências de órgãos estatais externos) justifica-se ante a imperiosa necessidade de resguardar a independência do órgão, colocando, unicamente, sob o seu poder decisório, para efeito de provimento dos cargos, aqueles que, por nomeação, efetiva, vitalícia ou a termo, deveriam ocupá-los. "Não pareça isso exagerada cautela ou mal entendida confiança", advertia Castro Nunes ("op. cit.," p. 112). Fortalecer a instituição destinária dessa cláusula de garantia — o Ministério Público, hoje — corresponde, em essência — *acentuo* —, a dar-lhe o domínio de suas próprias atividades e a submeter aos seus fins legítimos os agentes e servidores que a integram.

A Constituição da República conferiu, assim, uma posição de inquestionável eminência ao Ministério Público. Deferiu-lhe, em conseqüência, os meios necessários à plena realização de suas finalidades jurídico-institucionais. A autonomia administrativa, enquanto expressão de uma garantia instrumental, de índole constitucional, objetiva assegurar ao Ministério Público o regular desempenho e o integral exercício do seu autogoverno. É-lhe inerente, na esfera de sua capacidade de auto-administração, o poder de formalizar, "pro domo sua", o provimento dos cargos e funções dos membros que o integram e dos agentes que lhe compõem os serviços auxiliares.

Essa competência emerge de norma constitucional expressa, inscrita no art. 127, § 2º, da Carta Federal, que assim dispõe: "Ao Ministério Público é assegurada autonomia funcional e administrativa, podendo, observado o disposto no art. 169, propor ao Poder Legislativo a criação e extinção de seus cargos e serviços auxiliares, provendo-os por concurso público de provas e de provas e títulos...".

Esse preceito constitucional, no entanto, ao assegurar o exercício da autonomia administrativa do Ministério Público, pareceu limitá-la àquelas hipóteses de provimento de cargos públicos *mediante prévia aprovação em concurso público de provas ou de provas e títulos*.

Reconheço, no entanto, que a mera literalidade dessa norma constitucional — dadas as virtualidades jurídicas da regra em questão, bem assim a potencialidade da competência jurídico-administrativa que nela se contém — não bastaria, por si só, para inibir o exercício, pelo Procurador-Geral da República, dos seus poderes para prover, no âmbito da Instituição, determinados cargos sob regime diverso, como o de investidura a termo, única modalidade de provimento que, a par da nomeação vitalícia, revelar-se-ia compatível com o novo sistema de garantias do Ministério Público.

Justifica esta afirmação, na realidade, toda a formulação doutrinária que se construiu, a partir da célebre decisão da Suprema Corte dos EUA, no caso Mc Culloch vs. Maryland (1819), verdadeira "landmark decision", em torno da teoria dos "implied powers".

Com efeito, Marcello Caetano (*Direito Constitucional*, vol. II/12-13, item n. 9, 1978, Forense), referindo-se aos processos de hermenêutica constitucional, assinala que "Em relação aos poderes dos órgãos ou das pessoas físicas ou jurídicas, admite-se, por exemplo, a interpretação extensiva, sobretudo pela determinação dos poderes que estejam implícitos noutros expressamente atribuídos".

A Suprema Corte, ao exercer o seu poder de indagação constitucional — como a ele se referiu, certa vez, Castro Nunes (*Teoria e Prática do Poder Judiciário*, p. 641, 1943) — deve ter presente, sempre, essa técnica lógico-racional, fundada na teoria jurídica dos poderes implícitos, para, através dela, conferir eficácia real ao conteúdo e ao exercício de dada competência constitucional.

Não fora assim, esvaziar-se-ia, por completo, a competência do Procurador-Geral da República para exercer, com fundamento no autogoverno do Ministério Público, o complexo de direitos, prerrogativas e faculdades que derivam dos poderes enumerados a ele deferidos. "Nada mais lógico, portanto", assinala o eminente e saudoso Ministro Oswaldo Trigueiro ("Os Poderes do Presidente da República", "in" RDA, vol. 29/22), "do que recorrermos eventualmente ao expediente dos poderes implícitos, para neles assentar algum poder derivado de que (...) tivesse de utilizar-se para o integral desempenho de seu papel constitucional".

Ocorre, porém, Sr. Presidente, não obstante o relevo e a importância que assume a teoria dos poderes implícitos no plano da hermenêutica constitucional, que cumpre ter presente o novo sistema de garantias que a Constituição deferiu ao Ministério Público e aos membros que o integram, cuja razão de ser funda-se, essencialmente, na significativa circunstância de que, agora, sob a égide do novo ordenamento constitucional, a investidura no cargo de representante do Ministério Público se processa, sempre, uma vez decorrido o biênio probatório, em caráter vitalício, com a exclusão de qualquer outra modalidade de provimento, ressalvadas as hipóteses constitucionais de investidura a termo do Procurador-Geral da República e dos Procuradores-Gerais do Ministério Público dos Estados e do Distrito Federal e Territórios.

A par desse expressivo predicamento do Ministério Público, outro, de igual importância, foi deferido a seus membros integrantes, como típica garantia de ordem subjetiva destinada a protegê-los no desempenho de seu relevante ofício público: a garantia da inamovibilidade (CF, art. 128, § 5º, I, "a" e "b").

Essas garantias de índole constitucional estabeleceram, até mesmo pela intensidade do grau de tutela jurídica que dispensaram aos membros do Ministério Público, um círculo de indevassável proteção, destinado a impedir interferências externas — especialmente quando emanadas do Chefe do Poder Executivo ou representadas pela instabilidade decorrente do provimento de certos cargos em comissão — que afetassem, de modo absolutamente indesejável, a liberdade de atuação funcional dos agentes integrantes do "Parquet".

Na realidade, tenho por insubsistente, em face do novo perfil constitucional assumido pelo Ministério Público, o regime de provimento em comissão dos cargos titularizáveis por seus membros, ressalvadas as exceções de ordem constitucional que, transigindo nesse delicado ponto que diz com as próprias garantias outorgadas "ratione muneris" aos agentes políticos do "Parquet", apenas contemplam, sob a vigente Lei Fundamental, em "numerus clausus", as duas *únicas* hipóteses de investidura a termo do Procurador-Geral: (a) a do Procurador-Geral da República, nomeado por um biênio pelo Presidente da República, após a necessária aprovação senatorial (CF, art. 128, § 1º) e (b) a dos Procuradores-Gerais de Justiça dos Estados e, também, do Distrito Federal e Territórios, que serão nomeados pelo Chefe do Poder Executivo, igualmente por um biênio (CF, art. 128, § 3º).

Coerente com esse entendimento, e tendo presente, ainda, a privatividade do exercício das funções do "Parquet" por membro do Ministério Público, reputo não recebida pela nova ordem constitucional — até mesmo em face da impossibilidade de se admitir, em nosso Direito, o fenômeno da recepção inovadora ou transformadora, quando da sucessão de um ordenamento fundamental por outro — a regra inscrita no art. 64 da Lei nº 1341/51, que proclamava a *livre nomeação* do Procurador-Geral da Justiça do Trabalho dentre quaisquer bacharéis em Direito, ainda que estranhos à carreira do Ministério Público, com 10 anos, pelo menos, de prática forense.

Entendo, na realidade, a partir de uma visão mais radical da questão, que não mais existe, a partir da promulgação da vigente Constituição, o cargo de Procurador-Geral da Justiça do Trabalho, o qual, não obstante previsto pelo direito positivo pré-constitucional, tornou-se especialmente *incompatível* com os postulados constitucionais da unidade e exclusividade de Chefia do Ministério Público da União e *inconciliável*, quanto à sua forma de provimento, com as garantias da vitaliciedade e da inamovibilidade deferidas aos membros integrantes do "Parquet".

Correta, sob tal aspecto, a afirmação de Hugo Nigro Mazzilli ("O Ministério Público na Constituição de 1988", p. 71, 1989, Saraiva), cujo magistério, versando a questão da existência, ou não, da Chefia dos demais ramos especializados integrantes do Ministério Público da União, dentre os quais se encontra o Ministério Público do Trabalho, adverte:

"Além do Procurador-Geral da República, a Constituição de 1988 só admitiu mais dois tipos de procuradores-gerais para o Ministério Público: o procurador-geral do Ministério Público do Distrito Federal e Territórios e o procurador-geral do Ministério Público de cada Estado (art. 128, §§ 3º e 4º),

Como se viu, os demais Ministérios Públicos (Federal, do Trabalho e Militar), embora constituindo carreiras próprias, lamentavelmente não terão seus próprios procuradores-gerais, já que todas as instituições compreendidas pelo Ministério Público da União terão um único procurador-geral, à exceção do Ministério Público do Distrito Federal e Territórios que, por exceção expressa no texto constitucional, terá chefia própria (CF, art. 128, §§ 1º e 3º)."

Por isso mesmo, assinala esse autor, que é membro ilustre do Ministério Público paulista ("op. cit.", p. 69), "verbis":

"O Procurador-Geral da República é o chefe do Ministério Público da União: é o que assegura o § 1º do art. 128 da Constituição em vigor. Entretanto, já se anotou que, posto compreenda o Ministério Público da União quatro carreiras distintas (o Ministério Público Federal, o do Trabalho, o Militar e o do Distrito Federal e Territórios), na verdade o Procurador-Geral da República só é verdadeiramente chefe de três delas, excluída a chefia do Ministério Público do Distrito Federal e Territórios, que tem norma específica a conferir-lhe chefia própria (§§ 3º e 4º do mesmo artigo) (...). Entretanto, quanto aos demais Ministérios Públicos, nada obsta a que sejam destinados subprocuradores-gerais (substitutos legais do procurador-geral) para a administração mais imediata das outras três carreiras, na forma da lei complementar respectiva (art. 128, § 5º)."

Chefe de todo o Ministério Público da União, e expressão visível de sua unidade institucional, ostenta, o Procurador-Geral da República, a condição indiscutível de Chefe do Ministério Público do Trabalho, exercendo, desse modo, com exclusividade, na esfera desse ramo especializado do "Parquet" da União, todos os poderes e responsabilidades que eram, no regime constitucional anterior, inerentes ao cargo de Procurador-Geral da Justiça do Trabalho.

Não me parece tenha querido, o legislador constituinte, criar um paradoxo. Não seria crível que, demonstrando tanta preocupação pela preservação da unidade e da independência institucionais do Ministério Público — circunstância que se infere do desenvolvido sistema de garantias orgânicas e subjetivas estabelecido pela Constituição — viesse, contraditoriamente, no que concerne ao Ministério Público da União, a vulnerar o princípio da unidade de Chefia e a descaracterizar o regime de franquias e predicamentos da própria Instituição e de seus membros, pela criação, no âmbito do Ministério Público do Trabalho, de uma estranha e injurídica relação condominial, que partilhasse o poder de direção, administração e representação do órgão, mesmo que concorrentemente, entre dois Chefes, os quais, postos em situação de claro antagonismo jurídico-administrativo, passariam a disputar, com evidente lesão à integridade institucional do Ministério Público da União, a precedência e a primazia pelo exercício da prerrogativa de mando.

Não foi isso, certamente, o que o legislador constituinte quis, nem pretendeu. E nem é o que deriva da objetiva análise do texto constitucional, cuja interpretação lógico-racional e sistemática evidencia que o poder genérico de Chefia, deferido ao Procurador-Geral da República, a este pertence, com absoluta privatividade, na condição indisputável de Chefe do Ministério Público da União. É este um poder — o de direção, condução, administração e representação do Ministério Público do Trabalho — inerente à própria chefia do Ministério Público da União, que se revela insuscetível de ser partilhado ou dividido com qualquer outra autoridade ou agente, ainda que vinculado ou pertencente à própria Instituição. Esse poder — o de dirigir, conduzir, administrar e representar o Ministério Público da Justiça do Trabalho — é, nessa perspectiva, a derivação de um atributo do cargo de Procurador-Geral da República. Trata-se de poder indisponível, irrenunciável e irrestringível, que lhe foi delegado, com exclusividade, pelo próprio ordenamento constitucional. O Procurador-Geral da República detém esse poder, no âmbito do Ministério Público do Trabalho — ainda que possa exercê-lo, excepcionalmente, mediante delegação (*hipótese em que o membro do Ministério Público delegatário atuará em nome e sob a autoridade da Chefia delegante*) — de forma monocrática, autônoma e individual, não estando sujeito às diretrizes e nem às ordens, instruções ou decisões do Presidente da República, cujos únicos momentos de interação com o Ministério Público da União — é preciso que se o repita — residem, a cada biênio, no procedimento de investidura a termo do Procurador-Geral da República (CF, art. 128, § 1º) e do Procurador-Geral do Distrito Federal e Territórios (CF, art. 128, § 3º), ressalvada a hipótese excepcional de sua destituição, desde que concedida a necessária autorização pelo voto da maioria absoluta do Senado Federal ou do Poder Legislativo, respectivamente (CF, art. 128, §§ 2º e 4º).

Daí a observação feita por José Afonso da Silva ("Curso de Direito Constitucional Positivo", p. 505, 5ª ed., 1989, RT), cujo magistério ressalta e enfatiza a *unitariedade* de Chefia da Instituição no âmbito do Ministério Público da União, em cuja esfera convivem as diversas carreiras que, dominadas pelo princípio da unidade institucional, submetem-se à autoridade e ao poder do Procurador-Geral da República, ressalvado, por sua peculiaridade — e em virtude de expressa disposição constitucional — o Ministério Público do Distrito Federal e Territórios. Esse eminente publicista, ao analisar a estrutura orgânica do Ministério Público da União e a questão de sua Chefia, assinala, "verbis": "*Chefia*. O Ministério Público da União integra os demais Ministérios Públicos da órbita federal, *sob a chefia unitária do Procurador-Geral da República...*".

Perfilham igual orientação doutrinária Antônio Carlos de Araújo Cintra, Ada Pellegrini Grinover e Cândido Rangel Dinamarco ("Teoria Geral do Processo", p. 192, 8ª ed., 1991, RT), os quais, após acentuarem e aplaudirem a unidade constitucional do Ministério Público da União, "*abrangente de todos os organismos do 'Parquet' oficiando perante os Tribunais e as Justiças da União* (art. 128, § 1º)", assinalam, "verbis": "... mas sabe-se que o Procurador-Geral da República, sendo chefe do Ministério Público da União, é quem exerce a direção geral de todos os ramos deste (v. art. 128, § 1º)...".

Assim sendo, Sr. Presidente, e em face do exposto, concluo o meu voto, manifestando-me no sentido de que (a) não foi recebida pela nova ordem constitucional a norma inscrita no art. 64 da Lei n. 1341/51, (b) não mais existe, a partir da promulgação da vigente Constituição, o cargo de Procurador-Geral da Justiça do Trabalho, que se tornou materialmente incompatível com os postulados constitucionais da unidade e exclusividade de Chefia do Ministério Público da União e inconciliável, quanto à sua forma de provimento, com as garantias da vitaliciedade e da inamovibilidade deferidas aos membros dessa Instituição e (c) compete, conseqüentemente, ao Procurador-Geral da República, exercer, de modo autônomo e em caráter indisponível e irrenunciável, o poder monocrático de direção, administração e representação do Ministério Público do Trabalho, cuja prática se revela incompartilhável com qualquer outro membro da Instituição, *ressalvada a possibilidade de delegação administrativa*.

Com estas considerações, e ressaltando o brilhante e douto voto do eminente Relator, concedo, em parte, o "writ" postulado pelo Sr. Procurador-Geral da República (MS nº 21.239), *para o efeito único* de considerar inválido o ato presidencial que formalizou o provimento do Dr. Antonio Carlos Roboredo no elevado cargo de Procurador-Geral da Justiça do Trabalho, sem restaurar, no entanto, o "status quo ante", e julgo prejudicado, em conseqüência, o mandado de segurança impetrado pelo Dr. Antonio Carlos Roboredo (MS nº 21.243).

É o meu voto.

VOTO (VISTA)

O Senhor Ministro Paulo Brossard: Senhor Presidente, como sucede muitas vezes, as inovações legais suscitam interpretações variadas e que por serem exageradas o tempo se encarrega de arquivar.

Não era de estranhar que acontecesse o que aconteceu em relação ao Ministério Público, instituição que é tratada generosamente pela Constituição, graças a um poderoso lobby que atuou na Constituinte.

A substituição do Procurador-Geral do Trabalho, por ato do Presidente da República, foi impugnada pelo Procurador-Geral da República e, desse modo, o alcance da autonomia do Ministério Público, a que alude a Constituição, foi colocada sob a luz da mais ampla publicidade.

De outro lado, o mandado de segurança impetrado pelo Procurador, nomeado para ocupar o cargo de Procurador-Geral junto à Justiça do Trabalho, veio aumentar esta luminosidade já intensa com a primeira colocação.

Os votos até aqui enunciados, longos e brilhantes, mostram as correntes que, a propósito, se vão formando. Segundo uma delas, em nome da autonomia do Ministério Público, o chefe do Estado é excluído de qualquer ato relativo ao Ministério Público, além da nomeação do Procurador-Geral da República, aliás, nos limitados termos do § 1º do art. 128 da Constituição. Tudo o mais ficaria a cargo do próprio Procurador-Geral da República.

Esta interpretação leva à conclusão de que o Ministério Público foi convertido em verdadeiro poder do Estado, embora a Constituição prescreva, no art. 2º, que "são Poderes da União, independentes e harmônicos entre si, o Legislativo, o Executivo e o Judiciário". O Ministério Público é autônomo, enquanto os Poderes da União são independentes, mas, mesmo sendo independentes, devem ser harmônicos e, por isto, os chamados freios e contrapesos visam a estabelecer recíprocas limitações e interferências. O Ministério Público seria um Poder mais independente do que os Poderes da União, sem os freios e contrapesos a que estes estão sujeitos. Embora se diga que o Ministério Público não é um Poder, ele de fato não seria outra coisa senão Poder, um quarto Poder, a despeito da norma do art. 2º da Constituição.

Parece-me, Sr. Presidente, mais consentâneo com o arcabouço constitucional, visto globalmente, que o Ministério Público, em vez de situar-se acima e independentemente dos Poderes da União, seja visto como inserido no complexo estatal e nele harmonicamente integrado. Se os Poderes estatais, todos eles, os federais, os estaduais, os municipais, situam-se em uma esfera que os abrange e limita, o Ministério Público, como instituição, não pode estar fora dela. A sua autonomia funcional, penso eu, não pode ser entendida em termos que podem agradar a uma interpretação nova e que busca ver na instituição horizontes imensuráveis, mas que se não compadece com a unidade institucional, com a harmoniosa convergência de todos os elementos do Estado a determinados princípios fundamentais. Embora tenha dificuldade em avançar quanto ao modo como deva realizar-se a administração da instituição, que a meu juízo deve ser regulada em lei, devo ficar nos estritos termos constitucionais.

Tenho para mim que o fato de o Procurador-Geral da República ser nomeado, de certa forma, e ser demissível da maneira prevista na Constituição, não importa em estender o critério à nomeação de todos os Procuradores, Procuradores-Gerais, ou a supressão deles, pelo fato de o Ministério Público ser uno, como diz a Constituição. A unidade do Ministério Público, de resto, não é novidade. Está mesmo proclamada na antiga lei do Ministério Público Federal e esse princípio foi afirmado, faz mais de quarenta anos, pelo Tribunal de Justiça do Rio Grande do Sul.

Como é sabido, pela Constituição de 91, o Procurador-Geral da República era escolhido pelo Presidente da República, dentre os Ministros do Supremo Tribunal Federal e, por isso, era livremente nomeado. A Constituição de 34 prescreveu que o Procurador-Geral fosse nomeado "dentre brasileiros maiores de 35 anos, no gozo dos direitos políticos, de notável saber jurídico e reputação ilibada, depois de aprovada a escolha pelo Senado Federal."

Quer dizer, o Procurador-Geral da República deixava de ser um dos Ministros do Supremo Tribunal Federal, como antes, mas devia preencher os requisitos para ser nomeado Ministro do Supremo Tribunal. E não foram poucos os Procuradores-Gerais da República que vieram a ser nomeados para o Supremo Tribunal, desde Carlos Maximiliano, o primeiro Procurador-Geral, depois de 34, e, ainda agora, dois eminentes Ministros desta Corte exerceram as funções de Procurador-Geral da República. A diferença estava em que, enquanto o Ministro era vitalício, era transitória a investidura do Procurador-Geral.

Entendo que a independência funcional não se confunde com a autonomia da instituição. A independência funcional é do servidor público. Nos limites da lei, ele tem toda a independência. No exercício das suas relevantes funções, o agente do Ministério Público tem ampla independência. Nos termos da lei, o seu critério pessoal é a bússola da sua atuação. A independência do agente do Ministério Público é assegurada por lei. A indagação é se essa independência chega a ser atingida pelo fato de haver uma interferência do Chefe do Estado, na escolha dos Procuradores-Gerais.

Creio, Sr. Presidente, que a norma constitucional que regula a nomeação do Procurador-Geral foi uma reação à alteração havida, em 69, ao transformar o cargo de Procurador-Geral da República em cargo de livre nomeação e demissão pelo Presidente da República, quebrando o modelo que vinha de 34 e que, de certa forma, era a adaptação do que estava estabelecido em 91. Os requisitos para a nomeação eram os exigidos para o Ministro do Supremo Tribunal Federal e a nomeação condicionada ao voto do Senado, enquanto era livre a demissão.

A Constituição restabeleceu a exigência do voto do Senado, mas acrescentou que a demissão do Procurador-Geral da República só se faria com a participação, também, do Senado Federal. Diga-se de passagem, um dispositivo que não tem paralelo na Constituição. Nenhum outro servidor tem a seu respeito norma igual ou semelhante.

Também a nomeação por dois anos admitida a recondução é outra particularidade do texto atual. Confesso que não compreendo, Sr. Presidente, por que limitar em dois anos a investidura ainda que caiba a recondução.

Observo, por exemplo, que um Procurador pode estar desempenhando cargo de maneira exemplar, elogiável por todos, e eu poderia dar o exemplo...

O Senhor Ministro Sepúlveda Pertence: Eu participo dessa opinião de V. Ex.ª mas há uma história, mais ou menos longa, dessa limitação temporal, da investidura dos Procuradores-Gerais, que veio se formando a partir dos Ministérios Públicos Estaduais. A verdadeira origem desse sistema — não a da demissão do Senado, mas a do "mandato" renovável a cada dois anos, não surgiu do vazio, na Constituinte de 88, mas, sim, pela incorporação de uma prática que lá se difundira no âmbito Ministério Público Estadual.

O Senhor Ministro Paulo Brossard: Parece-me, Sr. Presidente, que nada justifica a limitação da investidura do Procurador-Geral da República no tempo. Especialmente porque nada mais natural que um Procurador, nomeado por um Presidente da República, cujo mandato é de cinco anos, exerça o cargo durante o qüinqüênio presidencial. Esta idéia, salvo erro meu, deriva de um princípio que olha mais o interesse das partes do que a própria instituição, como se uma renovação obrigatória, para ensejar o acesso de outros valores, devesse sobrepujar o interesse da instituição. Mas isso é uma questão lateral.

Aventuro-me a afirmar que, se houvesse um plebiscito, entre profissionais do Direito e não profissionais, o atual Procurador-Geral da República teria a sua continuidade assegurada. Não obstante, essa limitação de dois anos parece que vai criar um problema, na medida em que o Procurador-Geral não se dispuser a exercer o cargo por novo período.

Tendo como certo que a interferência do Chefe do Estado na disposição de agentes do Ministério Público, por si só, não ofende a autonomia da instituição e, muito menos, a sua independência. Fora assim e teríamos de reconhecer que os juízes dos Tribunais Superiores, os juízes do Supremo Tribunal Federal, teriam mácula indelével em sua nomeação pelo Chefe do Estado, ainda que com a participação e a aprovação do Senado; não me parece claro que a interferência do Chefe do Estado, limitada interferência na vida do Ministério Público, constituía ilegalidade flagrante a ponto de justificar os mandados de segurança em exame. Sei que o Ministério Público, em tempos idos, era um instrumento, um instrumento propriamente dito, dos governos, especialmente dos governos estaduais. Poderia relatar fatos do Rio Grande do Sul, mas creio que não relataria nenhuma novidade, porque as experiências foram mais ou menos generalizadas. Os promotores nomeados provisoriamente, portanto cativos, dos governos, eram a regra. Inexistia uma carreira no Ministério Público. No Rio Grande do Sul é sabido, moços de reconhecido talento e que a vida veio confirmar, eram nomeados promotores para a Capital ainda estudantes de Direito. Vou mencionar dois casos de estudantes nomeados promotores em Porto Alegre: Getúlio Vargas e João Neves da Fontoura. Oswaldo Aranha, quando terminou o seu curso, também foi convidado para promotor em Porto Alegre mas não aceitou o convite. Isto não era uma peculiaridade do Ministério Público. A administração, de maneira geral, não tinha evoluído para ser o que se espera seja uma administração pública, caracterizada pela impessoalidade, organizada em carreiras, subordinada à lei. A evolução foi paralela. A partir de 1934 aparece a menção ao Ministério Público nas Constituições, depois em 46, na última é copiosa a esse respeito. Compreendo, igualmente, a necessidade de assegurar ao Ministério Público um padrão de independência, que é menos em benefício dos membros da Instituição do que uma garantia da sociedade. Tudo isto compreendo e creio que, hoje, é uma conquista definitiva e inarredável. Parece-me que isto não acarreta, por si só, a exclusão total e absoluta do Presidente da República, com exceção da sua limitada participação na nomeação do Procurador-Geral, em relação à Instituição, especialmente dos procuradores-gerais. De outro lado se a unidade do Ministério Público não é uma novidade, ela não impede a sua especialização junto à Justiça do Trabalho, junto à Justiça Militar, Junto à Justiça Comum.

Não vejo onde a autonomia do Ministério Público e sua unidade faça nascer direito líquido e certo, como o alegado pelo ilustre Procurador-Geral da República, para obstar um ato do Presidente da República, através do Mandado de Segurança.

Pelo exposto indefiro o mandado de segurança requerido pelo Procurador-Geral e defiro, por via de conseqüência, o segundo mandado de segurança. É o meu voto.

VOTO

O Sr. Ministro Célio Borja: — Sr. Presidente, não estivesse tão demorado o julgamento da causa, pediria vista dos autos para emitir voto mais fundamentado. A minha convicção, já a formei; portanto, a vista não teria outra finalidade, senão fundamentá-la mais longamente. Entendo que não é de se fazer esperar por uma decisão, nem o Ministério Público da União, que está em causa, nem as ilustres personalidades que estão envolvidas, tanto num, quanto noutro mandado de segurança. Por isso, me atrevo a, oralmente, justificar o meu voto, que indefere o mandado de segurança requerido pelo Dr. Roboredo e considera prejudicado, na linha do voto do eminente Relator, Ministro Pertence, aquele requerido pelo ilustre Procurador-Geral da República.

A minha convicção parte do seguinte: a Constituição, no art. 127, § 1º, deu ao Ministério Público os atributos da independência e da unidade. Se fosse só a independência, confesso que, na linha do que acaba de dizer, com a propriedade de sempre, o eminente Ministro Paulo Brossard, não a entenderia violada ou de alguma forma prejudicada pelo ato de nomeação, pelo Presidente da República, seja do Procurador-Geral da República, seja dos Procuradores das diferentes seções em que se divide, hoje, o Ministério Público Federal. Por aí não!

O que, a meu ver, constituiu um óbice intransponível para a nomeação pretendida é o princípio da unidade, que está explicitado no art. 128 quando diz:

"O Ministério Público abrange:

I — O Ministério Público da União, que compreende:

a) o Ministério Público Federal;
b) o Ministério Público do Trabalho;
c) o Ministério Público Militar;
d) o Ministério Público do Distrito Federal e dos Territórios;

II — os Ministérios Públicos dos Estados."

O que se supõe, portanto, é que dessa unidade resulta necessariamente que os órgãos do Ministério Público estão subordinados ao Procurador-Geral da República. Pergunto-me: como, sendo uno o Ministério Público, tendo no Procurador-Geral da República o seu chefe, pode um órgão a ele subordinado ser desligado e diretamente submetido ao poder hierárquico do Presidente da República?

Na linha do voto do Ministro Brossard, entendo que a independência não se compromete pelo fato de o Presidente da República nomear o Procurador-Geral.

A unidade, sim, parece-me comprometida pelo fato de poder o Presidente da República nomear e destituir órgãos do Ministério Público subordinados ao Procurador-Geral. Isso sim, parece-me impedir a nomeação à revelia do Procurador-Geral da República, do Procurador-Geral do Ministério Público do Trabalho, que é como se chama ainda, na nomenclatura legal, aquele que tem a responsabilidade da condução da atividade do Ministério Público, no âmbito da Justiça do Trabalho.

Adotando, portanto, Sr. Presidente, a linha de raciocínio que vê na unidade o impedimento à pretendida nomeação, pelo Presidente da República, do Procurador-Geral da Justiça do Trabalho, e também socorrendo-me dos demais argumentos do voto do eminente Relator, acompanho S. Exa., pedindo vênia àqueles que dissentem.

Defiro, em parte, o Mandado de Segurança nº 21.239 e julgo prejudicado o de nº 21.243.

VOTO

O Senhor Ministro Octávio Gallotti: — Penso, Senhor Presidente, que a Constituição de 1988, pelas garantias de autonomia e independência de que cercou o provimento dos cargos do Ministério Público em geral, e especialmente do Ministério Público da União, garantias que funcionam desde a sua base — isto é, os Procuradores dos diversos ramos do Ministério Público — até o ápice da Instituição, ocupado pelo Procurador-Geral da República, não comporta a previsão de um nível intermediário, a "cunha demolidora" a que aludiu o eminente Relator, consistente na existência de um cargo, o Procurador-Geral do Trabalho, preenchido em comissão e pelo Presidente da República. A norma que assim dispunha, entendo eu, não foi recebida pela Constituição, pelo que não deve subsistir o citado cargo de Procurador-Geral do Trabalho, cujo exercício é objeto da presente controvérsia.

Admito que possa ser recriado esse cargo, mas de forma diferente, desde quando dotado, o seu provimento, das garantias decorrentes da independência conferida, ao Ministério Público, pela Constituição em vigor.

Por isso, pedindo vênia aos eminentes Colegas que adotaram conclusão diversa, mas seguindo, em especial, o voto do eminente Ministro Celso de Mello, defiro, em parte, o Mandado de segurança nº 21.239, impetrado pelo Procurador-Geral da República, para o efeito de considerar inválida a nomeação do Dr. Antônio Carlos Roboredo, julgando, em coerência, prejudicado o Mandado de Segurança nº 21.243.

VOTO

O Sr. Ministro Carlos Velloso: – Sr. Presidente, disse eu, expressamente, no meu voto, que adotava, no caso, o mesmo sistema de nomeação do Procurador-Geral do Distrito Federal, pois não posso conceber que o Procurador-Geral de um dos ramos do Ministério Público da União, ou seja, do Ministério Público do Distrito Federal, seja nomeado de uma forma e os outros dois, dos Ministérios Públicos do Trabalho e Militar, de outra. Desenvolvendo assim meu raciocínio, acabei por exigir a aprovação do Senado, talvez impressionado com o projeto de lei que tramita no Poder Legislativo, que isto exige, e com o § 4º do art. 128 da Constituição, que estabelece: "§ 4º — Os Procuradores-Gerais nos Estados e no Distrito Federal e Territórios poderão ser destituídos por deliberação da maioria absoluta do Poder Legislativo, na forma da lei complementar respectiva."

Então, pareceu-me que, também para esses Procuradores-Gerais, seria exigida a aprovação do Poder Legislativo, o Senado, no caso, por isso que, como poderia o Legislativo destituir os Procuradores-Gerais, se não participa do ato de nomeação? Mas, Sr. Presidente, continuei meditando a respeito do tema e acho que devo excluir do meu voto a exigência da aprovação pelo Senado. Fica, apenas, a exigência da lista tríplice dentre os integrantes da carreira, para escolha e nomeação do Sr. Presidente da República, com mandato de dois anos.

Retifico, no ponto, pois, o meu voto, o que não altera o seu dispositivo, certo que deferi, em parte, o mandado de segurança do Procurador-Geral da República e julguei prejudicado o mandado de segurança impetrado pelo Dr. Roboredo.

VOTO

O Senhor Ministro Néri da Silveira — Sr. Presidente. Não há dúvida de que o Ministério Público, já de acordo com a Lei Complementar nº 40, tinha as expressas características da unidade e da independência funcional. O certo é que esses princípios foram tornados constitucionais num sistema bem mais amplo, quanto à ação do MP.

O § 1º do art. 127 reza: "§ 1º. — São princípios institucionais do Ministério Público a unidade, a indivisibilidade e a independência funcional."

Já o § 2º, alargando a compreensão desses princípios, esclarece: "§ 2º. — Ao Ministério Público é assegurada autonomia funcional e administrativa, podendo, observado o disposto no art. 169, propor ao Poder Legislativo criação e extinção de cargos e serviços auxiliares, provendo-os por concurso público de provas e provas e títulos; a lei disporá sobre sua organização e funcionamento."

No § 3º, ainda ampliando mais esse sistema, se inseriu: "§ 3º. — O Ministério Público elaborará a sua proposta orçamentária."

Proposta orçamentária, dentro dos limites estabelecidos na Lei de Diretrizes Orçamentárias, — tal qual sucede com os tribunais de jurisdição nacional: o Supremo Tribunal Federal e os Tribunais Superiores, e, no âmbito dos Estados, os Tribunais Estaduais, — implica, também, autonomia orçamentária.

No art. 128, dando expressão a esses princípios e revelando a aludida unidade, a Constituição estipula, de expresso:

"Art. 128 — O Ministério Público abrange:

I — O Ministério Público da União, que compreende:

a) o Ministério Público Federal;

b) o Ministério Público do Trabalho;
c) o Ministério Público Militar;
d) o Ministério Público do Distrito Federal e Territórios;

II — os Ministérios Públicos dos Estados."

Dispôs a Constituição, dentro dessa disciplina sobre princípios básicos da organização do Ministério Público, que o Ministério Público da União tem por Chefe o Procurador-Geral da República, regulando a forma de sua nomeação.

No § 3º do art. 128, a Constituição estabelece como se dá o provimento dos cargos de Chefe do Ministério Público nos Estados e no Distrito Federal e Territórios.

É necessário entender a diferença que decorre do sistema federativo. Há uma situação especial do Procurador-Geral do Distrito Federal e Territórios, em relação aos Procuradores-Gerais da Justiça do Trabalho e da Justiça Militar, porque o Distrito Federal é uma unidade federada, integra a Federação, é um ente, portanto, distinto da União e, como nos Estados, também o Ministério Público do Distrito Federal possui uma forma de provimento especial. A Constituição não dispôs, todavia, quanto ao provimento dos cargos de Chefe do Ministério Público da União, além do de Procurador-Geral, não obstante tenha dito que o Ministério Público do Distrito Federal integra o Ministério Público da União. Penso que, aqui, cabe entender dentro do sistema: o Ministério Público do Distrito Federal integra o Ministério Público da União como a Justiça do Distrito Federal integra o Poder Judiciário da União. Nesse mesmo sentido, as dotações orçamentárias do Poder Judiciário do Distrito Federal são federais. Mas essa distinção há de ser compreendida apenas em tais termos.

Dessa maneira, a meu entender, a unidade do Ministério Público, ao conferir ao Procurador-Geral da República a condição de Chefe do Ministério Público da União, tornou-o Chefe do Ministério Público junto à justiça ordinária e às justiças especializadas do Trabalho e Militar. Pelo sistema da Constituição, o Procurador-Geral da República, Chefe do Ministério Público da União, é quem há de prover os cargos, em comissão, dentro do Ministério Público e isso já vinha acontecendo. Atualmente, o Subprocurador-Geral da República é final de carreira, mas, antes, era cargo em comissão. Se fosse, hoje, ainda, um cargo em comissão, deveria ser provido pelo Procurador-Geral da República. Também, a meu ver, o Procurador-Geral da Justiça do Trabalho e o Procurador-Geral da Justiça Militar — cargos integrantes do Ministério Público da União — hão de ser providos pelo Chefe do Ministério Público da União. É o sistema que compreendo decorrente da Constituição.

Com essas sucintas considerações, meu voto é no sentido de deferir o mandado de segurança do Procurador-Geral da República, por reconhecer que lhe compete prover os cargos de Procurador-Geral da Justiça do Trabalho e Procurador-Geral da Justiça Militar. Julgo, em conseqüência, prejudicado o mandado de segurança em que é impetrante o Dr. Antônio Carlos Roboredo.

VOTO

O Sr. Ministro Moreira Alves: — Sr. Presidente, o sistema constitucional, em matéria de Ministério Público Federal, é bastante ilógico. Começa por afirmar que o Ministério Público da União compreende o Ministério Público do Distrito Federal e Territórios; em seguida, salienta que o Procurador-Geral da República é nomeado pelo Presidente da República, após a aprovação de seu nome pela maioria absoluta dos membros do Senado, "quorum" esse também exigido, com relação a essa Casa do Congresso, para poder ser destituído durante o seu mandato de dois anos. Já o Procurador-Geral da Justiça do Distrito Federal e Territórios, que deveria ser subordinado ao Procurador-Geral da República, é nomeado pelo Chefe do Poder Executivo e destituído, e, durante o mandato, só pode ser destituído por deliberação da maioria absoluta do Poder Legislativo. A referência a Poder Legislativo, com relação a ele, parece dizer respeito ao Congresso Nacional, em face do artigo 48, IX, da Constituição, e não à Câmara Distrital, como deveria ser, se fosse observado o paralelismo com os Estados-membros, caso em que a nomeação seria do Governador.

O Sr. Ministro Sepúlveda Pertence: — A

dificuldade foi a intromissão do Procurador-Geral do Distrito Federal nesse dispositivo dos Estados, tanto que, veja V. Exa., se tentou uma terminologia que os unificasse: Poder Executivo e Poder Legislativo.

O Sr. Ministro Moreira Alves: — Mas, seria muito mais simples, se a Constituição assim o quisesse, que se referisse ao Chefe do Ministério Público do Distrito Federal e dos Territórios no mesmo dispositivo em que trata do Procurador-Geral da República, dando a ambos a mesma garantia. Assim não o fez, porém.

O sistema constitucional é ainda mais falho, porque, com relação ao Procurador-Geral da República e ao Procurador-Geral do Distrito Federal, lhes outorga mandato por dois anos, ao passo que nada disciplina, sob esse aspecto, a respeito dos Ministérios Públicos do Trabalho e da Justiça Militar, os quais, como o do Distrito Federal e Territórios, estão compreendidos no Ministério Público Federal, chefiado pelo Procurador-Geral da República.

Esse silêncio só se explica se se entender que esses Ministérios Públicos, que atuam junto a Justiças federais especializadas, e não têm a situação "sui generis" do Ministério Público do Distrito Federal e Territórios, têm como chefe o Procurador-Geral da República, o que implica dizer que não têm eles Procuradores-Gerais próprios, como anteriormente o tinham.

Aliás, se continuasse a existir o cargo de Procurador-Geral no Ministério Público do Trabalho e no Militar, esses Procuradores-Gerais seriam, como eram, investidos em cargos em comissão, e poderiam ser demitidos "ad nutum" pelo Procurador-Geral da República, o que implicaria dizer que não teria nenhuma independência funcional.

O ilogismo do sistema quanto ao Ministério Público do Distrito Federal e Territórios não chega a ponto de tirar a independência de seu Procurador-Geral da Justiça.

Já com relação aos Ministérios Públicos e do Trabalho e Militar, a solução é apenas a de considerar que não mais há os cargos de Procurador-Geral. Para funcionarem junto a ambas essas Justiças, o Procurador-Geral da República delega poderes a membro desses Ministérios Públicos.

À solução dada pelo eminente Ministro Sepúlveda Pertence há duas objeções que se me afiguram intransponíveis. A primeira é a de que, para S. Exa., enquanto não houver lei que atribua ao Presidente da República a nomeação e a destituição do Procurador-Geral do Trabalho, tal competência será do Procurador-Geral da República. Sucede, porém, que para outorgar esses poderes ao Procurador-Geral da República é preciso que essa outorga decorra da Constituição, e se ela decorrer desta a lei infraconstitucional não pode, evidentemente, modificá-la. A segunda é a de que S. Exa. para afastar o emaranhado de ilogismos da Constituição nesse terreno, entendeu que houve a recepção pelo texto constitucional vigente dos cargos de Procurador-Geral da Justiça do Trabalho e de Procurador-Geral da Justiça Militar, mas recepção parcial: o cargo foi recebido, mas sua natureza — a de cargo em comissão — não o foi, por causa da independência funcional atribuída a seus ocupantes. Ora, é sabido que o Poder Judiciário, em matéria de incompatibilidade de lei infraconstitucional com a Constituição, só age como legislador negativo, não podendo, portanto, modificar, ainda que por via de retirada, a natureza do que é recebido pela Carta Magna, para compatibilizá-lo com esta. Assim, não se pode pretender que a atual Constituição recebeu esses cargos, mas sem que fossem em comissão, o que quer dizer que os recebeu como cargos efetivos, o que não é recepção, mas modificação inadmissível.

O Sr. Ministro Carlos Velloso: — Efetivo não, Ministro. O cargo de Procurador-Geral do Ministério Público do Trabalho, nem o cargo de Procurador-Geral da República são efetivos. Estaríamos simplesmente preenchendo uma lacuna quanto à forma de nomeação.

O Sr. Ministro Moreira Alves: — Estou aludindo à construção feita pelo Sr. Ministro Pertence, a qual conduz a esse resultado, pois se o cargo não foi recebido como sendo em comissão, só o poderá ter sido como cargo efetivo, até porque cargo com nomeação a termo, como sucede quando há mandato temporal, demanda expressa previsão legal.

O Sr. Ministro Carlos Velloso: — Mas veja, ele continua destituível.

O Sr. Ministro Moreira Alves: — Seria

destituível se o seu cargo implicasse mandato como o do Procurador-Geral da República, não se fosse efetivo, como resulta da conseqüência do voto do ilustre Ministro Sepúlveda Pertence.

O Sr. Ministro Carlos Velloso: — Sim, ele continua destituível desde que ocorrente a hipótese constitucional, no curso do mandato.

O Sr. Ministro Moreira Alves: — Isso ocorre com o Procurador-Geral da República, não com outros cargos a que a Constituição não aludiu, até porque, no meu entender, ela não os recebeu.

O Sr. Ministro Carlos Velloso: — Acho que o raciocínio de V. Exa. assenta-se numa interpretação aceitável, como seria aceitável a que ora estou expondo. Estamos diante de duas interpretações razoáveis, e devemos adotar aquela que atende melhor às circunstâncias. Veja: permitir que o Procurador-Geral do Trabalho e o Procurador-Geral da Justiça Militar...

O Sr. Ministro Moreira Alves: — Esses cargos não mais existem. A solução é simplíssima, bastando que nos acostumemos a pensar de acordo com o novo quadro traçado pela atual Constituição.

O Sr. Ministro Carlos Velloso: — ... seja simplesmente designado, como é o caso proposto, o Subprocurador-geral poderia ser destituído. Isto atenta contra o que a Constituição consagra, que é a autonomia do Ministério Público e a independência dos seus membros.

O Sr. Ministro Moreira Alves: — São Subprocuradores-Gerais da República que atuam junto a Turmas desta Corte e do Superior Tribunal de Justiça, por delegação do Procurador-Geral da República. Ademais, V. Exa. estaria criando uma modalidade de cargo — a do cargo com mandato — que a Constituição, no caso, não criou.

O Sr. Ministro Carlos Velloso: — É para preencher uma lacuna.

O Sr. Ministro Moreira Alves: — Não há nenhuma lacuna, mas silêncio eloqüente pois não é possível pretender que, ao se estabelecer esse sistema não se sabia da preexistência dos Procuradores-Gerais da Justiça do Trabalho e Militar.

O Sr. Ministro Carlos Velloso: — Concordo com V. Exa. quando diz que a Constituição contém defeitos. Isso é um defeito.

O Sr. Ministro Moreira Alves: — Silêncio eloqüente não é lacuna, nada havendo que preencher ou construir. Basta cumprir a Constituição.

O Sr. Ministro Carlos Velloso: — Os chefes do Ministério Público do Trabalho e do Ministério Público Militar exercem, junto àquelas Justiças especializadas, funções da maior importância. Veja V. Exa. quanto ao Ministério Público do Trabalho, os dissídios coletivos em que ele oficia, ou que ele pode instaurar. Vamos deixá-lo por conta da demissão "ad nutum" do Procurador-Geral da República? Continuaria a existir o problema! Hoje, temos um Procurador-Geral da República muito bom, e amanhã? Isto atenta, na minha opinião, contra a autonomia do Ministério Público e a independência dos seus membros.

O Sr. Ministro Moreira Alves: — A Constituição não alude aos Procuradores-Gerais da Justiça do Trabalho e da Militar porque não tinha de aludir, já que o Chefe do Ministério Público Federal, em cujo âmbito se encontram esses Ministérios Públicos, é o Procurador-Geral da República. Quando quis, ilogicamente, retirar desse âmbito o Procurador-Geral da Justiça do Distrito Federal e Territórios o fez expressamente, como não poderia deixar de fazê-lo.

Se há interpretação, não só possível, mas que dá sentido ao texto constitucional, não é possível imaginar lacunas para preenchê-las.

Aliás, que Chefe é o Procurador-Geral da Justiça do Trabalho que não pode sequer nomear o Chefe de seu gabinete, já que quem o nomeia é o Procurador-Geral da República? Isso não ocorre com a exceção aberta pela Constituição ao Procurador-Geral da Justiça do Distrito Federal e Territórios. O que não é possível é aplicar analogicamente essa exceção aberrante, pela qual o Ministério Público do Distrito Federal e Territórios está compreendido no Ministério Público da União, mas não se subordina ao Chefe deste.

E — volto a repetir — se houve recepção do cargo de Procurador-Geral da Justiça do Trabalho, esse cargo é, como era, em comissão, e, aí, não há como se falar em independência funcional, por se tratar de cargo cujo titular seria demissível "ad nutum".

O Sr. Ministro Néri da Silveira: Afirmo, apenas, que quem tem competência para nomear é o Procurador-Geral da República, no caso.

O Senhor Ministro Moreira Alves: — Então o Chefe do Ministério Público da Justiça do Trabalho é um Procurador-Geral em comissão, embora chefe.

O Sr. Ministro Néri da Silveira: — Mas, hierarquicamente, inferior ao Procurador-Geral da República.

O Senhor Ministro Moreira Alves: — Se não é o Presidente da República que o nomeia porque ele não teria independência, ele será independente se essa nomeação — que implica o poder de destituir — for atribuição do Procurador-Geral da República? É claro que não, pois a independência será tanto em relação ao Presidente da República quanto em relação ao Procurador-Geral da República.

O Sr. Ministro Néri da Silveira: — É matéria de organização do Ministério Público, sobre a qual a lei complementar vai dispor.

O Sr. Ministro Moreira Alves: — Em mandado de segurança, interpretamos o direito objetivo.

O Sr. Ministro Néri da Silveira: — Discute-se acerca de quem tem competência para prover o cargo em apreço.

O Sr. Ministro Moreira Alves: — V. Exa. há de convir que interpretação só pode ser uma para todas as conseqüências.

O Sr. Ministro Néri da Silveira: Só estamos querendo saber, em face do sistema da Constituição, quem tem competência para nomear.

O Sr. Ministro Moreira Alves: — Mas, se entendo que não há mais o cargo, como vou discutir sobre quem tem competência para nomear? V. Exa. vai à conseqüência e se esquece da inexistência da causa.

O Sr. Ministro Néri da Silveira: — Estou diante de um cargo em comissão. Por ora, não discuto mais do que isso, no presente mandado de segurança.

O Senhor Ministro Moreira Alves: — Em mandado de segurança, Sr. Presidente, o que se discute é se alguém, em face de fatos certos, tem ou não direito subjetivo decorrente de uma norma jurídica, cujo sentido, por mais intrincado que seja, tem de ser fixado.

No caso, interpreto texto constitucional que dá margem a vários problemas, e não apenas o de saber se quem nomeia é, ou não, o Presidente da República.

Já expus meu entendimento, absolutamente lógico, de que o cargo de Procurador-Geral da Justiça do Trabalho não foi recebido pela atual Constituição por incompatível com os seus princípios sobre o Ministério Público Federal.

Por isso, sigo a linha do voto do eminente Ministro Celso de Mello, com a adesão do Ministro Octávio Gallotti. E, assim, nessa linha de orientação iniciada pelo Ministro Celso de Mello, defiro, em parte, o mandado de segurança impetrado pelo Procurador-Geral da República.

RETIFICAÇÃO DE VOTO

O Senhor Ministro Sepúlveda Pertence — Senhor Presidente, convenci-me, no correr da discussão de um ponto, que é necessário à conclusão do julgamento.

De fato, não poderia eu ter admitido que a competência pré-constitucional do Presidente da República para prover e desprover um cargo, *em comissão*, se tivesse transformado numa competência, pelo menos até que a lei complementar dispusesse em contrário, apenas para prover este cargo, mas não para desprovê-lo.

Daí resulta, no ponto necessário à conclusão, a nulidade do ato da nomeação do Dr. Hegler Horta Barbosa e, conseqüentemente, a impossibilidade de conceder, *in totum*, o mandado de segurança impetrado pelo Senhor Procurador-Geral da República.

Adiro, pois, ao dispositivo do voto do eminente Ministro Celso de Mello, concedendo, em parte, o mandado de segurança do Procurador-Geral da República para declarar nulo o ato de nomeação do Dr. Antônio Carlos Roboredo, julgando prejudicado o mandado de segurança por este último impetrado.

RETIFICAÇÃO DE VOTO

O Sr. Ministro Célio Borja: — Sr. Presidente, também retifico o meu voto para aderir ao dispositivo do voto proferido pelo Ministro Celso de Mello. Faço minha a fundamentação adotada pelo Ministro Pertence. Apenas me permitiria ressalvar a circunstância de que limito minha apreciação exclusivamente ao pedido.

Não restauro a nomeação e nem estava na minha intenção inicial restaurá-la. Apenas não me adverti de que o voto do Ministro Pertence o fazia.

Assim, julgo prejudicado o Mandado de Segurança nº 21.243.

É o meu voto.

VOTO (ADITAMENTO)

O Senhor Ministro Néri da Silveira: — Sr. Presidente. Já tive oportunidade de esclarecer o fundamento de meu voto. Penso que, pelo sistema da Constituição, a competência é do Procurador-Geral da República. O caso concreto que está posto perante o Tribunal é de Mandado de Segurança do Procurador-Geral da República contra o Presidente da República, que proveu o cargo em exame. Entende o impetrante que o Presidente da República não detinha competência, para tanto; a competência seria do requerente. Acolho esse fundamento. Compreendo que a competência, realmente, para prover dito cargo é do impetrante. Ora, se a competência é do suplicante, nula era a primeira nomeação, a nomeação do que ora foi exonerado. Daí por que não determino a restauração do ato, como os demais eminentes Ministros também não o fazem.

Dessa maneira, meu voto realmente soma com os votos do Sr. Ministro Celso de Mello e dos que o acompanharam, não obstante em parte diferentes os fundamentos, porque não chego à declaração de extinção do cargo. Penso que esta última matéria não está em discussão.

VOTO

O Senhor Ministro Sydney Sanches (Presidente).

Nos termos em que concedida, pela Constituição, a autonomia do Ministério Público, não foi recebida a legislação que criou o cargo de Procurador-Geral da Justiça do Trabalho, com a forma e natureza de provimento nela prevista (na lei).

E a Constituição também não previu a forma e a natureza de tal provimento.

Na verdade, o próprio cargo deixou de existir.

E, sendo assim, não pode ser provido de forma alguma.

Isso me leva a deferir em parte o Mandado de Segurança impetrado pelo Procurador-Geral da República (nº 21.239-0), para tornar sem efeito a nomeação do Dr. Antônio Carlos Roboredo, mas sem restabelecer a nomeação do Dr. Hegler José Horta Barbosa, que também fora nomeado pelo Presidente da República.

E a julgar prejudicado, por isso, o Mandado de Segurança nº 21.243-0, impetrado pelo Dr. Antônio Carlos Roboredo.

Tudo com a máxima vênia dos eminentes Ministros que dissentem.

Extrato da Ata

Rel.: Min.: Sepúlveda Pertence. Impte.: Procurador-Geral da República. Impdo.: Presidente da República. Litisconsorte Ativo: Hegler José Horta Barbosa (Advs.: Roberto Caldas Alvim de Oliveira e outros). Litisconsorte Passivo: Antonio Carlos Roboredo (Adv.: Márcio Jorge Calderado S. Travassos).

Decisão: Após os votos do Sr. Ministro-Relator que conhecia e deferia a segurança, e do Ministro Aldir Passarinho que denegava a segurança, pediu vista dos autos o Sr. Ministro Marco Aurélio. Falaram pelo Litisconsorte Ativo o Dr. Roberto Caldas Alvim de Oliveira e pelo Ministério Público Federal o Dr. Affonso Henriques Prates Correia. Plenário, 10.4.91.

Decisão: Após os votos do Ministro Relator que conhecia e deferia a segurança, e dos Ministros Aldir Passarinho e Marco Aurélio que a denegavam, pediu vista dos autos o Ministro Carlos Velloso. Plenário, 24.4.91.

Decisão: Após os votos do Ministro Relator que conhecia e deferia a segurança, e dos Ministros Aldir Passarinho e Marco Aurélio que a indeferiam, e, dos Ministros Carlos Velloso e Celso de Mello que a deferiam, em parte, pediu vista dos autos o Ministro Paulo Brossard. Ausente, justificadamente, o Sr. Min. Moreira Alves. Plenário, 25.4.91.

Decisão: O Tribunal, por maioria de votos deferiu, em parte, o mandado de segurança, para tornar sem efeito a nomeação do litisconsorte passivo, Dr. Antonio Carlos Roboredo, sem restaurar a nomeação do litisconsorte ativo, Dr. Hegler José Hora Barbosa. Vencidos, em parte, os Ministros Aldir Passarinho, Marco Aurélio e Paulo Brossard que o indeferiam. Votou o Presidente. Plenário, 5.6.91.

Presidência do Senhor Ministro Sydney Sanches. Presentes à sessão os Senhores Ministros Moreira Alves, Néri da Silveira, Octávio Gallotti, Célio Borja, Paulo Brossard, Sepúlveda Pertence, Celso de Mello, Carlos Velloso e Marco Aurélio.

Procurador-Geral da República, Dr. Affonso Henriques Prates Correia, substituto.

Luiz Tomimatsu — Secretário

REVISTA
TRIMESTRAL DE
DIREITO PÚBLICO

(3/1993)

DOUTRINA: PODER LEGISLATIVO E MONOPÓLIO DA LEI NO MUNDO CONTEMPORÂNEO — **Raul Machado Horta** • A DESPOLITIZAÇÃO DA LEGITIMIDADE — **Paulo Bonavides** • OBRA PÚBLICA A CUSTO ZERO — **Celso Antônio Bandeira de Mello** • LIMITES À REVISÃO CONSTITUCIONAL DE 1993 — **Geraldo Ataliba** • POR UMA JUSTIÇA EFICAZ — CONTROLE DE CONSTITUCIONALIDADE — **Sacha Calmon Navarro Coêlho** • LICENÇAS E AUTORIZAÇÕES NO DIREITO ADMINISTRATIVO — **Carlos Ari Sundfeld** • AÇÃO POPULAR: DIREITO POLÍTICO? — **José Sérgio Monte Alegre** • *CONFERÊNCIAS & DEBATES*: PROVIMENTOS JUDICIAIS DE PROTEÇÃO AOS CONTRIBUINTES (O PROCESSO E O DIREITO TRIBUTÁRIO) — MANDADO DE SEGURANÇA — CAUTELARES — EMBARGOS À EXECUÇÃO — LIMINARES — EFEITOS — CONTRACAUTELA — DEPÓSITO — CAUÇÃO — SUSPENSÃO: Igualdade das partes — **José Manoel de Arruda Alvim Neto** — Liminares: limites constitucionais à discricionariedade judicial — **José Ignácio Botelho de Mesquita** — Juízo liminar. Poder-dever de exercício do poder cautelar nessa matéria — **Celso Antônio Bandeira de Mello** — Proteção cautelar. Tutela preventiva. Contracautela — **Eduardo Ribeiro** — Mandado de segurança coletivo e seus principais problemas — **Sebastião de Oliveira Lima** — Mandado de segurança coletivo — **Lúcia Valle Figueiredo** — Conclusões — AÇÃO CIVIL PÚBLICA — **José Carlos Barbosa Moreira** — DECLARAÇÃO DE INCONSTITUCIONALIDADE NO SUPREMO TRIBUNAL FEDERAL — **Sérgio Ferraz** — PODER JUDICIÁRIO E SEGURANÇA JURÍDICA — **Antonio Souza Prudente** — *JURISPRUDÊNCIA*.

MALHEIROS
EDITORES

REVISTA TRIMESTRAL DE DIREITO PÚBLICO

28/1999

M